V&R

Michael von Aster / Jens Holger Lorenz (Hg.)

Rechenstörungen bei Kindern

Neurowissenschaft, Psychologie, Pädagogik

Mit 76 Abbildungen und 8 Tabellen

2., überarbeitete und erweiterte Auflage

Vandenhoeck & Ruprecht

Bibliografische Information Der Deutschen Bibliothek

Die Deutsche Bibliothek verzeichnet diese Publikation in der Deutschen Nationalbibliografie; detaillierte bibliografische Daten sind im Internet über <http://dnb.ddb.de> abrufbar.

ISBN 978-3-525-46258-4
ISBN 978-3-647-46258-5 (E-Book)

Umschlagabbildung: matka_Wariatka/shutterstock.com

Printed in Germany.
Satz: Satzspiegel, Nörten-Hardenberg
Druck und Bindung: ⊕ Hubert & Co., Göttingen

Gedruckt auf alterungsbeständigem Papier.

Inhalt

Michael von Aster und Jens Holger Lorenz
Einleitung 7

Teil 1: Die kognitiv-neurowissenschaftliche und medizinische Perspektive

Michael von Aster
Wie kommen Zahlen in den Kopf und was kann sie daran hindern? Ein Modell der normalen und abweichenden Entwicklung zahlenverarbeitender Hirnfunktionen 15

Ursina Grond, Martin Schweiter und Michael von Aster
Neuropsychologie numerischer Repräsentationen 39

Karin Kucian und Michael von Aster
Dem Gehirn beim Rechnen zuschauen. Ergebnisse der zerebralen Bildgebung 59

Michael W. Bzufka, Michael von Aster und Klaus-Jürgen Neumärker
Diagnostik von Rechenstörungen 79

Inge Schwank
Die Schwierigkeiten des Dazu-Denkens 93

Teil 2: Die psychologisch-pädagogische Perspektive

Elsbeth Stern
Kognitive Entwicklungspsychologie des mathematischen Denkens 141

Kristin Krajewski
Wie bekommen die Zahlen einen Sinn: ein entwicklungspsychologisches Modell der zunehmenden Verknüpfung von Zahlen und Größen 155

Jens Holger Lorenz
Grundlagen der Förderung und Therapie. Wege und Irrwege 181

Hans-Dietrich Gerster
Anschaulich rechnen – im Kopf, halbschriftlich, schriftlich 195

Liane Kaufman, Pia Handl, Margarete Delazer und Silvia Pixner
Wie Kinder rechnen lernen und was ihnen dabei hilft.
Eine kognitiv- neuropsychologische Perspektive 231

Tanja Käser und Michael von Aster
Computerbasierte Lernprogramme für Kinder mit Rechenschwäche . . . 259

Die Autorinnen und Autoren 277

Personenregister 279

Sachregister 280

Michael von Aster und Jens Holger Lorenz

Einleitung

Rechenstörungen bei Kindern sind für Eltern und Lehrer oft rätselhaft. Die Kinder können einfache arithmetische Begriffe nicht verstehen und ihre Unfähigkeit, einfache Aufgaben zu lösen, stehen oft in krassem Gegensatz zu einer ansonsten guten Auffassungsgabe und guten Leistungen in anderen Schulfächern. Es handelt sich, wie bei der Lese-Rechtschreib-Störung (LRS), um eine spezifische Lernschwierigkeit. Auch wenn Rechenstörungen und Lese-Rechtschreib-Störungen unterschiedliche kognitive Domänen betreffen und auch unterschiedliche Verursachungen und Erscheinungsbilder haben, so gibt es auch zahlreiche Überschneidungen und häufig auch ein gemeinsames Auftreten. Das Wissen über die spezifischen schulischen Lernbeeinträchtigungen hat sich in den letzten Jahren beträchtlich erweitert, und so werden auch für die anstehenden Revisionen der internationalen Klassifikationssysteme (ICD-10 und DSM-IV) tiefgreifende Veränderungen erwartet. Parallel dazu kann man in den verschiedenen Verordnungen der Bundesländer feststellen, dass etwa die Maßnahmen zur Förderung von Kindern mit spezifischen Lernbeeinträchtigungen (z. B. Möglichkeiten zum Nachteilsausgleich) für LRS und Rechenschwierigkeiten inzwischen gemeinsam behandelt werden. Vielerorts sind diese Regelungen aber noch unzureichend und gelegentlich auch kurios, zum Beispiel wenn Ansprüche auf Hilfen unabhängig vom Verlauf mit der Grundschulzeit enden. Hier besteht noch beträchtlicher bildungspolitischer Nachholbedarf.

Rechenstörungen stellen kein einheitliches Phänomen dar, sondern können sehr verschiedenartig in Erscheinung treten. Deshalb gibt es auch keine einfachen, immer zutreffenden Erklärungen und Konzepte. Rechnen stellt eine hochkomplexe geistige Tätigkeit dar, die aus zahlreichen Komponenten zusammengesetzt ist beziehungsweise zusammengesetzt wird. Rechenstörungen treten häufiger auf, als man lange gedacht hat, und zwar etwa ebenso häufig wie Lese-Rechtschreib-Störungen. Forschungsergebnisse zeigen, dass etwa 6 % der Grundschüler beim Rechenlernen Probleme zeigen, die eine solche Diagnose rechtfertigen (von Aster et al. 2007). Das bedeutet, dass statistisch gesehen in jeder Schulklasse mit mindestens einem solchen Kind zu rechnen ist und dass die Probleme, die sich daraus im Unterricht ergeben, zum Alltag eines jeden Lehrers gehören.

Das Grundanliegen dieses Buches ist ein interdisziplinäres. Es will auf der einen Seite Ergebnisse der neurowissenschaftlichen und medizinischen Grundlagenforschung darstellen und auf der anderen Seite Entwicklungen in den psychologischen, pädagogischen und therapeutischen Anwendungsfeldern skizzieren. Mit dieser zweiten Auflage wollen wir nun eine Aktualisierung bezüglich der wissenschaftlichen Entwicklung der letzten Jahre zum Thema Rechenstörungen bei Kindern vornehmen. Die enthaltenen Kapitel wurden größtenteils einer gründlichen Revision unterzogen, darüber hinaus wurde ein Kapitel über computergestützte Förderprogramme neu aufgenommen.

Die modernen Neurowissenschaften haben dazu beigetragen, dass zahlreiche Erkenntnisse und Theorien aus den psychologischen und pädagogischen Disziplinen bestätigt und weiterentwickelt werden konnten. Insbesondere durch die Methoden der funktionellen Bildgebung kann man heute buchstäblich sichtbar machen, wie Denken funktioniert, wie und wo Gedächtnisinhalte entstehen und welche Rolle den Gefühlen dabei zukommt. Hinter dem Begriff der »erfahrungsabhängigen Neuroplastizität« steht die Einsicht, dass sich jedes Gehirn, das heißt seine individuellen neuronalen Verschaltungen, aus den persönlichen biographischen Erfahrungen gewissermaßen selber erschafft. Das heißt, es organisiert sich in Anpassung an das, was für das Individuum bedeutsam und lebenswichtig ist. Die Reifung von Nervenzellen vollzieht sich dabei in den verschiedenen Regionen des Kortex zu unterschiedlichen Zeitpunkten und mit unterschiedlicher Geschwindigkeit. Daraus resultieren so genannte sensible Phasen mit erhöhter neuronaler Plastizität, in denen bestimmte Funktionen besonders leicht gelernt oder aber – bei ungünstigen Bedingungen – in ihrer Entfaltung behindert werden können. Erkenntnisse dieser Art erlauben Rückschlüsse darauf, welche Merkmale einer Lernumgebung fördernden oder aber behindernden Charakter für die Entwicklung bestimmter Fähigkeiten haben.

Die sorgfältige Untersuchung von Patienten mit umschriebenen Hirnschädigungen und Funktionsausfällen haben zu einem besseren Verständnis so komplexer geistiger Tätigkeiten wie dem Rechnen beigetragen. Früher nahm man an, dass der Umgang mit Zahlen eine einheitliche, in einem singulären Rechenzentrum vermittelte Fähigkeit sei. Heute erkennt man, dass die Fähigkeit, mit Zahlen umzugehen, aus vielen Komponenten besteht, die in verschiedenen Regionen des Gehirns koordiniert werden.

Das lebhafte und wachsende Interesse, das die Ergebnisse der Hirnforschung bei Pädagogen und Therapeuten findet, ist nachvollziehbar, denn sie geben Anhaltspunkte für ein besseres Verständnis geistiger Verarbeitungs- und Organisationsmechanismen bei schulischen Lernaufgaben. Je besser dieses Verständnis ist, desto leichter dürfte es der Lehrkraft fallen, eine angemessene Vorstellung darüber zu entwickeln, was sich im Kopf ihres Schülers vollzieht, vollziehen sollte oder eben nicht vollziehen kann, und desto besser sind auch ihre Möglichkeiten, individuell adaptive Lernmittel und -hilfen zu kreieren und bereitzustellen.

Das Buch gliedert sich in zwei Teile, die eine neurowissenschaftlich-medizinische und eine psychologisch-pädagogische Perspektive einnehmen.

Im ersten Beitrag formuliert Michael von Aster auf der Grundlage von Ergebnissen aus verschiedenen Wissenschaftsdisziplinen ein Modell der Entwicklung zahlenverarbeitender Hirnfunktionen, das hierarchisch gegliedert ist und spezifische Einflüsse aus Anlage und Umwelt integriert. Das Modell erlaubt gewisse Vorhersagen verschiedener Erscheinungsformen von Dyskalkulie und ermöglicht Annahmen zu frühen und späteren Zeitpunkten ihrer Verursachung.

Der Beitrag von Ursina Grond, Martin Schweiter und Michael von Aster gibt einen tieferen Einblick in die wundersamen Phänomene, die mit experimentalpsychologischen und neuropsychologischen Methoden über die geistigen Abbilder (Repräsentationen) von Zahlen in Erfahrung gebracht werden können, und über die Unterschiede, die diesbezüglich zwischen Menschen mit und ohne Dyskalkulie bestehen.

Mittels funktioneller Bildgebung ist es heute nicht nur möglich, geistige Prozesse sichtbar zu machen und konkreten Gehirnregionen zuzuordnen, sondern auch in ihrer Entwicklung und Veränderung optisch wahrnehmbar nachzuvollziehen. Nach einer kurzen Einführung über die Art und Weise, wie solche Bilder erzeugt werden und was die bunten Flecken im Gehirn in biologischer Hinsicht bedeuten, stellen Karin Kucian und Michael von Aster die Ergebnisse dieser Forschungsrichtung dar, die mit sehr unterschiedlichen Fragestellungen bei Erwachsenen und Kindern gewonnen wurden, und diskutieren sie.

Der Beitrag von Michael W. Bzufka, Michael von Aster und Klaus-Jürgen Neumärker beginnt mit einer kurzen medizingeschichtlichen Betrachtung der Dyskalkulieforschung des vergangenen Jahrhunderts und gibt anschließend eine Übersicht über die aktuellen Möglichkeiten und Notwendigkeiten in der klinischen und psychometrischen Diagnostik der Rechenstörungen.

Inge Schwanks bemerkenswerte Theorie über unterschiedliche (mathematische) Denkstile (funktional vs. prädikativ) hat durch EEG-Studien eine gewisse neurowissenschaftliche Validierung erfahren. Der funktionale Denkstil, der im übrigen bei Knaben häufiger beobachtet wird als bei Mädchen, eignet sich offenbar besser zum Verständnis gewisser mathematischer Sachverhalte. Dieser Beitrag schließt den ersten Teil des Buches ab und bildet mit seinen konkreten Schlussfolgerungen für den Mathematikunterricht die Überleitung zum 2. Teil des Buches.

Die schon von Geburt an vorhandenen Fähigkeiten der Säuglinge, Mengengrößen abzuschätzen, werden von Elisabeth Stern beleuchtet. Das Problem, das bereits in den Kapiteln zur Neuroplastizität angesprochen wurde, wird hier fortgesetzt unter der Perspektive, wie sich das mathematische Wissen, das bereits so früh vorhanden ist, in Austausch mit den kulturellen Gegebenheiten weiterentwickeln kann. Hierzu wird zum einen über Ergebnisse aus Langzeitstudien und zum anderen über Befunde aus interkulturellen Vergleichen berichtet, die einen Einblick in die Verschiedenartigkeit der Entwicklung des mathematischen Denkens in Abhängigkeit von soziokulturellen Einflüssen bieten.

Wenn nun solche Vorläuferfähigkeiten bei Kindern im Regelfall schon früh entwickelt sind, dann ist es auch möglich, das Fehlen dieser frühen Fähigkeiten beziehungsweise ihre verzögerte Entwicklung (im Vergleich zu den Alterskameraden) bereits vor Schuleintritt zu diagnostizieren. Hiermit befasst sich der Beitrag von Kristin Krajewski, der damit auch die Möglichkeit eröffnet, die für das schulische Lernen notwendigen Vorläuferfähigkeiten, welche die Grundschule als hinreichend entwickelt voraussetzt, kompensatorisch im Kindergartenalter zu fördern und somit einer negativen Schulbiographie vorzubeugen. Der Ansatz basiert auf einem umfassenden Modell der Zahl-Größen-Verknüpfung (ZGV-Entwicklungsmodell), das sowohl die neuen neuropsychologischen Befunde als auch die aktuellen entwicklungspsychologischen Erkenntnisse aufnimmt und zukünftige Forschungslinien beschreibt.

Bis heute gibt es noch keine systematische Erfassung von Risikomerkmalen im Vorschulalter und demzufolge auch kaum präventive Förderung. So bleibt meist die diagnostische und fördernde Aufgabe der Grundschule überlassen. Welche Möglichkeiten sich im Regelunterricht bieten, welche spezifischen Ursachen welche typischen Fehler beim Rechnen bewirken und wie ihnen begegnet werden kann, untersucht der Beitrag von Jens Holger Lorenz. Insbesondere die unterrichtsbegleitende Diagnostik wird hierbei betont.

Die verschiedenen Aspekte der Zahlen und Rechenoperationen und ihre flexible Handhabung werden von Hans-Dietrich Gerster behandelt. Er geht der Frage nach, welche Denkoperationen notwendig sind, um zu einem adäquaten Aufbau eines mentalen Zahlenraumes im Kopf des Kindes zu gelangen, und welche Veranschaulichungshilfen welche kraftvollen oder weniger günstigen mathematischen Vorstellungsbilder für arithmetische Operationen bewirken.

Der anschließende Beitrag von Liane Kaufmann, Pia Handl, Margarete Delazer und Silvia Pixner beschreibt ein Dyskalkulie-Interventionsprogramm, welches auf kognitiv-neuropsychologischen Grundlagen basiert. Es umfasst die Bearbeitung der wichtigsten Komponenten der Zahlenverarbeitung und Arithmetik, hebt die Notwendigkeit einer Integration und Differenzierung spezifischer Aspekte wie numerisches Basiswissen und konzeptuelles Verständnis hervor und plädiert für die Berücksichtigung von inter- und intraindividuellen Leistungsunterschieden. Exemplarisch wird die Wirksamkeit des Interventionsprogramms anhand einer Einzelfalldarstellung beschrieben.

Abschließend widmet sich der neue Beitrag von Tanja Käser und Michael von Aster dem in letzter Zeit zunehmend mehr Beachtung findenden Einsatz von computergestützten Förder- und Therapieprogrammen. Nach einer zusammenfassenden Übersicht wird die Entwicklung und Evaluation des Programms »Calcularis« eingehender dargestellt, das sich adaptiv auf die individuellen Probleme jedes Kindes einstellt und es auf diese Weise dort abzuholen versucht, wo es in seiner Lernentwicklung steht.

Die in diesem Buch beschriebenen unterschiedlichen Facetten des Phänomens Rechenschwäche sind sicherlich nicht erschöpfend, sie geben aber einen Einblick in den Stand der Forschungs- und der Entwicklungsarbeiten in den kognitiv-neurowissenschaftlichen und psychologisch-pädagogischen Bereichen, die in den letzten Jahren auf diesem Gebiet geleistet wurden. Das Buch möchte allen an der Behandlung der Dyskalkulie Beteiligten einen differenzierten Zugang zum Denken der Kinder und seiner Entwicklung öffnen. Es wird zwar nicht verhindern können, dass Schwierigkeiten beim Lernen von Zahlen und Rechenoperationen weiterhin auftreten werden, aber es kann helfen, Rechenschwäche als schulisches Problem mit seinen im individuellen Fall gravierenden negativen biographischen Auswirkungen zu mildern. Und damit wäre für das einzelne Kind viel gewonnen.

Literatur

Aster, M. von; Schweiter, M.; Weinhold Zulauf, M. (2007): Rechenstörungen bei Kindern: Vorläufer, Prävalenz und psychische Symptome. Zeitschrift für Entwicklungspsychologie und Pädagogische Psychologie 39: 85–96.

Teil 1:
Die kognitiv-neurowissenschaftliche und medizinische Perspektive

Michael von Aster

Wie kommen Zahlen in den Kopf?

Ein Modell der normalen und abweichenden Entwicklung zahlenverarbeitender Hirnfunktionen

Rechnen und Intelligenz: Einige Vorbemerkungen

Die aktuell gültigen internationalen Klassifikationssysteme für psychische Störungen – ICD-10 und DSM-IV – definieren die Rechenstörung ebenso wie die Lese-Rechtschreib-Störung als voneinander unabhängige Klassen von umschriebenen Störungen der schulischen Fertigkeiten. Nach diesem Konzept der Teilleistungsstörung liegt eine gravierende Beeinträchtigung des Erlernens grundlegender rechnerischer Fertigkeiten bei ansonsten normaler Intelligenz und adäquater Beschulung vor, das heißt, die Teilfähigkeit ist signifikant schwächer als aufgrund der Intelligenz zu erwarten wäre. Diese Diskrepanz soll ihren Ausdruck in einer psychometrischen Messung mit standardisierten Testverfahren zur Rechenfähigkeit und zur Intelligenz finden.

Diese Konzeption geht davon aus, dass das Rechnen eine umschriebene, von anderen Funktionen unabhängige Hirnfunktion ist, deren Entwicklung von früh an aus vermutet genetischen Gründen ausbleibt oder gestört verläuft. Dieselbe implizierte Annahme gilt für das hier verwendete Konstrukt der Intelligenz. Die Intelligenz wird als genetisch determiniertes, entwicklungsstabiles Persönlichkeitsmerkmal aufgefasst, das unabhängig ist von der Teilleistung des Rechnens und deshalb zu ihr in Kontrast gebracht werden kann.

Vor dem Hintergrund der wissenschaftlichen Entwicklung in den letzten gut zwei Jahrzehnten sind diese Konzepte und die in ihnen enthaltenen implizierten Annahmen nicht mehr zeitgemäß. In den anstehenden Revisionen der genannten Klassifikationssysteme werden deshalb auch gravierende Änderungen erwartet. So werden in der DSM-V die spezifischen schulischen Entwicklungsstörungen voraussichtlich dimensional in einer Klasse zusammengeführt, mit variablen Ausprägungen in den verschiedenen schriftsprachlichen und mathematischen Fähigkeitsbereichen und unter Verzicht auf ein striktes psychometrisches Diskrepanzkriterium, was der vielschichtigen Komplexität dieser Störungen hinsichtlich der beteiligten kognitiven Komponenten und der Häufigkeit komorbider Symptome besser gerecht zu werden verspricht.

Was ist Intelligenz?

Hier erfolgt keine wissenschaftlich detaillierte Abhandlung über den Stand der Intelligenzforschung, sondern lediglich ein kurzer Aufriss, der die durch Konstrukte der Intelligenz gesetzten Koordinaten besser verständlich machen soll.

»Intelligenz ist, was der Intelligenztest misst.« Dieser oft gehörte Ausspruch führt die Forderung, wonach ein Test valide eben das messen soll, was er vorgibt zu messen, ironisch ad absurdum. Darin drückt sich auch die seit vielen Forschergenerationen bestehende Schwierigkeit aus, den Begriff der Intelligenz klar und übereinstimmend zu definieren. Ganz allgemein könnte formuliert werden, dass unter Intelligenz diejenigen Denkfunktionen zu fassen sind, die zu einer erfolgreichen Lebensbewältigung befähigen. Und schon hier müsste man fragen, ob, zumindest in unserem Kulturkreis, die Fähigkeiten zu lesen, zu schreiben und zu rechnen nicht klar dazu gehörten. Konsens besteht darüber, dass Intelligenz die Fähigkeit umschreibt, sich in unvertrauten Situationen durch das denkende Erfassen von Bedeutungen und Zusammenhängen zurechtzufinden.

Der jahrzehntelangen Kontroverse zwischen den Vertretern der so genannten Generalfaktor-Intelligenz (g), die Intelligenz als einheitliches, genetisch determiniertes und stabiles Persönlichkeitsmerkmal auffassen (Spearman 1904), und den Verfechtern der multiplen Intelligenzen (z. B. Gardner, 2002), also voneinander unabhängigen, primär erworbenen Fähigkeiten, hat Mike Anderson (1992) mit seiner Entwicklungstheorie der »Minimalen kognitiven Architektur« einen neuen Aspekt hinzugefügt. Er beschreibt in seiner Theorie – durchaus mit Bezug zu Cattells Konzept der fluiden und kristallinen Intelligenz (Cattell 1987) – zwei Wege des Wissenserwerbs: Der erste Weg ist der des Denkens, für den Anderson einen basalen Verarbeitungsmechanismus sowie zwei spezifische Prozessoren postuliert für sprachliche und nonverbale Verarbeitung. Dieser Denkapparat ist seiner Theorie zufolge charakterisiert durch die Geschwindigkeit der Informationsverarbeitung und stellt, analog g, ein stabiles Persönlichkeitsmerkmal dar, in dem sich Menschen gleichen Alters unterscheiden. Je schneller und effektiver die Informationsverarbeitung, desto mehr Wissen wird pro Zeiteinheit erworben. Dieser erste Weg hat große Ähnlichkeit mit dem von Baddeley und Hitch (1974) formulierten Konzept des Arbeitsgedächtnisses. Für den zweiten Weg des Wissenserwerbs gebraucht Anderson das Konzept von modular organisierten Funktionen. Er unterscheidet hier zwischen solchen Modulen, die bereits angeboren verfügbar sind (z. B. Erkennen des dreidimensionalen Raumes), und anderen Modulen, die über die Lebensspanne durch Übung und Automatisierung erworben werden und kognitive Funktionen und spezifisches Wissen mit hoher Geschwindigkeit unmittelbar zur Verfügung stellen. Durch diesen Weg werden Menschen mit zunehmendem Alter intelligenter. Jedes neu entstehende Modul entlastet den ersten Weg des Wissenserwerbs und setzt Kapazität für neues, denkendes Lernen frei.

Anderson schlägt mit seiner Theorie gewissermaßen eine entwicklungsbezogene Brücke zwischen genetisch disponierter Generalfaktor-Intelligenz und erworbenen multiplen Intelligenzen, die weitgehend kompatibel ist mit modernen neurowissenschaftlich untermauerten Konzepten über die Bedeutung des Arbeitsgedächtnisses, der Arbeitsgeschwindigkeit, der neuralen Effektivität und der modularen Architektur neuronaler Netzwerke. Nach Andersons Theorie und mittlerweile zahlreichen Belegen über die enorme Bedeutung erfahrungsabhängiger Neuroplastizität scheint sich das Gehirn seine Werkzeuge im Lauf der Entwicklung weitgehend selbst und bedarfsgerecht zu erschaffen.

Nun stellt sich aber die Frage, ob der g-Anteil, also der Denkapparat, mit dem diese Werkzeuge entworfen und gezimmert werden, von vornherein und in normalverteilter Ausprägung einfach da ist und bestimmt, wie gut oder weniger gut wir diese Werkzeuge entwickeln und mit ihnen unser Leben bewältigen werden. Ein spezifischer Genort für g ist trotz intensiven Bemühens noch nicht gefunden, und wie es scheint, ist allenfalls das Potenzial, die Möglichkeit, zu intelligentem Verhalten in unserem Genom angelegt. Ob und wie sich diese Möglichkeiten entfalten, und damit zu den Unterschieden zwischen den Menschen beitragen, hängt in viel stärkerem Maße als bislang vermutet von den Erfahrungen des Individuums in einer individuellen Umwelt ab.

So ist die alte Debatte über Anlage und Umwelt weiter kräftig in Bewegung: Zu dem früheren Entweder-oder und dem späteren Sowohl-als-auch gibt es nun zunehmend Erkenntnisse über Interaktionen zwischen Genen und Umwelt, also quasi über ein Mit- oder Gegeneinander. Hier sind so genannte epigenetische Faktoren gemeint, also die Tatsache, dass bestimmte genetische Programme und die von ihnen gesteuerten Funktionen zum passenden Zeitpunkt und bedarfsgerecht durch Methylierung gewissermaßen angeschaltet werden müssen oder aber abgeschaltet bleiben, wenn bestimmte Erfahrungen, die das Anschalten auslösen, nicht eintreten, oder Erfahrungen eintreten, die dieses Anschalten behindern. Im Tierversuch konnte eindeutig nachgewiesen werden, dass solche Umwelt-Gen-Interaktionen (z. B. starke Stresserfahrungen) einen bedeutsamen Einfluss auf Prozesse der Genexpression haben. Sie können im weiteren Verlauf die Lernentwicklung behindern und zu psychopathologischen Entwicklungen führen, die wir im Spektrum von Diagnosen wie Depression und ADHS kennen.

Gibt es einen Ort für Intelligenz im Gehirn?

Intelligenz ist nach neurowissenschaftlichen Ergebnissen aus jüngster Zeit offenbar weniger in einzelnen Nervenzellarealen als vielmehr in den Verbindungen zwischen ihnen zu finden. Dabei scheinen die fronto-parietalen Faserverbindungen eine besondere Rolle zu spielen. Gläscher und Mitarbeiter

(2010) fanden in einer bemerkenswerten Studie mit 241 Patienten, die an unterschiedlichen umschriebenen Hirnläsionen litten, dass die zuvor als g extrahierten kognitiven Leistungen (zu denen im Übrigen auch das rechnerische Denken gehörte) am stärksten mit einem Läsionsmuster korrelierten, das einen umschriebenen Bereich im Frontalhirn und einige parietale Hirnareale, hauptsächlich aber den Fasziculus arcuatus, also die fronto-parietale Verbindungsachse betraf. Dies hieße für Andersons Theorie, dass einer Verbindung zwischen dem ersten (denkenden) und dem zweiten (modularen) Weg des Wissenserwerbs die entscheidende Bedeutung zukäme. Auf die Verkabelung und das Zusammenspiel zwischen den sich im Frontalhirn entwickelnden exekutiven Funktionen (Arbeitsgedächtnis, Aufmerksamkeits- und Affektregulation) auf der einen Seite und den in den hinteren Hirnabschnitten (parieto-temporo-okzipital) wachsenden modularen Netzwerkstrukturen für verschiedene kulturelle Wissens- und Fähigkeitsbereiche auf der anderen Seite scheint es also anzukommen. Solche neurowissenschaftlichen Erkenntnisse bilden auch die Basis für die von Jung und Haier (2007) formulierte Theorie der Intelligenz, der »Parieto-Frontal Integration Theory« (P-FIT).

Kommen wir nun zurück zum Ausgangspunkt dieses kleinen Ausflugs in die Intelligenzforschung (den man mit Gewinn z. B. bei Deary, Penke u. Johnson, 2010, und bei Neubauer und Stern, 2007, vertiefen kann): Ist Intelligenz ein vom Rechnen unabhängiges und von früh an stabiles Merkmal?

Auch beim Rechnen heben Neurowissenschaftler stets die Bedeutung fronto-parietaler Netzwerke hervor. Wie nah und verflochten die Entwicklung von Intelligenz mit der Entwicklung so komplexer kognitiver Fähigkeiten wie Rechnen ist, zeigen erste Ergebnisse aus Studien, die die weiße Hirnsubstanz, also die Faserverbindungen (»Verkabelung«), mit einer speziellen Bildgebungstechnik (Diffusion Tensor Imaging, DTI) bei Kindern mit Rechenstörungen untersucht haben. Dabei hat sich gezeigt, dass auch hier, ähnlich wie in der oben berichteten Intelligenzstudie von Gläscher und Mitarbeitern (2010), Schwächen in bestimmten Abschnitten des fronto-parietalen Fasziculus arcuatus nachweisbar wurden (Rykhlevskaia, Uddin et al. 2009; Kucian et al. 2012). Intelligenz, so wie wir sie heute verstehen können, scheint weder intraindividuell noch interindividuell ein von Beginn an stabiles Merkmal zu sein, da es sich aus vielen erfahrungsabhängig reifenden Funktionen zusammensetzt.

Eine Studie von Ramsden und Mitarbeitern (2011) konnte eindrucksvoll zeigen, dass sich sowohl der verbale IQ als auch der nonverbale IQ bis ins späte Jugendalter verändert, also zunehmen oder auch abnehmen kann, und dass diese Veränderungen einhergehen mit Veränderungen in der strukturellen und funktionellen Organisation des Gehirns. Diese Veränderungen waren für den verbalen IQ mit den sprachverarbeitenden Hirnregionen assoziiert und für den nonverbalen IQ insbesondere mit Veränderungen in sensomotorischen Kortexarealen. Auch das auf dem Postulat der Unabhängigkeit basierende Diskrepanzkriterium stellt sich bei einem Blick ins Gehirn schlicht als irrelevant heraus. Tanaka und Mitarbeiter (2011) konnten an Kindern mit Dyslexie zeigen, dass sich Kinder mit und ohne Intelligenzdiskrepanz nicht unterscheiden hinsichtlich der verringerten Aktivierung in den parieto-okzipito-temporalen Hirnregionen. Beide Gruppen zeigten auch vergleichbare Schwächen in der phonologischen Verarbeitung verglichen mit normal lesenden Kindern. Für den mathematischen Bereich liegen ähnliche Befunde vor, die zeigen, dass sich Kinder mit Rechenstörungen in ihren spezifischen Leistungsprofilen nicht anhand des Merkmals einer vorhandenen oder nicht vorhandenen Intelligenzdiskrepanz voneinander unterscheiden lassen (Ehlert, Schroeders u. Fritz, im Druck).

Als Fazit lässt sich sagen, dass Intelligenz gewiss mehr ist als das Beherrschen geistiger Werkzeuge wie Rechnen, Lesen und Schreiben. Aber das, was wir als Intelligenz messen, ist weder entwicklungsstabil noch unabhängig von der Entwicklung dieser Kulturtechniken. Insofern ist gerade für die pädagogischen Wissenschaften Vorsicht geboten bezüglich zu starrer Intelligenzkonstrukte. Sie festigen rigide Begabungskonzepte und formen Zuschreibungen, die einem dynamischen Entwicklungsverständnis zuwiderlaufen und ihrerseits im Sinne einer erwartungsinduzierten self-fulfilling prophecy ein starres und auf Heredität basierendes Intelligenzkonstrukt zu bestätigen scheinen.

Was ist Rechnen?

Wenn in den folgenden Abschnitten davon die Rede sein wird, wie sich die spezifischen geistigen Fähigkeiten, mit Zahlen umzugehen und zu rechnen, entwickeln und wie sich erklären lässt, dass sich diese Fähigkeiten bei manchen Kindern gar nicht oder nur schwach ausbilden, muss zunächst einmal klar werden, was das Ziel dieser Entwicklung eigentlich kennzeichnet. Bezüglich der individuellen inneren Ebene ist zu fragen, wie die geistigen Funktionen und ihre neuronalen Korrelate bei erwachsenen Menschen beschaffen sind. In der äußeren Welt lässt sich dieses Ziel der Entwicklung durch kulturelle Konventionen beschreiben, die ihren Ausdruck zum Beispiel in schulischen Curricula finden. Diese definieren, was ein Mensch nach Abschluss der Schule wissen und können sollte.

Hier beginnt es bereits kompliziert zu werden, denn ganz offensichtlich bestehen Unterschiede zwischen Menschen aus unterschiedlichen Kulturen. So gibt es einige Naturvölker, deren Sprache nur für die Zahlen eins bis fünf konkrete Bezeichnungen vorsieht. Dies hat erhebliche Auswirkungen auf deren Fähigkeit, größere Mengen exakt zu bestimmen und arithmetische Operationen auszuführen. Das heißt, dass aufgrund dieser kulturellen Gegebenheit ganz bestimmte, uns vertraute geistige Operationen gar nicht ausgeführt werden können (Pica, Lemer, Izard u. Dehaene 2004). Aber auch in den westlichen, so genannten zivilisierten Kulturen gibt es erhebliche Unterschiede in der Art, wie Zahlen benannt werden, und auch dies hat Auswirkungen auf die Art, wie wir lernen, mit Zahlen umzugehen und zu operieren, und wie sich in unseren Köpfen diese Fähigkeiten organisieren. In unserem eigenen Kulturkreis stellen Zahlwortsysteme in gesprochener und geschriebener Form sowie das arabische Notationssystem die gebräuchliche Grundlage für die Kommunikation numerischer Inhalte dar.

Das bereits 1992 von Dehaene formulierte »Triple-Code-Modell« kann als Bezugspunkt dienen, wenn beschrieben werden soll, wie die geistigen Funktionen der Zahlenverarbeitung und des Rechnens bei erwachsenen Menschen beschaffen sind. An dieser Stelle soll nicht detailliert auf die wissenschaftliche Grundlegung dieses Modells eingegangen werden. Kurz zusammengefasst besagt es, dass Erwachsene über drei unterscheidbare, miteinander verbundene neuronale Netzwerke (Module) verfügen, die entsprechend den verschiedenen repräsentationalen Eigenschaften und Funktionen von Zahlen (sprachlich-alphabetisches Zahlwort, visuell-arabische Notation, analoge mentale Zahlenraumvorstellung) in unterschiedlichen Regionen des Gehirns lokalisiert sind und bei umschriebenen Hirnschädigungen zu ganz unterschiedlichen Teilausfällen führen (siehe Abb. 1). Dehaene bezeichnet das analoge Modul (den inneren Zahlenstrahl) als Ausdruck eines angeborenen Zahlensinns (Dehaene, Spelke, Pinel, Stanescu u. Tsivkin 1999).

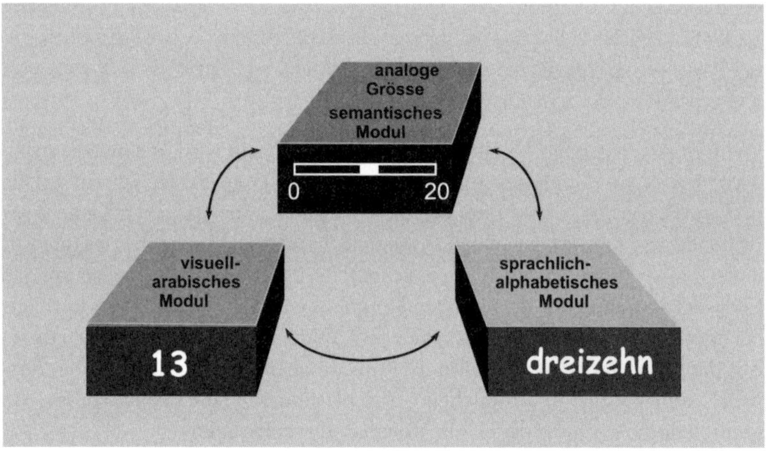

Abbildung 1: Triple-Code-Modell (Dehaene 1992)

Bei der Frage nach der Entwicklung dieser modularen Denkwerkzeuge ist es unabdingbar, sich auf Ergebnisse der Entwicklungs- und Neuropsychologie zu beziehen. Welches sind die ersten Zeichen für numerische Kompetenzen, welche Bedeutung haben sie für welche weiteren Entwicklungsschritte? Welche Bedeutung haben domänenübergreifende oder -unspezifische Funktionen für die Entwicklung domänenspezifischer Funktionen? Wie kommt es zu geschlechtsspezifischen Unterschieden? Welche Formen von Entwicklungsstörungen lassen sich unterscheiden und auf welche Entwicklungsschritte und ursächliche Faktoren lassen sie sich beziehen? Im Ergebnis wird deutlich werden, dass für die Domäne der Zahlenverarbeitung und des Rechnens starre und eindimensionale Konstrukte ebenso wenig taugen wie für Intelligenz.

Ein Vier-Stufen-Modell der Entwicklung zahlenverarbeitender Hirnfunktionen

In dem hier dargestellten und in Abbildung 2 veranschaulichten Modell wird die Entwicklung spezifisch zahlenverarbeitender Hirnfunktionen als ein stufenweiser neuroplastischer Prozess verstanden, der verbunden ist mit der komplementären Reifung domänenübergreifender Denkwerkzeuge wie Aufmerksamkeit, Arbeitsgedächtnis, Sensomotorik, Sprache und räumliche Vorstellung (von Aster u. Shalev 2007; Kucian u. Kaufmann 2009; Kaufmann u. von Aster 2012). In diesem Modell bilden frühe Fähigkeiten der Mengenerfassung und der darauf folgende Erwerb der sprachlichen und arabischen Symbolisierungssysteme für Zahlen die Voraussetzung zur Bildung abstrakter zahlenräumlicher Vorstellungen im beginnenden Schulalter. Diese Entwicklung nimmt ihren Ausgang bei sehr einfachen, so genannten basisnumerischen Fähigkeiten, die es schon wenige Monate alten Babys ermöglicht, die Größe von Mengen zu erfassen und zu unterscheiden.

Mit Einsetzen der Sprachentwicklung wird dann die Fähigkeit zu sprachlicher Symbolisierung von Anzahligkeit durch Zahlworte erworben. Damit entfalten sich Zähl- und Abzählfertigkeiten und das arithmetische Manipulieren der Größe von Mengen. Eine zweite Form der Symbolisierung von Zahlen erfolgt später (im Vor- und Grundschulalter) mit dem Kennenlernen der arabi-

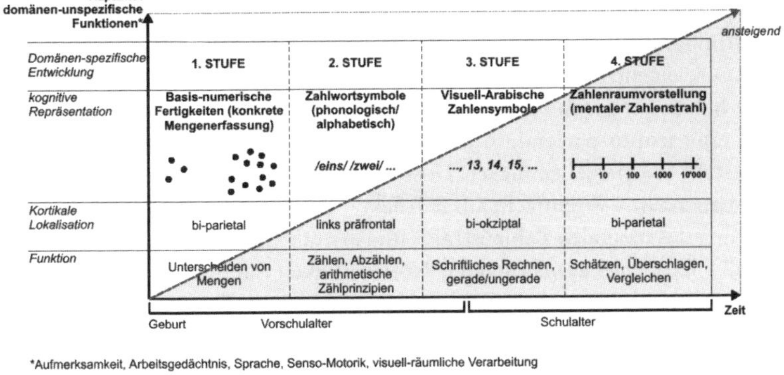

Abbildung 2: Vier-Stufen-Modell der Entwicklung zahlenverarbeitender Hirnfunktionen

schen Zahlenschreibweise, die eine ganz eigene und von der deutschen Zahlensprechweise verschiedene Grammatik hat. Das arabische Stellenwertsystem ermöglicht eine sehr ökonomische visuelle Symbolisierung auch sehr großer Zahlen sowie das rechnerische Operieren mit ihnen: Verschriftlicht hat die Zahl 1.768.329 in der arabischen Notation sieben Zeichen, in der alphabetischen Form bilden hierfür 63 Zeichen zehn zusammenhängende Zahlwortelemente.

Parallel zu den Prozessen der sprachlichen und arabischen Symbolisierung und den damit verbundenen operativen Möglichkeiten formt sich schließlich im Inneren eine zahlenräumliche Vorstellung (mentaler Zahlenstrahl), in welcher mit Zahlsymbolen operiert werden kann. Die Repräsentationen von konkreter Anzahligkeit (Mengengröße, Stufe 1), von sprachlicher (Stufe 2) und von arabischer Symbolisierung (Stufe 3) verschmelzen dann in einem Prozess zunehmenden Verstehens und Automatisierens zu diesem neuen kognitiven Werkzeug der abstrakten Zahlenraumvorstellung (Stufe 4). Dieser mentale Zahlenstrahl scheint grundlegend zu sein für das rechnerische Denken und das arithmetische Manipulieren (Kopfrechnen). Während die frühen basisnumerischen Fähigkeiten quasi sinnstiftend für die Prozesse der Symbolisierung (Zahlworte und arabische Zahlen) sind, stellt der mentale Zahlenstrahl gewissermaßen den semantischen Sinnbezug auf einem höheren abstrakten Niveau sicher. Karmiloff-Smith (1992) hat für diesen Umformungsprozess den Begriff der *representational redescription* geprägt. Stufe 1 stellt praktisch eine Frühform von Stufe 4 dar, Letztere geht also aus Ersterer hervor, und dies kann nur geschehen durch den kulturvermittelten Erwerb der sprachlichen und arabischen Zahlensymbolsysteme. Sie stellen sozusagen den Baustoff für diese Metamorphose dar.

Studien mit funktioneller Bildgebung zeigen, dass die genannten basisnumerischen, sprachlichen, arabischen und zahlräumlichen Repräsentationen ein mit wachsender Übung und Expertise gewissermaßen zusammenwachsendes neuronales Netzwerk in verschiedenen Hirnregionen bilden, die entsprechend den Erfordernissen gestellter Aufgaben aktiviert werden (Kucian u. Kaufmann 2009). Hier soll nicht im Einzelnen auf die zahlreichen Erkenntnisse aus der entwicklungspsychologischen und neurokognitiven Forschung eingegangen werden, die die Grundannahmen des Vier-Stufen-Entwicklungsmodells unterstützen.

Unsere eigenen Untersuchungen mit Methoden der funktionellen Bildgebung haben bei gesunden Probanden unterschiedlichen Alters im Wesentlichen eine fronto-parietale Aktivitätsverschiebung im Entwicklungsverlauf dargestellt (Kucian, Loenneker, Dosch, Dietrich u. von Aster 2005). Diesen Shift haben wir – vereinfacht ausgedrückt – mit der Entstehung und Automatisierung des mentalen Zahlenstrahls im Parietalhirn sowie mit der bei zunehmender Expertise abnehmenden Notwendigkeit zur Aktivierung von Aufmerksamkeits- und Arbeitsgedächtnisressourcen im Frontalhirn in Verbindung gebracht.

Bei rechenschwachen Kindern fanden sich im Vergleich zu Kontrollkindern signifikant schwächere Leistungen und Aktivierungen in den erwarteten parietalen Regionen beim Lösen von approximativen Rechenaufgaben, also bei jener Art von Aufgaben, bei denen Zahlenraumvorstellungen aktiviert werden. Gleichzeitig allerdings zeigten die rechenschwachen Kinder auch eine signifikant schwächere Aktivität in den frontalen Regionen für Aufmerksamkeits- und Arbeitsgedächtnisregulation (Kucian et al. 2006). Probleme der Zahlenraumentwicklung lassen sich hiernach also entweder auf Störungen parietaler räumlicher Syntheseleistungen, auf Defizite in den frontalen Aufmerksamkeits- und Arbeitsgedächtnisfunktionen oder auf die Verbindung und Interaktion zwischen beiden Funktionsarealen beziehen. Wir konnten im Übrigen zeigen, dass durch erfolgreiches spezifisches Training diese Defizite auch auf neuronale Ebene korrigierbar sind (Kucian et al. 2011).

Der Prozess der Entwicklung und Modularisierung erfolgt einerseits in Abhängigkeit von der zunehmenden Kapazität und Verfügbarkeit der domänenübergreifenden beziehungsweise -unspezifischen Fähigkeiten und er erfolgt andererseits erfahrungsabhängig, stellt also einen Prozess dar, der sich in einer individuellen soziokulturellen Lernumwelt ausprägt. Innere wie äußere Umstände können diesen Weg positiv und negativ beeinflussen. Mit dem Vier-Stufen-Modell lassen sich Vorhersagen über verschiedene Ursachen von Rechenstörungen machen, die domänenübergreifende und -spezifische Komponenten auf allen Stufen betreffen können und zu unterschiedlichen Erscheinungsformen und Komorbiditäten führen. Die klinische Diagnostik sollte daher immer neben den besonderen Aspekten der Zahlendomäne die Gesamtentwicklung des Kindes ins Blickfeld nehmen (von Aster, Kucian, Schweiter u. Martin 2005; von Aster, Weinhold Zulauf u. Horn 2006).

So vielfältig die Ursachen für Rechenstörungen sein können, so einheitlich bewirken sie nach den Vorhersagen dieses Modells eine Erschwerung der hierarchisch am Ende stehenden neuroplastischen Ausbildung von Zahlenraumvorstellungen und die mit ihr einhergehende Entwicklung arithmetischer Fähigkeiten. Das Vier-Stufen-Modell unterscheidet sich damit deutlich von der noch immer verbreiteten Annahme einer einheitlichen (genetischen), die frühen basisnumerischen Fähigkeiten betreffenden Ursache von Rechenstörungen (z. B. Butterworth, Varma u. Laurillard 2011).

In den folgenden Abschnitten soll nun auf der Basis des Vier-Stufen-Modells die Entwicklungsdynamik und die Ätiopathogenese von Rechenstörungen erläutert und mit kurzen Fallbeispielen veranschaulicht werden.

Stufe 1: Die Repräsentation konkreter Mengengröße: Frühe basisnumerische Fähigkeiten

Feigenson, Deahaene und Spelke (2004) definierten für das, was in unserem Modell als basisnumerische Fertigkeiten bezeichnet ist, zwei *core-systems of number*. Die hierunter gefassten Fähigkeiten sind nicht nur bei Menschen (Kindern und Erwachsenen), sondern auch bei verschiedenen Tierspezies vorhanden und ermöglichen ein Wissen über die elementare Mächtigkeit von Mengen, ihre numerische Größe. Zum einen ist hier die Fähigkeit gemeint, kleine Mengen von ein bis drei Objekten simultan und unmittelbar zu erfassen und voneinander zu unterscheiden (subitizing). Babys unter einem Jahr wählen die jeweils größere Menge (von z. B. essbaren Objekten), wenn die Alternativen eins versus zwei, zwei versus drei oder eins versus drei vorgegeben werden. Dagegen wählen sie zufällig, wenn eine der Alternativen mehr als drei Objekte enthält (Feigenson, Carey u. Spelke 2002).

Zum anderen scheint auch die Fähigkeit, größere Mengen voneinander unterscheiden zu können, schon sehr früh vorhanden zu sein. Hierbei geht es jedoch nur um eine ungefähre und ungenaue Unterscheidung, die nur dann gelingt, wenn der Unterschied zwischen diesen zu vergleichenden Mengen groß genug ist. Babys können zwei größere Mengen von Objekten dann voneinander unterscheiden, wenn die numerische Distanz zwischen ihnen eine kritische Größe übersteigt. Sie können zum Beispiel 8 von 16, aber nicht 8 von zwölf unterscheiden und sie können 16 von 32, aber nicht 16 von 24 unterscheiden (Xu u. Spelke 2000).

Hier liegen bereits Größen- und Distanzeffekte vor, die für eine kontinuierliche und zugleich logarithmisch konfigurierte Größenrepräsentation sprechen. Dieses approximative Core-System scheint bei Menschen wie bei Affen im horizontalen Segment des intraparietalen Sulcus (hIPS) beheimatet zu sein; für das Subitizing-System werden extrastriäre Gebiete vermutet (Sathian et al. 1999).

Der Umstand, dass diese Fähigkeiten schon bei Babys und im gewissen Umfang auch bei Tieren beobachtbar sind, hat sehr wesentlich zu der Annahme beigetragen, dass sie eine bereits im Genom verschlüsselte domänenspezifische Fähigkeit darstellen. Gallistel und Gelman (1992) haben für ein solches genetisch installiertes Modul eine Art Akkumulator vorgeschlagen, der gezählte Items als elektrische Impulse aufnimmt und dessen Ladung dann der kardinalen Größe der Menge entspricht. Mix und Sandhofer (2007) argumentieren dagegen durchaus überzeugend, dass diese frühen Fähigkeiten auch einen Extrakt früher, domänenübergreifender Lernprozesse der Mustererkennung und -unterscheidung sowie der Kategorienbildung darstellen können.

Wie dem auch sei, unser Modell sagt voraus, dass eine Schädigung dieser frühen Basissysteme oder Core-Systeme zur Folge hat, dass numerische Sinnbezüge für Zahlensymbole nicht ausreichend hergestellt werden können (*was* sollen Zahlworte und arabische Ziffern symbolisieren?). Damit stoßen auch das Erlernen und der Gebrauch von relationalen Begriffen wie »mehr« und »weniger« im Zusammenhang mit dem Erlernen der Zahlwörter auf Schwierigkeiten. Dies impliziert eine Störung für die gesamte weitere Entwicklung dieser kognitiven Domäne: für das Verständnis kardinaler Größe, für grundlegende numerische Schemata von mehr und weniger oder Teil und Ganzes und in der Folge für arithmetische Prozeduren und Algorithmen.

Eine mögliche Ursache ist ein genetischer Defekt: Shalev und Mitarbeiter (1998) haben bei einem beträchtlichen Teil von Kindern mit persistierenden Rechenstörungen positive Familienanamnesen gefunden haben, das heißt es, fanden sich überzufällig häufig nahe Verwandte, die ebenfalls, wie auch im folgenden Fallbeispiel, massive Schwierigkeiten beim Erlernen des Rechnens hatten. Allerdings zeigen neuere Untersuchungen, dass die Leistungsvarianz im Rechnen durch dieselben Chromosomenabschnitte beeinflusst zu werden scheint, wie die Leistungsvarianz anderer kognitiver und schulischer Fähigkeiten (Kovas u. Plomin 2007). Eine andere mögliche Ursache kann in einer frühen Störung domänenübergreifender Entwicklungsprozesse sein, z. B. durch organische prä-, peri- oder postnatale Risiken, sehr niedriges Geburtsgewicht oder durch stressinduzierte epigenetische Fehlregulationen. In diesem Fall dürften auch Lerndefizite in anderen kognitiven Domänen und in verhaltensregulierenden Funktionen zu erwarten sein, was tatsächlich auch der Fall ist. Deutlich mehr als die Hälfte aller Betroffenen zeigen zusätzlich Symptome einer Legasthenie und einer Aufmerksamkeits-Defizit-Störung (ADS; von Aster 1996; von Aster, Schweiter, Weinhold Zulauf 2007).

Nicki, neun Jahre, 3. Klasse, zeigt durchschnittliche bis gute Schulleistungen in allen Fächern mit Ausnahme des Rechnens. Dort hat sie ein schweres Leistungsversagen und befindet sich auf dem Stand der 1. Klasse. Ihre Mutter hat viel Verständnis, sie hatte als Kind selber eine Mathematik-Leidensgeschichte.
Nicki in der Untersuchungssituation: Sie hat bereits einige Aufgaben gelöst und bekommt vom Untersucher nun die Aufgabe »6 + 8 = ?« gestellt. Der Untersucher fordert sie auf, laut mitzuteilen, wie sie vorgeht. Nicki rechnet zunächst 6 + 4 = 10. Dann 8 + 2 = 10, dann 8 + 4 = 12 (diese Ergebnisse hatte sie zuvor schon berechnet). Nicki fährt fort und rechnet nun 2 + ? = 6?. »Macht 4.« Jetzt fragt der Untersucher, was nun das Ergebnis sei. Nicki antwortet »vierzehn«. Der Untersucher bestätigt erstaunt, dass das Ergebnis genau stimme, dass er aber doch nicht verstanden habe, wie Nicki dies genau gerechnet habe. Er fordert sie auf, den Rechenweg nochmals zu wiederholen. Nicki tut dies exakt bis zu der Stelle, wo sie 8 + 4 = 12 rechnet. Dann, sagt sie, habe sie »noch 2 gerechnet« und sei auf 14 gekommen. Auf die Frage des Untersuchers nach dem Warum der Rechenschritte weist Nicki zunächst auf die zuvor gelösten Rechenaufgaben. Auf die Frage, warum sie dann am Schluss »noch 2 gerechnet« habe, antwortet Nicki schließlich »Hmm! Weil's 14 geben muss!«
Nicki kann richtig zählen und auch Ergebnisse früherer richtig gelöster Aufgaben im Kopf behalten. Das erste Ergebnis war per Zufall richtig. Bei der Wiederholung profitiert Nicki davon, dass der Untersucher das Ergebnis bereits als richtig bestätigt hat. Die entwaffnend korrekte Antwort am Schluss kann daher nicht darüber hinwegtäuschen, dass Nicki nicht recht zu wissen scheint, was sie warum tut. Ihr fehlen ein grundlegendes Zahlenverständnis und die Orientierung in einem inneren Zahlenraum. Sie versucht diese »Blindheit« zu kompensieren, indem sie sich richtige Zahlenfakten merkt.

Eine frühe Ursache kann auch für das so genannte »Nonverbal Learning Disability Syndrome« (NLD; Rourke 1989) und das »Developmental Gerstmann

Syndrome« (DGS; Kinsbourne 1968) angenommen werden. Beim NLD wird eine Reifungsstörung primär rechts lateralisierter visuell-räumlicher und psychomotorischer Syntheseleistungen vermutet, die in der Folge zu den Schwierigkeiten beim Rechnenlernen führen. Charakteristisch ist insbesondere eine Diskrepanz zwischen schwachen nonverbalen und stärkeren sprachgebundenen Leistungen im Intelligenztest. Rourke selbst hat bezüglich des syndromalen Musters des NLD Parallelen zum DGS hergestellt, bei dem neben der Rechenstörung Probleme in der Graphomotorik, der Rechts-Links-Unterscheidung und der Fingergnosie bestehen. Das Gerstmann-Syndrom wird auf Störungen im Bereich des rechten und linken Gyrus angularis, einer Struktur im Parietalhirn, bezogen.

Von einer früh bedingten Form von Rechenstörung kann auch bei solchen Kindern gesprochen werden, die von frühestem Kindesalter an irritabel und affektlabil sind, die eine schwache Aufmerksamkeit und eine geringe Fähigkeit zeigen, Bedürfnisse und Belohnungen aufzuschieben. Störungen in der Beziehungsfähigkeit, im Sozialverhalten und schließlich auch depressive Symptome können später hinzukommen. Diese Kinder werden in der Regel primär wegen ihrer Verhaltensprobleme auffällig, erhalten oftmals eine ADHS-Diagnose und zeigen in der Schule meist Lernstörungen, die sowohl den Schriftspracherwerb als auch das Rechen betreffen. Als ätiopathogenetischen Mechanismus für solche Störungsmuster können heute auch frühkindliche Stresserfahrungen vermutet werden, die sich über epigenetische Wirkfaktoren negativ auf die Entwicklung zentraler domänenübergreifender Funktionen (z. B. Arbeitsgedächtnis, Aufmerksamkeit, Affektregulation) auswirken. Bedeutsame emotionale Stresserfahrungen in sehr frühem Alter werden in der klinischen Psychologie (insbesondere der Bindungsforschung) schon lange mit psychischen Störungen, insbesondere depressiven, aber auch kognitiven Störungen in Zusammenhang gebracht.

Jüngere neurowissenschaftliche Ergebnisse belegen diesen Zusammenhang im Tierexperiment: Die wiederholte kurze Trennung sehr junger Säugetiere (Ratten, Affen) von ihren Müttern während früher postnataler Phasen erhöhter neuronaler und synaptischer Plastizität führt zu beträchtlichen Veränderungen der Hirnfunktionen mit negativen Folgen für die Entwicklung von Lernfähigkeit und adaptivem Verhalten (Brown u. Bogerz 2001; Pryce u. Feldon 2003). So zeigte sich bei Versuchstieren unter anderem auch eine signifikant reduzierte Dichte von Dendriten im anterioren Gyrus cinguli (aGC) (Bock, Gruss, Becker u. Braun 2004), also einer Struktur im Frontalhirn, die zuständig ist für die Steuerung von Aufmerksamkeits- und Arbeitsgedächtnisprozessen.

Die Gründe für frühkindliche Stresserfahrungen beim Menschen sind vielfältig und können hier nicht im Detail diskutiert werden. Sie können (wie im Tiermodell) in traumatisierenden Trennungserfahrungen liegen, aber ebenso auch in anderen Störungen der Eltern-Kind-Interaktion mit mangelhafter, unvollständiger oder fehlerhafter Beantwortung kindlicher Primärbedürfnisse. Wenn Mütter oder Eltern selbst psychisch stark belastet sind, ist das Risiko für einen solchen frühkindlichen Bindungsstress erhöht. Ein solches Risiko besteht für die Kinder auch dann, wenn zum Beispiel infolge von Schwangerschafts- oder Geburtsrisiken Störungen in der kindlichen Primäradaptation auftreten, die später in funktionelle Entwicklungsdisharmonien münden. Solche »schwierigen« und für ihre Eltern oft sehr anstrengenden Kinder, die sich schlecht beruhigen lassen und keinen stabilen Schlaf-Wach-Rhythmus zeigen, sind in ihren Grundbedürfnissen weniger gut einfühlbar. Resultierende Misserfolge in der Verständigung zwischen Mutter und Kind können zu Ärger und Ablehnung führen und so den Stress auf beiden Seiten weiter erhöhen.

Stufen 2 und 3: Die linguistische und die arabische Symbolisierung von Zahlen im Vor- und Grundschulalter

Auch wenn die menschliche Fähigkeit zum Spracherwerb angeboren ist, so kann sich Sprache doch nur in der Interaktion mit einer sprechenden Umwelt entwickeln. Findet sich in dieser Umwelt niemand, der zählt, abzählt, zu- und wegzählt, so können Zahlwörter ebenso wenig gelernt werden wie andere Bezeichnungen für Objekte, wenn sich niemand in der Umgebung des Kindes findet, der sie gebraucht. Wie bereits erwähnt, scheint es den Menschen mancher Naturvölker nicht möglich zu sein, die exakte Größe von Mengen, die mehr als fünf Objekte enthalten, zu denken, weil sie keine Bezeichnungen dafür kennen und evolutionsgeschichtlich wahrscheinlich auch nicht benötigt haben (Gordon 2004). Sie verfügen zwar über die Core-Systeme, ihnen fehlen aber weitgehend ordinale Zählbegriffe. Vermutlich kennen diese Menschen andererseits unzählige Begriffe für Naturerscheinungen, für die wir selbst, da wir sie nicht kennen, umständliche Umschreibungen benutzen müssten. Die Sprache ist jeweils adaptiv für das, was eine erfolgreiche Lebensbewältigung in einer spezifischen Umwelt verlangt.

Der nächste Schritt also zu dem uns vertrauten Denken mit Zahlen erfordert sprachliches Symbolisieren in Form einer ordinalen Zahlwortsequenz. Mit dem Erlernen der grundlegenden Zählprinzipien gehen dann auch erste arithmetische Fähigkeiten einher. Im Vorschulalter lernen Kinder unseres Kulturkreises mit Hilfe der Zahlwortreihe Mengen zu quantifizieren und mit ihnen zu operieren. Dieses Werkzeug ermöglicht es nun, auch Mengen mit großer Genauigkeit zu vereinen (zusammenzählen) oder zu verändern (hinzu- oder wegzählen). Mit zunehmender Übung werden dann arithmetische Fakten nach und nach Bestandteil des Langzeitgedächtnisses. 2 + 3 muss nicht mehr (denkend) zusammengezählt werden, sondern wird (wissend) abgerufen und ergibt einfach 5.

Das Zählwissen und das zunehmende arithmetische Faktenwissen modularisieren unter Vermittlung des mit dem Alter wachsenden Arbeitsgedächtnisses. Dieses neue neuronale Modul, das Dehaene in seinem Triple-Code-Modell »verbal word frame« nennt, entwickelt sich, wie Untersuchungen mit funktioneller Bildgebung gezeigt haben, im Bereich der linken präfrontalen, sprachverarbeitenden Hirnrinde und stellt sprachlich kodiertes Zahlenwissen unmittelbar und bedarfsbezogen bereit.

Dieser Prozess beginnt schon vor Schuleintritt, also ohne systematische Beschulung. Schon im Kindergartenalter verfügen die meisten Kinder über ein beachtliches Zähl- und Zahlenwissen. Das Niveau und die Zusammensetzung des vorschulischen Zahlenwissens variiert allerdings auch beträchtlich und hängt einerseits von Inhalt und Art der Anregung ab, die Kinder in ihrer unmittelbaren Umgebung erfahren, und andererseits von dem, was sie an persönlichen Motiven und Sinnbezügen daraus extrahieren. Dies scheint auch für die Entwicklung der bereits im Kindergartenalter nachweisbaren kognitiven Geschlechtsunterschiede in Mathematik von Bedeutung zu sein. Geschlechtsspezifische primäre Spielmotive und -interessen führen Jungen offenbar früher an Zahlen heran: Sie bevorzugen kompetitive, wettkampforientierte Spiele, bei denen Zahlen als Werkzeug zum vergleichenden Messen nützlich sind (Weinhold, Schweiter u. von Aster 2003).

Andererseits scheinen sprachkulturelle Gegebenheiten, also Besonderheiten der Zahlenlinguistik in den verschiedenen Sprachen, einen Einfluss auf das Niveau des vorschulischen Wissenserwerbs zu haben. Chinesische Vorschulkinder beispielsweise sind europäischen und amerikanischen Vorschulkindern voraus, was zu einem Teil wenigstens wohl auch daran liegt, dass die sehr systematische chinesische Zahlwortstruktur im Vergleich zur deutschen, englischen oder französischen keine linguistischen Irregularitäten kennt (Zahleneigennamen, Stellung von Einern und Zehnern, z. B. 123 = hundert-zwanzig drei). Durch den sehr logischen und einheitlichen Aufbau der Zahlwortstruktur gelingt es den chinesischen Kindern früher, beim Abzählen größerer Mengen dekadische Zergliederungen vorzunehmen und damit sicherer und ökonomischer zum Ergebnis zu kommen (Miura et al. 1988; 1994).

Das chinesische Zahlwortsystem bietet damit auch optimale Voraussetzungen für das Erlernen des arabischen Notationssystems, der zweiten Zahlensprache, die nur in Form visueller Symbole existiert. Diese visuelle Zahlensprache verfügt über eine eigene stellenwertbezogene Grammatik, die von der der meisten angelsächsischen Zahlenlinguistiken deutlich abweicht. Gemeinsam mit dem Erlernen der Schriftsprache wird die arabische Zahlensprache mit Eintritt in die Schule unterrichtet. Das chinesische Zahlwortsystem korrespondiert eins zu eins mit der arabischen Syntax.

Im Gegensatz zu chinesischen Kindern müssen deutsche Kinder im schulischen Erstunterricht zahlreiche Übersetzungsregeln lernen, die sicherstellen, dass die ordinale Reihe von Zahlwörtern korrekt in die neu zu erlernende ordinale Reihe von arabischen Symbolen übertragen werden kann. Dabei stellt im deutschen Zahlwortlexikon besonders die konsequente Zehner-Einer-Inversion eine Lernschwierigkeit dar, die Pädagogen früher dazu veranlasst hat, Kinder aufzufordern, beim Schreiben arabischer Zahlen entgegen der gewohnten Schreibrichtung zuerst den Einer zu schreiben und dann den Zehner davor zu setzen, so wie es der Sprachfolge entspricht. In der Tat sind 25 % der Fehler der deutschen Zweitklässler beim Schreiben von zweistelligen Zahlen so genannte Zahlendreher. Französische Zweitklässler kennen diese Fehlerart praktisch nicht (Koumoula et al. 2004; von Aster et al. 1997a). Man benötigt nicht viel Phantasie, um sich vorzustellen, zu welchen Konfusionen es bei mehrsprachig aufwachsenden Kindern kommen kann, die für mehr als eine Sprache jeweils verschiedene Übersetzungsregeln für das Übertragen von Zahlworten in das arabische Notationssystem benötigen. Verschiedene Länder, wie die Türkei und Norwegen, haben im vergangenen Jahrhundert segensreiche Reformen der Zahlensprechweise vorgenommen, die diese Schwierigkeiten des Transkodierens praktisch eliminiert haben.

Während die Modularisierung der linguistischen Zahlenrepräsentation in den linkshemisphärischen Spracharealen erfolgt, bildet die visuell-arabische Zahlenrepräsentation, die den Umgang mit größeren Zahlen und den Erwerb komplexerer Rechenprozeduren ermöglicht, ein Netzwerk im Bereich der linken und rechten okzipito-temporalen Hirnrinde (Dehaene u. Cohen 1995). Basale Störungen der kindlichen Sprachentwicklung oder der visuellen Informationsverarbeitung können den Prozess der neuronalen Modularisierung, also das Anlegen intakter und langzeitlich stabiler numerischer Gedächtnisrepräsentationen mit verbalen beziehungsweise visuell-arabischen Kodierungsmerkmalen erschweren. Und wie schon mehrfach erwähnt gehen Sprachentwicklungs- und Lese-Rechtschreib-Störungen tatsächlich häufig mit Störungen der Zahlenverarbeitung einher (von Aster 1994, 2003; von Aster et al. 2007).

Das Vier-Stufen-Modell erlaubt die Vorhersage, dass Rechenstörungen auch dann entstehen können, wenn die basisnumerischen Funktionen (Stufe 1) gut ausgebildet sind. Probleme ergeben sich dann aus Störungen in der Ausbildung der linguistischen und der arabischen Zahlenrepräsentationen oder aus Störungen im Zugriff auf diese Repräsentationen. Rousselle und Noël (2007) fanden in einer sorgfältigen neuropsychologischen Studie an Kindern mit umschriebener und kombinierter (mit LRS) Rechenstörung sogar, dass der Zugriff zur Größenbedeutung aus der Zahlsymbolform heraus das Hauptproblem der Kinder darstellte und nicht etwa die Verarbeitung von Mengengröße an sich. Dies galt für beide Formen von Rechenstörungen. Unterschiede bestanden dagegen bei Aufgaben, die besonders hohe Anforderungen an das Arbeitsgedächtnis stellen. Hier schnitten die Kinder mit kombinierten Rechenstörungen deutlich schwächer ab (vgl. auch von Aster et al. 2007).

Die Automatisierung von *sprachlich* kodiertem Zahlenwissen (Zahlwortsequenz, arithmetisches Faktenwissen) kann wie erwähnt durch Störungen der Sprachentwicklung und durch Störungen der Aufmerksamkeit behindert werden. Ein zentraler Mechanismus für die erforderlichen Automatisierungsprozesse sind konstante Wiederholungen beim Zählen, beim Abzählen und beim zählenden Rechnen. Der Übergang von einer Abzähl- zu einer Abrufstrategie setzt dabei voraus, dass das Kind viele Male bei ein und derselben Aufgabe zum selben Ergebnis kommt. Verzählt sich das Kind dagegen immer wieder und kommt zu unterschiedlichen Ergebnissen, so kann die Assoziationsstärke zwischen Aufgabe und Ergebnis nicht wachsen und das Kind verharrt in der unreifen Zählstrategie. Solches Verzählen kann bei Kindern mit Sprachentwicklungsstörungen und bei Kindern mit Aufmerksamkeitsstörungen beispielsweise dadurch zustande kommen, dass die Bildung der Zahlwörter und die korrekte Sequenzbildung besonders schwer fällt oder dass Kinder, wie im folgenden Fallbeispiel, sehr flüchtig, ungenau und unter Verletzung der Eins-zu-eins-Korrespondenzregel zählen.

Patrick, knapp neun Jahre alt, 2. Klasse, zeigt ein sehr impulsives, ungesteuertes Verhalten, ist hyperaktiv, leicht ablenkbar und hat eine sehr oberflächliche Arbeitsweise. Er spricht sehr hastig (poltert) und man gewinnt den Eindruck, dass jede Idee, noch bevor sie überhaupt klare Konturen gewinnt, schon auf dem Weg der Ausführung ist. Wenn er eine Tür öffnet, ist der Gedanke schon hindurch, während der Körper noch davor steht, und so schlägt die Tür ans Knie. Wenn Patrick in der Testsituation Punkte auf einer Vorlage mit dem Finger abzählt, so eilt entweder die Sprache oder die Motorik voraus und eine korrekte Eins-zu-eins-Korrespondenz bleibt selten bis zum Schluss erhalten. Er zählt auch Punkte doppelt und vergisst andere. Entsprechend fehleranfällig sind die Abzählstrategien beim Addieren und Subtrahieren. Ein gezieltes inhaltsbezogenes kognitives Training und die Behandlung der hyperkinetischen Störung konnten hier in relativ kurzer Zeit positive Effekte bringen, zumal die basisnumerischen Fähigkeiten ungestört waren.

Wir haben im Übrigen festgestellt, dass bereits im Vorschulalter signifikante Unterschiede in den numerischen Fähigkeiten bestehen zwischen Kindern, die einen Sprachheilkindergarten besuchen, und solchen, die einen normalen Kindergarten besuchen. Die Häufigkeit von Rechenstörungen war später bei den Kindern aus dem Sprachheilkindergarten deutlich erhöht (von Aster et al. 2005; vgl. auch Gross-Tsur, Manor u. Shalev 1997).

Ein anders geartetes Risiko besteht für Kinder, die zwei- oder mehrsprachig aufwachsen. Für sie entsteht ein besonderes Problem beim Erlernen des arabischen Notationssystems. Diese Kinder müssen für mehr als ein Zahlwortsystem Übersetzungsregeln ins arabische Notationssystem berücksichtigen. Wenn sie die Übersetzungsregeln der einen Zählsprache auch in der anderen anwenden, kommen ständig Fehlermeldungen, die im schulischen Alltag oft nicht schnell genug erkannt und auf das zugrunde liegende Problem bezogen werden können. Ein eindrucksvolles Beispiel hierfür ist die Geschichte eines mit ihrer spanischen Mutter und ihrem schweizerischen Vater zunächst in der Welschschweiz (französischsprachig), später in der Deutschschweiz aufgewachsenen Mädchens:

Rita, zwölf Jahre alt, zweisprachig spanisch/deutsch aufgewachsen, besucht die 5. Klasse, schwänzt häufig den Unterricht, zeigte zunächst nur im Rechnen, später generell schwache Schulleistungen und ist depressiv. Sie zeigte in der Untersuchung überraschend schwerwiegende Probleme beim Übertragen von Zahlen aus der Wortform in die arabische Form und umgekehrt. Das Wort »achtunddreißig« schrieb sie als 83, die arabische Zahl 15 las sie als »einundfünfzig«. Dieselben Schwierigkeiten führten auch dazu, dass sie beim Vergleichen der Größe zweier gesprochener Zahlen eklatante Fehler machte: Neunundvierzig war für sie größer als einundfünfzig. Ihr Sinn für Zahlenbedeutungen war dagegen ungestört: Das Zuordnen von Zahlen zu analogen Positionen auf einem Zahlenstrahl gelang ihr fehlerfrei und auch das ungefähre Quantifizieren einer Menge von Objekten und das Beurteilen ihrer relativen Größe gelang ohne Mühe.

Aber auch andere Besonderheiten in der vorschulischen Lernbiographie können zu sonderbaren und auf den ersten Blick unerklärlichen Abweichungen führen. Insbesondere wenn Kinder Zahlen in anderen als numerischen Sinnbezügen gebrauchen, kommt es zu konkurrierenden Sinnbezügen für Zahlen. Ein eindrucksvolles Beispiel für einen solchen nichtnumerischen Gebrauch von Zahlworten liefert die kleine Irma, die in der 2. Klasse von sich behauptet, dass sie nie mehr Rechnen lernen wird. Die Lehrer sind ratlos und diagnostizieren eine schwere Dyskalkulie:

Irma, ein überdurchschnittlich begabtes und sehr phantasievolles Kind, wuchs als Einzelkind zweier Akademikereltern auf. Bereits mit viereinhalb Jahren begann sie, sich eine Spielgeschichte zu erschaffen, in der die handelnden Personen die Namen von Zahlen erhielten. So erlebte »Drei«, ein blonder und frecher Knabe, mit »Neun«, seinem Freund, allerlei Abenteuer und es bestanden vielerlei Beziehungen zu »Fünf«, »Sechzehn«, »Acht« und vielen anderen aus der Bullerbü-artigen Nachbarschaft, von deren Biographie und Eigenschaften Irma zahlreiche Einzelheiten berichten konnte.
Man kann sich gut vorstellen, in welche Verwirrung Irma geriet, wenn sie in der Schule drei von sechs abziehen sollte.

Auch bei Kindern mit autistischen Störungen beobachtet man bisweilen obsessive Fixierungen auf Zahlen, wobei die Zahlen jedoch andere als kardinale, ordinale oder arithmetische Sinnbezüge tragen können. Hier werden kalendarische Fakten, Primzahlen, Buslinien, Fahrplanzeiten und anderes gesammelt und geordnet. Zahlen haben hier eine eher klassifikatorische, begriffsgebende Funktion, der lexikalische Gebrauch der Zahlen ist daher auch meist völlig ungestört. Der Gebrauch der Zahlen in einem mathematisch-funktionalen Sinnbezug wird jedoch erschwert (vgl. Fallbeispiel in von Aster et al. 1997b).

Stufe 4: Die abstrakte zahlenräumliche Vorstellung: Entwicklung des mentalen Zahlenstrahls im Grundschulalter

Die Zahlensymbole bilden nicht nur eine Grundlage für den Umgang mit größeren Zahlen und das Erlernen höherer Mathematik, sondern auch für die Neukonstruktion der semantischen Zahlenrepräsentation. Hier ist die Umformung der frühen konkreten Mengenrepräsentation (Stufe 1) zu der abstrakt-symbolischen Zahlenraumvorstellung (Stufe 4) gemeint, die sich im parietalen

Kortex vollzieht. Ich habe von dem Fall eines Jugendlichen berichtet (von Aster 2000), bei dem die Unfähigkeit, längere Zahlwörter im Kurzzeitgedächtnis zu halten und auszusprechen, dazu geführt hat, dass große Zahlen für ihn auch nicht vorstellbar wurden:

HN litt unter einer schweren Sprachverarbeitungsstörung mit Legasthenie und hatte größte Schwierigkeiten, längere, insbesondere schnell gesprochene Wort- und Satzsequenzen im Kurzzeitgedächtnis zu behalten und ihrem Sinn nach zu entschlüsseln. Er war daher auch kaum in der Lage, Zahlwörter mit mehr als drei Zahlwortelementen zu verarbeiten. Sein eigentlicher Sinn für konkrete Mengen (Stufe 1) war ungestört: Er konnte sie nach ihrer Größe einschätzen und vergleichen, auch Rechnungsergebnisse mit *kleinen* Operanden überschlagen und Zahlen auf einem Zahlenstrahl abbilden, jedoch nur so lange, wie sich die Zahlen in einem Bereich zwischen null und wenigen Hundert bewegten. Ein sinnstiftender Umgang mit größeren Zahlen war ihm dagegen unmöglich. Er lernte zwar schriftliche Rechenoperationen auszuführen, konnte aber niemals einschätzen, ob das Rechenergebnis auch richtig war. Er war unfähig, größere Zahlen korrekt nach Diktat zu schreiben und zwei größere gesprochene Zahlen nach ihrer Größe zu vergleichen. Dies zeigt, dass HN zwar eine abstrakte Zahlenraumvorstellung entwickeln konnte, aber nur für jenen begrenzten Bereich, in dem es ihm möglich war, die Zahlworte auch im Kopf zu behalten und zu benennen (um sie dann in der Vorstellung räumlich abzubilden).

Verschiedene Untersuchungen haben gezeigt, dass Zahlenraumvorstellungen bei erwachsenen Menschen individuell sehr unterschiedliche visuell-räumliche Gestalt annehmen können (Nuerk u. Weger 2001; Seron et al. 1992) und dass sie durch arabische Zahlen untergliedert sind. Solche Zahlenraumvorstellungen folgen dem so genannten Weber-Fechner-Gesetz mit den bekannten Effekten von Größe und Distanz. Dass der mentale Zahlenstrahl erst während der ersten Grundschuljahre entsteht, findet einen experimentellen Beleg in der Tatsache, dass der so genannte SNARC-Effekt (**S**patial **N**umerical **A**ssociation of **R**esponse **C**odes) erst ab der zweiten Klassenstufe nachweisbar ist: Unseren Untersuchungen zufolge reagierten nur gut ein Drittel der Zweitklässler schneller mit der rechten Hand auf größere Zahlen und schneller mit der linken Hand auf kleinere Zahlen. Bei ihnen existiert also schon eine räumliche, in Schreibrichtung ausgerichtete Vorstellung, die größere Zahlen näher an die rechte Hand und kleinere Zahlen näher an die linke Hand projiziert. Dies ist bei zwei Dritteln der Zweitklässler noch nicht der Fall (Schweiter, Weinhold Zulauf u. von Aster 2005). Ab der 3. Klasse zeigen Schulkinder dann mehrheitlich, wie Erwachsene, einen numerischen SNARC-Effekt (Berch, Foley, Hill, McDonogh Ryan 1999), es sei denn, sie haben Einschränkungen in den visuell-räumlichen Funktionen (Bachot, Gevers, Fias u. Roeyers 2005).

Die Neukonstruktion oder der Umbau dieses im horizontalen Segment des intraparietalen Sulcus (hIPS) angelegten Moduls lässt sich auch an den Ergebnissen unserer eigenen Untersuchungen mit funktioneller Bildgebung (fMRI) verfolgen. Vergleichende Untersuchungen mit normal entwickelten Kindern der 3. und 6. Klasse sowie erwachsenen Probanden zeigten, dass die parietale

Aktivität beim Lösen einfacher Schätzrechenaufgaben bei den Kindern der 3. Klasse am schwächsten und bei den Erwachsenen am stärksten ausgeprägt war. Genau umgekehrt verhielt es sich mit der Aktivität im Frontalhirn, genauer gesagt im anterioren Gyrus cinguli (aGC), einer Region, die für Aufmerksamkeitssteuerung und Arbeitsgedächtnis zuständig ist. Hier zeigten die Drittklässler die stärkste und die Erwachsenen die schwächste Aktivität (Kucian et al. 2004; 2005).

Wie lässt sich dieser Befund interpretieren? Es scheint, dass die Denkfunktionen des Frontalhirns diesen Umbau des parietalen Netzwerkes, die Modularisierung des Zahlenstrahls, ermöglichen. Sie bilden den Motor für diesen Umbau. In der eingangs beschriebenen Intelligenz-Entwicklungstheorie von Anderson (1992) entsprächen die Frontalhirnfunktionen dem basalen Verarbeitungsmechanismus, der »denkend« jenes Wissen erzeugt, das mit zunehmender Übung und Routine sukzessive zu den modularen Langzeitgedächtnisrepräsentationen in Gestalt eines mentalen Zahlenstrahls im Parietalhirn führt (und damit auch den sich entwickelnden SNARC-Effekt erklärt). Das wiederholte Verknüpfen von Zahlwörtern mit arabischen Ziffern und das Automatisieren ihrer festgelegten Position durch mentale Bewegungen nach vorn und hinten beziehungsweise rechts und links entlang einer stabilen ordinalen Reihe von Nachbarn ermöglicht diese Konstruktion und damit die Fähigkeit, auf dem Zahlenstrahl auf- und abzuschreiten und arithmetisch zu manövrieren (Schwank spricht in ihrem Beitrag treffend von »mentaler Motorik«). Man kann dies auch Kopfrechnen nennen!

Das Vier-Stufen-Modell postuliert, dass die mentale Konstruktion einer Zahlenraumvorstellung im Grundschulalter erfolgt und auf den Vorläufern basisnumerischer und symbolischer Zahlenrepräsentationen basiert. Dies bedeutet, dass Störungen oder Verzögerungen in der Entwicklung dieser Vorläuferfunktionen (Stufen 1–3) Erschwerungen in der Ausbildung von Zahlenraumvorstellungen nach sich ziehen, und zwar unabhängig davon, ob frühe basisnumerische oder spätere Störungen der Zahlensymbolisierung vorliegen. In der Tat haben wir in fMRI-Untersuchungen mit rechengestörten Kindern feststellen können, dass diese im Vergleich zu gleichaltrigen normal entwickelten Kindern beim Schätzrechnen eine deutlich schwächere Aktivität in den Parietalregionen, aber auch im Frontalhirn zeigen (Kucian et al. 2005). Dieses Ergebnis lässt sich vor dem Hintergrund unserer theoretischen Annahmen in zweifacher Hinsicht interpretieren:

- Die schwächere parietale Aktivität bei den rechengestörten Kindern bedeutet, dass die parietale Basis (im Sinne der Core-Systeme) nicht ausreichend entwickelt ist oder dass die symbolischen »Baustoffe« (die linguistische und arabische Zahlenrepräsentation) für die Umformung der konkreten Mengenrepräsentation (Stufe 1) in die abstrakt-symbolische Zahlenraumvorstellung (Stufe 4) nicht ausreichend entwickelt sind.

- Die schwächere Aktivität im Frontalhirn entspricht einer geminderten Aufmerksamkeits- und Arbeitsgedächtnisleistung mit der Folge einer geminderten Fähigkeit zu mentaler Motorik und einer verlangsamten parietalen Modularisierung der Zahlenraumvorstellung.

Mit Bezug auf die erlebte schulische Gegenwart muss zum Schluss auf ein weiteres Phänomen eingegangen werden. Lernen ist nicht nur erfahrungsabhängig (Vorerfahrung und aktueller Lerninhalt), sondern auch abhängig vom momentanen Zustand, in dem sich der Lernende befindet. Die äußere Lernumgebung und die innere Befindlichkeit beeinflussen diesen Zustand sehr wesentlich. Zwei Aspekte verdienen in Hinblick auf das Gelingen schulischer Lernprozesse besondere Erwähnung:

1. Schulische Didaktik: Hier geht es um die Frage, ob Unterrichtsinhalte und -methoden adaptiv sind in Hinblick auf jene Lernziele, die für alle Schüler gleichermaßen gelten und in einem Curriculum festgehalten sind. Die Debatte hierüber wird angesichts der regelmäßig ernüchternden PISA-Ergebnisse zunehmend intensiv geführt und findet auch ihren Niederschlag in verschiedenen Beiträgen dieses Buches.
2. Lernen ist abhängig vom inneren Zustand des lernenden Individuums. Hier geht es also um die Frage, unter welchen emotionalen und motivationalen Bedingungen Lernprozesse stattfinden und dementsprechend gefördert oder aber behindert werden. Hier können Umstände der persönlichen Lebenssituation und daraus resultierende psychische Belastungen ebenso eine Rolle spielen wie allgemeine Faktoren der schulischen Lernumgebung.

Oskar Pfister (1924), ein Schüler Sigmund Freuds, hat bereits Anfang des letzten Jahrhunderts den Fall eines Jungen publiziert, der in Folge einer emotionalen Traumatisierung plötzlich nicht mehr rechnen konnte. In der klinischen Praxis machen sich depressive Entwicklungen häufig zuerst in einem Leistungsabfall in Mathematik bemerkbar. Wie verheerend sich andersherum chronischer Misserfolg anfühlt und welche Auswirkungen er auf das innere Befinden haben kann, ist wunderbar wiedergegeben in dem Roman »Schulkummer« des französischen Autors Daniel Pennac (2009).

Besonders im Schulalter, aber durchaus auch schon vorher, üben institutionalisierte öffentliche Bewertungssysteme wie die Notengebung einen Selektionsdruck auf die Entwicklung von Fertigkeiten aus. Erfolgreiche Tätigkeiten werden verstärkt und gesucht, erfolglose dagegen gemieden. Bei leistungsschwachen Kindern erzeugt die fortgesetzte Konfrontation mit Misserfolg Stress. Daraus entstehende Ängste führen zu Blockaden, indem sie Aufmerksamkeit und Arbeitsgedächtnis reduzieren und damit weiteren Misserfolg wahrscheinlicher machen (Ashcraft u. Kirk 2001). Erwiesenermaßen steigen mit zunehmender Angst auch Bearbeitungszeit und Fehlerrate beim Lösen von Aufgaben. In einem solchen Kreislauf festigt sich auch spezifisches Wissen über die eigene Person (»das kann ich nicht«, »das lerne ich nie«). Es entwickeln sich ungünstige Attributionsstile und Kontrollüberzeugungen. Das chronische Ausbleiben von positiven Handlungs-Ergebnis-Kontingenzen führt sukzessive zum Verlust von Motivation und Anstrengungsbereitschaft, Erfolge werden nicht mehr erwartet und Minderwertigkeitsgefühle wachsen. Die aus der Vermeidung resultierenden Übungsdefizite schwächen schließlich jene neuroplastischen Hirnreifungsprozesse (Modularisierungen), die für eine erfolgreiche weitere Lernentwicklung notwendig sind.

Literatur

Anderson, M. (1992): Intelligence and development. A cognitive theory. Oxford.

Ashcraft, M. H.; Kirk, E. P. (2001): The relationships among working memory, math anxiety, and performance. Journal of experimental psychology: General 130: 224–237.

Aster, M. G. von (1994): Developmental dyscalculia in children: Review of the literature and clinical validation. Acta Paedopsychiatrica 56: 169–178.

Aster, M. G. von (1996): Psychopathologische Risiken bei Kindern mit umschriebenen schulischen Entwicklungsstörungen. Kindheit und Entwicklung 5: 53–59.

Aster, M. G. von (2000): Developmental cognitive neuropsychology of number processing and calculation: Varieties of developmental dyscalculia. European Child and Adolescent Psychiatry 9(2): 41–58.

Aster, M. G. von (2003): Umschriebene Entwicklungsstörungen des Rechnens. In: Herpertz-Dahlmann, B.; Resch, F.; Schulte-Markwort, M.; Warnke, A. (Hg.): Lehrbuch der Entwicklungspsychiatrie. Stuttgart.

Aster, M. G. von; Deloche, G.; Dellatolas, G.; Meier, M. (1997a): Zahlenverarbeitung und Rechnen bei Schulkindern der 2. und 3. Klassenstufe: Eine vergleichende Studie französischsprachiger und deutschsprachiger Kinder. Zeitschrift für Entwicklungspsychologie und Pädagogische Psychologie 24: 151–166.

Aster, M. G. von; Zachmann, M.; Brandeis, D.; Wohlrab, G.; Richner, M.; Steinhausen, H.-C. (1997b): Psychiatric, neuropediatric and neuropsychological symptoms in a case of Hypomelanosis of Ito. European Child and Adolescent Psychiatry 6: 227–233.

Aster, M. G. von; Kucian, K.; Schweiter, M.; Martin, E. (2005): Rechenstörungen im Kindesalter. Monatsschrift Kinderheilkunde 153: 614–622.

Aster, M. G. von; Weinhold Zulauf, M.; Horn, R. (2006): ZAREKI-R: Die Neuropsychologische Testbatterie für Zahlenverarbeitung und Rechnen bei Kindern, revidierte Version. Frankfurt: Harcourt Test Services.

Aster, M. G. von; Shalev, R. (2007): Number development and developmental Dyscalculia. Developmental Medicine and Child Neurology 49: 868–873.

Aster, M. G. von; Schweiter, M.; Weinhold Zulauf, M. (2007): Rechenstörungen bei Kindern: Vorläufer, Prävalenz und psychische Symptome. Zeitschrift für Entwicklungspsychologie und Pädagogische Psychologie 39: 85–96.

Bachot, J.; Gevers,W.; Fias,W. ; Roeyers, H. (2005): Number sense in children with visuospatial disabilities: Orientation of the mental number line. Psychology Science 47: 172–184.

Baddeley, A. D.; Hitch, G. (1974): Working memory. In: Bower, G. A. (Hg.): The psychology of learning and motivation. 8. Auflage. New York, S. 47–89.

Berch, D. B.; Foley, E. J.; Hill, R. J.; McDonough Ryan, P. (1999): Extracting parity and magnitude from arabic numerals: Developmental changes in number processing and mental representation. Journal of Experimental Child Psychology 74: 286–308.

Bock, J.; Gruss, M.; Becker, S.; Braun, K. (2004): Experience-induced changes of dendritic spine densities in the prefrontal and sensory cortex: Correlation with developmental time windows. Cerebral Cortex Advances Access, Sept. 15th.

Brown, K.; Bogerz, B. (2001): Erfahrungsgesteuerte neuronale Plastizität. Nervenarzt 72: 3–10.

Butterworth, B.; Varma, S.; Laurillard, D. (2011): Dyscalculia: From brain to education. Science 332: 1049–1053.

Cattell, R. B. (1987): Intelligence: Its structure, growth and action. Amsterdam.

Deary, I. J.; Penke, L.; Johnson, W. (2010): The neuroscience of human intelligence differences. Nature Reviews Neuroscience 11: 201–211.

Dehaene, S. (1992): Varieties of numerical abilities. Cognition 44: 1–42.

Dehaene, S.; Cohen, J. D. (1995): Towards an anatomical and functional model of number processing. Mathematical Cognition 1: 83–120.

Dehaene, S.; Spelke, E.; Pinel, P.; Stanescu, R.; Tsivkin, S. (1999): Sources of mathematical thinking: Behavioral and brain-imaging evidence. Science 284(5416): 970–974.

Ehlert, A.; Schroeders, U.; Fritz, A. (im Druck): Kritik am Diskrepanzkriterium in der Diagnostik von Legasthenie und Dyskalkulie. Lernen und Lernstörungen 1(3).

Feigenson, L.; Carey, S.; Spelke, E. (2002): Infants' discrimination of number vs. continuous extent. Cognit. Psychol. 44(1): 33–66.

Feigenson, L.; Dehaene, S.; Spelke, E. (2004): Core systems of number. Trends Cogn. Sci. 8(7): 307–314.

Gardner, H. (2002): Intelligenzen. Die Vielfalt des menschlichen Geistes. Stuttgart.

Gläscher, J.; Rudrauf, D.; Colom, R.; Paul, L. K.; Tranel, D.; Damasio, H.; Adolphs, R. (2010): Distributed neural system for general intelligence revealed by lesion mapping. PNAS 107 (10): 4705–4709.

Gordon, P. (2004): Numerical cognition without words: Evidence from Amazonia. Science 306: 496–499.

Gross-Tsur, V.; Manor, O.; Shalev, R. (1997): Comorbidity in elementary school children with developmental language disorders. Annals Neurology 42: 525.

Jung, R. E.; Haier, R. J. (2007): The Parieto-Frontal Integration Theory (P-FIT) of intelligence: Converging neuroimaging evidence. Behav Brain Sci 30:135–154, discussion 154–187.

Karmiloff-Smith, A. (1992): Beyond Modularity: Cambridge, MA.

Kaufmann, L., Aster, M. G. von (2012): The diagnosis and management of dyscalculia. Deutsches Ärzteblatt International 109 (45).

Kinsbourne, M. (1968): Developmental Gerstmann syndrome. Pediatric Clinics of North America 15(3): 771–778.

Koumoula, A.; Tsironi, V.; Stamouli, V.; Bardani, E.; Siapati, S.; Graham-Pavlou, A.; Kafantaris, I.; Charalambidou, E.; Dellatolas, G.; Aster, M. G. von (2004): An epidemiological study of number processing and mental calculation in Greek school children. Journal of Learning Disabilities 37(5); 377–388.

Kovas, Y.; Plomin, R. (2007): Learning abilities and disabilities: generalist genes, specialist environments. Current Directions in Psychological Science 16: 284–288.

Kucian, K.; Loenneker, T.; Dietrich, T.; Martin, E.; Aster, M. G. von (2004): Children's Brains learn approximate Calculation. 16th World Congress of the IACAPAP. Berlin.

Kucian, K.; Loenneker, T.; Dosch, M.; Dietrich, T.; Aster, M. G. von; Martin, E. (2005): Brain activation in children with developmental dyscalculia during calculation. Poster presented at 11th Annual Meeting of the Organization for Human Brain Mapping.

Kucian, K.; Grond, U.; Rotzer, S.; Henzi, B.; Schönemann, C.; Plangger, F.; Gälli, M.; Martin, M.; Aster, M. G. von (2011): Mental number line training in children with developmental dyscalculia. Neuroimage 57: 782–795.

Kucian, K.; Kaufmann, L. (2009): A developmental model of number representations. Behavioral and Brain Sciences 32: 340–341.

Kucian, K.; Schwizer Ashkenazi, S.; Hänggi, J.; Rotzer, S.; Jänke, L.; O'Gorman, R.; Martin, E.; Aster, M. G. von (2012): Diffusion Tensor Imaging in Children with Developmental Dyscalculia. Human Brain Mapping Conference (HBM). Peking. http://ww4.aievolution.com/hbm1201/index.cfm?do=abs.viewAbs&abs=5261

Miura, J. T.; Kim, C. C.; Chang, C.-M.; Okamoto, Y. (1988): Effects of language characteristics on children's cognitive representation of number: Cross-national comparisons. Child Development 59: 1445–1450.

Miura, J. T.; Okamoto, Y.; Kim, C. C.; Chang, C.-M.; Steere, M.; Fayol, M. (1994): Comparisons of children's cognitive representation of number: China, France, Japan, Korea, Sweden and the United States. International Journal of Behavioral Development 17: 401–411.

Mix, K. S.; Sandhofer, C. S. (2007): Do we need a number sense? In: Roberts, M. R. (Hg.): Integrating the mind. New York.

Neubauer, A.; Stern, E. (2007): Lernen macht intelligent. München.

Nuerk, H. C.; Weger, U. (2001): Decade breaks in the mental number line? Putting the tens and units back in different bins. Cognition 82(1): B25–33.

Pennac, D. (2009): Schulkummer. Köln.

Pfister, O. (1924): Die psychoanalytische Methode. Leipzig.

Pica, P.; Lemer, C.; Izard, V.; Dehaene, S. (2004): Exact and approximate arithmetic in an Amazonian indigene group. Science 306: 499–503.

Pryce, C.; Feldon, J. (2003): Long-term neurobehavioral impact of the postnatal environment in rats: Manipulations, effects and mediating mechanisms. Neuroscience Biobehavioral Review 27: 57–71.

Ramsden, S.; Richardson, F. M.; Josse, G.et al. (2011): Verbal and non-verbal intelligence changes in the teenage brain. Nature 479(7371): 113–116.

Rourke, B. (1989): Nonverbal learning disabilities. The syndrome and the model. New York.

Rousselle, L.; Noël, M.-P. (2007): Basic numerical skills in children with mathematics learning disabilities: a comparison of symbolic vs. non-symbolic number magnitude processing. Cognition 102: 361–395.

Rykhlevskaia, E.; Uddin, L. Q.; et al. (2009). Neuroanatomical correlates of developmental dyscalculia: combined evidence from morphometry and tractography. Frontiers in Human Neuroscience 3: 51.

Sathian, K.; Simon, T. J.; Peterson, S.; Patel, G. A.; Hoffman, J. M.; Grafton, S. T. (1999): Neural evidence linking visual object enumeration and attention. Journal of Cognitive Neuroscience 11: 36–51.

Schweiter, M.; Weinhold Zulauf, M.; Aster, M. G. von (2005): Die Entwicklung räumlicher Zahlenrepräsentationen und Rechenfertigkeiten bei Kindern. Zeitschrift für Neuropsychologie, 16(2): 105–113.

Seron, X.; Pesenti, M.; Noël, M. P.; Deloche, G.; Cornet, J. A. (1992): Images of numbers, or »When 98 is upper left and 6 sky blue«. Cognition 44(1–2): 159–196.

Shalev, R. S.; Manor, O.; Auerbach, J.; Gross-Tsur, V. (1998): Persistence of developmental dyscalculia: what counts? Results from a 3-year prospective follow-up study. Journal of Pediatrics 133(3): 358–362.

Spearman ,C. (1904): General intelligence, objectively determined and measured. American Journal of Psychology 15: 201–293.

Tanaka, H.; Black, J. M.; Hulme, C.et al. (2011): The brain basis of the phonological deficit in dyslexia is independent of IQ. Psychological Science 22(11): 1442–1451.

Weinhold Zulauf, M.; Schweiter, M.; Aster, M. G. von (2003): Das Kindergartenalter: Sensitive Periode für die Entwicklung numerischer Fertigkeiten. Kindheit und Entwicklung 12(4): 222–230.

Xu, F.; Spelke, E. S. (2000): Large number discrimination in 6-month-old infants. Cognition 74(1): B1–B11.

Ursina Grond, Martin Schweiter und Michael von Aster

Neuropsychologie numerischer Repräsentationen

Zahlen begegnen uns im Alltag in unterschiedlichsten Formen. Wir können dieselbe Anzahl, beispielsweise »drei«, als Wort (drei), als Ziffer (3), als römisches Zahl (III), als nichtsymbolische Darstellung (···), als Fingerdarstellung, als Wort mit zusätzlicher numerischer Bedeutung (Trio, Tripel) oder in einer temporalen Serie (z. B. als Walzer-Takt) erkennen. Dies erfordert eine differenzierte Verarbeitungsleistung, die auf der Abstraktion vom »Was« und der Zerlegung einer Menge in diskrete Einzelobjekte basiert. Diese Leistung erfordert, neben dem Erkennen und der Abstraktion von Objekteigenschaften, eine mentale Repräsentation der Anzahligkeit. Dieser Beitrag widmet sich der Entstehung und Entwicklung numerischer Repräsentationen sowie ihren Defiziten bei Hirnschädigungen und Entwicklungsstörungen.

Was ist eine numerische Repräsentation?

Im neurowissenschaftlichen Sinne ist eine *Repräsentation* ein Set von internalen Einheiten oder Ereignissen, die für »etwas anderes« stehen. Das heißt, Repräsentationen überbrücken die Lücke zwischen Stimulus und Reaktion oder zwischen Input und Output eines Verhaltens und stehen somit für die subjektive Realität, die aus bewusst und unbewusst verarbeiteten Stimuli geschaffen wird. Dies ermöglicht uns, Perzepte oder Verhalten zu speichern oder antizipieren, um sie auch dann gegenwärtig zu haben, wenn sie in der äußeren Realität nicht mehr zugänglich sind, und sie so in unser Verhalten einbinden zu können. Repräsentationen sind beispielsweise mathematische Symbole oder Bilder, sie können aber auch komplexe Konzepte wie etwa Kategorien oder semantische Netzwerke darstellen (Greco 1995).

Der Begriff der *numerischen Repräsentation* umschreibt nun die Abbildung von Zahlen und/oder Anzahligkeit in der inneren Realität. Im Blickfeld der Neurowissenschaft bezieht sich die Definition der numerischen Repräsentation vorwiegend auf Aktivierungsmuster, die bei der numerischen Größe moduliert werden (Cohen Kadosh u. Walsh 2009). Wie bereits in der Definition erahnbar, kann man nicht von nur einer numerischen Repräsentation ausgehen, vielmehr ist anzunehmen, dass viele unterschiedliche numerische Repräsentationen bestehen. Es herrscht jedoch keine Übereinstimmung zwischen den Forschern in Bezug auf die Anzahl und die Formen numerischer Repräsentationen. Unterteilt wird unter anderem in sprachliche beziehungsweise nichtsprachliche, abstrakte beziehungsweise nichtabstrakte Repräsentationen oder gemäß dem wohl populärsten Modell von Dehaene (1992) in eine auditiv-verbale (z. B. zwei), eine visuell-arabische (z. B. 2) und eine analoge Größenrepräsentation im Sinne eines mentalen Zahlenstrahls.

Aus Gründen der Übersichtlichkeit wird dieser Beitrag in die Unterkapitel »Repräsentation numerischer Größe« und »symbolische Repräsentationen von Zahlen« unterteilt.

Repräsentation numerischer Größe

Die mentale Repräsentation numerischer Größe ist keineswegs ein rein menschliches Phänomen. Unzählige Studien aus der Tierforschung zeigen, dass ein Teil des menschlichen Quantifizierungssystems einen evolutionären Ursprung hat. Nach Ansicht von Holzkamp (1973) sind die Objektmerkmale Menge und Dichte phylogenetisch bereits extrem früh, in ersten Formen der Fortbewegung, aufgetreten. Geißeltierchen reagieren mit Annäherung auf die Zunahme der Nahrungskonzentration, Schmetterlinge fliegen in die Richtung derjenigen Blume, von welcher sie pro Zeiteinheit mehr Pheromonmoleküle an ihren Fühlern analysieren. Zudem reagieren Tiere nicht nur auf die Zunahme von Menge, sie können auch Anzahlen diskriminieren und zeigen dieses Verhalten in der Wildnis sowie bei kontrollierten Experimenten im Labor.

In einer dieser Laborstudien lernten Rhesusaffen die Zahlen 1 bis 4 in aufsteigender Reihenfolge zu berühren. Die Tiere konnten anschließend die gelernte Regel der Kardinalität auf neue Zahlen (5 bis 9) übertragen, was vermuten lässt, dass sie ein Konzept für numerische Quantität entwickeln (Brannon u. Terrace 1998). In einem weiterführenden Experiment waren die Affen sogar im Stande, die gelernten Konzepte auf die Zahlen 10, 15, 20 und 30 auszudehnen. Zudem erzielten die Affen in einer ordinalen Vergleichsaufgabe qualitativ und quantitativ ähnliche Leistungen wie Menschen, was folglich die Annahme eines nonverbalen und evolutionären Mechanismus für die Repräsentation von Mengen unterstützt (Cantlon u. Brannon 2006). Das Erkennen von Anzahligkeit erfolgt unabhängig der Modalität der dargebotenen Stimuli; Makaken verknüpfen spontan die Anzahl Individuen, die sie sehen, mit der Anzahl Stimmen der Individuen, die sie hören (Jordan, Brannon, Logothetis u. Ghazanfar 2005; Jordan, MacLean u. Brannon 2008). Auch in der freien Wildbahn machen sich die Tiere numerische Informationen zu Nutze und entscheiden sich für den Behälter mit mehr Futter (Hauser, Carey u. Hauser 2000).

Zu den »zählenden« Spezies gehören aber nicht nur Affen, sondern auch Vögel (Rugani, Fontanari, Simoni, Regolin u. Vallortigara 2009), Fische (Agrillo, Piffer u. Bisazza 2011), Salamander (Krusche, Uller u. Dicke 2010) und Bienen (Gross, Pahl, Si, Zhu, Tautz u. Zhang 2009), um nur einige zu nennen. Die evolutionäre Relevanz einer solchen Fähigkeit ist offensichtlich für die Futtersuche, das soziale Verhalten und für die Reproduktion einer Art von Bedeutung (Lyon 2003; McComb, Packer u. Pusey 1994; Wilson, Britton u. Franks 2002).

Die Fähigkeit, numerische Anzahlen zu erkennen, spiegelt sich auch bei der menschlichen Spezies von Geburt an wider. Erste Hinweise für das Vorhandensein einer numerischen Repräsentation bei Säuglingen konnte mittels Habituationsstudien erbracht werden. Zu diesem Zweck wurde den Säuglingen wiederholt ein Stimulus mit zwei Objekten präsentiert, bis der Säugling dem Stimulus kaum noch Aufmerksamkeit schenkte, um sie anschließend mit einer akustischen Darbietung von zwei oder drei Tönen zu konfrontieren. Die Säuglinge zeigten nur bei den Durchgängen mit abweichender Anzahl eine Orientierungsreaktion, was als Hinweis gedeutet wird, dass bei Säuglingen eine von der Modalität unabhängige numerische Repräsentation vorliegt (Starkey, Spelke u. Gelman 1990). In einer viel beachteten Studie von Xu und Spelke (2000) gelang mit derselben Untersuchungsmethode der Nachweis, dass bereits sechs Monate alte Säuglinge größere Mengen (8 vs. 16) voneinander unterscheiden konnten. Wiederum betrachteten sie die Stimuli mit den erwartungswidrigen Anzahlen, unabhängig von der Farbe, Größe oder Position, länger als die habituierten.

Den endgültige Beweis für die vermutlich angeborene numerische Fähigkeit erbrachte eine neuere Studie, die wenige Stunden alte Säuglinge mit verschiedenen numerischen Aufgaben konfrontierte. Die Säuglinge assoziierten spontan die visuellen Anzahlen von 4 bis 18 Objekten mit auditorischen Sequenzen, was schließen lässt, dass Säuglinge bereits bei der Geburt eine vom ursprünglichen Input abstrahierte numerische Repräsentation erzeugen (Izard, Sann, Spelke u. Streri 2009).

Es bestehen jedoch noch folgende Grenzen in der Repräsentation von Quantitäten bei Kleinkindern: Sie ist nur für die ersten paar Zahlen genau, darüber hinaus besitzt sie einen approximativen, ungenauen Charakter. Dies lässt sich in der numerischen Diskriminierungsleistung nachweisen, die durch das Verhältnis der präsentierten Anzahlen begrenzt ist. Während der Entwicklung ist jedoch eine Verbesserung der Diskriminierungsleistung zu beobachten; so können Säuglinge im Alter von sechs Monaten Anzahlen im Verhältnis 1 zu 2 unterscheiden, Säuglinge im Alter von zehn Monaten bereits Anzahlen im Verhältnis 2 zu 3 (Feigenson, Dehaene u. Spelke 2004).

Interessant in diesem Sinne sind auch anthropologische Studien, die das Zahlensystem und das Zählen bei indigenen Völkern untersuchten, die nur wenige oder gar keine Zahlworte in ihrer Sprache kennen. Die Mitglieder des Pirahã-Stammes im Amazonasgebiet besitzen kein echtes Zahlkonzept, da bloß Mengenwörter für »wenig« (hói), »etwas mehr« (hoí) und »viele« (baagiso) bestehen. Trotzdem zeigten sie bei Aufgaben mit Anzahlen über drei ein gutes

Diskriminierungsvermögen (Frank, Everett, Fedorenko u. Gibson 2008). Der Eingeborenenstamm der Mundurukù, ebenfalls im Amazonasgebiet wohnhaft, besitzt lediglich die Zahlwörter eins bis fünf. Auch wenn sie keine sprachlichen Begriffe für einen Großteil der Zahlen besitzen, sind sie, ähnlich wie die Pirahã, fähig, größere Mengen zu vergleichen und arithmetische Operationen approximativ zu lösen (Pica, Lemer, Izard u. Dehaene 2004).

Solche Studien unterstützen die Theorie, dass Menschen ein angeborenes approximatives Quantifizierungssystem zur Abschätzung von Mengen besitzen, welches unabhängig von Sprache arbeitet. Zahlwörter verändern folglich nicht die numerische Größenrepräsentation, sondern bieten eine kognitive Strategie, um große Anzahlen über Zeit, Raum und Modalität genau und dauerhaft zu repräsentieren und zu verarbeiten (Frank et al. 2008; Gordon 2004).

Auf neuronaler Ebene ist es unumstritten, dass der Parietallappen eine zentrale Rolle bei der Größenverarbeitung von Zahlen spielt. In bildgebenden Studien zeigt sich beim Vergleich von Zahlen eine konstante Aktivierung in den bilateralen intraparietalen Sulci (IPS) (z. B. Dehaene, Piazza, Pinel u. Cohen 2003; Pesenti, Thioux, Seron u. De Volder 2000). Weitere Ergebnisse zeigen, dass das horizontale Segment des IPS (hIPS) für die Verarbeitung von numerischer Größe zuständig ist (Dehaene et al. 2003). Aktivierung im hIPS findet sich bei sämtlichen Studien mit Zahlenverarbeitung, unabhängig der Modalität der dargebotenen Zahl – visuell, als arabisches Symbol, ausgeschriebenes Wort, Punktemenge oder gar auditiv. Dies spricht für eine abstrakte, quantitative Verarbeitungsweise von Zahlen. Des Weiteren haben Studien gezeigt, dass die Aktivität, abhängig von der Größe der Zahlen und ihrer Distanz, variiert. Fias und Koautoren beispielsweise haben gezeigt, dass eine Modulation der hIPS-Aktivität bei Parametern wie der absoluten Größe der Zahlen vorliegt, wobei ein negativer Zusammenhang zwischen Distanz und Aktivitätslevel besteht (Fias, Lammertyn, Reynvoet, Dupont u. Orban 2003; siehe auch den Beitrag von Kucian und von Aster in diesem Band).

Subitizing

Bereits 1908 hat Bourdon die Zeit gemessen, die er für das Erfassen von Punktmengen benötigte, und dabei Folgendes festgestellt: Für das Erkennen von Punktmengen zwischen ein und drei Elementen benötigte er weniger als eine halbe Sekunde, wobei ein nur geringfügiger Anstieg der Reaktionszeiten von einem zu drei Elementen beobachtbar war. Das genaue und simultane Erfassen einer solch geringen Anzahl von Objekten, ohne diese Abzuzählen, wird heute als »Subitizing« bezeichnet (Mandler u. Shebo 1982). Bei Kleinkindern scheint dies auf die Anzahl drei beschränkt zu sein, bei welcher sie unfehlbar auf einen Blick erkennen können, um wie viele Elemente es sich handelt. Erwachsene erreichen im Vergleich Anzahlen bis vier (Butterworth 2005). Sobald die zu betrachtenden Mengen größer werden, nehmen Fehlerhäufigkeit und Reaktionszeit stark zu. Bei mehr als drei Elementen benötigen Erwachsene 200 bis 300 Millisekunden länger pro zusätzliches Element. Bei Kindern kann der Zuwachs pro Element 1 bis 2 Sekunden betragen. Forscher gehen daher davon aus, dass wir nicht nur ein System zur approximativen Repräsentation größerer Anzahlen haben, sondern auch ein System zur exakten Repräsentation kleinerer Anzahlen (Xu 2003; Xu, Spelke, u. Goddard 2005). Starkey und Cooper (1980) wiesen dies nach, indem sie zweijährigen Kindern Dias mit zwei Punkten zeigten, bis sie eine Habituation erreichten. Wurde den Kindern nun Bilder mit drei Punkten gezeigt, betrachteten sie diese Darstellung deutlich länger. Denselben Effekt findet sich, wenn man Kindern mit Hilfe akustischer Darbietung von zwei und drei Tönen untersucht. In einer weiteren Studie erforschte Wynn (1995), wie kleine Kinder reagieren, wenn ihnen simultan Bilder mit zwei oder drei Elementen und eine akustische Darbietung mit zwei respektive drei Tönen präsentiert wurden. Es zeigte sich, dass sie diejenige Abbildung länger betrachteten, welche dieselbe Anzahl Elemente aufwies wie die Anzahl der präsentierten akustischen Signale.

Bei Säuglingen sind die Resultate etwas widersprüchlich. Im Alter von sechs Monaten sind sie fähig, größere Mengen (über dem Bereich des Subitizings), aber nicht kleinere Mengen (z. B. zwei versus vier) zu unterscheiden (Xu, 2003). Es wird vermutet, dass dieser Widerspruch aufgrund einer Konfundierung der beiden angenommenen Repräsentationssysteme – Subitizing (≤ 3) und das approximative System (> 3) – zustande kommt. In einer weiteren Studie wurde bei siebenmonatigen Säuglingen die Fähigkeit untersucht, große und kleine Mengen miteinander zu vergleichen. Die Resultate zeigen, dass Kinder kleine von großen Mengen erfolgreich voneinander unterscheiden können, wenn das Verhältnis dem Vierfachen entspricht, nicht aber beim doppelten Wert. Laut den Autoren lässt sich dies auf unterschiedlich verwendete Repräsentationen für kleine respektive große Mengen zurückführen, was auch das größere benötigte Verhältnis für eine erfolgreiche Diskriminierung zwischen diesen unterschiedlichen Repräsentationen erklären würde (Cordes u. Brannon 2009).

Symbolische numerische Repräsentationen

Neben der quantitativen Repräsentation entwickeln Menschen sprachgebundene und visuelle, schriftliche Repräsentationen für Anzahlen, was ihnen das Zählen und eine exakte und fehlerfreie Bestimmung der Größe von Mengen ermöglicht. Sie transformieren also die Anzahleigenschaften in eine genau festgelegte Folge von Zahlworten und visuellen Codes (z. B. arabische oder römische Zahlen).

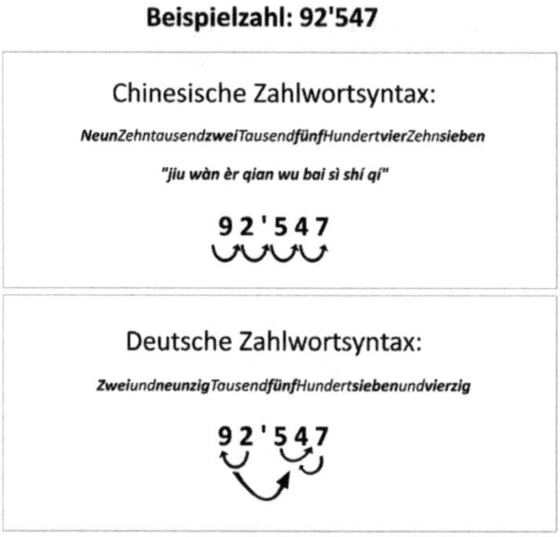

Abbildung 1: Vergleich der chinesischen und deutschen Zahlwortsyntax

Über die Jahrtausende hat sich die arabische Notation von Zahlen zur Basis zehn unter Einführung des Platzhalters null als bisher erfolgreichste Schreibweise beinahe weltweit durchgesetzt. Die Grundlage dazu bildeten vermutlich die Hände mit den zehn Fingern. Je nach Kultur wurden auch noch andere Körperteile, wie etwa Arm, Schulter, Füße und Zehen als Zählbasis verwendet. Teilweise kann man auch die Basis zwanzig antreffen, was wahrscheinlich auf den Miteinbezug der Zehen beim Zählen zurückzuführen ist, wie beispielsweise in einigen Dialekten der Mayas sowie bei den Ureinwohnern Grönlands (Dehaene 2011).

Um die arabische Notation anzuwenden, brauchen wir lediglich die Symbole eins bis neun zu erlernen, sowie die Null verstehen. So lassen sich die Zahlen sehr Platz sparend notieren und einfach addieren, subtrahieren und multiplizieren. Einzigartig ist, dass das arabische Notationssystem ein reines Platz × Wert-System ist. Der Wert eines Symbols unterscheidet sich, je nachdem an welcher Position es sich befindet (z. B. hat 4 bei der Zahl 47 den Wert 40, weil es sich auf der Zehnerposition befindet, hingegen bei der Zahl 24 den Wert 4). McCloskey argumentierte, dass durch dieses Platz × Wert-System die Repräsentation von mehrstelligen Zahlen beeinflusst wird: Demnach ist 53 als (5) 10EXP1, (3) 10EXP0 repräsentiert, also als $5 \cdot 10^1 + 3 \cdot 10^0$ (McCloskey 1992; Nuerk, Graf u. Willmes 2006).

Im Gegensatz dazu findet sich bei den linguistischen Symbolen, den Zahlwörtern, keine solche Konvergenz über die Kulturen. Obwohl die Grundzahl zehn in den meisten Kulturen zur Anwendung kommt, ist hier die Syntax sehr variabel. Nur die asiatischen Sprachen wie etwa das Chinesische halten sich genau an die Dezimalstruktur der arabischen Notation. In der deutschen Sprache hingegen verwenden wir für 100 oft nur »hundert« und nicht »ein-hundert«, daneben findet auch eine Inversion der Zehner und Einer statt (z. B. »zweiundvierzig« anstatt »vierzigundzwei«).

Auch in anderen Kulturen kann die Art der Konstruktion einzelner Zahlwortelemente zur Bezeichnung einer größeren Zahl auf verschiedene Weise additiv oder multiplikativ erfolgen. Beispielsweise wird auch im Niederländischen oder Tschechischen der Einer vor dem Zehner gelesen (21 = »eenentwitig« resp. »jednadvacet« [20 + 1]) oder die Stellung der Elemente kann innerhalb eines Zahlwortsystems variieren (17 = »seven-teen«, aber 21 = »twenty-one«). Im Französischen finden sich hingegen noch Spuren der Zwanzigersystems, die multiplikativ zur Anwendung kommen (83 = »quatre-vingt-trois« [4 × 20 + 3]) (Dehaene 2011).

Neuronal wird die Repräsentation der arabischen Zahlsymbole im bilateralen Gurus fusiformis gefunden; die Repräsentation von Zahlwörtern ist neuroanatomisch um die sylvische Fissur in der sprachdominanten Hemisphäre lokalisiert (Dehaene et al. 2003).

Der mentale Zahlenstrahl

Ergebnisse verschiedener Verhaltenstests führten zur Annahme, dass die Repräsentation für Quantität auch räumlicher Natur ist und die Menschen eine interne mentale Größenrepräsentation entwickeln. Für einen solchen so genannten mentalen Zahlenstrahl sprechen folgende Effekte.

Distanzeffekt und Größeneffekt

Moyer und Landauer (1967) maßen bei Erwachsenen die Zeit, die sie benötigten, um zu entscheiden, welche von zwei arabischen Ziffern der größeren Anzahl entspricht. Erstaunt stellten sie fest, dass die Aufgabe nicht so einfach war, wie angenommen, und die Reaktionszeiten und Fehleranfälligkeit von den gewählten Zifferpaaren abhingen. Menschen fällt es leichter zu entscheiden, welche von zwei Zahlen die größere ist, je weiter die Zahlen auseinander liegen (beispielsweise dauert es länger zu entscheiden, dass 6 größer ist als 4, als dass 6 größer ist als 1). Es zeigt sich eine systematische Abhängigkeit der Fehlerrate und der Reaktionszeit von der Distanz der zu vergleichenden Zahlen (Distanzeffekt).

Seitdem wurde dieser Effekt vielfach nachgewiesen, unabhängig davon, ob die zu vergleichenden Anzahlen als arabische Zahlen, Zahlworte oder konkrete Punktmengen präsentiert wurden (Ansari, Dhital u. Siong 2006; Buckley u. Gillman 1974; Pinel, Dehaene, Riviere u. LeBihan 2001). Dehaene hat in einem Experiment erfolglos versucht, Studenten so lange zu trainieren, bis sie keinen Distanzeffekt mehr zeigen. Dies ließ sich auch nach 1600 Trainingsdurchgängen nicht bewerkstelligen. Obschon sich die Leistungen der Studierenden mit dem Training verbesserten, blieb der Distanzeffekt nach wie vor bestehen (Dehaene 2011).

Des Weiteren wird der Distanzeffekt von der Größe der zu vergleichenden Zahlen beeinflusst. Bei gleichbleibenden Abständen nehmen die Reaktionszeiten und die Anzahl Fehler mit wachsender Größe der Zahlen zu (beispielsweise ist es einfacher, die größere Zahl von 7 und 9 zu wählen als von 27 und 29, obwohl die Differenz bei beiden Zahlenpaaren zwei beträgt). Dieses Phänomen wird als Größeneffekt bezeichnet (Buckley u. Gillman 1974).

Linear oder Logarithmisch?

Distanz- und Größeneffekt treten mit einer Gesetzmäßigkeit auf, die sich mathematisch ausdrücken lässt. Sie entsprechen einem Phänomen, das als Skalargesetz oder Weber'sches Gesetz bekannt ist und erstmals 1834 von Weber beschrieben wurde. »Ein Unterschied zweier Reize [...] wird immer als gleich groß empfunden [...] wenn sein Verhältnis zu den Reizen, zwischen denen er besteht [...] dasselbe bleibt, wie sich auch seine absolute Größe ändere« (Fechner 1860). Anders ausgedrückt bedeutet dies, dass beispielsweise ein Zuwachs von 1 zu einer Menge von 10 Objekten als gleich großer Unterschied empfunden wird wie ein Zuwachs von 2 zu einer Menge von 20 Objekten, da das Verhältnis gleich ist.

Dieses gesetzmäßige Phänomen lässt erkennen, dass sich unser numerisches Empfinden von der exakten Realität unterscheidet. In unserem subjektiven Urteil werden Abstände zwischen Zahlen immer kleiner wahrgenommen, je größer die zu betrachtenden Zahlen werden. Der Abstand zwischen 7565 und 7570 wird als kleiner empfunden als der zwischen 5 und 10, obschon er objektiv gleich groß ist.

Fechner (1860) führte dazu im Bereich der sensorischen Verarbeitung eine Reihe von Versuchen durch und formulierte die Weber'sche Gleichung aufgrund seiner Resultate um. Im so bezeichneten Weber-Fechner-Gesetz formulierte er, dass das subjektive Empfinden von Abständen in unserer mentalen Vorstellung logarithmisch skaliert sei, nicht linear, wie von Weber beschrieben.

Dies führte zu einer langen Debatte in der Forschung, die erst durch Ergebnisse aus einer Studie mit Rhesusaffen endgültig geklärt werden konnte. Bei einer Aufgabe über Anzahldiskriminierung wurden Verhaltensdaten und Einzelzellableitungen, die als neuronale numerische Repräsentationen betrachtet werden können, im Frontalkortex von Rhesusaffen analysiert. Es zeigte sich, dass die erhobenen Daten am besten durch eine nichtlineare und komprimierte Skala beschrieben werden konnten, wie im Weber-Fechner-Gesetz postuliert (Nieder u. Miller 2003).

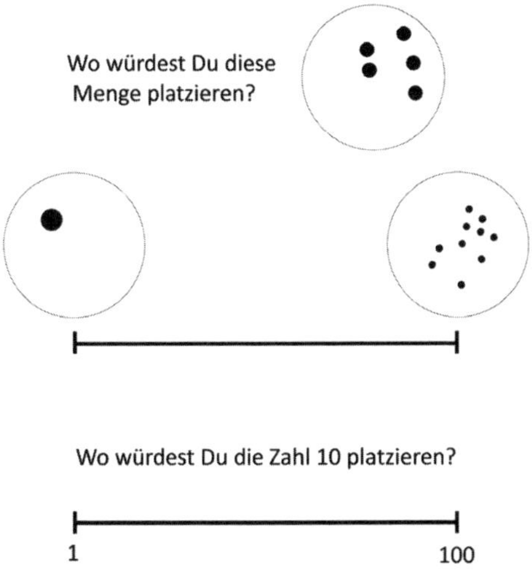

Abbildung 2: Zahlenstrahlaufgabe für die Studie mit dem Eingeborenenstamm der Mundurukù (oben) und in einer Studie mit Kindern (unten)

Die Entwicklung des mentalen Zahlenstrahls

In einer Studie von Siegler und Opfer (2003) sollten Kinder und Erwachsene Zahlen von 1 bis 1000 auf einem räumlichen Zahlenstrahl einordnen. Sie fanden dabei auffällige Unterschiede. Kinder ordneten die Zahlen räumlich verzerrt ein. Bei den Zweitklässlern wurden die Abstände zwischen den Zahlen mit zunehmender Größe kleiner. Bei Viertklässlern traf dies ebenfalls zu, wobei sie die Zahlen aber schon weniger stark verzerrt anordneten. Sechstklässler und Erwachsene hingegen ordneten die Zahlen ähnlich an, wie wir sie auf einem Maßstab finden würden, also linear. Zusätzlich wurden die Versuchsteilnehmer aufgefordert zu schätzen, für welche Zahl eine bestimmte Markierung auf einem bis 1000 reichenden Zahlenstrahl stehen könnte. Auf den ersten Blick interpretierten die Kinder der verschiedenen Altersstufen und die Erwachsenen die Markierungen auf dem Zahlenstrahl mit dem im vorigen Experiment berichteten Verzerrungen. Bei einem Vergleich von Aufgaben im Bereich bis 100 und Aufgaben im Bereich bis 1000 konnten jedoch Unterschiede gefunden werden. So schienen die Zweitklässler bei Markierungen im Zahlenraum bis 100 lineare Schätzungen zu liefern, während ihre Urteile für die Markierungen zwischen 100 und 1000 noch logarithmische Verzerrungen aufweisen. Dies spricht dafür, dass während der Entwicklung eine Verlagerung der logarithmischen Verzerrung nach oben hin stattfindet und somit immer größer werdende Zahlen eine präzisere mentale Repräsentation entfalten.

Aufschlussreich ist eine weitere Studie, die mit dem Eingeborenenstamm der Mundurukù im Amazonasgebiet durchgeführt wurde. Erwachsenen Mundurukù wurde ein Abschnitt eines Zahlenstrahls mit einen Punkt auf der linken und zehn Punkten auf der rechten Seite präsentiert mit der Aufgabe, die restlichen Zahlen des präsentierten Intervalls einzuordnen. Interessanterweise war die räumliche Anordnung der Zahlen nicht linear wie bei Erwachsenen, sondern wies die typische logarithmische Skalierung wie bei jüngeren Kindern auf (Dehaene 2011).

SNARC-Effect

Obwohl uns die Symbolisierung von Mengen durch Zahlworte und arabische Zahlen die Möglichkeit zu exakter Darstellung bietet, werden Zahlen, wie wir ausgeführt haben, in unserem Gehirn auch ungenau und räumlich komprimiert repräsentiert. Das Transkodieren von Symbolen in analoge Größen verzögert die Geschwindigkeit unserer kognitiven Leistung um einen wichtigen und messbaren Betrag. Unser Gehirn abstrahiert das Symbol von Ziffern oder Zahlwörtern und überführt diese in eine Darstellung, die ihre quantitative Bedeutung abbildet: in Gestalt ihrer Position auf dem räumlichen mentalen Zahlenstrahl.

Der Zahlenstrahl weist eine weitere Besonderheit auf: Er ist in Schreibrichtung ausgerichtet und somit kulturabhängig. In unserem Kulturraum sind also die kleinen Zahlen links und die großen rechts angeordnet. Erteilt man erwachsenen Probanden die Aufgabe, so schnell wie möglich durch Tastendruck anzugeben, ob eine präsentierte Zahl zwischen eins und neun gerade oder ungerade ist, so stellt man fest, dass wir mit der linken Hand schneller bei kleineren und mit der rechten schneller bei größeren Zahlen reagieren. Dieselben Reaktionszeitmuster sind auch zu beobachten, wenn beurteilt werden soll, ob eine Ziffer größer oder kleiner ist als eine vorgegebene Zahl. Das Phänomen, dass kleine Zahlen mit der linken und große mit der rechten Raumseite in Verbindung gebracht werden, wird »Spatial Numerical Association of Response Codes«, kurz SNARC-Effekt genannt. Dieser Effekt tritt automatisch beim Sehen einer Ziffer auf und ist unabhängig von der damit verbundenen Aufgabenstellung, solange die Zuordnung der Reaktionstasten kongruent mit der Lokalisierung der mentalen Repräsentation einer Zahl auf dem mentalen Zahlenstrahl ist (Dehaene, Bossini u. Giraux 1993).

Der SNARC-Effekt ist inzwischen ein vielfach untersuchtes Phänomen. Er tritt für verschiedene Zahlenformate auf (z. B. visuell oder auditiv präsentierte Zahlworte, arabische Zahlen, Würfel; Fias 2001; Nuerk, Wood u. Willmes 2005) und ist unabhängig von der absoluten Größe der im Experiment verwendeten Zahlen. Werden die Zahlen null bis fünf verwendet, so werden vier und fünf mit rechts assoziiert, verwendet man Zahlen zwischen vier und neun, werden vier und fünf hingegen mit links assoziiert (Fias, Brybaert, Geypens u. d'Ydevalle 1996).

Untersuchungen an Personen aus Kulturen mit einem anderen Schriftverlauf konnten den SNARC-Effekt ebenfalls nachweisen, aber immer an die

Schriftrichtung gekoppelt. So kann in der arabischen oder hebräischen Kultur ein SNARC-Effekt gefunden werden, der von rechts nach links und in der japanischen Kultur einer, der von oben nach unten ausgerichtet ist (Ito u. Hatta 2004; Tversky, Kugelmass u. Winter 1991; Zebian 2005). In der Studie von Hung und Kollegen (2008) wurde sogar nachgewiesen, dass der Effekt von der Notation abhängt: Wurden Probanden mit chinesischer Muttersprache mit arabische Zahlen als Stimuli konfrontiert, zeigten sie einen SNARC-Effekt von links nach rechts, bei chinesischen Zahlen als Stimuli bestand jedoch eine Assoziation für kleine Zahlen im oberen Bereich und für größere Zahlen im unteren Bereich.

SNARC-Effekte konnten im Übrigen für andere ordinal strukturierte Sequenzen wie Monate, Wochentage sowie bei Buchstaben des Alphabets nachgewiesen werden (Gevers, Reynvoet u. Fias 2003; 2004).

Synästhesien

Die Annahme eines mentalen Zahlenstrahls legen viele Studien nahe, man kann jedoch nicht behaupten, dass die innere Vorstellung eines von links nach rechts verlaufenden Zahlenstrahls bei jedem Menschen genau gleich aussieht. Vielmehr besteht offensichtlich eine große interindividuelle Variabilität in der Art, wie Menschen numerische Quantität in ihrem Kopf räumlich abbilden.

Galton hat bereits im Jahre 1880 Probanden gebeten, ihre räumliche Vorstellungen von Zahlen auf Papier zu bringen. Diese persönlichen Illustrationen von Zahlenrepräsentationen waren in horizontaler und vertikaler Richtung orientiert und hatten teilweise zwei- oder sogar dreidimensional ausgeprägte Formen. Daneben gab ein Teil der Versuchspersonen an, dass einzelne Zahlen zum Beispiel mit Farben assoziiert sind.

Dehaene (2011) stellte fest, dass in westlichen Kulturen die räumliche Zahlenrepräsentation auch eine vertikale Richtung aufweisen kann mit der Assoziation von kleineren Zahlen im unteren Bereich und größeren im oberen Bereich.

5 bis 10 % aller Menschen assoziieren arabische Zahlen und Zahlwörter mit Farben und bestimmten Positionen im Raum. Man bezeichnet solche Phänomene als Synästhesien. Die Farben Weiß und Schwarz werden oft mit null und eins oder acht und neun, Gelb, Rot und Blau mit kleinen Zahlen wie zwei, drei und vier, Braun, Purpurrot und Grau dagegen werden mit großen Zahlen wie sechs, sieben und acht in Verbindung gebracht. Manche Menschen berichten, dass sie ihren Zahlenstrahl von verschiedenen Perspektiven aus anschauen, Teilbereiche heran- und herauszoomen und sich auch darauf bewegen können. Selbstberichte sprechen dafür, dass solche außergewöhnliche Repräsentationen bereits im frühen Kindesalter spontan entstehen (Seron, Pesenti, Noël, Deloche u. Cornet 1992).

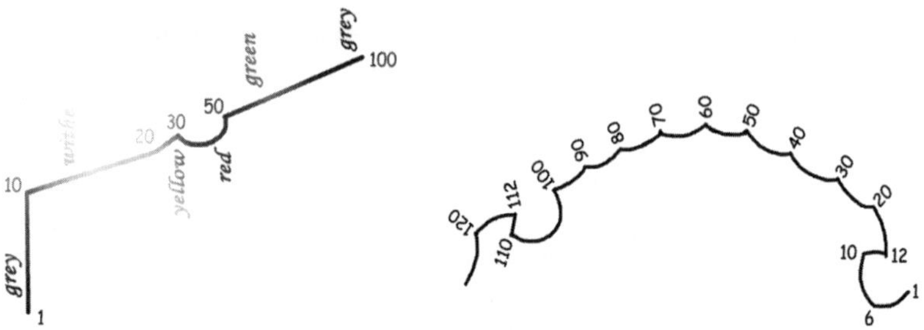

Abbildung 3: Beispiele für Illustrationen von Zahlenrepräsentationen bei Synästhetikern

Hubbard und Kollegen (2008) berichten von einem Probanden, bei dem die Anordnung von Zahlen offenbar stark von anderen kulturellen Erfahrungen geprägt wurde. So sind in einem ersten Abschnitt des Zahlenstrahls die Zahlen eins bis zwölf uhrenähnlich angeordnet und darüber hinaus sind weitere spiralförmige Abschnitte für die jeweiligen Dekaden erkennbar.

Aber auch solche untypischen Zahlenbilder haben grundlegende ordinale Eigenschaften. Die Folge der ganzen Zahlen wird nicht unterbrochen, selten findet man plötzliche Richtungsänderungen; dies ist, wenn überhaupt, an den Dekaden der Fall. Des Weiteren sind die Zahlen in der Regel nach ihrer Größe geordnet, nicht nach Parität oder anderen Teileigenschaften. Individuelle Zahlenbilder können also biographische Ausschmückungen haben und sich in verschiedenen gestalterischen und ästhetischen Merkmalen unterscheiden. Aber nur einer Minderheit der Erwachsenen ist die Zahlenstrahlvorstellung anscheinend bewusst zugänglich und dann oftmals auch gleichzeitig reicher an visuellen Einzelheiten wie Farbe und genaue Raumlage. Dehaene (2011) spekuliert, dass bei diesen Personen im Verlauf der Entwicklung teilweise eine Überlappung der kortikalen Regionen, die Zahlen, Farben und Raum enkodieren, entstanden ist.

Defizitäre numerische Repräsentationen

Befunde bei Menschen mit Hirnschädigungen

Die Untersuchung von Menschen mit Läsionen des Gehirns und die daraus resultierenden, teilweise umschriebenen Defizite ermöglichen Rückschlüsse auf verschiedene Funktionen und Verarbeitungsmechanismen des Gehirns. So können durch verschiedenartigste Verletzungen eindrucksvolle Erkenntnisse über die Repräsentation von Zahlen gewonnen werden.

Dehaene (2011) berichtet von einem aphasischen Patienten, Herrn N., mit einer schweren Verletzung der linken Hemisphäre. Er konnte keine arabischen Ziffern mehr lesen und behalf sich, indem er von eins bis zur Zielzahl zählte. Er konnte aber dennoch mit einiger Treffsicherheit die Relation ihrer numerischen Größe angeben. Weiter schätzte er die Anzahl Tage eines Jahres auf rund 350, eingeteilt in fünf Jahreszeiten und die Dauer einer Stunde auf rund 50 Minuten. Seine Angaben sind offensichtlich falsch, jedoch nicht weit von der Wahrheit entfernt. Er kann 2 + 2 nicht mehr addieren, äußert zufällig die Antworten 3, 4 oder 5, niemals aber völlig absurde Resultate. Je größer die Zahlen sind, desto unschärfer werden seine Angaben. Herr N. hat sein exaktes Zahlenwissen verloren, aber sein (ungenaueres) Gefühl für deren Größe behalten. Seine geistigen Repräsentationen von Zahlwörtern und arabischen Ziffern sind massiv beeinträchtigt, wohingegen die Repräsentation der numerischen Größe, sein mentaler Zahlenstrahl, unbeeinträchtigt scheint.

Weiter berichtet Dehaene (2011) von einem Patienten, Herrn M., mit einer Läsion der rechten parietalen Hemisphäre, der fließend sprechen und Zahlen ausgezeichnet lesen konnte. Auch die Transkodierung von Zahlwörtern in arabische Ziffern und umgekehrt gelang ihm ohne weiteres. Sein Verständnis für den Sinn von Zahlen, für ihre Relationen und für arithmetische Operationen ist ihm jedoch völlig entglitten, obwohl er das kleine Einmaleins noch auswendig kann. Auch bei einfachen Additionen muss er auf Auswendiggelerntes zurückgreifen.

Diese Fallbeispiele zeigen, dass die Repräsentation von numerischer Quantität und symbolische Repräsentationen von Zahlen unabhängig voneinander bestehen und funktionieren können, jedoch beide Systeme vonnöten sind, um Zahlen in ihrer ganzen Komplexität zu verstehen und mit ihnen operieren zu können.

Zorzi und Kollegen (2002) untersuchten so genannte Neglekt-Patienten, bei denen eine rechtsseitige parietale Läsion zu einer Unaufmerksamkeit für die linke Raumseite führt. Das bedeutet, dass diese Menschen nur noch mit Schwierigkeiten oder gar nicht mehr in der Lage sind, die Aufmerksamkeit in die linke Raumhälfte zu lenken, und deshalb diese nicht mehr bewusst wahrnehmen.

Im Verhalten lässt sich dies unter anderem in Linienhalbierungsaufgaben erkennen, bei denen sie die Mitte mit einer Verzerrung nach rechts einzeichnen. Zorzi und Mitarbeiter interessierte nun, ob dieselben Verzerrungen auch bei Aufgaben zur Teilung des mentalen Zahlenstrahls auftreten. Hierzu baten sie Neglekt-Patienten mit intakten numerischen und arithmetischen Fertigkeiten, die Mitte eines durch zwei Zahlen bezeichneten Intervalls zu schätzen (z. B. welche Zahl ist genau in der Mitte zwischen 1 und 9; die richtige Antwort wäre in diesem Beispiel 5). Die erhobenen Daten wiesen eine systematische Verzerrung zur rechten Seite des mentalen Zahlenstrahls hin. Die Antworten der Patienten lagen im Bereich von 6, 7, 8 und kaum im vernachlässigten linken Teil des mentalen Zahlenstrahls 2, 3, und 4. Bei großen Intervallen nahm die Verzerrung als Funktion der Länge des Intervalls zu. Die in ihrer Arbeit beschriebene neue Form eines repräsentationalen Neglekts weist darauf hin, dass der Zahlenstrahl tatsächlich als mentales Werkzeug genutzt wird, wenn Größe und Verhältnisse zwischen verschiedenen Zahlen in Beziehung zueinander gesetzt werden müssen. Aufgrund dieses Hintergrundes gelangten Zorzi und Mitarbeiter zu der Überzeugung, dass das Denken über Zahlen in räumlichen Begriffen möglicherweise effizienter ist als die Fokussierung auf ihren symbolischen Aspekt, weil dies eher der zugehörigen neuronalen Repräsentation entspricht (Zorzi et al. 2002).

Numerische Repräsentationen bei Kindern mit entwicklungsbedingter Dyskalkulie

Kinder mit Rechenschwäche zeigen vielfältige Defizite. Diese reichen über das Unvermögen, die den Rechenoperationen zugrunde liegenden Konzepte zu verstehen, ein Nichtwiedererkennen numerischer Symbole bis hin zu Schwierigkeiten, Zahlen in die richtige Reihenfolge zu bringen (WHO 2006). Von Bedeutung ist nun die Frage, ob Kinder mit Dyskalkulie eher Schwierigkeiten in der Entwicklung von numerischen Repräsentationen aufweisen, ob sie eher Probleme im Ausführen von arithmetischen Operationen haben oder ob sich Probleme in verschiedenen Bereichen wechselseitig bedingen.

Bereits Koontz und Berch (1996) stellten fest, dass Kinder mit Dyskalkulie eine verlangsamte Verarbeitung von Zahlen haben, was die Autoren auf ein Defizit im Bereich des Subitizing zurückführten. Werden acht- bis neunjährige dyskalkulische Kinder mit einer Reihe von basalen numerischen Aufgaben konfrontiert, zeigt sich, dass Kinder mit Dyskalkulie klare Defizite in grundlegenden numerischen Fertigkeiten wie Mengenzählen und Zahlenvergleichen aufweisen und teilweise auch Probleme im Bereich des Subitizings haben. Dies lässt vermuten, dass der hauptsächliche Grund für die Rechenschwäche in einer frühen und möglicherweise angeborenen Unfähigkeit besteht, Zahlen bezüglich ihrer quantitativen Bedeutung zu verarbeiten und zu repräsentieren (Landerl, Bevan u. Butterworth 2004). In einer neueren Studie wurden mittels »eye-tracking« die Augenbewegungen gemessen, um zu verstehen, ob Kinder mit Dyskalkulie tatsächlich Probleme im Subitizing aufweisen und, wenn ja, worauf dies zurückzuführen ist. Die Daten bestätigen den Fakt, dass ein Defizit im Bereich des Subitizings besteht, der vermutlich auf einen Rückstand im schnellen automatischen und parallelen Enkodieren konkreter Mengen basiert (Moeller, Neuburger, Kaufmann, Landerl u. Nuerk 2009).

Unterscheiden sich Kinder mit und ohne Dyskalkulie auch hinsichtlich Distanz- und Größeneffekt? Um diese Frage zu beantworten, ließ man Kinder Zahlenpaare und Mengen, deren Distanz variierte, hinsichtlich ihrer Größe vergleichen. Die Ergebnisse sind widersprüchlich: Kinder mit Dyskalkulie zeigten langsamere und fehleranfälligere Leistungen in diesem Bereich und hatten des Weiteren reduzierte Größen- und Distanzeffekte, verglichen mit alterstypisch entwickelnden Kindern (Rousselle u. Noël 2007). Landerl und Koautoren (2009) hingegen berichten Ergebnisse, die für normale Distanzeffekte sprechen. So waren Dyskalkuliker im Alter zwischen acht und zehn Jahren zwar etwas langsamer in ihrer Testleistung, zeigten aber keine Anzeichen von einem verminderten Distanzeffekt.

In einer anderen Studie wurde der Distanzeffekt bei Kindern mit normalen und schwachen Rechenfertigkeiten für sämtliche Modalitäten (Punktmengen, arabische Zahlen, Zahlwörter und Stäbchen) untersucht. Ein genauerer Blick auf die Daten zeigt, dass Kinder mit Dyskalkulie, unabhängig von der Modalität, größere Distanzeffekte aufweisen als die Kontrollkinder. Hinsichtlich der Zunahme des Distanzeffekts über die kleiner werdende Distanz der zu betrachtenden Mengen fällt die Steigung der Kurve bei Kindern mit Dyskalkulie steiler aus, was für eine ungenauere Repräsentation der Zahlen auf dem mentalen Zahlenstrahl spricht (Mussolin, Mejias u. Noël 2010).

Ferner wurde der SNARC-Effekt bei Kindern mit visuell-räumlichen Defiziten und gleichzeitig bestehenden mathematischen Schwierigkeiten untersucht. Im Vergleich zur Kontrollgruppe zeigten diese Kinder keinen SNARC-Effekt, was ebenfalls als ein Hinweis für ein Defizit in der Repräsentation von numerischen Größen betrachtet werden kann (Bachot, Gevers, Fias u. Roeyers 2005).

Die Autoren der oben genannten Studien argumentieren einerseits, dass die Repräsentation der Größe von Zahlen bei dyskalkulischen Kindern intakt sein könnte, der Zugang und die Verarbeitung dieser Repräsentation aber Schwierigkeiten bereiten. Andererseits wird die Theorie vertreten, dass bei Dyskalkulikern die mentale Repräsentation der Größe von Zahlen unscharf und ungenauer ist. Durch die vermehrte Überlappung der Zahlen auf dem mentalen Zahlenstrahl wird es schwieriger, spezifische Quantitäten zu aktivieren und diese voneinander zu unterscheiden (Landerl, Fussenegger, Moll u. Willburger 2009; Landerl u. Kölle 2009; Mussolin et al. 2010).

Untersuchungen wurden auch zur Ausprägung des Weber-Fechner-Gesetzes durchgeführt mit der Aufgabe, eine Zahl auf einem Zahlenstrahl zu platzieren. Kinder mit Dyskalkulie zeigten in diesem Bereich klar schlechtere Leistungen als Kontrollkinder. Die eingezeichneten Zahlen zwischen 0 und 100 wichen stärker von der korrekten Position ab und konnten besser durch eine logarithmische Funktion erklärt werden als durch eine lineare (Geary, Hoard, Nugent u. Byrd-Craven 2008). Piazza und Mitarbeiter (2010) haben den Kurvenverlauf einer Mengenvergleichsaufgabe bei fünf- und zehnjährigen Kindern sowie Erwachsenen untersucht. Bei Kindern mit durchschnittlichen mathematischen Fähigkeiten verbesserte sich die interne Repräsentation von Zahlen bis ins Erwachsenenalter. Dyskalkulische Kinder im Alter von zehn Jahren hingegen zeigten Leistungen, die denen von fünfjährigen Kindern ohne Dyskalkulie entsprachen.

In unserer Interventionsstudie fanden wir vergleichbare Ergebnisse (Kucian et al. 2011). Die teilnehmenden Kinder mussten über einen Zeitraum von fünf Wochen ein Computertraining absolvieren, das die räumliche Repräsentation von Zahlen trainieren sollte. Es zeigte sich, dass vor dem Training zwischen den Kindern mit und ohne Dyskalkulie ein signifikanter Unterschied in der Linearität der Zahlenrepräsentation bestand. Nach dem Training konnte dieser Unterschied nicht mehr nachgewiesen werden, was für eine verbesserte mentale Zahlenrepräsentation spricht.

Zusammenfassend zeigen die neuropsychologischen Forschungsbefunde, dass Kinder mit Dyskalkulie umschriebene Reifungsdefizite im Bereich der Zahlenverarbeitung aufweisen. Ob diese auf eine primär defizitäre Entwicklung der mentalen Repräsentation oder eher auf Schwierigkeiten im Zugriff auf den mentalen Zahlenstrahl zurückzuführen sind, lässt sich noch nicht mit Sicherheit sagen. Vermutlich bestehen Wechselwirkungen: Erschwerungen im Zugriff können die Ausdifferenzierung und Automatisierung der Zahlenvorstellung behindern und umgekehrt können sich Zugriffs- und Vernetzungsprozesse nicht gut entwickeln, wenn die Zahlenvorstellung, auf die zugegriffen werden soll, nicht vollständig ausgebildet und fehleranfällig ist.

Literatur

Agrillo, C., Piffer, L., Bisazza, A. (2011): Number versus continuous quantity in numerosity judgments by fish. [doi: 10.1016/j.cognition.2010.10.022]. Cognition 119 (2): 281–287.

Ansari, D., Dhital, B., Siong, S. C. (2006): Parametric effects of numerical distance on the intraparietal sulcus during passive viewing of rapid numerosity changes. Brain Research 1067 (1): 181–188.

Bachot, J., Gevers, W., Fias, W., Roeyers, H. (2005): Number sense in children with visuospatial disabilities: orientation of the mental number line. Psychology Science 47 (1): 172–183.

Bourdon, B. (1908): Sur le temps nécessaire pour nommer les nombres. Revue philosophique de la France et de l'Étranger 65, 426–431.

Brannon, E. M., Terrace, H. S. (1998): Ordering of the numerosities 1 to 9 by monkeys. Science 282 (5389): 746–749.

Buckley, P. B., Gillman, C. B. (1974): Comparisons of digits and dot patterns. Journal of Experimental Psychology 103 (6): 1131–1136.

Butterworth, B. (2005): The development of arithmetical abilities. Journal of Child Psychology and Psychiatry and Allied Disciplines 46 (1): 3–18.

Cantlon, J. F., Brannon, E. M. (2006): Shared system for ordering small and large numbers in monkeys and humans. Psychological Science 17 (5): 401–406.

Cohen Kadosh, R., Walsh, V. (2009): Numerical representation in the parietal lobes: Abstract or not abstract? Behavioral and Brain Sciences 32 (3–4): 313–328.

Cordes, S., Brannon, E. M. (2009): Crossing the divide: infants discriminate small from large numerosities. Developmental Psychology 45 (6): 1583–1594.

Dehaene, S. (1992): Varieties of numerical abilities. Cognition 44, 1–42.

Dehaene, S. (2011): The number sense: How the mind creates mathematics: Oxford University Press.
Dehaene, S., Bossini, S., Giraux, P. (1993): The mental representation of parity and number magnitude. Journal of Experimental Psychology 122, 371–396.
Dehaene, S., Piazza, M., Pinel, P., Cohen, J. D. (2003): Three parietal circuits for number processing. Cognitive Neuropsychology 20 (3/4/5/6): 487–506.
Fechner, G. (1860): Elemente der Psychophysik. Leipzig.
Feigenson, L., Dehaene, S., Spelke, E. (2004): Core systems of number. Trends in Cognitive Sciences 8 (7): 307–314.
Fias, W. (2001): Two routes for the processing of verbal numbers: evidence from the SNARC effect. Psychological Research 65 (4): 250–259.
Fias, W., Brybaert, M., Geypens, F., d'Ydevalle, G. (1996): The importance of §magnitudeinformation in numerical processing: Evidence from the SNARC effect. Mathematical Cognition 2 (1): 95–110.
Fias, W., Lammertyn, J., Reynvoet, B., Dupont, P., Orban, G. A. (2003): Parietal representation of symbolic and nonsymbolic magnitude. Journal of Cognitive Neuroscience 15 (1): 47–56.
Frank, M. C., Everett, D. L., Fedorenko, E., Gibson, E. (2008): Number as a cognitive technology: Evidence from Pirahã language and cognition. [doi: DOI: 10.1016/j.cognition.2008.04.007]. Cognition 108 (3): 819–824.
Galton, F. (1880): Visualised Numerals. Nature 21, 494–495.
Geary, D. C., Hoard, M., Nugent, L., Byrd-Craven, J. (2008): Development of number line representations in children with mathematical learning disability. Developmental Neuropsychology 33 (3): 277–299.
Gevers, W., Reynvoet, B., Fias, W. (2003): The mental representation of ordinal sequences is spatially organized. Cognition 87 (3): B87–95.
Gevers, W., Reynvoet, B., Fias, W. (2004): The mental representation of ordinal sequences is spatially organized: evidence from days of the week. Cortex 40 (1): 171–172.
Gordon, P. (2004): Numerical cognition without words: evidence from Amazonia. Science 306 (5695): 496–499.
Greco, A. (1995): The concept of representation in psychology (Vol. 4): Greco, A. (Hg.): Cognitive Systems, S. 247–256.
Gross, H. J., Pahl, M., Si, A., Zhu, H., Tautz, J., Zhang, S. (2009): Number-Based Visual Generalisation in the Honeybee. PLoS ONE 4 (1): e4263.
Hauser, M. D., Carey, S., Hauser, L. B. (2000): Spontaneous number representation in semi-free-ranging rhesus monkeys. Proceedings of the Royal Society of London Series B-Biological Sciences 267 (1445): 829–833.
Holzkamp, K. (1973): Sinnliche Erkenntnis – Historischer Ursprung und gesellschaftliche Funktion der Wahrnehmung. Frankfurt a. M.
Hubbard, E. M., Diester, I., Cantlon, J. F., Ansari, D., Opstal, F., Troiani, V. (2008): The evolution of numerical cognition: from number neurons to linguistic quantifiers. Journal of Neuroscience 28 (46): 11819–11824.
Hung, Y.-h., Hung, D. L., Tzeng, O. J. L., Wu, D. H. (2008): Flexible spatial mapping of different notations of numbers in Chinese readers. [doi: 10.1016/j.cognition.2007.04.017]. Cognition 106 (3): 1441–1450.
Ito, Y., Hatta, T. (2004): Spatial structure of quantitative representation of numbers: Evidence from the SNARC effect. Memory and Cognition 32 (4): 662–673.
Izard, V., Sann, C., Spelke, E. S., Streri, A. (2009): Newborn infants perceive abstract numbers. Proceedings of the National Academy of Sciences 106 (25): 10382–10385.
Jordan, K. E., Brannon, E. M., Logothetis, N. K., Ghazanfar, A. A. (2005): Monkeys match

the number of voices they hear to the number of faces they see. Current Biology 15 (11): 1034–1038.

Jordan, K. E., MacLean, E. L., Brannon, E. M. (2008): Monkeys match and tally quantities across senses. [doi: DOI: 10.1016/j.cognition.2008.05.006]. Cognition 108 (3): 617–625.

Koontz, K. L., Berch, D. B. (1996): Identifying simple numerical stimuli: Processing inefficiencies exhibited by arithmetic learning disabled children. Mathematical Cognition 2 (1): 1–24.

Krusche, P., Uller, C., Dicke, U. (2010): Quantity discrimination in salamanders. The Journal of Experimental Biology 213 (11): 1822–1828.

Kucian, K., Grond, U., Rotzer, S., Henzi, B., Schönmann, C., Plangger, F. et al. (2011): Mental number line training in children with developmental dyscalculia. [doi: 10.1016/j.neuroimage.2011.01.070]. Neuroimage 57 (3): 782–795.

Landerl, K., Bevan, A., Butterworth, B. (2004): Developmental dyscalculia and basic numerical capacities: a study of 8–9-year-old students. Cognition, 93 (2): 99–125.

Landerl, K., Fussenegger, B., Moll, K., Willburger, E. (2009): Dyslexia and dyscalculia: Two learning disorders with different cognitive profiles. [doi: 10.1016/j.jecp. 2009.03.006]. Journal of Experimental Child Psychology 103 (3): 309–324.

Landerl, K., Kölle, C. (2009): Typical and atypical development of basic numerical skills in elementary school. [doi: DOI: 10.1016/j.jecp. 2008.12.006]. Journal of Experimental Child Psychology 103 (4): 546–565.

Lyon, B. E. (2003): Egg recognition and counting reduce costs of avian conspecific brood parasitism. [10.1038/nature01505]. Nature 422 (6931): 495–499.

Mandler, G., Shebo, B. J. (1982): Subitizing: An analysis of its component processes. Journal of Experimental Psychology: General 111 (1): 1–22.

McCloskey, M. (1992): Cognitive mechanisms in numerical processing: Evidence from acquired dyscalculia. [doi: 10.1016/0010-0277 (92)90052-J]. Cognition 44 (1–2): 107–157.

McComb, K., Packer, C., Pusey, A. (1994): Roaring and numerical assessment in contests between groups of female lions, Panthera leo. [doi: DOI: 10.1006/anbe.1994.1052]. Animal Behaviour 47 (2): 379–387.

Moeller, K., Neuburger, S., Kaufmann, L., Landerl, K., Nuerk, H. C. (2009): Basic number processing deficits in developmental dyscalculia: Evidence from eye tracking. [doi: DOI: 10.1016/j.cogdev.2009.09.007]. Cognitive Development 24 (4): 371–386.

Moyer, R. S., Landauer, T. K. (1967): Time required for judgements of numerical inequality. Nature 215 (5109): 1519–1520.

Mussolin, C., Mejias, S., Noël, M. P. (2010): Symbolic and nonsymbolic number comparison in children with and without dyscalculia. [doi: DOI: 10.1016/j.cognition.2009.10.006]. Cognition 115 (1): 10–25.

Nieder, A., Miller, E. K. (2003): Coding of Cognitive Magnitude: Compressed Scaling of Numerical Information in the Primate Prefrontal Cortex. [doi: DOI: 10.1016/S0896-6273 (02)01144-3]. Neuron 37 (1): 149–157.

Nuerk, H. C., Graf, M., Willmes, K. (2006): Grundlagen der Zahlenverarbeitung und des Rechnens. Sprache, Stimme, Gehör 30 (04): 147, 153.

Nuerk, H. C., Wood, G., Willmes, K. (2005): The universal SNARC effect: the association between number magnitude and space is amodal. Experimental Psychology 52 (3): 187–194.

Pesenti, M., Thioux, M., Seron, X., De Volder, A. (2000): Neuroanatomical substrates of arabic number processing, numerical comparison, and simple addition: a PET study. Journal of Cognitive Neuroscience 12 (3): 461–479.

Piazza, M., Facoetti, A., Trussardi, A. N., Berteletti, I., Conte, S., Lucangeli, D. et al. (2010): Developmental trajectory of number acuity reveals a severe impairment in developmental dyscalculia. [doi: DOI: 10.1016/j.cognition.2010.03.012]. Cognition 116 (1): 33–41.

Pica, P., Lemer, C., Izard, V., Dehaene, S. (2004): Exact and approximate arithmetic in an Amazonian indigene group. Science 306 (5695): 499–503.

Pinel, P., Dehaene, S., Riviere, D., LeBihan, D. (2001): Modulation of parietal activation by semantic distance in a number comparison task. Neuroimage 14 (5): 1013–1026.

Rousselle, L., Noël, M. P. (2007): Basic numerical skills in children with mathematics learning disabilities: a comparison of symbolic vs non-symbolic number magnitude processing. Cognition 102 (3): 361–395.

Rugani, R., Fontanari, L., Simoni, E., Regolin, L., Vallortigara, G. (2009): Arithmetic in newborn chicks. Proceedings of the Royal Society B: Biological Sciences 276 (1666): 2451–2460.

Seron, X., Pesenti, M., Noël, M. P., Deloche, G., Cornet, J. A. (1992): Images of numbers, or »When 98 is upper left and 6 sky blue«. Cognition 44 (1–2): 159–196.

Siegler, R. S., Opfer, J. E. (2003): The development of numerical estimation: evidence for multiple representations of numerical quantity. Psychology Science 14 (3): 237–243.

Starkey, P., Cooper, R. G., Jr. (1980): Perception of numbers by human infants. Science 210 (4473): 1033–1035.

Starkey, P., Spelke, E. S., Gelman, R. (1990): Numerical abstraction by human infants. Cognition 36 (2): 97–127.

Tversky, B., Kugelmass, S., Winter, A. (1991): Cross-cultural and developmental trends in graphic productions. [doi: 10.1016/0010-0285 (91)90005-9]. Cognitive Psychology 23 (4): 515–557.

WHO (2006): ICD-10. Internationale Klassifikation psychischer Störungen; Kapitel V (F): Diagnostische Kriterien für Forschung und Praxis (4. Aufl.). Bern: Huber.

Wilson, M. L., Britton, N. F., Franks, N. R. (2002): Chimpanzees and the mathematics of battle. Proceedings of the Royal Society of London. Series B: Biological Sciences 269 (1496): 1107–1112.

Wynn, K. (1995): Origins of numerical knowledge. Mathematical Cognition, 1, 35–60.

Xu, F. (2003): Numerosity discrimination in infants: evidence for two systems of representations. Cognition 89 (1): B15–25.

Xu, F., Spelke, E. S. (2000): Large number discrimination in 6-month-old infants. Cognition 74 (1): B1-B11.

Xu, F., Spelke, E. S., Goddard, S. (2005): Number sense in human infants. Developmental Science 8 (1): 88–101.

Zebian, S. (2005): Linkages between number concepts, spatial thinking, and directionality of writing: The SNARC effect and the reverse SNARC effect in english and arabic monoliterates, biliterates and illiterate arabic speakers. Journal of Cognition and Culture 5 (1–2): 165–190.

Zorzi, M., Priftis, K., Umiltà, C. (2002): Brain damage: neglect disrupts the mental number line. Nature 417 (6885): 138–139.

Karin Kucian und Michael von Aster

Dem Gehirn beim Rechnen zuschauen

Ergebnisse der zerebralen Bildgebung

Ist es vorstellbar, dass jemand vierstellige Zahlen fehlerlos lesen und schreiben kann, aber nicht imstande ist, 3 – 1 zu rechnen? Oder dass jemand die einfache schriftlich gestellte Aufgabe 2 + 2 nicht lösen kann, während er, wenn sie mündlich gestellt wird, die Antwort sofort benennt?

Solche Phänomene, man nennt sie Dissoziationen, gibt es in der Neurologie vielfach. Läsionen der Hirnrinde aus unterschiedlichen Ursachen haben manchmal verheerenden und manchmal einen überraschend umschriebenen Einfluss auf das Rechnen und den Umgang mit Zahlen. Auf der einen Seite sind Gehirnverletzungen für die Betroffenen meist schwerwiegende Ereignisse, die in unterschiedlicher Weise die weitere Lebensbewältigung beeinträchtigen können. Auf der anderen Seite ermöglicht die Untersuchung solcher Patienten den Neurowissenschaftlern einen einzigartigen Einblick in die Funktionsweise des menschlichen Gehirns. Heute sind wir zum Glück dank verschiedener bildgebender Verfahren nicht mehr nur auf so genannte Läsionsstudien angewiesen, um dem Geheimnis der neuronalen Mechanismen des Denkens, des Behaltens und des Fühlens näher zu kommen.

Methoden der zerebralen Bildgebung

In den letzten 15 Jahren wurden sowohl die klinischen Disziplinen der Medizin als auch die medizinischen Grundlagenwissenschaften durch die rasche Entwicklung von bildgebenden Verfahren revolutioniert. Diese Verfahren haben wesentlichen Anteil an dem raschen Erkenntniswachstum und der zunehmenden Popularität der kognitiven Neurowissenschaften. Dieser Wissenschaftszweig kombiniert experimentelle Strategien der kognitiven Psychologie mit verschiedenen Methoden zur Untersuchung von Hirnstrukturen und hirnfunktioneller Prozesse während des Ausführens geistiger Aufgaben. Die wichtigsten Methoden der funktionellen Bildgebung sind die Positronenemissionstomographie (PET), die funktionelle Magnetresonanztomographie (fMRI) und die elektrophysiologischen Methoden (EEG, MEG). Dank dieser modernen Methoden ist es uns heute möglich, Bilder der Gehirnaktivität lebender Menschen zu erhalten, während sie denken und Probleme lösen.

Metabolische Methoden (PET, fMRI)

Den PET- und fMRI-Messungen bei kognitiven Aktivitäten liegt die Tatsache zugrunde, dass jede neuronale Aktivität zu Veränderungen im lokalen Blutfluss führt.

Positronenemissionstomographie (PET)

Organische Moleküle wie Sauerstoff, Kohlenstoff und Stickstoff sind nicht radioaktiv, das heißt, sie generieren von sich aus keine elektromagnetischen Signale, die man mit geeigneten Geräten messen könnte. Es ist allerdings möglich, radioaktive Substanzen dem Organismus über die Blutbahn zuzuführen und deren Konzentration im Gehirn zu messen. Diese radioaktiven Substanzen senden (emittieren) positiv geladene Teilchen (Positronen) in unvorhersehbare Richtungen. Im Verlauf dieses Prozesses kollidieren Positronen mit negativ geladenen Teilchen (Elektronen), welche sich ihnen in den Weg stellen. Als Konsequenz dieser Kollision heben Positron und Elektron ihre entgegengesetzte Ladung auf und zwei Photone werden in entgegengesetzter Richtung abgestrahlt. Mittels der PET-Kamera können diese Photonen gemessen werden. Anhand von räumlichen und mathematischen Modellen kann der Ursprungsort, wo Positron und Elektron kollidierten, berechnet und auf Schnittbilder projiziert werden. Um nun Gehirnaktivität nachzuweisen, verwendet man radioaktiv markierten Sauerstoff (^{15}O). In aktiven Gebieten nimmt der Sauerstoffgehalt zu. Die PET-Kamera misst nun in diesen Regionen mehr Kollisionen von Positronen und Elektronen. Indirekt kann somit auf eine neuronale Aktivität geschlossen werden.

Magnetresonanztomographie

Mittels Magnetresonanztomographie können zum Beispiel strukturelle Eigenschaften, wie graue und weiße Hirnmasse, die Dicke der Hirnrinde oder Faserverbindungen zwischen Arealen, aber auch Hirnaktivität gemessen werden. Die funktionelle Magnetresonanztomographie (fMRI) ermöglicht die Darstellung von Aktivierungen im Gehirn bezüglich der Lokalisation, Ausdehnung und Intensität. Da die Magnetresonanztomographie im Gegensatz zu PET ohne ionisierende Strahlung auskommt, stellt sie ein ideales nichtinvasives bildgebendes Verfahren dar. Als Grundlage für diese Darstellung dient der so genannte BOLD-Effekt (Blood Oxygenation Level Dependent), welcher nun etwas genauer beschrieben werden soll.

Eine kognitive Aufgabe beispielsweise bewirkt eine ansteigende neuronale Aktivität in ganz bestimmten Hirnarealen. Daraus resultiert eine lokale Erweiterung der Blutgefäße, die mit einem Anstieg des zerebralen Blutflusses und des zerebralen Blutvolumens in diesen Arealen einhergeht. Gleichzeitig wird mehr sauerstoffreiches Blut in die aktivierten Areale transportiert als verbraucht wird. Daher erhöht sich der Anteil von sauerstoffgebundenem Hämoglobin (Oxyhämoglobin). Der Anteil an Hämoglobin, welcher kein Sauerstoff gebunden hat (Deoxyhämoglobin), nimmt im Blut ab. Die funktionelle Magnetresonanztomographie macht sich nun die unterschiedlichen magnetischen Eigenschaften von Oxyhämoglobin und Deoxyhämoglobin zu Nutze. Oxyhämoglobin hat keinen Einfluss auf die lokalen magnetischen Eigenschaften des Gewebes. Deoxyhämoglobin dagegen bewirkt kleine Magnetfeldinhomogenitäten. Da der relative Anteil an Deoxyhämoglobin in aktiven Gebieten abnimmt und der Anteil des Oxyhämoglobins zunimmt, ist ein Anstieg des MR-Signals in den aktiven Arealen messbar.

Elektrophysiologische Methoden (EEG, MEG)

Die Gehirnaktivität, welche mit elektrophysiologischen Methoden (EEG, MEG) registriert wird, beruht im Gegensatz zu PET und fMRI auf der elektrischen Aktivität von Nervenzellen. Dabei können nur relativ große Zellverbände gemessen werden, deren Zellen in gleicher Richtung angeordnet sind und eine synchronisierte Aktivierung zeigen. Das Signal entsteht durch Depolarisation der Dendritenbäume der Nervenzellen. Durch diese Umpolung entlang der Zellmembran werden ein elektrisches und ein magnetisches Feld induziert, welche an der Kopfoberfläche abgeleitet werden können. Beim Elektroenzephalogramm (EEG) werden Änderungen im elektrischen Feld mit Hilfe von Elektroden über der Kopfhaut gemessen. In der Magnetenzephalographie (MEG) wird das magnetische Feld über eine Anordnung von supraleitenden Spulen über dem Kopf gemessen. Beide Methoden sind nichtinvasiv.

Wenn Potenzialänderungen in Abhängigkeit von einem Stimulus, also einer Aufgabe, gemessen werden, spricht man von so genannten ereigniskorrelierten Potenzialen, kurz ERP bei EEG-Messungen, und von magnetisch evozierten Feldern MEF bei MEG-Messungen.

Allgemein kann man sagen, dass die elektrophysiologischen Methoden (EEG, MEG) Vorteile gegenüber den metabolischen Methoden (PET, fMRI) in der zeitlichen Auflösung haben. Vorgänge, die in Sekundenbruchteilen folgen, können getrennt verfolgt werden. Im Gegensatz dazu können PET und fMRI echte Ortsinformation messen und liefern somit eine genaue Lokalisation der Gehirnaktivität in allen drei Dimensionen.

Dem Gehirn beim Rechnen zusehen

Ohne ein minimales Verständnis von Zahlen und von einfachen Rechenoperationen könnten wir uns im Alltag kaum zurechtfinden. Ob wir in einem Geschäft den Geldbeutel zücken und bezahlen, eine Telefonnummer wählen oder den Busfahrplan studieren, täglich werden wir mit Zahlen in unterschiedlichsten Sinnbezügen konfrontiert. Wie das Gehirn diese Zahlenflut bewältigt und welche kognitiven Prozesse daran beteiligt sind, wurde in den vergangenen Jahren mit zunehmender Intensität untersucht.

Welche Gehirnregion ist für welche Funktion zuständig?

Morphologisch lassen sich im Großhirn vier Hirnlappen unterscheiden: Frontallappen (= Stirnlappen), Parietallappen (= Scheitellappen), Okzipitallappen (= Hinterhauptslappen) und die seitlichen Temporallappen (= Schläfenlappen).

Funktionell lassen sich in bestimmten Rindenfeldern bestimmte Leistungen lokalisieren. Die Rindenfelder sind jedoch äußerlich nicht voneinander abgrenzbar – erst die modernen bildgebenden Verfahren haben ein halbwegs präzises Bild von der Gliederung der Großhirnrinde geliefert. Nach der Funktion unterscheidet man motorische und sensorische Rindenfelder sowie Assoziationsfelder:

- In den *motorischen* Rindenfeldern liegen Neurone, die Verbindungen zu sämtlichen Skelettmuskeln des Körpers besitzen und deren Kontraktion steuern.
- Die in den *sensorischen* Rindenfeldern liegenden Neurone verarbeiten die Sinneseindrücke von allen Sinnesorganen die zum Gehirn geleitet werden.
- *Assoziationsfelder* führen die Erregung der verschiedenen Rindenfelder zusammen und verarbeiten sie so zu motorischen, emotionalen und intellektuellen Reaktionen.

Abbildung 1 zeigt die morphologische und grobe funktionelle Aufteilung der Großhirnrinde. Des Weiteren brauchen wir spezifische Richtungsbegriffe, um das Gehirn zu beschreiben. Das stirnseitige Ende des Gehirns wird als *anterior* bezeichnet und der Teil am Hinterkopf als *posterior*. Das *dorsa*le Ende befindet sich am oberen Kopfende und *ventral* werden Bereiche bezeichnet die am unteren Kopfende sind. Für mehr Klarheit sind diese vier Begriffe ebenfalls in der Abbildung eingetragen.

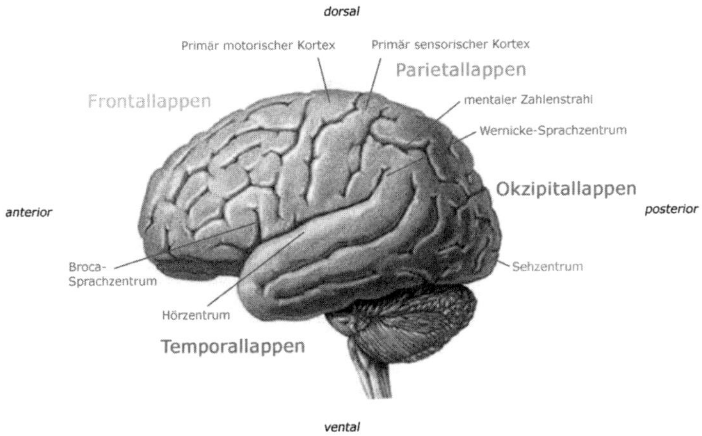

Abbildung 1: Morphologische und funktionelle Aufteilung der Großhirnrinde

Superiore Bereiche liegen oberhalb einer anderen Region, während *inferiore* Bereiche unterhalb lokalisiert sind.

Was ist Lernen? Erfahrungsabhängige Neuroplastizität

Eine wesentliche Leistung unseres Gehirns ist die Fähigkeit, neue Gedächtnisinhalte aufzunehmen (*Lernen*) und sie wieder abzurufen (*Erinnern*). Diese Fähigkeiten werden durch die unterschiedlichen Kontaktstellen zwischen Nervenzellen untereinander oder Nervenzellen und anderen Körperzellen bestimmt. Diese Kontaktstellen werden in der Fachsprache als Synapsen bezeichnet. Die neurobiologische Grundlage bilden »lernfähige«, das heißt *plastische Synapsen*, die sich im Gegensatz zu den »normalen« Synapsen unter bestimmten Bedingungen längerfristig verändern können. Dabei kann sich zum Beispiel durch Training die Fläche des synaptischen Kontakts erhöhen, indem sich die Kontaktstelle einer Synapse vergrößert oder sich eine häufig benutzte Synapse verdoppelt. Solche neu ausgesprossten Endknöpfe können auch vorher wenig benutze Synapsenflächen übernehmen (vgl. Abb. 2).

Neuronale Plastizität steht damit für die Erkenntnis, dass die neuronalen Verbindungen nicht starr und invariabel sind, sondern aufgrund von Lernprozessen oder nach Verlust von Nervenzellen beziehungsweise Axonen Veränderungen unterliegen können. Dabei wird häufig zwischen einer funktionellen und einer strukturellen Plastizität unterschieden:

- Bei der *funktionellen Plastizität* verändert sich insbesondere die Effizienz der synaptischen Übertragung. Dadurch ist es möglich, die funktionelle Verschaltung eines Netzwerks zu verändern, ohne dass dazu eine Veränderung

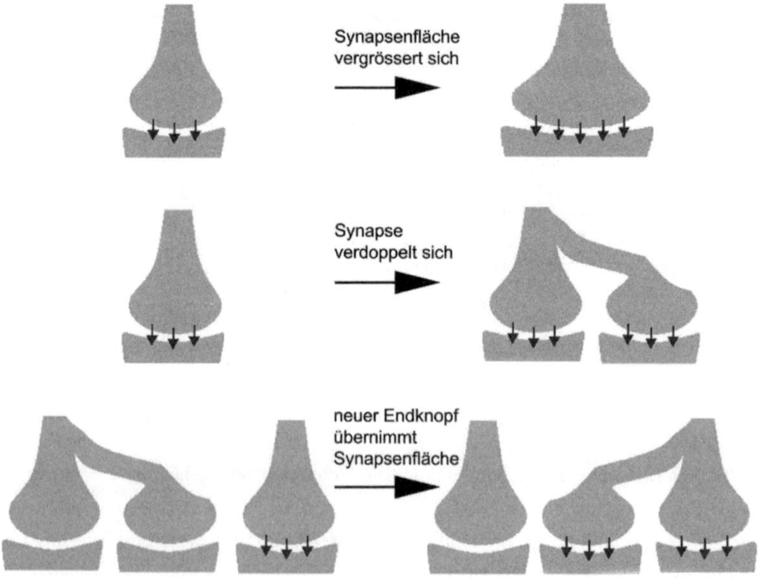

Abbildung 2: Synaptische Plastizität

in der anatomischen Verbindungsstruktur nötig wäre. Für Lernvorgänge ist die funktionelle Plastizität besonders wichtig, da auf diese Art die synaptische Übertragung in mehreren, gleichzeitig aktiven Synapsen verstärkt wird.

- Bei der *strukturellen Plastizität* kommt es zu anatomisch fassbaren Veränderungen im neuronalen Netzwerk.

Es ist jedoch denkbar, dass wir mit einem Kontinuum an Veränderungen zu tun haben, die zunächst nur die molekulare Ausstattung der Synapse betreffen, dann aber auch mit der Bildung neuer Synapsen oder gar neuer Axone einhergeht. Aus diesem Grund darf diese Unterteilung in funktionelle und strukturelle Plastizität nicht so strikt gesehen werden.

Die modulare Architektur der Zahlenverarbeitung

Bereits vor über zwanzig Jahren hat Dehaene (1992) sein *Triple-Code-Modell* vorgestellt. Es basiert auf der Unterscheidung dreier Module, in denen die Zahlen unterschiedlich kodiert sind und für verschiedene zahlenbezogene Aufgaben zuständig sind: Im *auditiv-sprachlichen Modul* ist die Zahl als Zahlwort repräsentiert, Fähigkeiten wie Zählen, das Abrufen von Faktenwissen werden hier gesteuert. Im *visuell-arabischen Modul* sind die Zahlen dagegen als arabische Ziffern kodiert. In dieser Eigenschaft werden sie zum geistigen Umgang mit mehrstelligen Zahlen und auch zur Beurteilung, ob eine Zahl durch 2 teilbar ist, benötigt. Das eigentliche Zahlenverständnis schließlich basiert auf einem weiteren Modul, der *analogen Mengenrepräsentation*. Hier ist die Zahl als ein Ort auf einer inneren Zahlenlinie repräsentiert. Fähigkeiten wie das Einschätzen einer Menge, das Vergleichen von Zahlen und das Überschlagen von Rechnungsergebnissen werden diesem Modul zugeschrieben.

Dehaene und Cohen (1995) haben primär auf der Grundlage neuropsychologischer Untersuchungen den Versuch unternommen, diese im Triple-Code-Modell beschriebenen Module bestimmten anatomischen Hirnregionen zuzuordnen. Ihre Hypothese besagt, dass beide Hemisphären über ein visuell-arabisches Modul verfügen, und zwar im Bereich der okzipito-temporalen Region des visuellen Kortex. Dabei gehen die Autoren davon aus, dass die funktionelle Kapazität der rechtshemisphärischen Einheit dieses Moduls schwächer ist als die der linken Hirnhälfte.

Beide Hemisphären verfügen nach dieser Theorie auch über ein analog-abstraktes Modul, und zwar in den parietalen Hirnregionen. Hier gehen die Autoren umgekehrt von einer Überlegenheit der rechtshemisphärischen Funktionseinheit aus (Micheloyannis, Papanikolaou et al. 2002). Über ein auditiv-sprachliches Modul verfügt schließlich nur die linke Hemisphäre im Bereich der sprachverarbeitenden präfrontalen Hirnregionen.

Insgesamt lässt sich heute feststellen, dass die neueren Befunde der funktionellen Bildgebung einige wichtige Vorhersagen dieses Modells bestätigt haben.

Ergebnisse der funktionellen Bildgebung

Die ersten Bilder des aktiven Gehirns stammen zwar schon aus den 1970er Jahren, aber erst 1985 entstanden die ersten Bilder vom rechnenden Gehirn. Die schwedischen Forscher Roland und Friberg (1985) veröffentlichten damals Ergebnisse, die zeigten, dass sich die kortikale Aktivität beim Kopfrechnen hauptsächlich auf zwei Regionen konzentriert: ein ausgedehntes präfrontales und ein eingeschränkteres inferior-parietales Areal. Beide Areale wurden sowohl in der linken als auch in der rechten Hemisphäre aktiviert, wobei die Aktivierung links insgesamt etwas stärker war als rechts. Das von Roland und Friberg benutzte bildgebende Verfahren ist mittlerweile veraltet. Es arbeitete mit radioaktivem Xenon, das in die innere Halsschlagader injiziert wurde. Auch wenn die Qualität der Bilder im Vergleich zu den heutigen Möglichkeiten sehr schlecht war, so konnten die Ergebnisse von damals doch in ihrem wesentlichen Kern bestätigt werden. Heute wissen wir, dass dem linken dorsolateralen Präfrontalkortex sowie dem linken und rechten inferioren Parietalkortex eine besondere Bedeutung für das Rechnen zukommt.

Mit den verschiedenen modernen bildgebenden Verfahren versuchen Wissenschaftler heute, den Prozessen der Zahlenverarbeitung und des Rechnens genauer auf die Spur zu kommen. Die bisherigen Ergebnisse zeigen, dass unser Gehirn beim Lösen mathematischer Probleme im Wesentlichen auf zwei verschiedene Systeme zugreifen kann: ein bildlich-räumliches und ein sprachliches Zahlensystem (Dehaene, Spelke et al. 1999; Menon, Rivera et al. 2000). Lautet beispielsweise die Frage, welche der beiden Zahlen, 53 oder 35, größer ist, so lokalisieren wir die Zahlen offenbar auf einer Art innerem Zahlenstrahl und entscheiden auf der Basis ihrer relativen räumlichen Distanz. Auf den Hirnbildern leuchten in diesem Fall Regionen im linken und rechten Parietallappen auf, das Gebiet für räumliches Denken. Bei einfachen Berechnungen wie 5 + 7 oder 2 × 3 benutzt unser Gehirn offenbar eine andere Strategie. Es greift auf auswendig gelerntes, automatisiertes, sprachlich gespeichertes Faktenwissen zurück. In diesem Fall sind die linkshemisphärischen präfrontalen Gebiete der Sprachverarbeitung aktiv (Kazui, Kitagaki et al. 2000; Rickard, Romero et al. 2000; Pesentim Zago et al. 2001). Auch die phonologische Entschlüsselung und die Erzeugung von gesprochenen Zahlwörtern, die Zuordnung ihrer begrifflichen Bedeutung sowie der Abruf von Rechenregeln und prozeduralem Wissen geschehen in den klassischen perisylvischen Sprachregionen. Gelingt ein direkter schneller Abruf aus dem sprachlichen Langzeitgedächtnis nicht, so ist mathematisches Denken unter Hinzuziehung räumlicher Zahlenvorstellungen erforderlich, was wiederum mit einer parietalen Aktivierung einhergeht (Dehaene, Tzourio et al. 1996).

Die Regionen, in denen sich die neuronalen Schaltkreise des visuell-räumlichen und des sprachlichen Zahlensystems befinden, scheinen jedoch nicht ausschließlich für zahlenbezogene, arithmetische oder mathematische Aufgaben zuständig zu sein. So konnte zum Beispiel gezeigt werden, dass sich das Multiplizieren und das sprachliche Kurzzeitgedächtnis ein integriertes neuronales Netzwerk teilen (Fulbright, Molfese et al. 2000). Wenn Zahlenverarbeitung exaktes arithmetisches Wissen voraussetzt, können geübte Erwachsene auf ein Vokabular von bekannten Lösungen zurückgreifen, das in sprachverarbeitenden Gehirnregionen repräsentiert wird. Und obwohl die Parietalkortizes als Herzstück der Zahlenverarbeitung angesehen werden, werden auch hier zahlreiche andere Funktionen wie räumliches Arbeitsgedächtnis und Wortbedeutung (Semantik) gesteuert. Die folgenden Abschnitte geben genauer Auskunft darüber, wo spezifisch numerische Probleme gelöst werden und welche Areale des Parietallappens neben Zahlen auch andere Funktionen verarbeiten.

Anhand von neueren Befunden zur Zahlenverarbeitung konnte man nun die Aktivierungsmuster in den Parietallappen weiter differenzieren, wobei sich drei verschiedene Regionen als relevant erwiesen haben (Dehaene, Piazza et al. 2003; Dehaene, Molko et al. 2004): das bilaterale horizontale Segment des intraparietalen Sulcus für eine semantische Größenrepräsentation, der linke Gyrus angularis für eine verbale Verarbeitung sowie der bilaterale posterior-superiore Parietallappen für räumliche und aufmerksamkeitsverbundene Prozesse (vgl. Abb. 3).

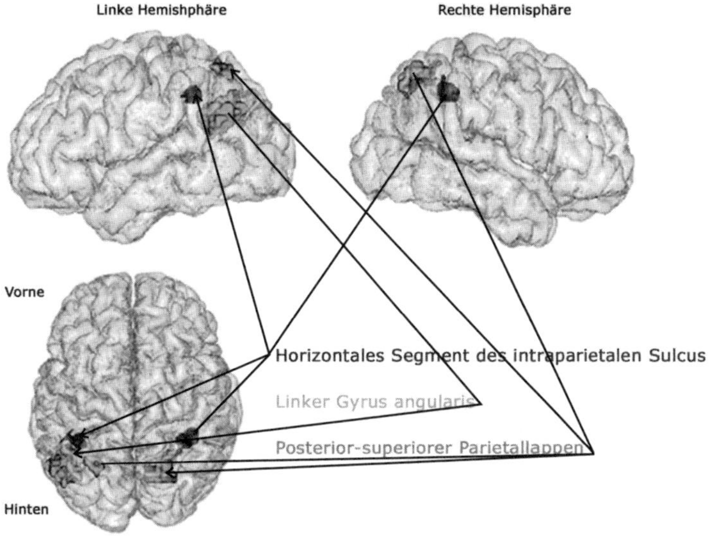

Abbildung 3: Differenzierte Areale für Zahlenverarbeitung des Parietallappens (Dehaene et al. 2003)

Die erste Region umfasst den horizontalen Teil des *intraparietalen Sulcus* beider Hemisphären. Verschiedene Studien konnten zeigen, dass sich der mentale Zahlenstrahl vermutlich in diesem Gebiet lokalisieren lässt. Ansari und Kollegen (2006) konnten im superioren Bereich des intraparietalen Sulcus eine numerisch-spezifische Aktivierung festmachen, wobei andere Studien eher ein generelles Größensystem in dieser Region vermuten (zur Übersicht siehe Hubbard, Diester et al. 2008). Zudem ist es noch unklar, ob sich verschiedene Größensysteme die gleiche neuronale Kodierung im intraparietalen Sulcus teilen oder nicht. Wahrscheinlich existieren sowohl überlappende domänenübergreifende als auch domänenspezifische neuronale Populationen für Zahlen und andere Größensysteme nebeneinander (Tudusciuc u. Nieder, 2007; Cohen Kadosh, Lammerty et al. 2008).

Es kann jedoch insgesamt als unumstritten angesehen werden, dass der intraparietale Sulcus die Kernregion für die Größenrepräsentation von Zahlen und Mengen ist. Psychologische Experimente wie der so genannte SNARC-Effekt (siehe dazu den Beitrag von Grond, Schweiter und von Aster in diesem Band) haben gezeigt, dass diese Zahlenraumvorstellungen von links nach rechts, also in Schreibrichtung organisiert sind: Kleine Zahlen orten wir auf der linken Seite, große Zahlen auf der rechten Seite. Ähnlich verhält es sich im Übrigen auch mit anderen Reihen wie der Monats- oder Buchstabensequenz: Monate am Anfang des Jahres und Buchstaben am Anfang des Alphabets liegen eher links, der Monat Dezember und der Buchstabe Z eher auf der rechten Seite unserer inneren Repräsentation (Gevers, Reynvoet et al. 2003).

Obwohl also vieles für eine Art mentales Lineal in den parietalen Kortizes spricht, findet man nicht etwa eine Leiste von Neuronen, die von links nach rechts quer über das ganze Gehirn zieht. Die Forschung geht vielmehr davon aus, dass die numerische Größe einer Zahl von einem amorphen Neuronenverband repräsentiert wird. Je größer eine Zahl ist, desto mehr Neuronen dieses Verbandes sind aktiv. Japanische Wissenschaftler fanden im Parietalhirn von Affen Nervenzellen, die möglicherweise Teil dieses Systems sind (Sawamura, Shima et al. 2002). Mit Hilfe dieser Neuronen zählten die Primaten nämlich die Anzahl von Wiederholungen einer bestimmten Handbewegung, die sie selber ausführten. Aber auch Neurone im Frontalhirn von Rhesusaffen können offenbar zählen, wie ein amerikanisches Forscherteam herausfand (Nieder, Freedman et al. 2002; Nieder u. Merten 2007). Die Autoren präsentierten den Tieren unterschiedlich viele Punkte auf einem Bildschirm. Dabei zeigten einzelne Neuronen eine Präferenz für 2 Punkte, während andere bei 3 oder 4 Punkten am stärksten feuerten. Außerdem kann aufgrund der Ergebnisse dieser Einzelzellableitungen auf eine logarithmische Organisation unseres mentalen Zahlenstrahls geschlossen werden (Dehaene 2003; Feigenson, Dehaene et al. 2004). Denn einerseits hatten die Affen mehr Mühe, zwei Mengen voneinander zu diskriminieren, je größer die Mengen waren, das heißt, sie haben sich gemäß dem Weber'schen Gesetz verhalten. Und andererseits wurden die Kurven der Verhaltensdaten und der neuronalen Feuerrate symmetrischer und einfacher, wenn sie auf einer logarithmischen Skala aufgetragen wurden.

Diese Ergebnisse gehören zu den ersten handfesten Hinweisen dafür, dass zählende Neurone und damit ein rudimentäres Verständnis für Anzahl entstanden sein müssen, noch bevor sich die Wege des Menschen und der heutigen Primaten irgendwo in den Savannen Afrikas trennten (Bächtold, 2002). Die nonverbale räumliche Zahlenrepräsentation, die dem menschlichen Gefühl für Mengen zugrunde liegt, hat also offenbar eine lange evolutive Geschichte (Micheloyannis, Papanikolaou et al. 2002).

Der *linke Gyrus angularis* ist die zweite für die Zahlenverarbeitung wichtige Region in den Parietalkortizes, die eine komplett andere Bedeutung hat im Vergleich zu dem eben erwähnten intraparietalen Sulcus. Der linke Gyrus angularis zeigt stärkere Aktivität bei arithmetischen Aufgaben, die einen sprachlich-kodierten Faktenabruf voraussetzen wie zum Beispiel beim Multiplizieren (Lee u. Kang 2000; Stanescu-Cosson, Pinel et al. 2000; Grabner, Ansari et al. 2009). Diese Region ist, wie schon erwähnt, keineswegs zahlenspezifisch, sondern sie ist auch an verschiedenen anderen sprachvermittelten Prozessen beteiligt (Crozier, Sirigu et al. 1999; Jessen, Erb et al. 1999). Sie liefert unter anderem die Sinnbedeutung, die Semantik für das, was wir lesen oder im sprachlichen Kurzzeitgedächtnis verarbeiten (Smith u. Jonides 1997). Der linke Gyrus angularis stellt also einen Teil des Sprachsystems dar und ist bei der sprachlichen Verarbeitung von zahlenbezogenen Aufgabenstellungen involviert (Simon, Mangin et al. 2002). Erwähnenswert ist auch die zunehmende

Involvierung des linken Gyrus angularis bei überlernten Mathematikaufgaben im Vergleich zu neuen untrainierten Aufgaben (Delazer, Domahs et al. 2003; Delazer, Ischebeck et al. 2005). Allerdings gilt dies nicht ausschließlich für arithmetisches Wissen, sondern allgemein für trainierte Fakten, welche vermehrt aus dem verbalen Gedächtnis abgerufen werden können (Grabner, Ischebeck et al. 2009).

Die dritte Region, der *posterior-superiore Parietallappen*, ist ebenfalls bei vielen Aufgaben aktiv, die numerische Manipulationen beinhalten; so zum Beispiel beim Vergleich der numerischen Größe zweier Zahlen (Pesenti, Thioux et al. 2000), beim Abschätzen und Überschlagen von Rechenaufgaben (Dehaene, Spelke et al. 1999), beim Subtrahieren (Lee u. Kang 2000) oder auch beim Zählen (Piazza, Mechelli et al. 2002; Dehaene, Piazza et al. 2003). Aber auch diese Region ist nicht ausschließlich für numerische Inhalte zuständig, sondern spielt generell bei visuell-räumlichen Aufgaben eine zentrale Rolle. Dies gilt nicht nur für Prozesse der räumlichen Aufmerksamkeit und Orientierung und des räumlichen Arbeitsgedächtnisses, sondern auch für die Abbildung anderer mentaler Kontinuitäten, wie zum Beispiel der Zeit (Coull u. Nobre 1998). Bezogen auf die Zahlenrepräsentation scheint der posterior-superiore Parietallappen die Aufmerksamkeitslenkung auf dem mentalen Zahlenstrahl zu unterstützen.

Schließlich gibt es Hinweise, dass es innerhalb der parietalen Kortizes aufgabenspezifische Lateralisierungen gibt. Chochon und Kollegen (1999) fanden bei einfachen Zahlenvergleichsaufgaben mehr Aktivität in der rechten und bei Multiplikationen mehr Aktivität in der linken Hemisphäre, während für Subtraktionen ein bilaterales Aktivierungsmuster charakteristisch war.

Kurz zusammengefasst lässt sich der Parietallappen in drei für die Zahlenverarbeitung wichtige Regionen unterteilen: 1. der intraparietale Sulcus als visuell-räumlicher Verarbeitungsort von Zahlen und Sitz des mentalen Zahlenstrahls, 2. der linke Gyrus angularis, welcher für eine nicht zahlenspezifische sprachliche Verarbeitung von Rechnungen verantwortlich ist, und 3. der posterior-superiore Parietallappen, der neben der Verarbeitung von verschiedenen Zahlenmanipulationen vor allem in Lösungsprozesse von visuell-räumlichen Aufgaben involviert ist.

Das Gehirn verändert sich, wenn Kinder Rechnen lernen

Aus der entwicklungspsychologischen Forschung wissen wir bereits, dass wenige Monate alte Babys über rudimentäre Zählfertigkeiten verfügen (siehe dazu den Beitrag von Grond, Schweiter und von Aster in diesem Band). Elektroenzephalographie-Studien konnten diese Befunde noch untermauern, indem sie bestimmte zerebrale Aktivierungsmuster für Mengen bei wenigen Monate alten Säuglingen identifizieren konnten (Izard, Dehaene-Lambertz et al. 2008; Libertus, Pruitt et al. 2009). Dabei sprach der rechte Parietallappen bei Dreimonatigen auf numerische Veränderungen an und wird aus diesem Grund als Träger der initialen numerischen Fähigkeiten von Säuglingen gesehen (Izard, Dehaene-Lambertz et al. 2008).

Generell findet sich ein ähnliches Aktivierungsmuster bei Kindern und Erwachsenen während der Zahlenverarbeitung (Temple u. Posner 1998; Kawashima, Taira et al. 2004; Qin, Carter et al. 2004; Cantlon, Libertus et al. 2008). Allerdings sind die Reifungsprozesse bei Kindern bei Weitem noch nicht abgeschlossen. Zahlenverarbeitung und Rechnen stellen eine hohe kognitive Herausforderung dar und im Laufe der Entwicklung bewegen wir uns immer schneller und automatisierter mental in einem immer größeren Zahlenraum. Diese zunehmende Expertise spiegelt sich wider in einer funktionalen Spezialisierung des Parietallappens für Zahlen und Mengen. Demgegenüber sind wir immer weniger auf die Unterstützung von frontalen Hirnregionen, die für Aufmerksamkeitslenkung und Arbeitsgedächtnisleistung verantwortlich sind, angewiesen. Allgemein kann man demzufolge von einer entwicklungsbedingten Verschiebung der Aktivierungsmaxima von frontalen zu parietalen Gebieten ausgehen. Verschiedene Studien, welche Hirnfunktionen von Kindern, Jugendlichen und Erwachsenen miteinander verglichen, während die Probanden rechnen mussten, zeigten größere Aktivierung im präfrontalen Kortex und dem anterioren Cingulum bei Kindern, während Erwachsene stärker den posterioren Parietallappen beidseitig, den linken inferioren Parietalkortex und den intraparietalen Sulcus rekrutieren (Ansari, Garcia et al. 2005; Rivera, Reiss et al. 2005; Kucian, von Aster et al. 2008; Davis, Cannistraci et al. 2009). Dieser fronto-parietale Wechsel konnte auch in weniger komplexen Aufgaben zum symbolischen und nichtsymbolischen Größenvergleich oder einer numerischen Gedächtnisaufgabe gefunden werden (Ansari and Dhital 2006; Kaufmann, Koppelstaetter et al. 2006; Cantlon, Libertus et al. 2008; Libertus, Brannon et al. 2009). Zudem nimmt die Aktivierung im Hippocampus und den Basalganglien mit zunehmendem Alter ab, was eine steigende Konsolidierung von arithmetischen Fakten im Langzeitgedächtnis mit dem Alter vermuten lässt (Rivera, Reiss et al. 2005).

Zusammenfassend kann man sagen, dass diese neueren Ergebnisse aus der funktionellen Bildgebung die neuropsychologischen Befunde bestätigen. Eine rudimentäre zerebrale Repräsentationsform von Mengen ist bereits bei Neugeborenen vorhanden, jedoch bei Weitem noch nicht fertig entwickelt. Vom Kindes- zum Erwachsenenalter findet eine funktionelle Spezialisierung des Parietallappens für arithmetische Aufgaben statt. Zudem wird neben diesem Aufbau der zahlenbedeutenden Regionen eine Abnahme frontaler Aktivierung beobachtet, welche auf einen geringeren Gebrauch von kognitiven Kontrollprozessen, Aufmerksamkeits- und Arbeitsgedächtnisprozessen mit dem Alter zurückzuführen ist.

Neuronale Unterschiede zwischen Kindern mit und ohne Rechenschwäche

Bildgebende Studien weisen auf zerebrale Defizite bei dyskalkulischen Kindern in verschiedenen Bereichen hin. So wurden Unterschiede zwischen Kindern mit und ohne Dyskalkulie in der anatomischen Struktur des Gehirns und der Hirnfunktion, im neuronalen Metabolismus, als auch in neuronalen zeitlichen Verarbeitungsprozessen gefunden.

Magnetresonanzstudien verglichen das Volumen der grauen Hirnmasse von dyskalkulischen Kindern beziehungsweise Jugendlichen mit Kontrollpersonen (Isaacs, Edmonds et al. 2001; Rotzer, Kucian et al. 2008; Rykhlevskaia, Uddin et al. 2009). Als graue Hirnmasse bezeichnet man die zerebralen Gebiete, in denen sich die Zellkörper der Neurone befinden, was überwiegend in der Hirnrinde der Fall ist. Dyskalkulische Kinder und Jugendliche zeigten in verschiedenen Gebieten ein vermindertes Volumen an grauer Substanz. Rotzer et al. (2008) berichteten bei dyskalkulischen Kindern eine Reduktion der grauen Masse im rechten intraparietalen Sulcus und in frontalen Gebieten. Eine weitere Studie stützt diese Befunde und fand neben anderen Arealen ebenfalls vermindertes Volumen in der parietalen Hirnrinde (Rykhlevskaia, Uddin et al. 2009). Isaacs und Kollegen (2001) fanden bei ehemals frühgeborenen Jugendlichen mit spezifischen mathematischen Schwierigkeiten weniger graue Substanz im linken intraparietalen Sulcus. Zudem zeigte eine Studie, die genetisch bedingte Dyskalkuliker (Turner-Syndrom) untersucht hat, ebenfalls strukturelle Abnormalitäten im rechten intraparietalen Sulcus.

Neben den geschilderten Unterschieden gibt es auch Hinweise auf Defizite in der weißen Hirnsubstanz. Als weiße Substanz fasst man die Leitungsbahnen (Nervenfasern) im Zentralnervensystem zusammen. Im Gehirn liegt die weiße Substanz innen und wird von der Hirnrinde umgeben. Für erfolgreiches Rechnen scheinen vor allem Nervenbahnen, die parietale und frontale Gebiete miteinander verbinden (longitudinaler Fasciculus), eine zentrale Rolle zu spielen (van Eimeren, Niogi et al. 2008; Tsang, Dougherty et al. 2009). Kinder mit einer Dyskalkulie zeigen mikrostrukturelle Abnormalitäten in der weißen Substanz im Bereich des rechten temporo-parietalen Kortex (Rykhlevskaia, Uddin et al. 2009). Dies wiederum lässt auf eine Dysfunktion bei Dyskalkulikern in weit reichenden Nervenfaserbahnen schließen, die Gebiete der rechten Hemisphäre miteinander verbinden und durch den temporo-parietalen Kortex ziehen.

Funktionelle Studien liefern zusätzliche Hinweise für defizitäre neuronale Prozesse während numerischer Verarbeitungsprozesse bei Dyskalkulikern. So rekrutieren Kinder mit einer Dyskalkulie zwar das selbe fronto-parietale Netzwerk beim Schätzrechnen, zeigen jedoch eine größere interindividuelle Variabilität und schwächere Aktivität im intraparietalen Sulcus und in frontalen Regionen (Kucian, Loenneker et al. 2006). Auch die typische Modulation der Aktivität im intraparietalen Sulcus durch den numerischen Distanzeffekt konnte bei dyskalkulischen Kindern nicht nachgewiesen werden. Autoren berichten von einer schwächeren oder sogar fehlenden Modulation im intraparietalen Sulcus (Price, Holloway et al. 2007; Mussolin, De Volder et al. 2010). Um ihre Defizite in diesen Arealen, die bei der numerischen Größenverarbeitung wichtig sind zu kompensieren, scheint es so, dass Kinder mit Dyskalkulie medio-frontale Areale stärker rekrutieren (Kucian, Loenneker et al. 2011). Diese medio-frontalen Gebiete haben eher unterstützende Funktion in kognitiven Prozessen, wohingegen die Aktivität im intraparietalen Sulcus für automatisierte numerische Verarbeitung steht. Zudem aktivierten Kinder mit Dyskalkulie in einer Mengenvergleichsaufgabe Regionen um den rechten intraparietalen Sulcus schwächer und zeigten ebenfalls kompensatorische neuronale Aktivität in linken parietalen Gebieten (Kaufmann, Vogel et al. 2009).

Zudem berichteten Levy et al. (1999) über einen erwachsenen Dyskalkuliker, der bei einer MR-Spektroskopie eine von der Norm abweichende Metabolie im linken Parietallappen zeigte.

Schlussendlich wies eine ERP-Studie auf Unterschiede zwischen Kindern mit und ohne Dyskalkulie in zeitlich späteren Verarbeitungsprozessen des numerischen Distanzeffektes in rechten parietalen Gebieten hin (Soltesz, Szucs et al. 2007). Die Autoren leiten diese Unterschiede aus Defiziten bei rechenschwachen Kindern in der höher geordneten und komplexeren kognitiven Verarbeitung von Zahlen her.

Erwähnenswert in diesem Sinne ist eine transkranielle Magnetstimulations-Studie, welche die Hypothese einer parietalen Dysfunktion bei Dyskalkulikern unterstützt (Cohen Kadosh, Cohen Kadosh et al. 2007). Transkranielle Magnetstimulation (TMS) ist eine nichtinvasive Technologie, bei der mit Hilfe starker Magnetfelder Bereiche des Gehirns sowohl stimuliert als auch gehemmt werden können. Bei gesunden Erwachsenen wurden ähnliche Verhaltensdefizite wie bei einer Dyskalkulie hervorgerufen, wenn die neuronale Verarbeitung über dem rechten intraparietalen Sulcus mittels TMS gestört wurde.

Dank verschiedenster bildgebender Methoden gewinnen wir ein immer genaueres Bild der neuronalen Korrelate einer Rechenschwäche. Die Ergebnisse weisen überwiegend auf neuronale Defizite im Parietallappen und insbesondere im Bereich des intraparietalen Sulcus bei Kindern mit Rechenschwäche hin. Dabei finden sich Abnormalitäten in den mikro- und makroanatomischen Strukturen, der Hirnfunktion, der neuronalen zeitlichen Verarbeitung sowie im Metabolismus. Allerdings finden sich auch Unterschiede zu normal rechnenden Kindern in anderen Hirngebieten wie zum Beispiel im Frontallappen. Zudem finden sich Beeinträchtigungen in Strukturen der weißen Substanz, die in verschiedene Areale des Gehirns projizieren. Deshalb ist es plausibel, dass eher ein neuronales Netzwerk und weniger eine einzelne Region bei Dyskalkulikern dysfunktional sein könnte (siehe dazu auch Rubinstein u. Henik, 2009).

Training für rechenschwache Kinder

Viele Fakten sprechen für ein neuronales Defizit bei Kindern mit einer Rechenschwäche. Wie zu Beginn dieses Beitrags erläutert wurde, ist unser Gehirn sehr lernfähig und somit in der Lage, sich ständig den äußeren Anforderungen anzupassen. Durch gezielte Stimulation der Neurone können so funktionelle wie auch strukturelle neuroplastische Veränderungen induziert werden. Auch das Gehirn eines Dyskalkulikers besitzt diese Fähigkeit! In einer neuen Studie wurde ein spezifisches Trainingsprogramm zur Verbesserung der Zahlenraumvorstellung bei Kindern mit Dyskalkulie getestet (Kucian, Grond et al. 2011). Die Ergebnisse zeigen klare Verbesserungen in den mathematischen Leistungen. Kinder mit und ohne Dyskalkulie zeigten nach dem fünfwöchigen Training eine bessere Zahlenraumvorstellung und waren in der Lage, mehr Additions- und Subtraktionsaufgaben richtig zu lösen. Außerdem waren diese Leistungssteigerungen von neuroplastischen Veränderungen begleitet. Nach dem Training wurden Hirnareale im Frontallappen während des Lösens einer ordinalen Zahlenaufgabe weniger stark beansprucht. Dies deutet auf eine eher automatisierte neuronale Verarbeitung der Aufgabe hin und dass Hirnareale, die für unterstützende Funktionen stehen, wie Aufmerksamkeits- und Arbeitsgedächtnisleistungen weniger rekrutiert werden mussten. Schlussendlich wurde ein paar Wochen nach dem Training, in denen sich das neu Gelernte festigen konnte, eine Zunahme der Aktivität in zentralen Regionen für die Zahlenverarbeitung (Parietallappen) festgestellt.

In diesem Zusammenhang ist eine weitere Studie erwähnenswert, welche durch gezielte neuronale Anregung des rechten und gleichzeitige Hemmung des linken Parietallappens in gesunden Erwachsenen den Lernerfolg einer numerischen Aufgabe signifikant steigern konnte (Cohen Kadosh, Soskic et al. 2010). Die Autoren spekulieren, dass eventuell durch gleiche Modulation der Erregbarkeit der Parietallappen bei Dyskalkulikern die Lernerfolge ebenfalls gesteigert werden könnten.

Literatur

Ansari, D., Dhital, B. (2006): Age-related changes in the activation of the intraparietal sulcus during nonsymbolic magnitude processing: an event-related functional magnetic resonance imaging study. Journal of Cognitive Neuroscience 18 (11): 1820–1828.

Ansari, D., Dhital, B. et al. (2006): Parametric effects of numerical distance on the intraparietal sulcus during passive viewing of rapid numerosity changes. Brain Research 1067 (1): 181–188.

Ansari, D., N. Garcia, et al. (2005): Neural correlates of symbolic number processing in children and adults. Neuroreport 16 (16): 1769–1773.

Bächtold, D. (2002): Das Lineal im Kopf. Neue Zürcher Zeitung 65.

Cantlon, J. F., Libertus, M. E. et al. (2008): The Neural Development of an Abstract Concept of Number. Journal Cognitive Neuroscience.

Chochon, F., L. Cohen, et al. (1999): Differential contributions of the left and right inferior parietal lobules to number processing. Journal of Cognitive Neuroscience 11 (6): 617–630.

Cohen Kadosh, R., Cohen Kadosh, K. et al. (2007): Virtual dyscalculia induced by parietal-lobe TMS impairs automatic magnitude processing. Current Biology 17 (8): 689–693.

Cohen Kadosh, R., Lammertyn, J. et al. (2008): Are numbers special? An overview of chronometric, neuroimaging, developmental and comparative studies of magnitude representation. Progress in neurobiology 84 (2): 132–147.

Cohen Kadosh, R., Soskic, S. et al. (2010): Modulating neuronal activity produces specific and long-lasting changes in numerical competence. Current Biology 20 (22): 2016–2020.

Coull, J. T., Nobre, A. C. (1998): Where and when to pay attention: the neural systems for directing attention to spatial locations and to time intervals as revealed by both PET and fMRI. Journal of Neuroscience 18 (18): 7426–7435.

Crozier, S., Sirigu, A. et al. (1999): Distinct prefrontal activations in processing sequence at the sentence and script level: an fMRI study. Neuropsychologia 37 (13): 1469–1476.

Davis, N., Cannistraci, C. J. et al. (2009): The neural correlates of calculation ability in children: an fMRI study. Magnetic Resonance Imaging 27: 1187–1197.

Dehaene, S. (1992): Varieties of numerical abilities. Cognition 44: 1–42.

Dehaene, S. (2003): The neural basis of the Weber–Fechner law: a logarithmic mental number line. TRENDS in Cognitive Sciences 7: 145–147.

Dehaene, S., Cohen, J. D. (1995): Towards an anatomical and functional model of number processing. Mathematical Cognition 1: 83–120.

Dehaene, S., Molko, N. et al. (2004): Arithmetic and the brain. Current Opinion in Neurobiology 14 (2): 218–224.

Dehaene, S., Piazza, M. et al. (2003): Three Parietal Circuits for Number Processing. Cognitive Neuropsychology 20 (3/4/5/6): 487–506.

Dehaene, S., Spelke, E. et al. (1999): Sources of mathematical thinking: behavioral and brain-imaging evidence. Science 284 (5416): 970–974.

Dehaene, S., Tzourio, N. et al. (1996): Cerebral activations during number multiplication and comparison: a PET study. Neuropsychologia 34 (11): 1097–1106.

Delazer, M., Domahs, F. et al. (2003): Learning complex arithmetic – an fMRI study. Brain Research Cognitive Brain Research 18 (1): 76–88.

Delazer, M., Ischebeck, A. et al. (2005): Learning by strategies and learning by drill-evidence from an fMRI study. Neuroimage 25 (3): 838–849.

Feigenson, L., Dehaene, S. et al. (2004): Core systems of number. TRENDS in Cognitive Sciences 8 (7): 307–314.

Fulbright, R. K., Molfese, D. L. et al. (2000): Cerebral activation during multiplication: a functional MR imaging study of number processing. AJNR – American Journal of Neuroradiolog 21 (6): 1048–1054.

Gevers, W., Reynvoet, B. et al. (2003): The mental representation of ordinal sequences is spatially organized. Cognition 87 (3): B87–95.

Grabner, R. H., Ansari, D. et al. (2009): To retrieve or to calculate? Left angular gyrus mediates the retrieval of arithmetic facts during problem solving. Neuropsychologia 47 (2): 604–608.

Grabner, R. H., Ischebeck, A. et al. (2009): Fact learning in complex arithmetic and figural-spatial tasks: The role of the angular gyrus and its relation to mathematical competence. Human Brain Mapping 30 (9): 2936–2952.

Hubbard, E. M., Diester, I. et al. (2008): The evolution of numerical cognition: from number neurons to linguistic quantifiers. Journal of Neuroscience 28 (46): 11819–1124.

Isaacs, E. B., Edmonds, C. J. et al. (2001): Calculation difficulties in children of very low birthweight: a neural correlate. Brain 124 (Pt 9): 1701–1707.

Izard, V., Dehaene-Lambertz, G. et al. (2008): Distinct cerebral pathways for object identity and number in human infants. PLoS Biology 6 (2): e11.

Jessen, F., Erb, M. et al. (1999): Activation of human language processing brain regions after the presentation of random letter strings demonstrated with event-related functional magnetic resonance imaging. Neuroscience Letters 270 (1): 13–16.

Kaufmann, L., Koppelstaetter, F. et al. (2006): Neural correlates of the number-size interference task in children. Neuroreport 17 (6): 587–591.

Kaufmann, L., Vogel S. E. et al. (2009): Developmental dyscalculia: Compensatory mechanisms in left intraparietal regions in response to nonsymbolic magnitudes. Behavioral and Brain Functions 5 (1): 35.

Kawashima, R., Taira, M. et al. (2004): A functional MRI study of simple arithmetic – a comparison between children and adults. Brain research. Cognitive Brain Research 18 (3): 227–233.

Kazui, H., Kitagaki, H. et al. (2000): Cortical activation during retrieval of arithmetical facts and actual calculation: a functional magnetic resonance imaging study. Psychiatry and Clinical Neurosciences 54 (4): 479–485.

Kucian, K., Grond, U. et al. (2011): Mental number line training in children with developmental dyscalculia. Neuroimage 57 (3): 782–795.

Kucian, K., Loenneker, T. et al. (2006): Impaired neural networks for approximate calculation in dyscalculic children: a functional MRI study. Behavioral and Brain Functions 2: 31.

Kucian, K., Loenneker, T. et al. (2011): Numerical Distance Effect in Children with Developmental Dyscalculia: a fMRI Study. Developmental Neuropsychology 36 (6): 741–762.

Kucian, K., Aster, M. von et al. (2008): Development of neural networks for exact and approximate calculation: a FMRI study. Developmental Neuropsychology 33 (4): 447–473.

Lee, K. M., H. C. Kang (2000): Cortical areas differentially involved in multiplication and subtraction: A functional magnetic resonance imaging study and correlation with a case of selective acalculia. Annals of Neurology 48: 657–661.

Levy, L. M., Reis, I. L. et al. (1999): Metabolic abnormalities detected by 1H-MRS in dyscalculia and dysgraphia. Neurology 53 (3): 639–641.

Libertus, M. E., Brannon, E. M. et al. (2009): Developmental changes in category-specific brain responses to numbers and letters in a working memory task. Neuroimage 44 (4): 1404–1414.

Libertus, M. E., Pruitt, L. B. et al. (2009): Induced alpha-band oscillations reflect ratio-dependent number discrimination in the infant brain. Journal of Cognitive Neuroscience 21 (12): 2398–2406.

Menon, V., Rivera, S. M. et al. (2000): Dissociating prefrontal and parietal cortex activation during arithmetic processing. Neuroimage 12 (4): 357–365.

Micheloyannis, S., Papanikolaou, E. et al. (2002): Ongoing electroencephalographic signal study of simple arithmetic using linear and non-linear measures. International Journal of Psychophysiology 44 (3): 231–238.

Mussolin, C., De Volder, A. et al. (2010): Neural correlates of symbolic number comparison in developmental dyscalculia. Journal of Cognitive Neuroscience 22 (5): 860–874.

Nieder, A., Freedman, D. J. et al. (2002): Representation of the quantity of visual items in the primate prefrontal cortex. Science 297 (5587): 1708–1711.

Nieder, A., Merten, K. (2007): A labeled-line code for small and large numerosities in the monkey prefrontal cortex. Journal of Neuroscience 27 (22): 5986–3993.

Pesenti, M., Thioux, M. et al. (2000): Neuroanatomical substrates of arabic number processing, numerical comparison, and simple addition: a PET study. Journal of Cognitive Neuroscience 12 (3): 461–479.

Pesenti, M., Zago, L. et al. (2001): Mental calculation in a prodigy is sustained by right prefrontal and medial temporal areas. Nature Neuroscience 4 (1): 103–107.

Piazza, M., Mechelli, A. et al. (2002): Are subitizing and counting implemented as separate or functionally overlapping processes? Neuroimage 15 (2): 435–446.

Price, G. R., Holloway, I. et al. (2007): Impaired parietal magnitude processing in developmental dyscalculia. Current Biology 17 (24): R1042–1043.

Qin, Y., Carter, C. S. et al. (2004): The change of the brain activation patterns as children learn algebra equation solving. Proceedings of the National Academy of Sciences of the USA 101 (15): 5686–5691.

Rickard, T. C., Romero, S. G.et al. (2000): The calculating brain: an fMRI study. Neuropsychologia 38 (3): 325–335.

Rivera, S. M., Reiss, A. L. et al. (2005): Developmental changes in mental arithmetic: evidence for increased functional specialization in the left inferior parietal cortex. Cerebral Cortex 15 (11): 1779–1790.

Roland, P. E., Friberg, L. (1985): Localization of cortical areas activated by thinking. Journal of Neurophysiology 53 (5): 1219–1243.

Rotzer, S., Kucian, K. et al. (2008): Optimized voxel-based morphometry in children with developmental dyscalculia. Neuroimage 39 (1): 417–422.

Rubinstein, O., Henik, A. (2009): Developmental dyscalculia: heterogeneity might not mean different mechanisms. Trends in Cognitive Science 13 (2): 92–99.

Rykhlevskaia, E., Uddin, L. Q. et al. (2009): Neuroanatomical correlates of developmental dyscalculia: combined evidence from morphometry and tractography. Frontiers in human neuroscience 3: 51.

Sawamura, H., Shima, K. et al. (2002): Numerical representation for action in the parietal cortex of the monkey. Nature 415 (6874): 918–922.

Simon, O., Mangin, J. F. et al. (2002): Topographical layout of hand, eye, calculation, and language-related areas in the human parietal lobe. Neuron 33 (3): 475–487.

Smith, E. E., Jonides, J. (1997): Working memory: a view from neuroimaging. Cognitive psychology 33 (1): 5–42.

Soltesz, F., Szucs, D. et al. (2007): A combined event-related potential and neuropsychological investigation of developmental dyscalculia. Neuroscience Letters 417 (2): 181–186.

Stanescu-Cosson, R., Pinel, P. et al. (2000): Understanding dissociations in dyscalculia: a brain imaging study of the impact of number size on the cerebral networks for exact and approximate calculation. Brain 123 (Pt 11): 2240–2255.

Temple, E., Posner, M. I. (1998): Brain mechanisms of quantity are similar in 5-year-old children and adults. Proceedings of the National Academy of Sciences of the U S A 95 (13): 7836–7841.

Tsang, J. M., Dougherty, R. F. et al. (2009): Frontoparietal white matter diffusion properties predict mental arithmetic skills in children. Proceedings of the National Academy of Science USA 106 (52): 22546–22551.

Tudusciuc, O., Nieder, A. (2007): Neuronal population coding of continuous and discrete quantity in the primate posterior parietal cortex. Proceedings of the National Academy of Science USA 104 (36): 14513–14518.

van Eimeren, L., Niogi, S. N. et al. (2008): White matter microstructures underlying mathematical abilities in children. Neuroreport 19 (11): 1117–1121.

Michael W. Bzufka, Michael von Aster, Klaus-Jürgen Neumärker

Diagnostik von Rechenstörungen

Seit Ranschburg 1916 erstmals über das Auftreten der Leseschwäche – von ihm Legasthenie genannt – und der Rechenschwäche – als Arithmasthenie bezeichnet – bei Schulkindern berichtete, sind fast einhundert Jahre vergangen.

Gleichwohl zeichneten sich die ersten Publikationen zum Thema Rechenstörungen dadurch aus, eine Funktion möglichst genau einer zerebralen Lokalisation zuzuordnen, das heißt, neurobiologische Korrelate aufzudecken. So die Arbeiten von Lewandowski und Stadelmann (1908), die bei einem 27-jährigen Mann mit einer Hirnblutung die Rechenstörung als Herdsymptom in den linken Hinterhauptslappen lokalisierten, oder Peritz, der als Leiter der Berliner Schule für Gehirnverletzte 1918 seine umfangreiche Darstellung mit dem Satz beginnt: »Jedem, der sich mit den Gehirnverletzten beschäftigt, fällt es auf, wie häufig sich bei ihnen Rechenstörungen finden.« Peritz geht dabei auch ausführlich auf die Psychologie des Zählens und Rechnens im Kindes- und Jugendalter mit dem Ergebnis ein, »dass beim Kinde der optische oder gemischt optische Typus überwiegt« und erst später »an die Stelle des visuellen Typus ein akustisch motorischer infolge der Mechanisierung des Assoziationsvorganges durch intensive Übung tritt«. Weiterhin kommt Peritz nach Analyse seiner erwachsenen Patienten zu dem Ergebnis, dass Rechenstörungen bei linksseitigen Verletzungen des Hinterhauptes zu verzeichnen sind und dass »in der Gegend des linken Gyrus angularis ein Zentrum für das Rechnen zu liegen scheint«.

1919 setzt sich Henschen mit Sprach-, Musik- und Rechenmechanismen und deren Lokalisation im Großhirn auseinander. Auch er zieht den Schluss, »dass die Ziffernblindheit durch Herde in der Angularwindung entsteht«, räumt aber ein, dass eine »weitgehende Funktionsverteilung« dahingehend besteht, dass die verschiedenen Hirnleistungen verschiedene Mechanismen und »verschiedene lokal getrennte anatomische Unterlagen« erfordern.

Ein weiterer Klassiker aus den Anfangsjahren der Erforschung von Rechenstörungen ist Berger. Er beschreibt 1926 bei neun Patienten (sieben Männer und zwei Frauen) Rechenstörungen, die er bei Herdläsionen des Großhirns beobachtet und auch pathologisch-anatomisch analysiert hatte. Neben der Einteilung in primäre oder echte Rechenstörungen, die unabhängig von zerebralen Störungen auftreten, sowie sekundäre, die aus der Schädigung oder dem Ausfall zerebraler Leistungen resultieren, stellte Berger die Auffassungen der bislang genannten Autoren über den Stellenwert des linken Gyrus angularis in Frage und postulierte, »dass man die Annahme eines besonderen Rechenzentrums überhaupt ablehnen muss«, da »auch bei der einfachsten wirklichen Rechenleistung größere Gebiete einer Hemisphäre, wenn nicht beider, in Tätigkeit treten«.

Das nach seinem Beschreiber benannte Gerstmann-Syndrom (1930) mit den Zeichen der Fingeragnosie, Rechts-Links-Störung, Agraphie und Akalkulie und deren Zuordnung in das »Übergangsgebiet der unteren parietal- und mittleren Okzipitalwindung« steht nicht im Widerspruch zu Bergers Ansicht, sondern dokumentiert die Vernetzung verschiedener Funktionen zu unterschiedlichen Hirnregionen.

Am differenziertesten sind zweifellos die Aussagen von Dehaene und Mitarbeitern zur zerebralen Zuordnung von arithmetischen Leistungen (2004, hier auch umfassend weiterführende Literatur). Vor dem Hintergrund von zerebralen Netzwerken (»brain circuits«) werden von Dehaene et al. Regionen wie das horizontale Segment des bilateralen intraparietalen Sulcus (hIPS) – vom Gyrus angularis zu unterscheiden – und die ventrale intraparietale Area (entspricht den Brodman-Arealen 45 und 46), aber auch der präzentrale und inferiore präfrontale Kortex für mentale Kalkulationsprozesse verantwortlich gemacht. Die Autoren gehen dabei ausführlich auf entwicklungsbedingte Fragestellungen und Ergebnisse ein, die an Tieren gewonnen wurden.

Vergleicht man die Publikationsraten für Legasthenie und Dyskalkulie über die letzten hundert Jahre, so ist eine Kluft offensichtlich. Man fragt sich, warum bei einer ähnlichen Prävalenz beider Störungsbilder von vier bis 8 % und der erheblichen Beeinträchtigung, der jeder Einzelne mit einer Lese-Rechtschreib-Störung (LRS) oder Rechenstörung (Dyskalkulie) in der persönlichen, emotionalen oder sozialen Entwicklung bis ins Erwachsenenalter ausgesetzt ist, das Interesse und die Forschung überwiegend zugunsten der LRS verschoben sind (zusammenfassende Literatur u. a. bei Neumärker u. von Aster 2000).

Die aktuell geltenden Definitionen und die diagnostischen Kriterien einschließlich der Leitlinien beider Störungen sind immer noch durch die ICD-10 und das DSM-IV vorgegeben, beide werden zurzeit grundlegend revidiert. Die unterschiedliche Zuordnung zu den »umschriebenen Entwicklungsstörungen schulischer Fertigkeiten« in der ICD-10 (F81.0 LRS; F81.2 Rechenstörung) oder zu den »Lernstörungen vormals Schulleistungsstörungen« des DSM-IV (315.00 Lesestörung; 315.1 Rechenstörung) erklärt diesen Sachverhalt sicherlich nicht. Von der Einschätzung, dass Mathematik eine Schlüsseltechnik für die Wissenschaft darstellt, und vor dem Hintergrund der OECD-Studien, speziell der PISA-Studie (Programme for International Student Assessment) und deren Ergebnissen bei deutschen Schülern, sind die Öffentlichkeit, die länderübergreifende Bildungspolitik, die Wissenschaften, vor allem Pädagogik, Psychologie und Medizin, hier vor allem die Kinder- und Jugendpsychiatrie, aufgefordert, multiprofessionell den Rechenstörungen bei Kindern, Jugendlichen und Erwachsenen weitaus mehr Aufmerksamkeit als bisher zukommen zu lassen.

Über welche diagnostischen Möglichkeiten verfügen wir, um Rechenstörungen zu erfassen?

Zum Stichwort »Dyskalkulie« (im Englischen zu »dyscalculia« beziehungsweise »developmental dyscalculia« [DD]) ergeben sich im Internet in den letzten Jahren erfreulicherweise zunehmend mehr Einträge, dabei bewegt sich die Bandbreite von seriös über geschäftstüchtig bis zu unwissenschaftlich oder fragwürdig. Für Betroffene und ihre Bezugspersonen erscheint es noch am sinnvollsten, sich Ansprechpartner und Literaturhinweise herauszusuchen, ansonsten ist eine Orientierung in dem sehr heterogenen Angebot auch für Fachleute nur unter Mühen möglich.

Im deutschsprachigen Raum orientieren sich die Standards zur klinisch-psychologischen Diagnostik einer Rechenstörung immer noch an der Klassifikation der ICD-10 und den Leitlinien der Deutschen Gesellschaft für Kinder- und Jugendpsychiatrie (DGKJP). Ausgegangen wird von der Diskrepanzdefinition. Sie beinhaltet, dass zwischen dem allgemeinen intellektuellen Entwicklungsniveau und dem Niveau der Rechenleistungen eine eindeutige Diskrepanz bestehen muss, wobei zu den Ursachen dieser Diskrepanz nur verlangt wird, dass sie nicht durch unangemessene Unterrichtung, sensorielle Defizite oder andere neurologische Störungen sowie infolge einer Erkrankung entstanden sein dürfen. Damit ist der diagnostische Rahmen weit gesteckt. Die Feststellung einer Rechenstörung muss also immer auch eine ausführliche Erhebung der psychosozialen und medizinischen Anamnese einschließen. Danach sollte das Vorliegen eines aktuellen oder abgelaufenen Krankheitsgeschehens als Ursache der Rechenstörung ausgeschlossen werden, was zum Teil das gesamte Spektrum medizinischer Labor- und apparativer Untersuchungen bis hin zu den modernen bildgebenden Verfahren einschließt. Anschließend werden mit standardisierten Leistungstests die allgemeine Intelligenz sowie das Niveau der Rechenfertigkeiten bestimmt, außerdem soll auch die Lese-Rechtschreib-Störung überprüft werden. Erst danach ist die Feststellung einer Rechenstörung als umschriebener Störung schulischer Fertigkeiten (F81.2) zulässig. Zum Ursachengefüge und zu eventuellen Therapiemöglichkeiten ist damit oft noch keine Aussage erfolgt.

Probleme ergeben sich auch aus der Tatsache, dass nicht für jede Alters- und Leistungsgruppe standardisierte Testverfahren für Intelligenz, Lesen, Schreiben und Rechnen verfügbar sind. Dies trifft vor allem für obere Klassen, abweichende Schulformen (Experimentalschulen, Waldorf-, Montessorischulen u. Ä.) sowie zum Teil für Kinder an Sonderschulen zu. Außerdem wird die nötige Diskrepanz oft nicht erreicht, wenn zum Beispiel schon die Intelligenz gemindert ist. Dies bedeutet dann, dass beispielsweise Lernbehinderte kaum eine umschriebene Störung schulischer Fertigkeiten haben dürften, dem widerspricht aber die klinische Erfahrung. Leider kann dann wegen administrativer Hindernisse eine spezifische Förderung oft nicht erfolgen.

Vor allem über den Sinn der »Diskrepanzdefinition« wird schon längere Zeit kontrovers diskutiert, unter anderem wird eine regressionsanalytische Bemessung der Abweichung in Abhängigkeit von der Intelligenzhöhe vorgeschlagen. Mit der sich abzeichnenden Einführung von DSM-V und ICD-11 könnten sich weitere Veränderungen ergeben (s. Rutter 2011). Diskutiert werden eine Straffung und Vereinfachung der Diagnosekategorien und eine dimensionale Zusammenfassung neurokognitiver Entwicklungsstörungen. Auch die Diskrepanzdefinition könnte modifiziert oder zur Disposition gestellt werden. Völlig unklar sind auch die Auswirkungen, die der Umbau des Bildungssystems nach den Prinzipien der »Inklusion« auf die Ausprägung und den Verlauf umschriebener Störungen schulischer Fertigkeiten haben wird. Kinder mit diesen Störungen gab es und gibt es weltweit in allen Kulturkreisen, ein schlüssiges Modell, wie im Rahmen der Inklusion die Störung überwunden oder zumindest gemindert werden kann, ist zurzeit noch nicht zu sehen. Möglicherweise können die Anforderungen auch besser an die Kinder angepasst werden, von Rollstuhlfahrern verlangt ja auch niemand die Teilnahme am Hochsprung.

Diagnostische Ansätze

Die neuropsychologische Diagnostik einer Rechenstörung erfordert unter Kosten-, Zeit- und Qualitätsaspekten ein stufenweises Vorgehen mit der Nutzung vorhandener Vorbefunde. Sinnvoll ist auch der Einsatz von Selbst- und Fremdbeurteilungsskalen (z. B. Achenbach 1991; Goodman 1999) zur Vorauswahl komorbid gestörter Bereiche. In der weiteren Diagnostik kann zwischen unspezifischen oder spezifischen Testverfahren unterschieden werden. Zu den für eine Rechenstörung unspezifischen Verfahren zählen Tests der allgemeinen Intelligenz, einzelne Schulleistungstests, neuropsychologische Einzelverfahren sowie neuropsychologische Testbatterien, zu den spezifischen Verfahren zählen Testbatterien für Rechenfertigkeiten sowie Verfahren zur Fehleranalyse.

Intelligenztests

Tests der allgemeinen Intelligenz, besonders auf dem Konzept D. Wechslers basierende Verfahren (im deutschen Sprachraum verbreitet: HAWIK-IV, AID-2.2, K-ABC), beinhalten auch Subtests zur Überprüfung der Rechenfertigkeiten. Deren diagnostische Aussage wird aber vor allem dadurch eingeschränkt, dass oft nur Sachaufgaben verwendet werden, so dass die konzentrativen, sprachlichen, (arbeits-)gedächtnismäßigen und mathematischen Anteile der Anforderung nicht differenziert werden können, eine getrennte Auswertung ist nicht vorgesehen. Dies trifft auch auf unterschiedliche mathematische Anforderungen für die einzelnen Items zu (z. B. Grundrechenarten, Bruch- und Prozentrechnung, »Knobelaufgaben«), über die undifferenziert aufsummiert wird.

Oft erbringen hier Kinder mit Dyskalkulie durchschnittliche bis diskret auffällige Leistungen, da die Aufgaben nicht in Bezug zu Schulanforderungen ausgewählt wurden und da die Kinder oft über ein reiches Repertoire von Umweg- und Kompensationstechniken verfügen. So sollten zum Beispiel die Lösungen nie bei den Fragen stehen, da viele rechenschwache Kinder Meister im Überkopf-Lesen sind. Umgekehrt besteht oft auch kein Zusammenhang zu sehr schwachen Ergebnissen im Subtest »Rechnen«, so dass dieses nur innerhalb der Intelligenzmessung interpretierbar ist. Teilaspekte mathematischer Fähigkeiten werden auch in anderen Subtests überprüft, zum Beispiel das numerale Kurzzeitgedächtnis, das räumliche Vorstellen und Operieren oder das Formieren von Konzepten. Damit wird deutlich, dass der so erhaltene Gesamtwert (»IQ«) nicht unabhängig von einer eventuell vorhandenen Rechenstörung ist und nur bedingt als Vergleichsgröße herangezogen werden kann. Daher sollte die Intelligenz möglichst breit, mit objektiven und aktuell genormten Verfahren, gegebenenfalls auch mit zwei verschiedenen Tests bestimmt werden. Oft gibt dann die Verteilung der Subtests (obere und untere Grenze der Intelligenzquantität) einen Hinweis auf die Höhe der gesuchten »allgemeinen Intelligenz« (reasoning, g-factor), schematische Durchschnittsberechnungen (wie »HIQ«, »WLD-IQ« usw.) helfen nur bedingt weiter.

Neuropsychologische Testbatterien

Neuropsychologische Testbatterien für das Kindesalter (im deutschen Sprachraum verbreitet: TÜLUC, TÜKI, BLN-K) liegen nicht in aktualisierter Version vor und werden daher kaum noch verwendet. Sie enthalten meist eine Aufgabenreihe zur Überprüfung der Rechenfertigkeiten, sie ermöglichen die Beschreibung funktioneller Einheiten nach Luria (1970). Somit eignen sie sich eher zur theoriegeleiteten Analyse der Fähigkeitsstruktur eines Kindes, ihr Einsatz sollte am Ende der diagnostischen Kette stehen und der Beantwortung spezifischer Fragestellungen dienen.

Schulleistungstests

Typische Vertreter sind die Verfahren aus der Reihe »Deutsche Schultests«, ursprünglich herausgegeben von K. Ingenkamp, jetzt von M. Hasselhorn, H. Marx und W. Schneider. Diese Verfahren wurden zur Leistungsmessung in den einzelnen Klassenstufen entwickelt (»streaming«) und lehnen sich eng an die jeweiligen Curricula eines Schulfachs an. Dementsprechend ist der Anwendungszeitraum eng begrenzt, zum Beispiel gibt es bei der aktuell genormten DEMAT-Serie (Deutsche Mathematik-Tests) Fassungen für die erste (DEMAT 1+), die zweite (DEMAT 2+), die dritte (DEMAT 3+), die vierte (DEMAT 4) und die neunte Klasse (DEMAT 9). Analog sind auch die Schweizer Rechentests (SR 1–6) von A. Lobeck et al. (1987, 1990) aufgebaut.

Die Testökonomie ist gering, da zur Ermittlung einer schmalbandigen Dimension (Leistungsstand in den Lese-, Schreib- oder Rechenfertigkeiten der Klassenstufe) ein großer zeitlicher Aufwand erforderlich ist. Außerdem sind mitunter die schul- und lehrplanbezogenen Fertigkeiten trotz ansonsten fast völligen Versagens bei mathematischen Anforderungen noch relativ gut entwickelt; andererseits können sie bei unzureichender Förderung oder schulischer Demotivation überproportional schwach sein. Für differenziertere Analysen müssen dann die folgenden Verfahren angeschlossen werden:

Neuropsychologische Einzel-Verfahren

Soweit nicht mit einer neuropsychologischen Testbatterie Defizite und Ressourcen differenziert beschrieben wurden, kann das breite Verfahrensspektrum der klinischen Neuropsychologie dazu herangezogen werden. Besonders bedeutsam sind Verfahren zur Überprüfung des Gedächtnisses (verbal, visuell und numerisch), der Visuomotorik (bei jüngeren Kindern), visuokonstruktiver und spatialer Funktionen einschließlich Hand- und Augenlateralisation sowie höherer geistiger Prozesse und exekutiver Funktionen, speziell auch der einzelnen Aspekte von Zahlenverarbeitung und Rechnen. Viele Verfahren wurden nicht ausschließlich zur Diagnostik bei Rechenstörungen oder zum Einsatz bei Kindern entwickelt, daher steht oft die qualitativ-beschreibende Analyse im Vordergrund. Auch diese Verfahren sollten am Ende der diagnostischen Kette stehen und der Beantwortung spezifischer Fragestellungen dienen.

Testbatterien für Rechenfertigkeiten

Testbatterien mathematischer Funktionen stellen inzwischen den »state of the art« bei der spezifischen Diagnostik von Rechenstörungen dar, sie entsprechen auch den Leitlinien der DGKJP (siehe auch Jacobs u. Petermann 2005a). Dort wird ein breites Spektrum von Anforderungen aufgezählt, die eine solche Testbatterie beinhalten soll. Es beginnt mit einfachen Zähl- und Transkodierungsoperationen über die Grundrechenarten und perzeptive sowie kontextuelle Mengenoperationen bis hin zu Textaufgaben und Aufgaben zum mathematisch-logischen Verständnis. Dabei soll das Verfahren objektiv, reliabel, valide und möglichst noch testökonomisch sein, am besten sowohl als Einzel- wie auch als Gruppentest einsetzbar.

Umstritten ist die Bewertung der Bearbeitungszeiten, einerseits ist erwiesen, dass besonders Kinder mit Teilleistungsstörungen unter Stress einen überproportionalen Abfall ihrer ohnehin schon verminderten Leistung haben. Andererseits spielt der Zeitfaktor im schulischen (und später beruflichen) Kontext auch eine wichtige Rolle. Als praktikabler Kompromiss bietet sich die getrennte Erfassung und Bewertung als »power«- beziehungsweise »speed«-Komponente an, wie sie beim RZD 2–6 praktiziert wird.

Verfahren mit all den genannten Anforderungen sind erst nach der Jahrtausendwende publiziert worden, sie gehen bei vielen Aufgabentypen auf die »Calculation Battery EC301« (Deloche et al. 1993) für das Erwachsenenalter mit 13 Aufgabengruppen zurück. Die Bewertung erfolgt für jeden Subtest durch Klassifizierung als normal, grenzwertig oder pathologisch im Vergleich zu einer kleinen Kontrollgruppe.

Für das Kindesalter publizierte von Aster ein entsprechendes Verfahren (ZAREKI, von Aster, Deloche, Gaillard u. Tièche 1995; von Aster 2001; von Aster, Weinhold Zulauf u. Horn 2006). Basierend auf dem Modulansatz von Dehaene (1992) werden mit elf Untertests rechenrelevante Teilleistungen in großem Umfang geprüft. Rechenoperationen stellen neben Aufgaben zur Zahlbeherrschung, dem Transkodieren und Aufgaben zu Zahlen- und Mengenvorstellungen nur einen kleinen Teil der Aufgaben dar. Das Verfahren war anfangs nur an einer kleinen Stichprobe für die Altersstufen von sieben bis elf Jahren genormt, erlaubt aber neben einer differenzierten Analyse auch die Ableitung von Förderschwerpunkten. Inzwischen liegt eine revidierte Fassung, die ZAREKI-R (von Aster et al. 2006) vor, die an einer repräsentativen Stichprobe (Deutschland/Schweiz) genormt wurde. Neben der teilweise geringen Zahl von Items pro Subtest (z. B. nur vier Sachaufgaben) werden auch das Fehlen einer Bewertung von Lösungszeiten und die Normierung nach Altersklassen (statt Schulstufen) kritisiert.

Derzeit ist das Einschulungsalter stark in Bewegung, es differiert auch zwischen einzelnen (Bundes-)Ländern. Entsprechend können gleichaltrige Kinder in sehr unterschiedlichen Klassenstufen, das heißt mit sehr unterschiedlichem Fähigkeitsniveau sein. Trotzdem stellt diese Testbatterie eine neue Qualität in der Beschreibung von Rechenfertigkeiten dar. Mit gleicher Subteststruktur und faktorieller Auswertung wurde von den Autoren auch eine Kindergartenversion zur Frühdiagnostik vorgelegt (ZAREKI-K, von Aster, Bzufka u. Horn

2009), eine Testbatterie für das mittlere und obere Schulalter (ZAREKI-J) befindet sich in Entwicklung. Dies ist erforderlich, da auch jenseits der 6. Klasse zunehmend Jugendliche, oft primär wegen emotionalen oder Verhaltensproblemen, klinisch vorgestellt werden, bei denen schon seit der Grundschule bestehende Rechenprobleme erst in der Sekundarstufe dekompensieren. Bisher stehen für diese Patienten keine standardisierten Tests zur Verfügung.

Teilweise füllt das Rechenfertigkeits- und Zahlenverarbeitungs-Diagnostikum für die 2. bis 6. Klasse (RZD 2–6, Jacobs u. Petermann 2005b) diese Lücke, es ist bis zur Mitte der 6. Klasse, bei schwererer Störung und überwiegend qualitativer Analyse auch darüber hinaus einsetzbar. Die Autoren haben sich bemüht, alle von der DGKJP geforderten Anforderungsbereiche in altersgestaffelte Aufgaben umzusetzen; mit 18 Subtests ist das Verfahren recht umfangreich und erfordert einige Einarbeitung vom Untersucher. Trotzdem ist auch hier der Spagat zwischen dem Screening und der differenzierten Analyse zu sehen, bei zum Teil vier bis acht Aufgaben pro Subtest ergeben sich in den Normtabellen erhebliche Sprünge für einzelne Rohwert-Punkte. Positiv hervorzuheben ist die Normierung nach Klassenstufen und die getrennte Auswertung nach speed- und power-Skalen. Für die objektive, zuverlässige und standardisierte Diagnostik einer Dyskalkulie jenseits der 3. Klasse ist das Verfahren geeignet.

Eine sehr umfangreiche Überprüfung mit 28 Subtests, allerdings nur für das vorletzte Kindergartenjahr bis zur 3. Klasse, ermöglicht die 2009 als Adaptation einer französischen Fassung erschienene Testbatterie TEDI-MATH. Hervorzuheben ist das sorgfältig gestaltete Material mit mehreren Stimulusbüchern sowie zahlreichen Zählplättchen und -stiften, Bildkarten, Arbeitsbrettchen usw. Allerdings erfordert auch dies einige Einarbeitung vom Untersucher. Neben Aussagen zu Zahlenverarbeitung und Rechenfertigkeiten sind auch Verlaufsdiagnostik und Therapieevaluation möglich.

Abschließend sollen noch Rechentestbatterien erwähnt werden, die ein breiteres Aufgabenspektrum anbieten, ohne alle Kriterien der DGKJP zu erfüllen. Der Heidelberger Rechentest HRT 1–4 (Haffner, Baro, Parzer u. Resch 2005) ist für Kinder von der Mitte der 1. bis zur Mitte der 5. Klasse normiert, er erfasst neben dem psychomotorischen Tempo (Schreibgeschwindigkeit) als Kontrollvariable mit sechs Subtests die Rechenfertigkeiten und mit fünf Subtests die räumlich-visuellen Funktionen. Alle Kinder bearbeiten die gleichen Aufgaben. Für die Aufgaben gibt es eine straffe Zeitgrenze, so dass ein Kind praktisch nie alle Aufgaben schafft, außerdem steigt die Schwierigkeit linear an, so dass Kinder höherer Klassen, steigendes Übungsniveau vorausgesetzt, in der Aufgabenreihe weiter kommen müssten. Damit sind in der Bewertung aber Motivation, Tempo, Arbeitsgedächtnis, Fertigkeitsniveau und geistige Flexibilität untrennbar vermischt, bei Minderleistungen dementsprechend weitere Einzel-Untersuchungen erforderlich.

Von der Mitte des 1. bis zum Anfang des 4. Schuljahres kann der Test zur Diagnose von Dyskalkulie (TeDDy-PC, Schroeders u. Schneider 2008) eingesetzt werden, der Test wird am PC vorgegeben und ausgewertet. Dadurch ist er sehr motivierend und objektiv, die Kombination von Text, Farbgraphik, Sprache, Musik und einfacher Animation kommt zusammen mit abwechslungsreicher, straffer Vorgabe und kurzer Testzeit (25–30 Min.) gerade leistungsschwachen Kindern entgegen. Die Visualisierung ist eine anerkannte Technik der Lerntherapie, die aber von den Kindern oft erst nach längerem Training geleistet werden kann; sie wird hier jedoch automatisch mit den Aufgaben geboten. Daher ist TeDDy-PC nur bedingt zur Analyse von Stärken und Schwächen beim Rechnen geeignet, kann aber als Screening und zur Generierung von Hypothesen gut eingesetzt werden.

Insgesamt ist vor allem für den Grundschulbereich innerhalb der letzten zehn Jahre eine gewisse Sättigung bei Rechentestbatterien erreicht worden, perspektivisch sollte das Altersspektrum nach oben und unten ausgebaut werden. Impulse sind auch von einer theoriegeleiteten Straffung der Aufgabenvielfalt und ihrer Umsetzung in PC-gestützte Tests zu erwarten. Dort könnte auch eine Verzahnung mit ebenfalls computergestützten Therapie- und Trainingsprogrammen erfolgen.

Verfahren zur Fehleranalyse

Ein eleganter Ansatz zur differenzierten Analyse der Rechenfertigkeiten und ihrer Störungen ist die Analyse typischer Rechenfehler einzelner Kinder oder zum Beispiel auch ganzer Schulklassen, wie er schon in der ersten systematischen Arbeit zur Rechenstörung (Ranschburg 1916) vorgeschlagen wurde. Nach Lorenz (1992) ist davon auszugehen, dass Fehler auf zugrunde liegende Denkstrukturen schließen lassen und keinesfalls zufällig entstehen. Es lassen sich sogar fast disjunkte Fehlerkategorien bilden, so dass zumindest eine ungefähre Häufigkeitsangabe möglich ist. Für die Einzelfallanalyse kann die Aussagefähigkeit durch die Methode des lauten Denkens noch erhöht werden, wie dies zum Beispiel in dem Verfahren von Wagner und Born (1994) zur Analyse des Entwicklungsniveaus verwendet wurde. Eine sehr objektive Auswertung schlägt Erdin (1989) vor, indem ein Computerprogramm eine größere Zahl von Rechenfehlern aus den Schulheften des Kindes nach heuristischen Kriterien durchmustert und die wahrscheinlichsten Denk- und Rechenfehler in einem Protokoll auflistet. Auch Kornmann (2004) verfolgt diesen Ansatz, allerdings mit einer mehr qualitativ-heuristischen Vorgehensweise. Hauptanwendungsfeld dieser Verfahren sind schriftliche (oder schriftlich protokollierte) Rechenaufgaben im jüngeren Schulalter. Die Analyse komplexerer Rechengänge ist eventuell noch über die nachträgliche Besprechung der Lösungsschritte (»klinische Interviews« nach Selter u. Spiegel 1997) möglich, allerdings wiederum nur auf qualitativer Ebene.

Sind Rechenstörungen eine Krankheit?

Der Krankheitsbegriff hat in der Medizin eine lange Tradition. Die »Erkrankungen der Psyche, der Seele«, nach der WHO in der ICD-10 unter Kapitel V (F) zu finden, werden als »psychische und Verhaltensstörungen« gekennzeichnet. Damit wird der Krankheitsbegriff stark ausgeweitet, im Zusammenhang mit der Überarbeitung der ICD wird zu den Begriffen »Gesundheit«, »Krankheit«, »Störung« eine Diskussion um Inhalte und Definitionen geführt, die sowohl die Dichotomie der englischen Wörter »disease« und »illness« als auch das Wort »impairment« und den Stellenwert von »environment« zum Inhalt hat. Weiterhin werden die Elemente eines Symptoms und des Syndroms analysiert und Fragen des »Spektrums« einer Krankheit oder Störung im Zusammenhang mit »Kontinuitätshypothesen« erörtert. Die Festlegung auf ein Krankheitsspektrum psychischer Störungen hätte nicht nur klassifikatorische, sondern auch gesundheitspolitische und ökonomische Bedeutung, wenn es darum geht, eine klinisch-neuropsychiatrisch diagnostizierte Rechenstörung zu behandeln, also zu therapieren. Für unsere Fragestellung beinhaltet dies, dass es sich bei dem Konzept der umschriebenen Entwicklungsstörungen schulischer Fertigkeiten, hier Rechenstörungen, um Störungen handelt, »bei denen der normale Erwerb von Fertigkeiten von früheren Entwicklungsstadien an beeinträchtigt ist«.

Dabei ist zu berücksichtigen:

- dass die Störung von normalen Variationen im Erwerb der schulischen Fertigkeiten des Rechnens unterschieden werden muss,
- dass der Entwicklungsverlauf einbezogen werden muss,
- dass die schulische Fertigkeit Rechnen gelernt und gelehrt werden muss,
- dass die Rechenfertigkeiten und Fähigkeiten bei jedem Kind unterschiedlich ausgebildet oder beeinträchtigt sind.

Wie auch bei anderen psychischen Störungen im Kindesalter ist die Entwicklung neuronaler Netzwerke beeinträchtigt. Funktionelle Untersuchungstechniken ergeben also Antworten über die dynamische Tätigkeit sowohl kortikaler als auch subkortikaler Strukturen einschließlich des neuronalen Transfers über den Balken. Sie ergänzen beziehungsweise erweitern die althergebrachten kortikalen Zuordnungen. Luria hatte bereits 1966 auf diese Zusammenhänge hingewiesen, die wir konsequent auf das Kindesalter übertragen haben (Neumärker u. Bzufka 1986; 1987). Ergebnisse der neurobiologischen Forschung zur Dyslexie (Ramus 2004) machen deutlich, dass zytoarchitektonische Anomalien in Form von veränderter Zellmigration zur Ektopie und/oder Mikrogyrie in verschiedenen Hirnarealen führen, die für motorische, auditive, visuelle und Gedächtnisfunktionen verantwortlich zeichnen. Die Netzwerkstruktur hat zwar kompensatorische Möglichkeiten, dennoch sind Defizite wahrscheinlich. Die Beeinträchtigungen in den Struktur-Funktions-Abläufen führen über diesen komplexen Erklärungsansatz zu der Aussage, dass die Netzwerkstrukturen nicht die volle kognitive Leistung erbringen können, dass verschiedene Hirnregionen betroffen sind, dass die Defizite nicht linear-kausal zu erklären sind, dass im Sinne von Epiphänomenen oder komorbiden Störungen klinisch unterschiedliche Beeinträchtigungen wie Lese-Rechtschreib-Störung, Rechenstörung, Rechts-Links-Unsicherheiten, ADHS oder Autismus nachweisbar sind. Auch neurobiologische Faktoren (u. a. Spreen 2000) sowie psychosoziale Bedingungen wie Interaktionsprobleme zwischen dem betroffenen Kind und Eltern, Lehrern, Mitschülern sowie Peergroup führen zu sekundären Verhaltens- und emotionalen Störungen. So gesehen ist die Rechenstörung Teil einer Familie von oft eng miteinander verzahnten Krankheiten, denen auch mit medizinischen Mitteln begegnet werden muss.

Insgesamt bleibt für unsere Fragestellung festzuhalten, dass das Ziel des diagnostischen Vorgehens darin bestehen sollte, mit hinreichender Genauigkeit das Vorhandensein einer Rechenstörung festzustellen oder auszuschließen, vorhandene Teilleistungsstörungen (Graichen 1979) zu beschreiben und Ansätze zur Förderung oder Therapie anzugeben. Die neuropsychologische und klinisch-neuropsychiatrische Diagnostik einer Rechenstörung kann im Rahmen eines ambulanten, teilstationären oder stationären Untersuchungssettings erfolgen, wobei der Schweregrad der Störung und das Vorhandensein zusätzlicher komorbider Symptome die Wahl des Settings begründen. Dabei ergeben sich fast unabhängig von den Ergebnissen der differenzierten und aufwändigen, im Sinne der Qualitätssicherung aber erforderlichen Diagnostik wenig differierende Möglichkeiten der Therapie und Förderung.

Alle diese Erkenntnisse sollten uns aber nicht davon abhalten, im Rahmen einer integrierten Lerntherapie einen ressourcenorientierten therapeutischen Ansatz zu entwickeln. Im Vordergrund stehen dabei die Entwicklung und Stärkung des Selbstwertgefühls der Kinder im Sinne einer ganzheitlichen Betrachtungsweise sowie das Training angemessener mathematischer Fähigkeiten. Trotz der allenthalben beschworenen Bedeutung mathematischen Wissens in unserer Zeit ist das Bildungssystem gegenwärtig nur sehr unzureichend in der Lage, bei Defiziten die erforderliche Förderung zu realisieren. Angebote privater Trainingsinstitute überfordern schnell die wirtschaftlichen Möglichkeiten von Ämtern, staatlichen Institutionen oder durchschnittlichen Haushalten. Andererseits sind die sozialen Folgekosten unzureichender Förderung unvergleichlich höher, da sich die schlechten Startbedingungen auf ein gesamtes berufliches Leben mindestens so gravierend auswirken, wie dies für die Dyslexie/LRS bereits gut belegt ist. Mit geeigneten Formen einer multiprofessionellen Zusammenarbeit kann und muss diesem Szenario entgegengewirkt werden.

Literatur

Achenbach, T. M. (1991): Manual for the Child Behaviour Checklist/4–18 and 1991 Profile. Burlington.

Aster, M. G. von; Deloche, G.; Gaillard, F.; Tièche, C. (1995): Die Neuropsychologische Testbatterie für Zahlenverarbeitung und Rechnen bei Kindern (ZAREKI). Zeitschrift für Kinder- und Jugendpsychiatrie 23 (1): 203.

Aster, M. G. von (2001): ZAREKI – Testverfahren zur Dyskalkulie bei Kindern. Unter Mitarbeit von M. Weinhold Zulauf. Frankfurt a. M.

Aster, M. G. von, Weinhold Zulauf, M., Horn, R. R. (2006): Neuropsychologische Testbatterie für Zahlenverarbeitung und Rechnen bei Kindern – Revision (ZAREKI-R). Frankfurt a. M.

Aster, M. G. von, Bzufka, M. W., Horn, R. R. (2009): Neuropsychologische Testbatterie für Zahlenverarbeitung und Rechnen bei Kindern – Kindergartenversion (ZAREKI-K). Frankfurt a. M.

Berger, H. (1926): Über Rechenstörungen bei Herderkrankungen des Großhirns. Archiv für Psychiatrie 78: 238–263.

Dehaene, S.; Molko, N.; Cohen, L.; Wilson, A. J. (2004): Arithmetic and the brain. Current Opinion in Neurobiology 14: 218–224.

Deloche, G.; Seron, X.; Baeta, E.; Basso, A.; Salinas, D. C.; Gaillard, F.; Goldenberg, G.; Stachowiak, F. J.; Temple, C.; Tzavaras, A.; Vendrell, J. (1993): Calculation and number processing: The EC301 Assessment Battery for brain-damaged adults. In: Stachowiak, F. (Hg.): Developments in the assessment and rehabilitation of brain damaged patients. Tübingen.

Erdin, A. (1989): SHERLOCK – Ein Computerprogramm für differentielle Dyskalkuliediagnosen. Dissertation, Universität Zürich, Philosophische Fakultät I.

Gerstmann, J. (1930): Zur Symptomatologie der Hirnläsionen im Übergangsgebiet der unteren Parietal- und mittleren Occipitalwindung (Das Syndrom: Fingeragnosie, Rechts-Links-Störung, Agraphie, Akalkulie). Nervenarzt 3: 691–695.

Goodman, R. (1999): The extended version of the Strengths and Difficulties Questionnaire as a guide to child psychiatric caseness and consequent burden. Journal of Child Psychology and Psychiatry 40: 791–799.

Graichen, J. (1979): Zum Begriff der Teilleistungsstörungen. In: Lempp, R. (Hg.): Teilleistungsstörungen im Kindesalter. Bern u. a.

Haffner, J., Baro, K., Parzer, P., Resch, F. (2005): Heidelberger Rechentest (HRT 1–4). Göttingen.

Henschen, S. E. (1919): Über Sprach-, Musik- und Rechenmechanismen und ihre Lokalisationen im Großhirn. Zeitschrift für die gesamte Neurologie und Psychiatrie 52: 273–298.

Jacobs, C.; Petermann, F. (2005a): Diagnostik von Rechenstörungen (Kompendium Psychologische Diagnostik, Bd. 7). Göttingen.

Jacobs, C.; Petermann, F. (2005b): Rechenfertigkeiten und Zahlenverarbeitungs-Diagnostikum für die 2. bis 6. Klasse (RZD 2–6). Göttingen.

Kornmann, R. (2004): Fehleranalyse bei Kopfrechenaufgaben. Vortrag bei der 1. Deutschen Dyskalkulie-Fachtagung des BVL, Würzburg.

Lewandowsky, M.; Stadelmann, E. (1908): Über einen bemerkenswerten Fall von Hirnblutung und über Rechenstörungen bei Herderkrankung des Gehirns. Journal für Psychologie und Neurologie 11: 249–265.

Lobeck, A.; Frei, M. (1987): SR 1–3. Schweizer Rechentest für die 1.–3. Klasse. Basel.

Lobeck, A.; Frei, M.; Blöchinger, R. (1990): SR 4–6. Schweizer Rechentest für die 4.–6. Klasse. Basel.
Lorenz, J. H. (1992): Anschauung und Veranschaulichungsmittel im Mathematikunterricht. Göttingen.
Luria, A. L. (1970): Die höheren kortikalen Funktionen des Menschen und ihre Störungen bei örtlichen Hirnschäden. Berlin.
Neumärker, K.-J.; Bzufka, M. W. (1986): Konzeptionen der klinischen Neuropsychologie bei Hirnfunktionsstörungen und deren Diagnostik im Kindesalter am Beispiel des Berliner Luria-Neuropsychologischen Verfahrens für Kinder (BLN-K). Z. ärztl. Fortbild. 80: 1021–1024.
Neumärker, K.-J.; Bzufka, M. W. (1987): Berliner-Luria-Neuropsychologisches Verfahren für Kinder (BLN-K). Berlin.
Neumärker, K.-J.; Aster, M. G. von (2000): Disorders of number processing and calculation abilities. A multidimensional approach. European Child & Adolescent Psychiatry 9 (2): 1–121.
Peritz, G. (1918): Zur Pathopsychologie des Rechnens. Deutsche Zeitschrift für Nervenheilkunde 61: 234–340.
Ramus, F. (2004): Neurobiology of dyslexia: a reinterpretation of the data. Trends in Neurosciences 27: 720–726.
Ranschburg, P. (1916): Die Leseschwäche (Legasthenie) und Rechenschwäche (Arithmasthenie) der Schulkinder im Lichte des Experiments. Berlin.
Rutter, M. (2011): Research Review: Child psychiatric diagnosis and classification: concepts, findings, challenges and potential. Journal of Child Psychology and Psychiatry 52 (6): 647–660.
Schroeders, U. und Schneider, W. (2008): TeDDy-PC. Test zur Diagnose von Dyskalkulie. Göttingen.
Selter, Ch.; Spiegel, H. (1997): Wie Kinder rechnen. Stuttgart.
Spreen, O. (2000): The neuropsychology of learning disabilities. Zeitschrift für Neuropsychologie 11: 168–193.

Inge Schwank

Die Schwierigkeit des Dazu-Denkens

Was sind Zahlen?

Obwohl schon viele kluge Menschen aus der Perspektive verschiedener Wissensgebiete darüber nachgedacht haben, was natürliche *Zahlen* sind, gibt es noch immer unbeantwortete Fragen. Der modernen Mathematik selbst fällt es am Leichtesten, stellt sie die Zahlen doch einfach an den Anfang, ohne sich etwa um deren Beziehung zu ihren Erschaffern zu kümmern. Beispielsweise schreiben Courant und Robbins zu Beginn ihres Werkes »Was ist Mathematik?«:

> »Die Zahlen sind die Grundlage der modernen Mathematik. Aber was sind Zahlen? [...] Vom menschlichen Geist zum Zählen geschaffen, haben die Zahlen keinerlei Beziehung zu der individuellen Natur der gezählten Dinge. [...] Glücklicherweise braucht sich der Mathematiker nicht um die philosophische Natur des Übergangs von Gesamtheiten konkreter Gegenstände zum abstrakten Zahlbegriff zu kümmern. Wir wollen daher die natürlichen Zahlen als gegeben ansehen, zusammen mit den beiden Grundoperationen, Addition und Multiplikation, durch die sie verknüpft werden können« (Courant u. Robbins 1973, S. 1).

Zahlen, die Grundlage der Mathematik, werden als gegeben angesehen. Entscheidend ist, dass diese Objekte durch Operationen miteinander verknüpfbar sind. Sie stehen nicht isoliert nebeneinander, sondern können als Resultate, entstanden aus anderen Objekten, und zwar erzeugt durch bestimmte Operationen, gedacht werden. Gowers bringt diese Vorstellungsweise insofern auf den Punkt, als er herausarbeitet, dass die Essenz einer natürlichen Zahl darin zu sehen ist, »what a number ›does‹« (Gowers 2002, S. 21, siehe auch Gowers 2011)[1]. Der Zahlenraum eröffnet Handlungsmöglichkeiten.

Bei der Anwendung von Produktionsverfahren für Zahlen können viele Gesetzmäßigkeiten beobachtet werden, dies in Abhängigkeit davon, wie nichtmentale, externe Repräsentationen für Zahlen beschaffen sind. Der Ma-

1 Gowers (2002, S. 18ff.) führt in eine solche funktionale Sichtweise ein, indem er zunächst eine Antwort auf die Frage »What is the black king in chess?« diskutiert: Der wesentlichste Aspekt für das Verständnis des schwarzen Königs im Schachspiel ist »the role that it plays in the game«, also welche Spielzüge ihm erlaubt sind.

thematik kommt zugute, dass über die Jahrtausende hinweg Kulturen in vielfältiger Weise Wortfolgen, wie auch materielle und schriftliche Bezeichnungs- und Bearbeitungssysteme für Zahlen hervorgebracht, einer Bewährung unterzogen, ausgebaut und überarbeitet haben (Ifrah 1998). Letztendlich ist es gelungen, eine Schriftform für die Idee »so-und-so-viel« im Vergleich zu einem beliebig anderen »so-und-so-viel« zu erfinden und zu etablieren, die methodisch schlicht und dabei zugleich logisch stringent aufgebaut ist: Sie folgt einem einfachen, durchgehenden Mechanismus bei der Erzeugung des Schriftbildes für das Um-eins-mehr-Sein, also für die nächstgrößere natürliche Zahl. Ein besonderer Gewinn ist dabei, dass sich dadurch Berechnungen durch die Möglichkeit der Anwendung umwegfreierer, sprich fallunterscheidungsreduzierter, algorithmischer Rechenverfahren erheblich vereinfacht haben (vgl. dazu auch Damerow u. Lefèvre 1981; Krämer 1998; Zhang u. Norman 1995).[2]

Mit den Zahlbezeichnungssystemen haben die Zahlen Gestalt angenommen, aber im historischen Prozess nicht eine solche, die aufgrund des visuellen Eindrucks unmittelbar auf die symbolisierte Anzahl schließen lässt; der Optimierungsprozess verlief vielmehr in die Richtung, dass eine Gestalt mit eingebautem Automatismus erschaffen wurde: ein »Räderwerk«, von dem nur die jeweilige aktuelle Einstellung verschriftlicht ist, nicht jedoch der Vorgang des systematischen Um-eins-mehr-Werdens (Tab. 1).

I, II, III, IIII und auch noch ein paar Striche mehr sind bei kleineren Anzahlen gut als Stützen für Gedanken, für Gemeintes und Gedachtes zu gebrauchen: Jemand besitzt nicht ein bisschen oder reichlich von etwas, sondern gemessen an einem Referenzsystem exakt so-und-so-viel. Je größer die zu behandelnden Anzahlen werden, desto weniger sind sie der Anschauung zugänglich – gleichwohl müssen sie im mentalen Umgang handhabbar bleiben, sonst würden sie sich dem analytischen Bedachtwerden gänzlich entziehen. Anspruchsvolle mentale Motorik erweist sich hier als geeigneteres geistiges Handwerkszeug als anspruchsvolle mentale Bilder. Zahlen selbst sind etwas Hergestelltes und las-

---

2 Dass in Mathematik-Schulbüchern üblicherweise zwar die eine oder andere historische Zahlschrift behandelt wird, aber so gut wie nie auf das formale Operieren in diesen Schriftarten zur Durchführung von Berechnungen eingegangen wird, ist sehr vordergründig; dabei würde es doch sinnvoll sein, über einfache schriftliche Berechnungen wie (man achte auf das Schriftbild) **I + II = III** oder **IV + I = V** im Vergleich zu **1 + 2 = 3** bzw. **4 + 1 = 5** nachzudenken und im späteren Verlauf auf mögliche Probleme und Widrigkeiten bei den so genannten *schriftlichen Rechenverfahren* einzugehen. Das Operieren mit Größen, notiert in der modernen Zahlschrift, funktioniert derart gut, dass zumeist, so wie in den Schulbüchern üblich, gar kein Unterschied mehr gemacht wird zwischen den Zeichen, die eine Zahl symbolisieren, und der ungegenständlichen Zahl selbst. Das *Zeichen* **3** wird so oftmals bedenkenlos gleichgesetzt mit der Idee der *Zahl 3*, z. B. ((1 + 1) + 1)-viele zu sein. In den Zeichen hat die ungegenständliche Zahl ein gegenständliches Pendant bekommen; die Zeichen verkörpern gleichsam die Zahlen *ohne* jedoch die Zahlen selbst zu sein.

Tabelle 1: Zur Zahldarstellung. Zunächst stand verstärkt der visuelle Korrespondenzaspekt im Vordergrund, auf Dauer überwog der Aspekt der Praktikabilität, nämlich wie auch große Anzahlen ökonomisch dargestellt werden können. Den Durchbruch aber lieferte eine Zahlschrift, die ein vorteilhaftes und bequemes Operieren mit Größen ermöglicht. Die Errungenschaft liegt in einer Verschriftlichung, durch welche Momentaufnahmen oder auch Standbilder eines kontinuierlichen, in Takt gebrachten Weiterzählvorgangs von allen Einzelergebnissen geboten werden.

Ägyptische Hieroglyphen-Zahlschrift (verwendet seit Ende des 4. Jahrtausends v. Chr.)	Römische Zahlschrift (gemäß von Inschriften der römischen Kaiserzeit)	Moderne weltweite Zahlschrift
𓁨𓆐𓆐𓆐𓆐𓆐𓆐𓆐𓆐𓆐𓂭𓂭𓂭𓂭𓂭𓂭𓂭𓂭𓂭𓆼𓆼𓆼𓆼𓆼𓆼𓆼𓆼𓆼𓍢𓍢𓍢𓍢𓍢𓍢𓍢𓍢𓍢𓎆𓎆𓎆𓎆𓎆𓎆𓎆𓎆𓎆𓏺𓏺𓏺𓏺𓏺𓏺𓏺𓏺	$\boxed{\mathrm{XIX}}\ \overline{\mathrm{XCIX}}$ CMXCVIII	1.999.998
𓁨𓆐𓆐𓆐𓆐𓆐𓆐𓆐𓆐𓆐𓂭𓂭𓂭𓂭𓂭𓂭𓂭𓂭𓂭𓆼𓆼𓆼𓆼𓆼𓆼𓆼𓆼𓆼𓍢𓍢𓍢𓍢𓍢𓍢𓍢𓍢𓍢𓎆𓎆𓎆𓎆𓎆𓎆𓎆𓎆𓎆𓏺𓏺𓏺𓏺𓏺𓏺𓏺𓏺𓏺	$\boxed{\mathrm{XIX}}\ \overline{\mathrm{XCIX}}$ CMXCIX	1.999.999
𓁨𓁨	$\boxed{\mathrm{XX}}$	2.000.000
𓁨𓁨𓏺	$\boxed{\mathrm{XX}}$ I	2.000.001

sen sich letztlich nur aufgrund der ihnen eingebauten Entstehungsgeschichte und ihrer Rolle im Zahlenraum begreifen.

»[Leibniz folgend] ist dann jede Zahl aus der vorhergehenden zu definieren. In der That sehe ich nicht, wie uns etwa die Zahl 437986 angemessener gegeben werden könnte als in der leibnizschen Weise. Wir bekommen sie so, auch ohne eine Vorstellung [Anschauung] von ihr zu haben, doch in unsere Gewalt. Die unendliche Menge der Zahlen wird durch solche Definitionen auf die Eins und die Vermehrung um eins zurückgeführt« (Frege 1884/1977, S. 8).

Dieses Dazu-Denken, die Vermehrung um eins, sowie die sich als strategisch günstig erweisenden Verallgemeinerungen, um rechnerisch in größeren Schritten voranzukommen, fallen nicht jedem Kind bei seinen Berührungen mit arithmetischen Fragen leicht, erst recht nicht, wenn es dabei den Mechanismus vorteilhaft ausnutzen soll, der dem Aufbau der heute gebräuchlichen dezimalen Zahldarstellungsweise zugrunde liegt. Als Nachfolger von *eintausendneunzig* wird dann beim »schlichten« Weiterzählen selbst nach fast drei Jahren Mathematikunterricht in der Grundschule unversehens *zweitausend* genannt – und damit unbemerkt statt des Nachfolgers der Ausgangszahl beinahe deren Doppeltes.

Betrachtet man die ägyptische Hieroglyphen-Zahlschrift im Vergleich zur modernen Zahlschrift, fällt auf, dass Bündelung, sprich soundsoviele der einen Sorte ergeben zusammen einen einer weiteren Sorte, eine altertümliche Idee des formal-symbolischen Nachbaus des Zahlenraums ist. Während es nach Hieroglyphenart möglich ist, beliebig viele Zeichen einer Sorte zu notieren, zum Beispiel auch zwölf, sind in einer Positionssystem-Zahlschrift wie der modernen Zahlschrift an jeder Stelle ausschließlich die zur Verfügung stehenden Ziffern einzutragen. Zwölf, notierbar als zwölf Striche, kann in der Dezimalschreibweise nicht durch einen »Zwölfer« an Einerstelle symbolisiert werden sondern nur durch die Ziffer 1 an Zehnerstelle und die Ziffer 2 an Einerstelle: **IIIIIIIIIIII** oder eben 12. Die endlose Folge der Zahlen wird dadurch handlich, dass bei ihrer Darstellung die Nachfolgerbildung eindeutig reglementiert und der Prozess zur erforderlichen *Über*-Sicht getaktet ist. In der zeitlichen Abfolge des Nacheinanderauftretens der Ziffern beim Durchzählen wird jeweils an der bezüglich einer Position P_i nächsthöheren Position P_{i+1} mitgezählt, wie oft an der Position P_i bei der strikten Abarbeitung der gereiht gegebenen Ziffern die Startziffer 0 wieder erreicht wird.[3] Die besondere Bedeutung der Null wird auch im weiteren Verlauf dieses Beitrags noch eine Rolle spielen.

»Man kann freilich die Zahlzeichen mechanisch gebrauchen, wie man papageimässig sprechen kann; aber Denken möchte das doch kaum zu nennen sein. [...] Im Gegentheil wird man dem Zahlbegriffe einen feineren Bau zuerkennen müssen als den meisten Begriffen andrer Wissenschaften, obwohl er noch einer der einfachsten arithmetischen ist« (Frege 1884/1977, S. XVI).

Im Unterricht fällt gelegentlich erst viel zu spät auf, dass das Verständnis eines Kindes zum Zahlaufbau eklatante Lücken aufweist und mehr als brüchig ist. Der Vorteil der modernen Zahlschrift, Berechnungen rein mechanisch, sprich algorithmisch durchführen zu können, erweist sich als gefährlich, gerinnt doch die inhaltliche Auseinandersetzung mit dem Ziel des Aufbaus funktionierender Zahl- und zugehöriger Operationsvorstellungen allzu leicht zur Nebensache. Korrektes Aufsagen von Zahlensätzen nach langen Übungsphasen ohne Reflexionsgehalt, aber mit dem Ziel der Automatisierung dieses Aufsagens (im ersten Schuljahr zum Beispiel chorweise Ergänzungen bis zur zehn sprechen, zum Beispiel: »acht« → »zwei«, »vier« → »sechs«, »sieben« → »drei«; im zweiten Schuljahr zum Beispiel Vortragen der auswendig gelernten Einmaleinsreihen[4]) vermag den Blick umso mehr zu vernebeln und darüber hinwegzutäuschen, dass kein oder nur ein sehr rudimentäres arithmetisches Verständnis vorliegt. Für das Vordringen in diffizilere mathematische Ideen fehlt so in manchen Fällen schlicht die Grundlage, die Negativkarriere im weiteren Mathematikunterricht ist für ein Kind mit solchen Verständnisdefiziten vorgezeichnet.

Dem Erschaffen und Reflektieren durchgängiger Prinzipien kommt in der Mathematik eine grundlegende Bedeutung zu. Der Fortschritt in der Mathematik ist dabei mitbestimmt von der Entwicklung einer praktikablen Symbolik zum formalen Operieren mit Ideengefügen (vgl. Abb. 1). Dieses mentale ma-

---

3 Diese Überlegungen passen vorzüglich zu den Betrachtungen von Ruf und Gallin (1995, S. 240ff.) zur unterrichtlichen Behandlung von unterschiedlichen Positionszahlsystemen. Sie propagieren die Vorstellung der Erfassung von Zahlen mittels eines Zählwerks (z. B. Dezimalmeterzähler [Kilometerzähler] im Vergleich zu Dual- oder Quartalmeterzähler), um Zählen und Rechnen in den zunächst unbekannten Zahlsystemen zu ermöglichen. Statt räumlicher Anordnungen, die auf Bündelungen beruhen, ist für sie beim Aufbau des Zahlbegriffs die Erfahrung des Weiter-Zählens, die *zeitliche Sukzession*, fundamental; mit dem Wechsel der Basis des Zahlsystems wechselt der Takt.

4 Gut gemeint als Vorübung zur Einführung des Zehnerübergangs bzw. der schriftlichen Multiplikation.

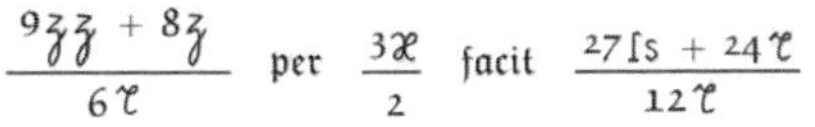

$$\frac{9x^4 + 8x^2}{6x^3} \cdot \frac{3x}{2} = \frac{27x^5 + 24x^3}{12x^3}$$

Abbildung 1: Schreibweise einer Potenzgleichung im 16. Jahrhundert und in moderner Form. Die Vorstellungen waren zunächst geprägt von den drei Größen »Strecke«, »Fläche«, »Raum«, symbolisiert durch je einen eigenen Buchstaben. Weitere Vervielfachungen (Potenzen) bereiteten Probleme (Resnikoff u. Wells 1983, S. 179).

thematische Operieren-Können, das mentale Tun, welches in dem »einfachen« Dazu-Denken-Können seine Wurzeln hat, ist anspruchsvoll und erfordert eine gewisse Begabung, ansonsten umso mehr Förderung. Die operative Zahlschrift (Krämer 2003), genauer das Verständnis ihrer Funktionalität, stellt ein wichtiges Fundament dar, um im Unterricht das arithmetische Verständnis zu einem komplexere universelle Zusammenhänge erfassenden, algebraischen Verständnis auszubauen. Sind Möglichkeiten des Operieren-Könnens im Zahlenraum nicht verstanden, bleiben allgemeine Terme und der Umgang mit ihnen nur allzu leicht inhaltsleer und buchstäblich wird jeder Unfug hingeschrieben (z. B. $9x^4 + x^2 = 9x^6$; für Beispiele von Studierenden siehe Schwank u. Nowinska 2008).

Anders als die Mathematik sind der persönliche Alltag, die Umgangssprache weitaus weniger bestimmt von der Leitidee universeller Konstruktionsprinzipien. Im historischen Verlauf sind Umgangsformen für unterschiedlichste Probleme mehr oder weniger unabhängig voneinander gewachsen und dabei diverse Lösungen für gleiche oder ähnliche Probleme entwickelt und etabliert worden – darunter auch für das mathematischen Ideen nahe stehende Messen von Längen, Gewichten oder Volumina. Alle in kurzen Zeiträumen in Gleichklang bringen zu wollen war und ist ein unrealistisches oder auch unerwünschtes, sicher aber teures Unterfangen. Harmonisierungen haben sich erst unter dem Druck der Geschäfte im großen Verlauf der Geschichte ergeben. Einsicht allein genügte nicht. »[This study on ›Numeracy and the Germanic upper Decades‹] […] offer reasons not to ignore the fact that the success of the metric system continues a regularization of numeration that has its roots in the rise of technologically complex societies« (Justus 1996, S. 78).

Während bereits im 17. Jahrhundert das Wort »Meter« (griechisch: μετρου für Maß) für ein universell gültiges Einheitslängenmaß vorgeschlagen worden war (Burattini 1675), die französische Académie des Sciences am 26. März 1791 einen Standard für seine Länge festlegte (der später weiter präzisiert worden ist), ist beispielsweise in der Republik Irland erst am 20. Januar 2005 mit der Aufstellung von 58.000 neuen Straßenverkehrsschildern eine weitere regulierende Anpassung beim Umgang mit Längen in Kraft getreten[5]: Die Anzeige der

5 »Speed limits go km/h from midnight tonight« – Department of Transport: Press Releases for 2005. 19 January 2005.

Tabelle 2: Zahlnamen - Zahlsymbolik. Vergegenwärtigungsmöglichkeiten der Idee bestimmter, unmittelbar auf einander folgender Zahlen (vgl. auch Ifrah 1998, S. 55). Die Gewähr der Transitivität ist für das Rechnen zwingend; nichttransitive Konstruktionen reichen nicht aus. Anders als die chinesische Umgangssprache wird die deutsche Umgangssprache dem Aufbauprinzip der mittlerweile universellen Weltzahldarstellung nur unzureichend gerecht.

Zahlnamen			**Zahlen symbolisch erfasst**				
deutsch		*chinesisch*	*universell*	*Bildungsgesetz mit Mengen*		*römisch*	*ägyptisch*
umgangssprachlich	*go!-Art**			*nichttransitiv***	*transitiv ****		
null	null	líng	0	∅	∅		
eins	eins	yī	1	{∅}	{∅}	I	I
zwei	zwei	èr	2	{{∅}}	{∅,{∅}}	II	II
drei	drei	sān	3	{{{∅}}}	{∅,{∅},{∅,{∅}}}	III	III
vier	vier	sì	4	{{{{∅}}}}	…	IV	IIII
fünf	fünf	wŭ	5	…		V	IIIII
sechs	sechs	liù	6			VI	IIIIII
sieben	sieben	qī	7			VII	IIIIIII
acht	acht	bā	8			VIII	IIIIIIII
neun	neun	jiŭ	9			IX	IIIIIIIII
zehn	zehn	shí	10			X	∩
elf	zehn-eins	shí yī	11			XI	∩I
zwölf	zehn-zwei	shí èr	12			XII	∩II
dreizehn	zehn-drei	shí sān	13			XIII	∩III
vierzehn	zehn-vier	shí sì	14			XIV	∩IIII
fünfzehn	zehn-fünf	shí wŭ	15			XV	∩IIIII
sechzehn	zehn-sechs	shí liù	16			XVI	∩IIIIII
siebzehn	zehn-sieben	shí qī	17			XVII	∩IIIIIII
achtzehn	zehn-acht	shí bā	18			XVIII	∩IIIIIIII
neunzehn	zehn-neun	shí jiŭ	19			XIX	∩IIIIIIIII
zwanzig	zwei-zehn(er)	èr shí	20			XX	∩∩
einundzwanzig	zwei-zehn(er)-eins	èr shí yī	21			XXI	∩∩I
zweiundzwanzig	zwei-zehn(er)-zwei	èr shí èr	22			XXII	∩∩II
…	…	…	…			…	…
dreißig	drei-zehn(er)	sān shí	30			XXX	∩∩∩
vierzig	vier-zehn(er)	sì shí	40			XL	∩∩∩∩
fünfzig	fünf-zehn(er)	wŭ shí	50			L	∩∩∩∩∩
sechzig	sechs-zehn(er)	liù shí	60			LX	…
siebzig	sieben-zehn(er)	qī shí	70			LXX	
achtzig	acht-zehn(er)	bā shí	80			LXXX	
neunzig	neun-zehn(er)	jiŭ shí	90			XC	
hundert	eins-hundert	yī băi	100			C	𓍢
hundertvierzehn	eins-hundert-zehn-vier	yī băi shí sì	114			CXIV	𓍢∩IIII
zweihundert-fünfunddreißig	zwei-hundert-drei-zehn(er)-fünf	èr băi sān shí wŭ	235			CCXXXV	𓍢𓍢∩∩∩IIIII
tausend	eins-tausend	yī qiān	1000			M	𓆼

* Siehe dazu in diesem Beitrag die Ausführungen zur Rechenwendeltreppe mit grünen und orangenen (bzw. dunklen und hellen) Kugeln im Abschnitt »go!-Zahlnamen«.

** Nur als Referenzsystem geeignet, nicht aber zum Rechnen (vgl. Ebbinghaus 2003, S. 70).

*** Referenzsystem, das auch zum Rechnen taugt (nach Ebbinghaus 2003, S. 66–67).

zulässigen Maximalgeschwindigkeit für Autofahrer erfolgt seitdem nicht mehr nach dem *imperial system* in »miles per hour« (mph), sondern nach dem *metric system* in »kilometer per hour« (km/h) – die Angabe der Entfernungen auf den Straßenschildern war schon zuvor auf km umgestellt worden. Die Zahlnamen, die die Nutzer der deutschen Sprache über die Jahrhunderte hinweg generiert und toleriert haben, warten noch auf regulierende Anpassungen zur Beseitigung ihrer historisch bedingten logischen Anomalien, so dass in Zukunft dem mathematisch-logischen Bildungsgesetz des Dezimalsystems auch in der deutschen umgangssprachlichen Zahlnamensgebung vollends Rechnung getragen wird (Tab. 2).

Ordinalzahlen – Kardinalzahlen

Während einerseits die natürlichen Zahlen als gegeben angesehen werden können und man sich auch von der Tauglichkeit der modernen Zahlschrift beim Durchführen von Berechnungen überzeugt hat, ging die mathematische Grundlagenforschung insofern einen erheblichen Schritt weiter, als sie die Frage nach einer *logischen Begründung* der Zahlen und des Rechnens stellte. Anders als Frege (1884/1977, 1893/1966) und Whitehead und Russell (1910), die die Gemeinsamkeit von Mengen hinsichtlich der Anzahl ihrer Elemente und dazu eine Korrespondenzbeziehung zwischen den Elementen dieser Mengen zum Ausgangspunkt ihrer Fundierung, was Zahlen sind, machten, stellte Dedekind (1887/1969) den Produktionsaspekt in den Vordergrund und legte die Idee der Abbildung, die als Bauprinzip ausgehend von einem Ausgangselement genutzt werden kann, seiner Klärung, was Zahlen sind, zugrunde. Frege und Russell folgend wird man den Kardinalzahlaspekt als grundlegend erachten, Dedekind folgend wird man sich für den Ordinalzahlaspekt entscheiden. Im Erstrechenunterricht hat sich ungünstigerweise eine Bevorzugung des Kardinalzahlaspektes durchgesetzt. Die strukturalistischen Rekonstruktionen der Kardinalzahl- und Ordinalzahlaspekte T_K, T_O von Burscheid und Struve (1994, 2005, 2010) zeigen allerdings, dass nicht zu sehen ist, inwiefern T_O auf T_K logisch zurück greifen könnte. Wir plädieren dafür, den Ordinalzahlaspekt stärker in den Vordergrund zu rücken, um – passend zu Gowers' Ansatz (2002, 2011) – funktionale Einsichten in den Aufbau des Zahlenraums zu fordern und zu fördern. Nach unseren langjährigen Erfahrungen dürfte bei einigen Kindern gerade in der Stärkung solcher Einsichten der Schlüssel liegen, der ihnen das Tor zu tatsächlichen, verlässlichen arithmetischen Kenntnissen zu öffnen vermag.

Wie aber fundiert Dedekind den Zahlbegriff? Es ist nicht notwendig, dass wir an dieser Stelle seitenlang näher auf seinen Formalismus eingehen. Dedekind hat erfreulicherweise in seiner durchnummerierten Darstellung an zentralen Stellen immer wieder mehr oder weniger umgangssprachliche *Erklärun-*

gen eingefügt. Dass seine »Formeln« funktionieren, ist schon von vielen bestätigt worden und lässt sich auch ohne allzu viel Aufwand nachvollziehen. Die Basis ist für ihn der *Abbildungsbegriff*: Mittels einer Abbildung kann etwas *entstehen*, *erzeugt* werden oder auch in etwas anderes *übergehen*.

»21. Erklärung. Unter einer Abbildung φ eines Systems *S* wird ein Gesetz verstanden, nach welchem zu jedem bestimmten Element *s* von *S* ein bestimmtes Ding gehört, welches das Bild von *s* heißt und mit φ(*s*) bezeichnet wird; wir sagen auch, dass φ(*s*) dem Element *s* entspricht, dass φ(*s*) durch die Abbildung φ aus *s* entsteht oder erzeugt wird, dass *s* durch die Abbildung φ in φ(*s*) übergeht« (Dedekind 1887/1969, S. 5).

Mit einer Abbildung können »Ketten« gebildet werden. Ein besonderer Fall liegt vor, wenn dadurch alle Elemente einer vorgegebenen unendlichen Menge (System) ausgehend von einem Startelement nacheinander aufgereiht werden können. Die Elemente der Menge werden bei Befolgen der Abbildungsvorschrift in eine Ordnung gebracht. Entscheidend ist, dass ein geordneter, geregelter Übergang beim Herstellen der Anordnung stattfindet; dies ist nicht zu verwechseln mit Handlungen, wie Stifte nach der Farbe zu ordnen! Stifte nach der Farbe zu ordnen ist ein Kategorisierungsproblem, Elemente in eine geordnete Reihenfolge zu bringen ein Historisierungsproblem.

»73. Erklärung. Wenn man bei der Betrachtung eines einfach unendlichen, durch eine Abbildung φ geordneten Systems *N* von der besonderen Beschaffenheit der Elemente gänzlich absieht, lediglich die Unterscheidbarkeit festhält und nur die Beziehungen auffasst, in die sie durch die ordnende Abbildung φ zueinander gesetzt sind, so heißen die Elemente natürliche Zahlen oder Ordinalzahlen oder auch schlechthin Zahlen, und das Grundelement 1 heißt die Grundzahl der Zahlenreihe *N*. In Rücksicht auf diese Befreiung der Elemente von jedem anderen Inhalt (Abstraktion) kann man die Zahlen mit Recht eine freie Schöpfung des menschlichen Geistes nennen« (Dedekind 1887/1969, S. 17).[6]

Im weiteren Verlauf beweist Dedekind, dass es zu jedem endlichen System Σ (Menge) eine ausgezeichnete Zahl *n*, die Anzahl der in ihr enthaltenen Elemente, gibt.

»161. Erklärung. [...]; diese Zahl *n* heißt die Anzahl der in Σ enthaltenen Elemente [...] und man sagt, Σ bestehe aus oder sei ein System von *n* Elementen, oder die Zahl *n* gebe an, wie viele Elemente in Σ enthalten sind. Wenn die Zahlen benutzt werden, um diese bestimmte Eigenschaft endlicher Systeme genau auszudrücken, so heißen sie Kardinalzahlen [...] (Die Elemente von Σ können gezählt werden, dabei wird eine Abbildung genutzt, die diese Elemente in bestimmter Weise ordnet.) [...] Bei diesem Zählen der Ele-

6 Für die Rekonstruktion der Dedekind'schen Idee der Zahlkonstruktion in der Mengenlehre unter Berücksichtigung der Null ergibt sich (vgl. Tab. 2): i) Setze $0:=\emptyset$ (›Startelement‹); ii) $\varphi(n) := n \cup \{n\}$. Beispielsweise ist: $1:= \varphi(0)= 0 \cup \{0\}$, $2:= \varphi(1)= 1 \cup \{1\}$, $3:= \varphi(2) = 2 \cup \{2\}$. Z. B. ergibt letzteres $3 = 2 \cup \{2\} = 1 \cup \{1\} \cup \{2\} = 0 \cup \{0\} \cup \{1\} \cup \{2\} = \emptyset \cup \{0, 1, 2\} = \{0, 1, 2\}$.

mente treten daher die Zahlen *m* wieder als Ordinalzahlen auf (73)« (Dedekind 1887/1969, S. 44).

In der Reihung der Zahlen, die beim Durchzählen einer endlichen Menge benutzt werden, gibt es damit zwei ausgezeichnete Objekte, das erste, das als solches absolut festgezurrt ist, sowie das als letztes gezählte; der Zeitpunkt, wann es schließlich beim Durchzählen an die Reihe kommt, hängt von der Größe der Menge ab. Es wäre im Dedekind'schen Sinne fatal, bei diesem letzten nicht seine Vorgeschichte mit zu bedenken. Das Wort »Anzahl« und die Frage »Wie viele?« enthalten im Sprachgebrauch keinen Hinweis auf eine bestimmte Anordnung. Diese aber wird zum Rechnen gebraucht.

»Während uns in der Praxis nur die Kardinalzahl interessiert [davon besitze ich so und so viele], kann diese Zahl doch nicht die Grundlage der Arithmetik bilden, da die Rechenarten auf der stillschweigenden Voraussetzung beruhen, dass wir stets von einer Zahl auf die ihr nachfolgende übergehen können – die Zahl also als Ordinalzahl begriffen wird. Die paarweise Zuordnung allein reicht nicht aus, um zu rechnen; ohne unsere Fähigkeit, die Gegenstände durch die natürliche Zahlenfolge zu gliedern, wäre nur ein sehr geringer Fortschritt möglich geworden« (Dantzig 1931, S. 16ff., zitiert nach Ifrah 1998, S. 47).

Hilfreich wäre, Kinder nicht darauf festlegen zu wollen, dass sie nach dem Abzählen zum Beispiel von Äpfeln in einer Schale das als letztes genannte Zahlwort noch einmal wiederholen müssen, um abschließend die Frage »Wie viele Äpfel sind es?« zu beantworten. Die Bewusstheit muss dahingehend geschult werden, dass von Bedeutung wird, wie weit man beim Zählen gekommen ist, und nicht wo man angekommen ist.

Funktionales versus prädikatives Denken

Ein prominenter Vertreter unter den Befürwortern der Forcierung des Ordinalzahlprinzips ist im Bereich der Entwicklungspsychologie Charles Brainerd (1973, 1979). Auf Grundlage seiner Rezeption der mathematisch-logischen Analysen des Zahlbegriffs (Brainerd 1979, Part I: »The Logic of Number«) kommt er zu dem Schluss, dass eine Förderung der Kinder bei ihrer kognitiven Bewältigung transitiver-asymmetrischer Relationen entscheidend ist für den Aufbau eines arithmetischen Verständnisses. »The [ordinal] theory assumes [...] that the natural numbers are, in their most basic sense, devices for representing the terms of the progessions which such relations generate« (Brainerd 1979, S. 100).

In seinen Studien konnte Brainerd nachweisen, dass Kinder im Hinblick auf relevante Zahlvorstellungsaspekte früher ein Bewusstsein für geordnete Reihen entwickeln als ein Verständnis von Gesamtheiten und ihren Verhältnissen zueinander und sich hinsichtlich arithmetischer Fähigkeiten ein Training ordinaler Vorstellungen deutlich positiver auswirkt als ein Training kardinaler Vor-

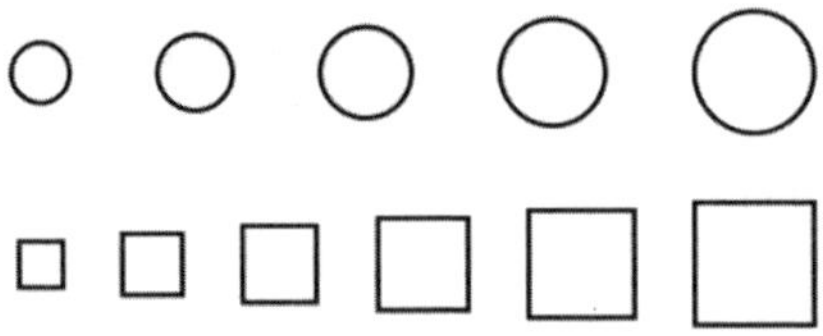

Abbildung 2: Visuell wahrnehmbares Angeordnetsein zweier empirischer Progressionen (nach Brainerd 1979, S. 102-103).

stellungen (Brainerd 1979, Part II: »The Development of Number«). Von ihm genutzte typische Anordnungen zur Untersuchung und Förderung ordinaler Vorstellungen sind zum Beispiel unterschiedlich schwere Kugeln, unterschiedlich lange Stäbe oder unterschiedlich große, einfache geometrische Figuren (vgl. Abb. 2).

Tatsächlich verlangt die Dedekind'sche Konstruktion der Zahlen mittels eines explizit angegebenen Erzeugungsverfahrens aber noch mehr als das Erkennen des Vorliegens einer (unmittelbar der Empfindung gegebenen) Progression beziehungsweise des Verstoßes gegen sie. Entscheidend ist das Herstellenkönnen einer Progression durch eine Tätigkeit, eine Erzeugungsvorschrift φ und deren Gebrauch.[7]

- Unsere Kernfrage lautet: *Inwiefern sind Menschen grundsätzlich in der Lage, sich Erzeugungsvorschriften als verbindendes Element zwischen Gegebenheiten zurechtzulegen?*

Werkzeuge sind bei der Verrichtung von Tätigkeiten äußerst nützlich. Nur Menschen sind zu einem komplexeren Werkzeuggebrauch fähig (Haidle 2006, 2010). Ausgefuchste Strategien, diese beginnen mit dem Nutzen von Werkzeugen zur Werkzeugherstellung, um mit diesem neuen Werkzeug eine Aufgabe erledigen zu können, sind bei keinem Tier beobachtet worden. Archäologische Befunde zeigen, dass aber bereits vor ungefähr 400.000 Jahren im heutigen Niedersachsen Menschen Wurfspeere für die Jagd hergestellt und dazu Abfolgen von Werkzeuggebrauch kognitiv und praktisch bewältigt haben. »Mit Hilfe von Werkzeugen (Steinen) wurden andere Werkzeuge (Abschläge oder andere Steingeräte) hergestellt, um dritte Werkzeuge (Speere) anzufertigen, mit denen schließlich das Problem – die Jagd auf Pferde – gelöst werden konnte« (Haidle 2006, S. 202).

Selbst besonders schlau-geschickte Tiere wie die Neukaledonischen Krähen (Hunt u. Gray 2004), Schimpansen (McGrew 1992) oder Orang-Utans (van Schaik et al. 1996) lösen keine Probleme dadurch, dass sie für deren Lösung oder Lösungserleichterung Werkzeuge zweiter oder dritter Ordnung herstellen (nach Haidle 2006, S. 201ff.).

Die Beantwortung der Frage nach dem Ausmaß der Fähigkeiten von Individuen, Verschiedenes zueinander überhaupt in eine sinnige Beziehung setzen zu können, ist eines der Grundanliegen der Intelligenzforschung. Nach Spear-

7 Traniningsstudien, die diesem erweiterten Aspekt Rechnung tragen, stehen noch aus.

man (1904) ist hierfür die Gabe der »eductive ability« besonders relevant. Durch den Zusatz »eductive«[8] wird betont, dass zur *analytischen* Intelligenz grundsätzlich die Fähigkeit gehört, bei vorgegebenen Dingen Aspekte so wahrzunehmen, dass sich ein Zusammenhang zwischen diesen Dingen herstellen lässt; auf diese Weise kann dann Einsicht entstehen. Die Rolle der Wahrnehmung zur Befruchtung von Vorstellungen ist dabei zu überprüfen. Die These »Wahrnehmen ist Überprüfung von Hypothesen« (Singer 2001, S. 15) wie auch das Hinterfragen des »Wahr-Seins der Wahr-Nehmung« (Roth 1996, S. 65ff.) führen zu der spannenden Frage, wie Vorabeinstellungen im Gehirn Wahrnehmungsprozesse steuern und damit mentales Zurechtlegen beeinflussen.

(f_1)	**(f_2)**	**(f_3)**
(f_4)	**(f_5)**	**(f_6)**
(f_7)	**(f_8)**	**?**

Abbildung 3: Gedanklich (noch) isolierte Einzelfälle. Ein zu den anderen $\mathbf{f_i}$ passendes $\mathbf{f_9}$ lässt sich mithin nicht spezifizieren ($1 \leq i \leq 9$).

Zum Zweck der Intelligenzdiagnostik hat Spearman figurale Matrizenaufgaben entworfen (Progressive Matrices, Format siehe Abb. 3). Anders als bei den linearen Progressionen gilt es hier, eine zweidimensional anwendbare Logik zu erkennen. Von neun in drei Zeilen und drei Spalten angeordneten Figuren f_i werden bis auf eine, die Figur unten rechts, alle angezeigt. Die fehlende Figur ist aus der gegebenen Konstellation mental zu erschließen: Die Matrix soll – so gut als eben gedanklich möglich – logisch stimmig komplettiert werden.[9] Denken versucht »*bloße Einmaligkeit*« zu überwinden, mittels kognitiver Mechanismen soll diese »ja gerade in eine Beziehung gebracht werden« (vgl. Gorgé 1960, S. 85) und so unterschiedliche Dinge argumentativ, verbal oder nonverbal zusammengeführt werden.

Zum Lösen von solchen Matrizenaufgaben muss man sich nicht notwendigerweise auf Erzeugungsvorschriften einlassen.[10] Tatsächlich kann man bei den üblicherweise eingesetzten so gut wie immer ohne derartige Vorstellungen ans Ziel gelangen, teilweise ist es sogar hinderlich, Figuren als ein während der Durchführung eines Konstruktionsprozesses verändertes Produkt auffassen zu wollen.

8 Zu lat. *educere*: herausziehen.

9 Spearmans Schüler Raven entwickelte drei sich in ihrer Schwierigkeit unterscheidende Progressive Matrices Tests, die als nonverbale Intelligenztests eine weltweite Verbreitung fanden (Raven 1936 [SPM], 1962a [APM], 1962b [CPM]).

10 Unter den Original-Raven-Matrizenaufgaben existiert genau eine, für die eine solche Vorstellungsart zwingend ist (APM II-18, Raven 1962a). Dieser Bautyp fristet ein Randdasein. Z. B. entwickelten Carpenter et al. (1990) eine Klassifikation für die APM-Aufgaben mit dem Ziel der Bestimmung der bei der Analyse der Aufgaben ablaufenden kognitiven Prozesse, APM II-18 ließen sie dabei außer Acht. Selbst bei neueren Varianten an figuralen Matrizenaufgaben, die zur Untersuchung von Hochbegabung gedacht sind, wird auf diesen Bautyp verzichtet (Preckel 2002).

Für unser Anliegen ist weiterführend, die folgenden beiden mentalen Sichtweisen zu unterscheiden:

- eine die Unterschiede zwischen den Figuren auf die Wirkung von Funktionen zurückführende »*funktional*-logische« Sichtweise und
- eine die Ähnlichkeiten zwischen den Figuren mittels unterschiedlicher Prädikate/Eigenschaften analysierende »*prädikativ*-logische« Sichtweise.

Beide Sichtweisen benutzen jeweils dazu passende Werkzeuge, zum Beispiel Verkettung von Funktionen die eine und aussagen- beziehungsweise prädikatenlogische Verknüpfungen die andere. Bei kognitivem Einnehmen einer dieser Sichtweisen sprechen wir von *funktionalem* respektive *prädikativem* Denken (siehe z. B. Schwank 1990, 1993, 2003, 2004). Um die menschliche Fähigkeit zu solchen Denkweisen untersuchen zu können, haben wir verschiedene QuaDiPF-Sets an figuralen Matrizenaufgaben entwickelt (Schwank 1998/2000). Betrachten wir dazu drei typische Beispiele. Während bei der traditionellen Verwendung von figuralen Matrizenaufgaben Lösungsalternativen vorgegeben werden, stellen wir solche zur Erhöhung des Denkaufwandes nicht zur Verfügung.

Funktional wie auch prädikativ gut zu meisternde Aufgabe

Typ FP

Anders als bei Brainerds Aufgaben legen solche Aufgaben nicht generell nahe, sich um einen Anordnungsprozess im Sinne einer Progression zu kümmern, gleichwohl ist dies möglich.

Funktional betrachtet, lässt sich eine Verformungsvorschrift ausmachen, mittels derer die gegenüberliegenden Seiten zunächst ein- dann auseinandergezogen werden: zeilenweise die linke und rechte, spaltenweise die obere und untere Seite. Bei fortgesetzter Anwendung der Verformungsvorschrift wird als neunte Figur eine Art vierblättriges Kleeblatt erzeugt.

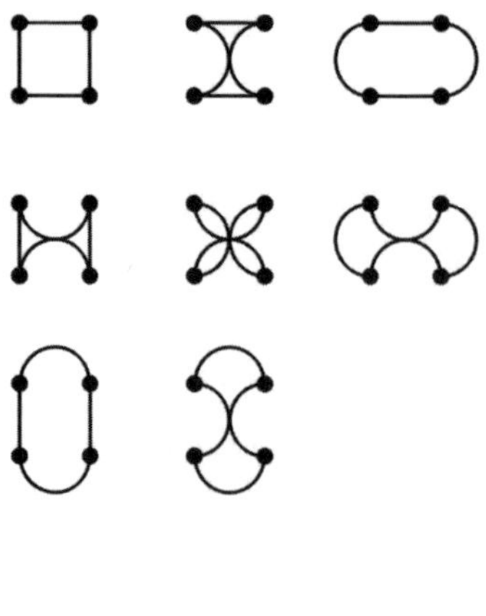

Abbildung 4: QuaDiPF-C18

Prädikativ betrachtet fällt die Gleichheit der gegenüberliegenden Seiten auf: zeilenweise die obere und untere, spaltenweise die linke und rechte Seite. Eine Art vierblättriges Kleeblatt als neunte Figur stimmt mit diesen Seitenvorgaben exakt überein. Eine schlichtere *prädikative* Analyse ermittelt die Paare an gleichen Figuren, die um den punktsymmetrischen Mittelpunkt herum angeordnet sind. Die Wiederholung der quadratartigen Figur oben links vervollständigt diese Paaranordnung.

Unsere Untersuchungen zeigen, dass sich Menschen dahingehend unterscheiden, ob sie bei solchen Aufgaben eher eine funktionale oder eine prädikative Sichtweise einnehmen.

Prädikativ, nicht aber funktional gut zu meisternde Aufgabe

Typ P

Ein *funktionales* Herangehen führt bei solchen Aufgaben kaum zum Erfolg. In sehr seltenen Fällen stellt sich jemand vor, dass die Figurenreihenfolgen nach außen fortgesetzt werden; die Figuren in der jeweils folgenden Zeile ergeben sich dann dadurch, dass der Boden von rechts darüber mit dem Aufsatz der Figur von links darüber zu einer weiteren Figur zusammengebastelt wird. Die Figuren werden also beim Fortschreiten in die nächste Zeile in ihren Anteilen systematisch nach rechts beziehungsweise links verrutscht. Als neunte Figur wird so ein Trapez hergestellt.

Prädikativ betrachtet wird sehr selten ebenfalls mit einer über die gegebenen Figuren hinaus gedachten Anordnung argumentiert, die dadurch bestimmte Ordnung ist zeilen- und spaltenweise einzuhalten und bestimmt somit die Lösungsfigur. Die verbreitetste *prädikative* Herangehensweise ist, die Figuren so in ihre Bestandteile zu zerlegen, dass Gleichartiges gut miteinander verglichen und die Systematik des Auftretens in den Zeilen und Spalten erkannt werden kann: Deckel (2 gerade, 1 schräg), Seitenwandpaare (2 gerade, 1 schräg), Böden (1 offen,1 halboffen, 1 geschlossen). Eine seltener vorkommende, geschicktere *prädikative* Vorgehensweise besteht darin, Verwandtschaftsverhältnisse zu

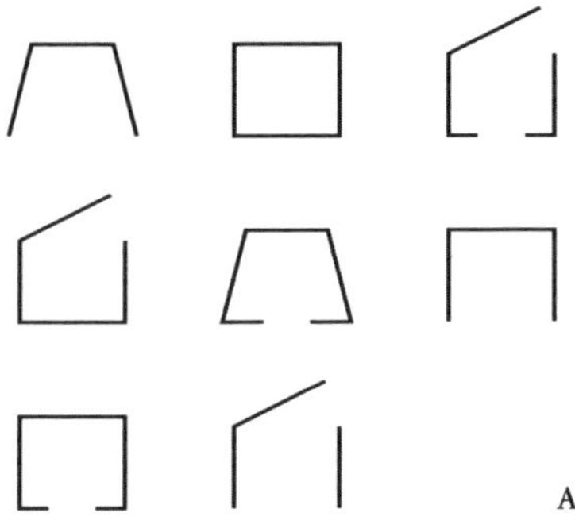

Abbildung 5: QuaDiPF-C27

identifizieren, zum Beispiel: Gegeben sind drei unterschiedliche Figuren (nennen wir sie Trapez, Quadrat, Haus), die jeweils mit drei Bodenarten auftreten (offen, halb offen, geschlossen). Dieser Systematik zufolge fehlt bei den Trapezen dasjenige mit geschlossenem Boden.

Menschen, die Aufgaben vom Typ FP vorzugsweise prädikativ lösen, haben bei Aufgaben vom Typ P weniger Schwierigkeiten als solche, die Typ-FP-Aufgaben bevorzugt funktional lösen.

Funktional, nicht aber prädikativ gut zu meisternde Aufgabe (Operatoraufgabe)

Typ F

Funktional betrachtet liegen in der mittleren Zeile und Spalte Symbole für Werkzeuge oder Operatoren vor, mit denen man aus den jeweiligen Ausgangsobjekten die Zielobjekte herzustellen vermag. In der letzten Spalte wird das bis dahin erhaltene Zwischenprodukt mit dem Werkzeug noch gedreht und zum Wechsel der Farben beispielsweise gewendet oder geflippt, in der letzten Zeile bewirkt die Werkzeuganwendung, dass das Zwischenprodukt gedreht und gestreckt wird. Man beachte, dass es sich bei den beiden Werkzeugen in der 3. Spalte/3. Zeile um Werkzeuge handelt, die ihrerseits durch Anwendung eines Werkzeugs, dem Rotierer in der Mitte, entstanden sind; dieser Rotierer hat auf die beiden Werkzeuge in der 1. Spalte/1. Zeile eingewirkt und so die neuen, komplexeren Werkzeuge »Rotierer mit Farbwechsel« sowie »Rotierer mit Streckung« produziert.

Anders als bei Brainerds- oder Typ-FP-Aufgaben sind hier nicht Zwischenergebnisse einer Entwicklung, sondern Zeichen, interpretierbar als Werkzeuge/Operatoren, und die Auswirkungen ihrer Anwendung präsentiert.

Prädikativ betrachtet ist es (fast) nicht möglich, alle Figuren einer schlüssigen Systematik unterzuordnen. In dem vorliegenden Beispiel weisen die Flächen und die Linien kaum gemeinsame Eigenschaften auf. Ein schwieriger Versuch mit Argumentationslücken wäre zum Beispiel, eine Lösungsfigur zu zeichnen, die in der Breite mit dem Doppelpfeil in der letzten Spalte übereinstimmt und in der

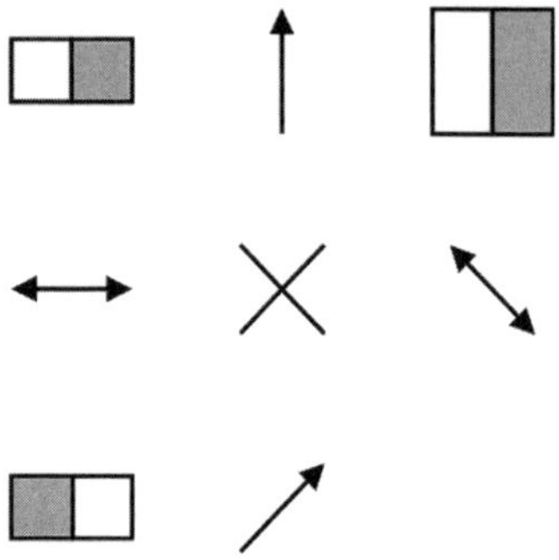

Abbildung 6: QuaDiPF-C17 (baugleich zu APM II-18; vgl. Fußnote 10)

Höhe mit dem Pfeil in der letzten Zeile – ungünstigerweise liegen die Pfeile schräg; für die Färbung gilt, dass beide Flächenobjekte in beiden Färbungen vorkommen sollen (zeilenweise konstant, spaltenweise gespiegelt).

Eher selten bleibt die Aufgabe ohne Lösung, man behilft sich prädikativ mit der Wiederholung der rechts oben gegebenen Figurform und der Färbung der links unten gegebenen Figur: In den Ecken der Matrix befinden sich Flächen, an den Seiten Linien, die Objekte kommen jeweils paarweise vor; der Mittelpunkt hat als Mittelpunkt kein Gegenüber.

Menschen, die Aufgaben vom Typ FP vorzugsweise funktional lösen, haben bei Aufgaben vom Typ F weniger Schwierigkeiten als solche, die Typ-FP-Aufgaben bevorzugt prädikativ lösen.

Durchaus passend zu Ergebnissen der Geschlechterforschung (Kimura 1999) zeigt sich, dass es weitaus schwieriger ist, ein intelligentes und dabei funktional besonders begabtes Mädchen zu finden, als einen Jungen mit solch einer kombinierten kognitiven Ausstattung (Schwank 1994; 2003, S. 75). Jungen scheinen funktionale Vorstellungen eher zugänglich zu sein als Mädchen.

Mentale Objekte – Schatten mit Akzenten

Neurowissenschaftlich betrachtet ist der Mensch ein Augenwesen: Im Vergleich zu circa 30 verschiedenen visuellen Verarbeitungsarealen weist der menschliche sensorische Kortex nur etwa sechs auditorische und fünf somatosensorische Verarbeitungsareale auf (siehe z. B. Kandel et al. 1996). Dass sowohl bei der prädikativen wie auch der funktionalen Bearbeitung von figuralen Matrizenaufgaben visuelle Verarbeitungsareale angeregt werden, ist offenkundig. Die noch unbeantwortbare Frage ist, wie das Gehirn vorgeht, um die visuellen Eindrücke mit einem sinnhaften Zusammenhang zu belegen, eine *inhaltlich-logische* Verknüpfung zwischen ihnen herzustellen. Einfacher ist es, sich um das Erlangen der visuellen Eindrücke selbst zu kümmern. Auf der Suche nach verbindenden Zusammenhängen ist es wenig sinnvoll, die Figuren in zufälliger, chaotischer Reihenfolge zu betrachten. Für eine erfolgreiche Verarbeitung ist es vielmehr nützlich, diese so zu mustern, dass mehr und mehr abgeschätzt werden kann, inwiefern übertragbare Verbindungslinien gezogen werden können, bis schließlich Sicherheit darüber vorliegt.[11] Die Auswirkungen der hierzu vorgenommenen Steuerung der Augen durch das Gehirn zur Ertastung, Erschließung und Überprüfung können analysiert werden, und zwar anhand von

11 Eine »Überwachung« kann durch metakognitive Aktivitäten erfolgen. Die Wirkmuster, die das Gehirn dafür (individuell unterschiedlich mehr oder weniger oder auch anders) hervorbringt, sind erst recht unerforscht.

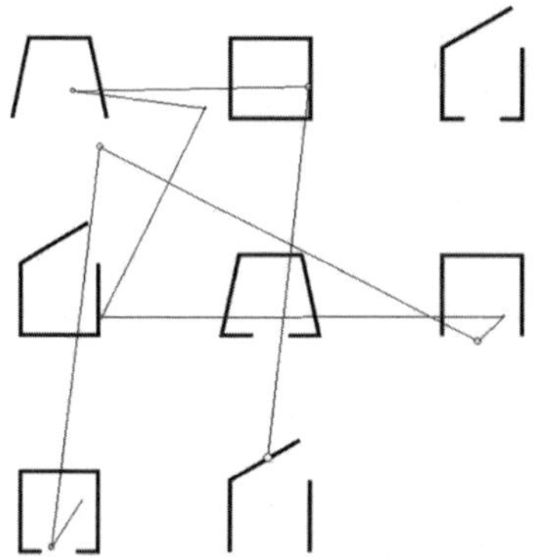

Abbildung 7a: Erste Blicke (Ab: 2,4 s; Dauer: 1,4 s)

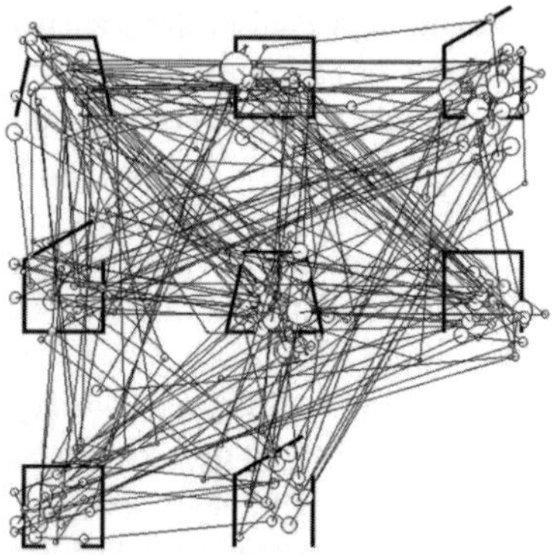

Abbildung 7b: Blickbewegungen von Start an bis zur Angabe einer Lösungsfigur (Start → Ende; Dauer: 1 min 11 s)

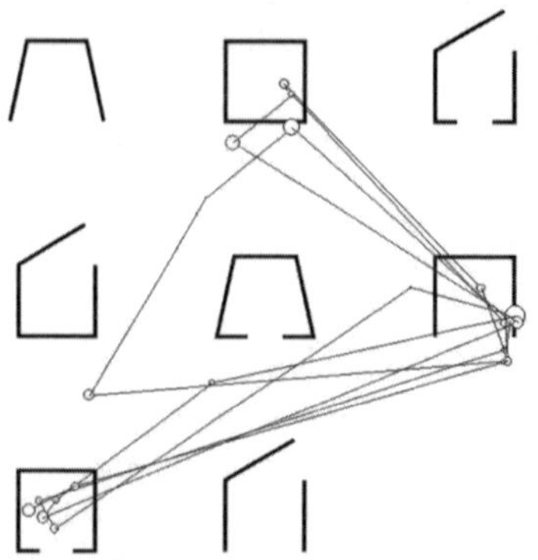

Abbildung 7c: »Quadrate« werden zusammengeschaut, sie weisen ein spezielles Bodenmuster auf (Ab: 22,6 s; Dauer: 5,9 s)

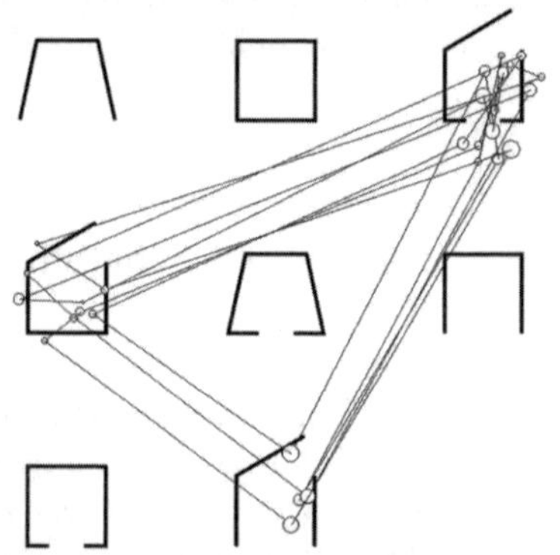

Abbildung 7d: »Häuser« werden zusammengeschaut, sie weisen dasselbe Bodenmuster auf wie die »Quadrate« (Ab: 28,6 s; Dauer: 7,4 s)

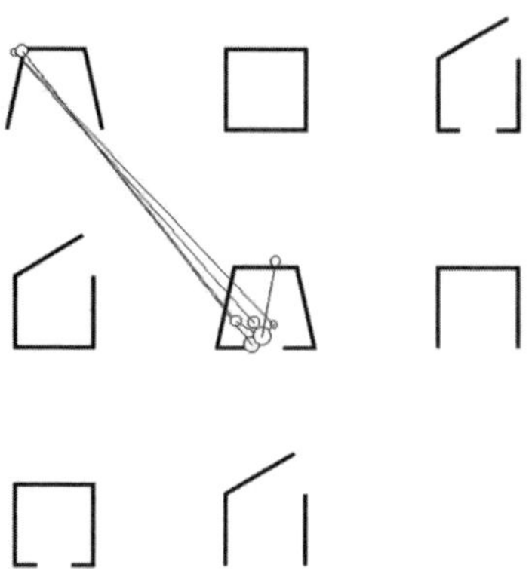

Abbildung 7e: »Trapeze« werden zusammengeschaut, in der Anzahl sind sie eins zu wenig, es fehlt auch ein Bodenmuster (Ab: 1 min 3 s; Dauer: 2,3 s)

Aufzeichnungen der Blickbewegungen während des Bedenkens von Matrizenaufgaben.[12]

Betrachten wir als ein Beispiel Blickpfade einer Versuchsperson während der mentalen Analyse der »Trapez«-Aufgabe. Zunächst streift der Blick die Figuren (Abb. 7a). Bis die mentale Analyse so weit ausgereift ist, dass sich eine Lösungsfigur erschließt, werden noch viele weitere Blicke ausgesendet (Abb. 7b). Nach den ersten 22 Sekunden wurden die Figuren so auf die Reihe gebracht, dass eine Verbindung zwischen den quadratartigen Figuren geknüpft ist, fast 6 Sekunden lang gilt ihnen eine Blicksequenz (Abb. 7c); unmittelbar darauf, die 28. Sekunde ist angebrochen, sind gemäß der Blickpfade die hausartigen Figuren zusammengefasst, knapp 7,5 Sekunden lang werden die Augen zwischen ihnen rundgeführt (Abb. 7d), vielfach verlaufen die Blicke weiter zwischen den beiden trapezartigen Figuren, so auch noch kurz vor Ende nach der 63. Sekunde (Abb. 7e).

Zu den an den Blickpfaden ablesbaren gedanklichen Orientierungsversuchen passen die Erklärungen, die Versuchspersonen für ihre Lösungsfigur abgeben, gut. Im vorangehenden Beispiel lautet die Begründung:

»Ähm, das begründe ich jetzt so: Ähm, hier sind jeweils drei verschiedene Formen. Einmal hat das, haben die jeweils einen leeren Boden. Einmal einen halb voll, äh, leeren, ja, einen halben Boden und einmal überhaupt keinen. Das kann man hier dran sehen: einmal voll und einmal halb [zeigt auf die ›Quadrate‹]. Einmal hier äh, halb, einmal voll und einmal gar nicht [zeigt auf die ›Häuser‹]. Und hier fehlt das dann. Einmal gar nicht, einmal halb und dann muss einmal voll sein [zeigt auf die ›Trapeze‹]« (Armbrust 2001, S. 50).

In einigen Fällen geben allein die Blickpfade sehr gut Aufschluss über das mentale Vorgehen einer Versuchsperson, insbesondere auch, welche Figuren sie nicht angeschaut hat beziehungsweise nicht im Zusammenhang mit welchen anderen.

Abbildung 8 zeigt einen Ausschnitt der Blickpfade einer Versuchsperson, die die Matrix nicht flächig, sondern eher linear analysiert hat. Sie bestimmt die Lösungsfigur aus der zeilenweise gegebenen Systematik von Deckel-, Seitenwände- und Bodenart. Abbildung 9 zeigt einen Ausschnitt der Blickpfade einer Versuchsperson, die Paare zusammengeschaut hat und mit ihrer Lösungsfigur (Wiederholung der oben links gegebenen, quadratartigen Figur) das unvollständige Paar komplettiert – der »Mittelpunkt« bleibt dabei außen vor. Auf

12 Zur graphischen Darstellung der Blickpfade (einzeln für jedes Auge) und Auswertung hinsichtlich typischerweise auftretender Muster wurde im Rahmen unseres DFG-Projekts »Individuelle Unterschiede in der Kognition mathematischer Begriffsbildung« (SCHW 579/3–1) die Software QuaDiPF-Eye von Stephan Armbrust (2006) erstellt. Die Linien zeigen die ruckartigen Augensprünge (Sakkaden) an. Sie verlaufen sehr schnell, es erfolgt keine Informationsaufnahme, sondern die Hinführung eines Auges an einen nächsten Ort. Die Kreise repräsentieren die länger andauernden Ruhepunkte (Fixationen) eines Auges zwischen je zwei Sakkaden, sie dienen der Informationsaufnahme und liegen hier in der Größenordnung von Zehntelsekunden.

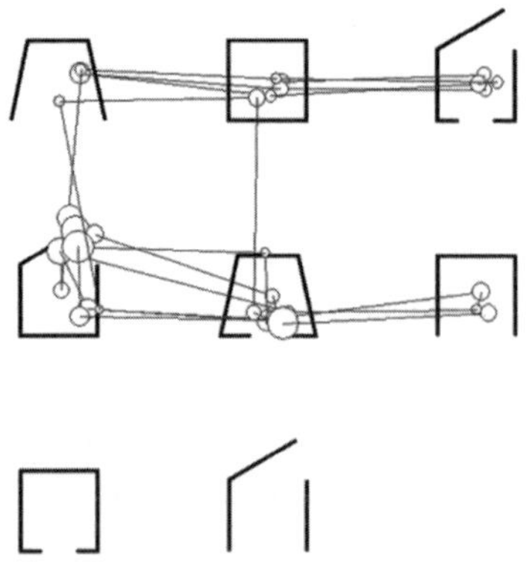

Abbildung 8: Zusammenschau sich wiederholender Merkmalsausprägungen (Ab: 44,5 s; Dauer: 8,5 s)

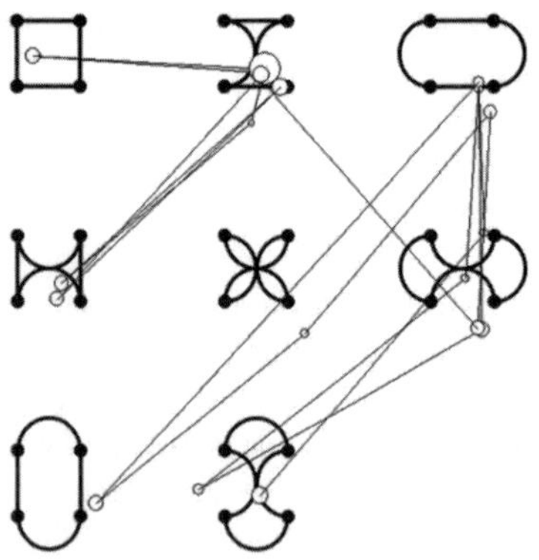

Abbildung 9: Zusammenschau gleicher Figuren zu Paaren (Ab: 6,8 s; Dauer: 4 s)

diese Weise können verschiedene Vorgehensweisen, die allesamt auf einer prädikativ geprägten Anschauung beruhen, ausgemacht werden. Ob bei einer Versuchsperson, die zur »Kleeblatt«-Aufgabe tatsächlich ein »vierblättriges Kleeblatt« angibt, eine funktionale oder prädikative Einsicht vorliegt, ist leider kaum anhand der Blickpfade zu unterscheiden; in beiden Fällen ergeben sich Blickpfade, die zeilen- und/oder spaltenweise die jeweiligen drei Figuren verknüpfen (analog solcher wie in Abb. 8).

Bei Operatoraufgaben wie der »Dreh-Streck-Flip«-Aufgabe zeigen sich drastische Unterschiede bei den Blickpfaden, je nachdem, ob versucht wird, den Anordnungen eine funktionale oder eine prädikative Bedeutung zu unterlegen. Nur im Fall einer funktionalen Analyse werden die Augen den Weg von einem Startobjekt über das Werkzeug hin zum Zielobjekt geleitet (vgl. Abb. 10a; analoge Blickpfade ergeben sich für die mittlere Zeile und Spalte). Bei einer prädikativen Analyse steuert das Gehirn die Augen dagegen so, dass gleichartige Objekte zusammengefasst werden: Die Vierecke wie auch die Pfeillinien bilden untereinander Grüppchen (Abb. 10b; analoge Blickpfade ergeben sich für die Zusammenführung der vier Pfeillinien).

Wir sprechen von mentalen Objekten als Schatten mit Akzenten, da die tieferen kognitiven Verarbeitungsebenen, die der visuellen Wahrnehmung nachgeschalteten, nur Bruchstücke dessen in Betracht ziehen, was sich prinzipiell den Augen darbietet; diese Bruchstücke sind nicht beliebig, sondern je nach kognitiver Veranlagung solche, die eher einer funktionalen oder einer prädikativen Analyse dienlich sind. Algorithmisch gesprochen scheinen die visuellen Verarbeitungsareale hierbei im Austausch mit unterschiedlich arbeitenden Hirnarealen zu stehen, in funktionaler Sicht ist ein *Nacheinander* relevant, Getriebe- und Zeitreihenmodule werden angesprochen, in prädikativer Sicht ist es *Parallelität*, Abstraktions- und Etikettierungsmodule werden angesprochen (Abb. 11).

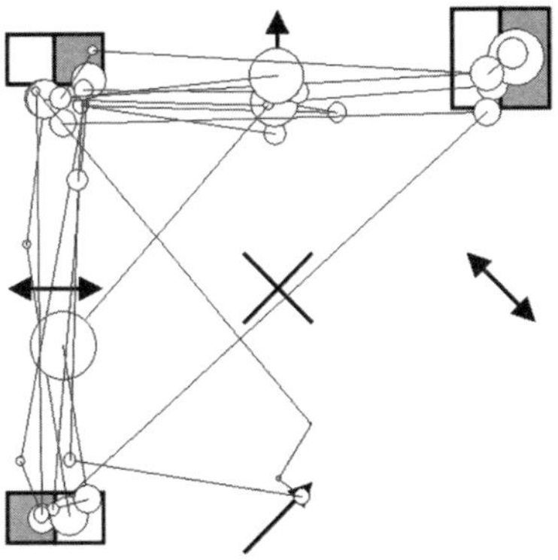

Abbildung 10a: Funktionale Analyse (Ab: 1 min 46,5 s; Dauer 12,5 s)

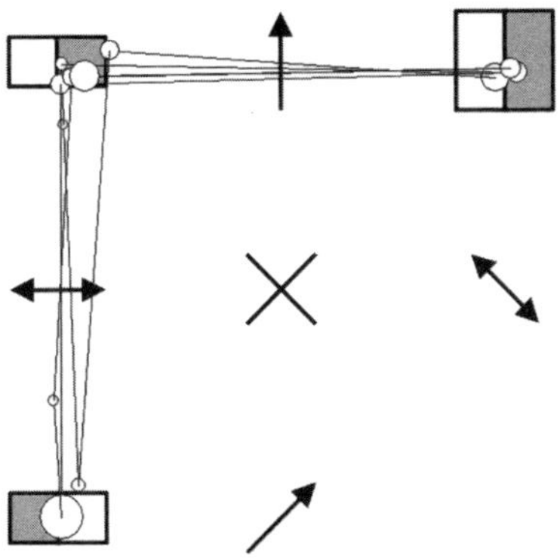

Abbildung 10b: Prädikative Analyse (Ab: 37 s; Dauer 3,5 s)

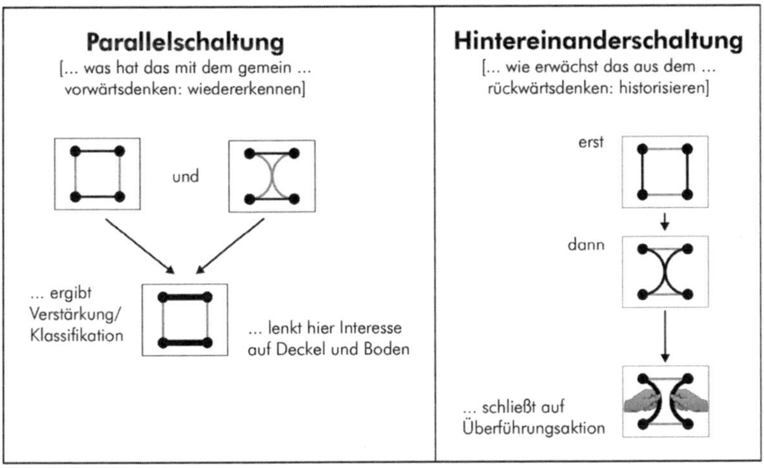

Abbildung 11: Das Interesse und die besondere Aufmerksamkeit für Figurbestandteile mag kognitiv daraus erwachsen, welches Grundprinzip vorrangig angewendet wird: das einer *Parallelschaltung*, welches über die Gleichartigkeit von Komponenten zu einem verstärkten Bewusstsein für die Wahrnehmung genau dieser Positionen bei weiteren Figuren und der Überprüfung ihrer spezifischen Gleichartigkeit kommt, oder das einer *Hintereinanderschaltung*, welches die Unterschiedlichkeit von Komponenten in einen zeitlichen, die Unterschiede hervorbringenden Ablauf bringt, die Aufmerksamkeit gilt fortan der Überprüfung der Anwendbarkeit des zuerkannten Erzeugungsprinzips bei den weiteren Figurenfolgen. Im ersten, dem prädikativen Fall steht ein Identifizieren (»ist Fall von ...«; »Struktur einer Anordnung«) im Vordergrund, im zweiten, dem funktionalen Fall ein Konstruieren (»Aktion überführt ...«; »Werkzeuganwendung erzeugt ...«).

Die Blickpfade zeigen deutlich, dass das Gehirn bei der Suche nach einer Systematik und ihrer Sicherung Figuren berücksichtigt oder aber ausblendet. Das Gehirn »sieht« nur das, was es zu bemerken fähig und bereit ist; beziehungslose Anteile *entfallen*! Die Grundfähigkeit, Erzeugungsvorschriften als verbindendes Element zwischen Gegebenheiten einzu*sehen* und damit umzu*gehen*, ist nicht jedermanns Sache.

EEG-Studie

Einen weiteren Hinweis auf kognitive Vorgänge beim Analysieren unserer Matrizenaufgaben liefert eine gemeinsam mit der Lübecker Forschergruppe um Jan Born durchgeführte EEG-Studie, an der Medizin-Studierende teilnahmen (Mölle et al. 2000). Die Grundidee ist, den Versuchspersonen zunächst Aufgaben zur freien Bearbeitung zu geben, ihnen dann aber vorzuführen, wie man eine funktionale beziehungsweise prädikative Analyse vornimmt, also zu versuchen, ihr Denken in die erwünschten Bahnen zu lenken. Jeweils im Anschluss an die Vorführung von drei funktionalen beziehungsweise prädikativen Beispielen soll die Versuchsperson eine vierte Aufgabe entsprechend der vorgeführten Methode bearbeiten, hierbei wird das EEG abgeleitet. Ist die Versuchsperson mit der mentalen Generierung einer Lösungsfigur fertig, hebt sie die linke Hand und bekommt das Aufgabenblatt, um ihre Lösungsfigur aufzuzeichnen. Anschließend erklärt sie, warum ihre Lösungsfigur ihrer Meinung nach gut ins Gesamtbild passt.

Im Vergleich zum funktionalen Denken und zu einer mentalen Entspannungsaufgabe reduzierte sich die EEG-Komplexität beim prädikativen Denken. Dies war besonders stark im rechten posterioren Kortex ausgeprägt. Eine reduzierte Komplexität während des funktionalen Denkens konnte im linken zentralen Kortex nachgewiesen werden, wenn auch weniger ausgeprägt und nur im Vergleich zur mentalen Entspannung, leider ist – wie die Argumentationen der Versuchspersonen zu ihren Lösungsfiguren zeigen – die Bahnung funktionalen Denkens weniger erfolgreich verlaufen als die Bahnung prädikativen Denkens. Es wäre interessant, diese Studie mit Studierenden anderer Fächer wie beispielsweise Physik, Maschinenbau oder Sprachwissenschaften durchzuführen.

Ausblick

In einer der wenigen fMRI-Studien zum logischen Entscheiden (»Reasoning«) konnte nachgewiesen werden, dass in Abhängigkeit vom Schwierigkeitsgrad die Bearbeitung einfacher 3 × 3-Matrizenaufgaben – mit vier angegebenen Lösungsalternativen – den präfrontalen Kortex unterschiedlich stark beansprucht (Christoff et al. 2001). Die eingesetzten Matrizenaufgaben sind so konstruiert, dass es darauf ankommt, Uniformität zu erkennen. Entweder liegt eine zeilen- und spaltenweise Konstanz vor (Kontrollaufgabe; alle Figuren sind identisch: »0-relational«), eine zeilen- oder spaltenweise Konstanz (die Figuren sind entweder pro Zeile oder Spalte identisch: »1-relational«) oder die Konstanz einer Komponente in der Zeile und einer anderen in der Spalte (die Figuren sind in einem Bestandteil pro Zeile identisch, in einem anderen pro Spalte: »2-relational«). Eine besondere präfrontale Kortex-Aktivierung zeigte sich im »2-relationalen«-Fall im Vergleich zum »1-relationalen«-Fall, nicht aber beim Vergleich des »1-relationalen«- mit dem »0-relationalen«-Fall. Die hier untersuchten Unterschiede in der Hirntätigkeit sind letztlich eine Aufmerksamkeitsaufwandsfrage.

Noch offen ist, wie weit reichendere fMRI-Studien oder Studien mit anderen bildgebenden Verfahren zu konzipieren wären, mit denen individuelle mentale Unterschiede bei der Bearbeitung wesentlich anspruchsvollerer Matrizenaufgaben aufgedeckt werden können. Hinsichtlich funktionalen Denkens wäre spannend, inwieweit welche motorischen Areale (Kandidaten wären z. B. der motorische und prämotorische Kortex oder der mediale temporale beziehungsweise mediale superiore temporale Kortex, MT/MST) beim mentalen Zurechtlegen einer Lösungsfigur wie involviert sind. Beim prädikativen Denken sollte es entscheidende Unterschiede hinsichtlich der Verwendung dieser Areale geben. Es ist zu vermuten, dass bei einem Teil der Kinder mit Rechenschwächen solche für das Stiften von funktionalen Zusammenhängen bedeutsamen Hirnregionen weniger oder anders beim Generieren von Lösungen eingebunden sind, dies sowohl beim Bearbeiten von Musterergänzungsaufgaben wie auch beim Bearbeiten einfacher arithmetischer Probleme, welche nicht durch Aktivierung von Faktenwissen (retrieval) beantwortet werden können, sondern für die Nachdenken, Sich-etwas-Zurechtlegen, also der Aufbau von sinnstiftenden Verbindungen erforderlich ist.

Arithmetische Grundvorstellungen

Ein vierjähriges Kind wird gefragt, wie alt es sei. Es antwortet in Zeichensprache und zeigt eine Anordnung von vier fortlaufend gestreckten Fingern (z. B. Daumen bis Ringfinger). Daraufhin zeigt man ihm je zwei Finger an der rechten und der linken Hand (z. B. rechten/linken Zeige- und Mittelfinger) und fragt: »Bist du so alt?« Was ist daraus zu schließen, wenn das Kind die Frage verneint? Für diejenigen, die den Kardinalzahlaspekt in den Vordergrund stellen, liegt ein deutliches Defizit vor, da in ihren Augen zwar gezählt, nicht aber mit Gleichmächtigkeiten umgegangen werden kann (z. B. Probst u. Waniek 2003, S. 73)[13]:

13 Beim Vier-Finger-Entgegenstrecken eines Kindes ist gar nicht klar, ob damit tatsächlich

»Die Beispiele besagen, dass Zählen nicht zu Mengen- und Mächtigkeitsvorstellungen führt.«[14]

Funktional betrachtet ist kritisch, inwiefern bei diesen Fingerspielen dem Ordinalzahlaspekt Rechnung getragen wird, also tatsächlich ein durchgängiges Bildungsgesetz des Um-eins-mehr-Werdens erkannt werden kann oder doch eher statt des systematischen Erzeugtwerdens der Eindruck der unterschiedlichen Figuration der Finger bestimmend ist. Einfach ist die Situation keineswegs. Ein Jugendlicher äußert sich zur Irritation von Erwachsenen im Fall der Verneinung: »Das kann ja auch aus Kleinkindsicht gar nicht sein, weil das an zwei Händen ist.« Der Kommentar eines Erwachsenen lautet: »Die zweite Konstellation soll anzeigen, dass es um zwei Kinder im Alter von zwei Jahren geht.«

Bezogen auf das Bauprinzip des Zahlenraums können nach und nach gestreckte Finger mit ihrer genetisch bestimmten, festen Anordnung im Erstrechenunterricht, anders als zum Beispiel die oftmals eingesetzten Legeplättchen, durchaus eine stabilisierende Rolle spielen.[15] Legeplättchen können in vielfältigster Weise gelegt werden (Abb. 12). Begreift man, vier-viele oder fünf-viele zu sein, als Eigenschaften verschieden vorgegebener Gestalten an Legeplättchen auf dem Tisch, wird dadurch nicht in den Blick genommen, wie man von vier-vielen zu fünf-vielen so fortschreitet, dass dieses Erzeugungsprinzip auch an allen anderen Stellen, zum Beispiel von sechs-vielen zu sieben-vielen funktioniert: Der Umgang mit jeweils einem Legeplättchen mehr ist nicht gebunden an ein konsequentes Prinzip, an welche Stelle das nächste Plättchen hinzulegen

eine Anzahl oder doch nur eine Fingerbild-Reaktion, eine Gebärde, auf die Frage eines Erwachsenen gemeint ist. Probst und Waniek (2003, S. 73) geben als ein weiteres Beispiel das Verhalten eines achtjähriges Mädchens an, das drei zu ihm handrücklings sichtbar ausgestreckte Finger (Daumen bis Mittelfinger) abzählt und nach Wenden der Hand diese drei erneut abzählt. Tatsächlich sind jetzt fünf Finger zu »*sehen*«. Man kann das erneute Abzählen auch als zögerliche Haltung verstehen. In welcher Hinsicht soll hier Dasselbe-zu-Sein gemeint sein?

14 Nicht klar ist, was hier mit »Zählen« gemeint ist (z. B. könnte man an das Aufsagen von Zahlwörtern in normierter Reihenfolge denken, vergleichbar mit der Produktion von mehr oder weniger fremden, nicht sich selbst erklärenden Wörtern, die mittels eines Gedichts vorgegeben sind). Nach Dedekinds Zahlkonstruktion führt gerade Zählen, die Nachfolgerbildung, zur Möglichkeit, überhaupt die Mächtigkeit einer Menge, nämlich wie viele Elemente sie enthält, ermitteln zu können (vgl. S. 100, 161. Erklärung, Dedekind 1887/1969, S. 44).

15 Wir propagieren damit nicht das Fingerrechnen im Allgemeinen, auch wenn in historischen Zeiten die Hände als »*Rechenmaschinen*« zur Unterstützung des Denkens sehr gute Dienste leisteten und das eine und andere Verfahren gut geeignet wäre, um es im Unterricht zu behandeln (vgl. z. B. Ifrah 1998, S. 79ff.). Wichtiger ist uns, dass darin eine Erklärung gesehen werden kann für die Vorliebe von Kindern, ihre Finger als externe Stütze für ihre kognitiven Maßnahmen zum Bestimmen von Rechenresultaten einzusetzen. In gewisser Weise nutzen die Kinder das dem Rechnen angemessenere Material als Konstruktionsprinzip-freie Materialien wie die immer wieder anders hinlegbaren Legeplättchen.

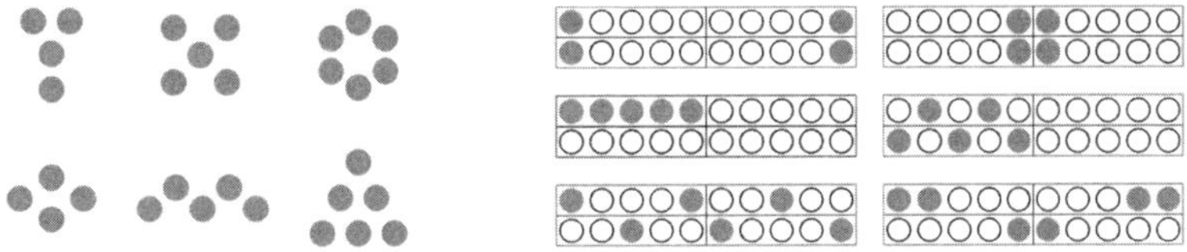

Abbildung 12: Beispiele für Formierungen von vier, fünf oder sechs Legeplättchen: links frei, rechts in einer durch das Zwanzigerfeld vorgegebenen Struktur. – Bei kleineren Anzahlen kann es attraktiv sein, solche Muster zu legen und dabei zu erkennen, dass sich bei einer gegebenen Konfiguration ihre Anzahl nicht durch ein Umlegen der Legeplättchen verändert beziehungsweise dass unterschiedlich aussehenden Konfigurationen ein und dieselbe Anzahl zukommen kann, sie also von gleicher Mächtigkeit sind. Hinsichtlich der Erschließung des Zahlraums ist ungünstig, dass hierbei das Entwicklungsprinzip des Um-eins-mehr-Werdens verschleiert ist und in Folge auch konstruktionsbedingte weitere Verwandtschaften schwer zu sehen sind, zum Beispiel dass sechs genauso zwei mehr als vier bedeutet wie sieben bezogen auf fünf. Dies trifft insbesondere Kinder, die nicht von sich aus den funktionalen Durchblick haben.

ist. Damit bleibt aber gerade die für das arithmetische Verständnis wichtige, systematische Nachfolgerbildung, die Produktion der um eins größeren Zahl undurchsichtig, sie ist nicht Bestandteil des Spiels. Ungünstig für das Verständnis erweist sich auch, dass der Zahl Null kein verbindlicher Ort in Bezug auf die Zahl Eins (oder auch andere Zahlen) zukommt, erst recht kann ihre Bedeutung für die Verschriftlichung nach der Positionssystemmethode nicht *ein*-gesehen werden.[16]

Lose Objekte zu zählen, genauer, beim Zeigen auf diese Objekte Zahlnamen zu sprechen, birgt weitere Schwierigkeiten; kompliziert ist es auch, mit Objekten zu arbeiten, die mit Zahlzeichen beschriftet sind (Abb. 13).

Das Abzählen von Legeplättchen oder Ähnlichem verführt, Zahlwörter wie Eigennamen zu gebrauchen und sich nicht des *Dazu*-Zählens bewusst zu werden. Dazu müsste man eine neue Vorstellung der Verwendung von Namen entwickeln, die Idee beispielsweise eines mit der Zeit Anwachsens oder Vermehrens wäre nützlich. Beim Abzählen zeigt man auf ein Plättchen und spricht dabei zum Beispiel »vier«, aber das Plättchen selbst repräsentiert nicht die Zahl, deren Name Vier ist. Zahlnamen sind tatsächlich eigenartig (Abb. 13): Verlässt Fritz die Gruppe, behalten die anderen ihre Identität, entfernt man dagegen das mit drei benannte Plättchen, wird zum Beispiel die fünf zur drei oder die vier zur drei und die fünf zur vier oder …

16 Dass hier ein Problem vorliegt, zeigt sich auch an der Art und Weise, wie mit der Zahl Null in den Schulbüchern umgegangen wird: Sie wird in einer Weise umgangen und am Rande behandelt, die ihrer Rolle keineswegs gerecht wird. Eine Ursache ist, dass die gängigen Materialien keinerlei stützende Veranschaulichung, kein geeignetes Begreifen oder Erfassen bieten z. B. für null als Vorgänger von eins, nach demselben Prinzip, wie diese Zahl Vorgänger von zwei ist.

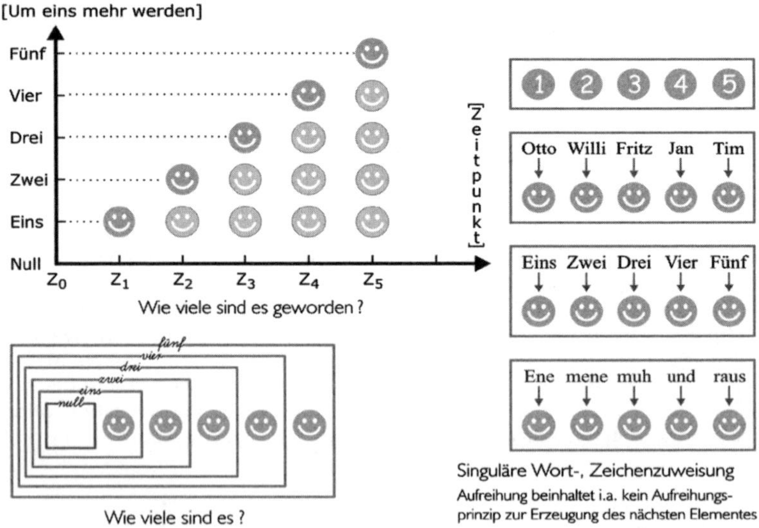

Abbildung 13: Zählen oder Nicht-Zählen. Zur Problematik des Gebrauchs von Wörtern oder Zeichen für Dinge, die gezählt werden sollen, um – als Hinführung zum Erwerb arithmetischer Grundkenntnisse – Einblick in den Aufbau der kleinsten natürlichen Zahlen zu erhalten.

Bei der Frage »Wie viele?« wird die Bezeichnung »fünf« in zwei Funktionen gebraucht, zum einen als Zahlwort, das hier dem zuletzt benannten Legeplättchen zugeteilt wird, so wie zum Beispiel vier zu dem vorletzten Legeplättchen, zum anderen als Bezeichnung für die Mächtigkeit der Gesamtmenge. Tim wäre somit nicht nur einfaches Gruppenmitglied wie die anderen, sondern würde sozusagen als Gruppenoberhaupt die gesamte Gruppe repräsentieren. In Analogie ist sein Name nach dem Aufsagen bei der Frage »Wie viele?« zu wiederholen. Geht Tim, ist der dann letztgenannte Jan, zieht man fünf (statt Fünf) ab, ist das dann letztgenannte Plättchen nicht Vier, sondern man hat null Plättchen.

Obwohl als didaktische Materialien erhältlich, sind die mit Zahlzeichen versehenen Legeplättchen besonders verwirrend. Zu dem Eigennamen-Zahlnamen-Problem kommt hinzu, dass nur bei dem 1er-Plättchen die Beschriftung zu dem passt, wie viel es selbst darstellt, das 5er-Plättchen beispielsweise ist genauso 1 Plättchen.[17] Die Probleme wachsen mit, so greifen manche rechenschwache Kinder bei der Bearbeitung der Aufgabe 19 + 32 an der beschrifteten Hunderterrahmen zuerst zu dem 19er-Würfel und schieben mit ihm die links davon befindlichen Würfel zur Seite, dann wiederholen sie die Aktion mit dem 32er-Würfel. Eine Summe aus 19 und 32 Würfeln kann so nicht gebildet werden. In den Griff genommen wurden unbemerkt zunächst nur neun, dann nur zwei Würfel.

17 Gelegentlich taucht in Schulbüchern auch ein »0er-Plättchen« auf.

Erhält ein Kind im Mathematikunterricht nicht von Anfang an solche Aufträge zur Bearbeitung, die ihm die Produktionsverfahren beim Zahlenaufbau bewusst und begreiflich machen, fehlt ihm eine fundamentale Einsicht, die später nur noch mühsam erworben werden kann. In Gefahr geraten hier gerade auch aufgeweckte Kinder, die über ausreichend Konzentrationsvermögen und Gedächtniskapazität verfügen, zudem gut schulisch sozialisiert sind, behütet aufwachsen und regelmäßig gewissenhaft ihre Hausaufgaben erledigen: Sie erwerben einfach fleißig Automatismen und können so – trotz Fehlens tragfähiger Vorstellungen von Bauplänen zur Konstruktion von Zahlen und den sie verknüpfenden Operationen – Antworten auf die ihnen gestellten Fragen in den ersten Schuljahren sicher und korrekt parat haben.[18] Eine Belohnung, damit Bestätigung und Verstärkung seiner kognitiven Verhaltensweise erhält das Kind durch die diese honorierenden guten oder akzeptablen Noten. Bei einigen Kindern offenbaren sich die Schwierigkeiten spätestens ab der 3. Klasse, andere erwischt es in der 5. oder 6. Klasse, wenn die zu behandelnden Zahlen immer größer werden, also die reine Anschauung gar nicht mehr tragen kann und die Vielfalt an Zahlen, die zu verrechnen sind, keine stabilen Zahlenmuster mehr aufbauen lässt oder zusätzlich bei den als Brüchen bekannten Zahlen die Berechnungen so verflochten sind, dass ihr Konzentrationsvermögen und ihre Gedächtniskapazität überstrapaziert werden (Schwank 2009). Auf Dauer kann das Erfolgsrezept aus den ersten Unterrichtsjahren, Automatismen zu statischen Zahlenmustern aufzubauen, nicht funktionieren: Die Komplexität der mathematischen Ideen lässt sich dadurch weder einfangen noch sicher beherrschen. Notensprünge von »gut« auf »befriedigend« oder gar »ausreichend« sind bei den betroffenen Kindern vorprogrammiert. Natürlich muss es nicht zu einer solchen Entwicklung kommen, aber die Gefahr besteht und es zählt jedes einzelne Kind, bei dem misslingt,

---

18 In der 1. Klasse ist die Anzahl der zu erlernenden Zahlenmuster für die Additions- und Subtraktionsaufgaben im Zahlraum bis 20 absolut überschaubar. Jede Aufgabe kommt so häufig dran, dass dem Schalten stabiler Automatismen der Boden bereitet ist. In der 2. Klasse steht das Auswendiglernen der kleinen Einmaleinsreihen im Vordergrund. In der 1. Klasse ist zudem ein Problem, dass – bevor ein Kind möglicherweise damit konfrontiert wird, sich die Summenbildung als ein Konstruktionsverfahren vorzustellen – längstens alle Zahlentripel zu einem bestimmten Ergebnis mit den enthaltenen Anteilen durchgenommen worden sind: Bevor ein Kind im Unterricht die Addition zur Erzeugung einer Summe kennen lernt, werden mit ihm lange und ausgiebig Zerlegungen geübt (z. B. ... (8;3;5), (8;2;6), (8;1;7) ..., dies etwa in der Form, zu untersuchen, welche Aufteilungen an roten und blauen Plättchen auftreten, wenn aus einem Becher 8 rot-blaue Wendeplättchen auf den Tisch geschüttet werden, oder mit der 8er-Schüttelbox festzustellen, welche Aufteilungen der 8 Perlen in die beiden Teilbereiche der Box möglich sind, oder ein so genanntes Zahlenhaus auszufüllen, das aus einem Dach, beschriftet mit der vorgegebenen Zerlegungszahl, und darunter einer 2-spaltigen Tabelle als Hauskörper besteht). Es kommt nicht von ungefähr, dass man unter Grundschullehrerinnen vernimmt, die Mädchen seien »fleißig«, die Jungen könnten »denken«.

es auf einen guten, von echtem inhaltlich-logischen Verständnis getragenen Weg zu führen.

Da Mädchen im Vergleich zu Jungen zumindest in jungen Jahren zumeist bessere Sprachleistungen aufweisen (z. B. McGuiness 1976; Smolak 1986; Huttenlocher et al. 1991; Gazzaniga et al. 1998; Halpern 2000), sind sie eher gefährdet, Lob für scheinbar schlaue Zahlwortsätze zu erhalten, und benötigen eine besonders geschickte Lenkung ihres Interesses auf Zahlidee bezogene Ereignisse. Erschwerend kommt für Mädchen hinzu, dass sie weniger den Konstruktionsblick im Sinne des funktional-logischen Denkens anwenden. Brunner et al. (2011) haben bei ihren Berechnungen ein alternatives Messmodell (Nested-Faktormodell) angewendet und kommen zu dem Schluss, dass die Geschlechterunterschiede in der Mathematik eher größer, als bislang gedacht, angenommen werden müssen:

»Üblicherweise ergeben sich bei Verwendung des Standardmodells geringe Geschlechtsunterschiede zugunsten der Jungen. [...] Wir [zeigen] auf Grundlage der Daten von Jugendlichen in der 9. Klasse (N = 29.171), die an der deutschen PISA-2000-Studie teilnahmen, dass mit einer Modellierung mathematischer Kompetenz mittels des Nested-Faktormodells deutlich größere Geschlechtsunterschiede zugunsten der Jungen resultieren« (Brunner et al. 2011, S. 179).

Dieses Phänomen ist auch in diversen Studien beispielsweise bei inversen Prozentrechenaufgaben zu Tage getreten (nach Brunner et al. 2011, S. 199).

Winkelmann et al. (2008) konnten Daten von etwa 10.000 deutschen Dritt- und Viertklässlern auswerten, die im Rahmen des Projektes »Evaluation der Bildungsstandards Mathematik in der Grundschule« (ESMAG) des Instituts zur Qualitätsentwicklung im Bildungswesen (IQB) erhoben worden waren. »Overall, boys outperformed girls, but substantial variation was found between the content domains and general mathematical achievement.« Die Jungen schnitten insbesondere bei solchen Items besser ab, auf die eine der folgenden Charakteristiken zutrifft (selbstverständlich müssen diese Items einer näheren Analyse unterzogen werden, ohne eine präzise Klärung dürfen die Charakteristiken nicht auf andere Problemstellungen übertragen oder verallgemeinert werden):

- »different measurement units«,
- »missing term number(s) with several zeros«,
- »different kind of numbers« (Winkelmann et al. 2008, S. 613).

Charakteristika von Items, die Mädchen erfolgreich bearbeiten konnten, waren dagegen:

- »reading a drawing«,
- »working precisely«,
- »much text« (Winkelmann et al. 2008, S. 613).

Man beachte, dass nicht nur in älteren Studien Schwierigkeiten basierend auf dem Umgang mit der Null festgestellt worden sind (Gerster 1989; Hefendehl-Hebeker 1982; Radatz 1980), sondern dass offenkundig weiterhin Schwierigkeiten bestehen. Dies kann nicht nur mit der historischen Entwicklung der Konzeptualisierung und Einbindung der Null in eine Positionssystem-Zahldarstellung begründet werden (Kaplan 2006), sondern auch damit, dass die gängigen im Arithmetikunterricht eingesetzten Rechenmaterialien die Null nicht angemessen einbinden (Schwank 2010c), also zum Beispiel nicht als eine Zahl, die genauso eins weniger ist als ihre Nachfolgerzahl – wie jede andere Zahl auch.

Ungeklärt ist, welche Hirnaktivitäten ablaufen müssen und dafür verantwortlich sind, dass jemand adäquate Zahl- und Operationsvorstellungen erwirbt und diese auch sinnvoll anwenden kann. Unterschiedliche Forschergruppen konnten jedoch zeigen, dass das Aneignen von Fakten, ein Auswendiglernen, die spätere Reaktion des Gehirns auf Aufgabenstellungen beeinflusst. In der fMRI-Studie von Kucian et al. (2004) sollten Versuchspersonen rasch entscheiden, welche von zwei angezeigten Zahlen das Ergebnis zu einer einfachen Additionsaufgabe besser trifft (z. B. 3 + 5 → 15 oder 10). Mit zunehmendem Alter (Drittklässler, Sechstklässler, Erwachsene) verblasst die Hirnaktivität bilateral im vorderen cingulären Kortex.

In einer PET-Studie von Posner und Raichle (1996, S. 137ff.) wurde die Hirnaktivität von Versuchspersonen untersucht, während sie rasch Verben zu vorgegebenen Substantiven nennen sollten (also Paarbildungen vornehmen der Art: Messer → schneiden, Apfel → pflücken). Hatten die Versuchspersonen in einer zweiten Runde zunächst intensiv geeignete Wortlisten auswendig gelernt, waren bei ihnen während des Paarnennungs-Experimentes entscheidende Hirnbereiche nicht mehr aktiv, die sie noch zuvor in einer ersten Runde ohne gezielte Vorbereitung genutzt hatten: Bei den automatisierten Antworten blieben die zuvor gemessenen Aktivitäten in den Bereichen vorderer cingulärer Kortex, linker Temporal- und Frontallappen sowie rechtes Kleinhirn aus.

Neben dem Frust, dem ein Kind mit ursprünglich gut bewerteten Mathematikleistungen im weiteren Verlauf ob seiner ungewohnten Minderleistungen ausgesetzt ist (was seiner Haltung zur Mathematik abträglich ist mit den bekannten ungünstigen Folgen einer Negativeinstellung), ist es ein ernsthaftes Problem, dass dem Kind zu einer kognitiven Umorientierung sein eigenes Faktenwissen im Weg steht. Mit kleinen Anzahlen kann man gegenständlich spielen und sich dabei Einsicht in Bildungsgesetze verschaffen, die (per Induktionsschluss) auf jede noch so große Zahl übertragen werden können. Wenn man aber schon sicher weiß, dass 3 + 5 = 8 stimmt, warum soll man sich dann noch kognitiv ernsthaft, sichtbar im Sinne von sich neu ausbildenden Spuren bei der Hirnaktivität, auf eine Entwicklungssicht einlassen, die von der 3 aus (durch eine Plus-Einwirkung der 5) zur 8 führt? Die Arbeit etwa am Hilfsmittel Zahlenstrahl bleibt dann oftmals nur vordergründig. Es ist – schlicht ausgedrückt – auch sehr mühsam, wenn man sich einmal daran gewöhnt hat, zum Beispiel seinen vorderen cingulären Kortex nicht mehr für das Angeben von Resultaten einsetzen zu müssen, weil das Gehirn die automatisierten Antworten problemlos mit weniger Energie anderweitig zur Verfügung stellt, nun doch wieder auf höhere kognitive Funktionen umzuschalten zu müssen.

Über die arithmetischen Grundvorstellungen hinaus

Die Fähigkeit zu funktionalen Überlegungen ist nicht nur im mathematischen Anfangsunterricht von Bedeutung. Sie kann helfen, wenn noch keine fertigen Rezepte, Algorithmen oder Schemata vorliegen, sich einen Sachverhalt dennoch zu erschließen.

An der zweiten Runde der von uns jährlich durchgeführten Osnabrücker Zwergen-Mathe-Olympiade für Drittklässler nahmen im Jahr 2003 aus 86 Klassen je ein Mädchen und ein Junge teil. Betrachten wir den Bearbeitungserfolg der Kinder bei folgender, innerhalb des Wettbewerbs relativ schweren Aufgabe (siehe auch Schwank 2012): »Im Zirkus Knobelix sitzen 224 Zuschauer. Es sind 38 Erwachsene mehr als Jungen und 6 Jungen mehr als Mädchen. Wie viele Mädchen, Jungen und Erwachsene sitzen auf den Zuschauerbänken?«

Insgesamt ist der Bearbeitungserfolg nicht sehr hoch, er fällt besonders gering bei den Mädchen aus (Tab. 3). Variablen und damit Gleichungen aufzustellen (hier z. B.: $224 = x + (x + 6) + (x + 6 + 38)$) haben die Kinder noch nicht kennen gelernt, die Zahlenverhältnisse sind dennoch beherrschbar. Die Stärke besonders einiger Jungen bei der Aufgabenbearbeitung liegt darin, dass sie sich funktional-konstruktiv mit den Zahlen auf einen Weg einlassen und ihre Erkundigungen zu einer sich aus der Zielpeilung ergebenden, abgeänderten Vorgehensweise nutzen können: Es wird eine Startzahl gewählt, die in der richtigen Größenordnung liegt (also z. B. weder 50 noch 200), und geschaut, wie gut man dabei das Ziel trifft; anschließend wird nachjustiert; per selbst zurechtgelegter Regula Falsi gelangt ein Kind so zum Resultat (Abb. 14). Bei keinem der Mädchen ist aufgrund der Aufzeichnungen ein solches Verhalten im Zahlenjonglieren ersichtlich.

Tabelle 3: Bearbeitungserfolg der Mädchen und Jungen bei der Berechnung der Zuschauer-Aufteilung – angegeben pro Leistungsgruppe mit eingeklammerter Nennung der Gruppengröße

	Mädchen		Jungen	
Diamantgruppe	1	(3)	3	(3)
Goldgruppe	2	(10)	9	(17)
Silbergruppe	2	(41)	5	(36)
Bronzegruppe	0	(32)	1	(30)
Gesamt	5	(86)	18	(86)

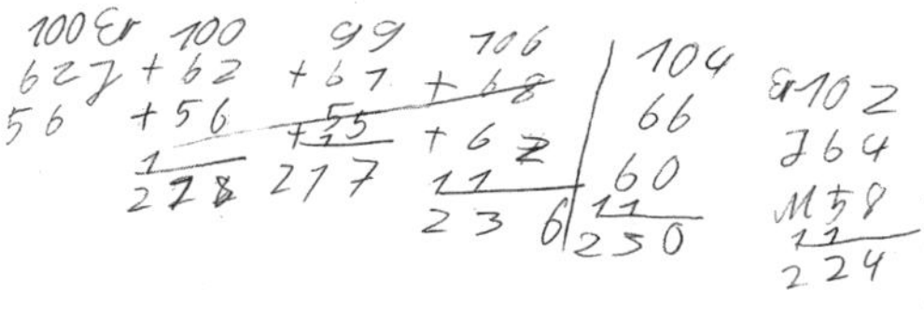

Abbildung 14: Bearbeitungsweise eines mathematisch begabten Jungen.

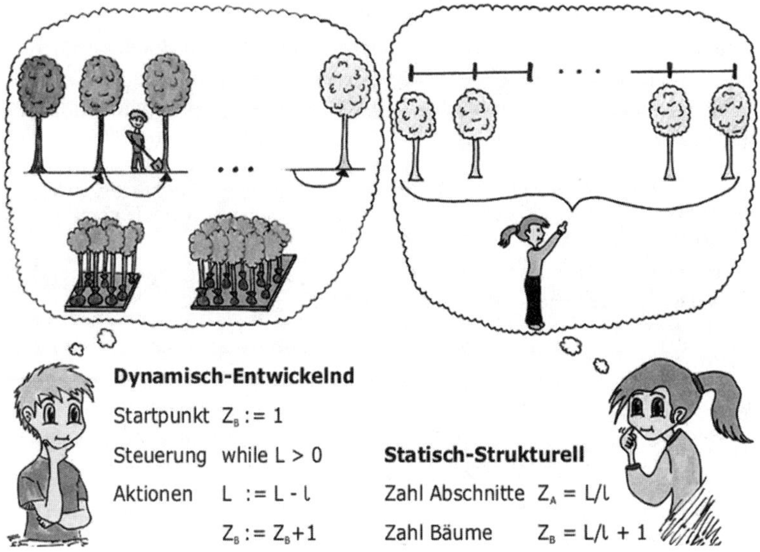

Abbildung 15: Künstlich-, mathematisch-regelmäßiger Baumbestand entlang eines Weges. Es ist eine Aktions-/Täter- wie auch eine Zustands-/Beobachtersicht möglich: Entlang eines Weges der Länge L werden alle l Meter Bäume gepflanzt. Wie viele Bäume benötigt man? Entlang eines Weges der Länge L stehen im Abstand von l Metern Bäume. Wie viele Bäume befinden sich dort?

Selbstverständlich können in anderen Fällen mit Bordmitteln auch prädikative Analysen zum Erfolg führen. Es gibt genügend Beispiele dafür, dass beide Sichtweisen zum Erfolg führen (vgl. Typ FP) – allerdings werden der Ergebnisfindung unterschiedliche Bearbeitungsformen zugrunde liegen (Abb. 15).

Wir stellen das funktionale Denken in diesem Beitrag besonders heraus, da wir in seiner Förderung im mathematischen Anfangsunterricht ein Defizit sehen und uns manche der auftretenden so genannten Rechenschwächen damit erklären können. Wir möchten ausdrücklich betonen, dass es, bezogen auf die Mathematik, insgesamt vorteilhaft ist, über beide Vorstellungsarten, funktional wie auch prädikativ, zu verfügen; gelegentlich belastet ein mathematischer Inhalt diese beiden Fähigkeiten unterschiedlich stark. Mathematisch-inhaltlich weiter reichende Beispiele finden sich zum Beispiel in Cohors-Fresenborg (2001), Fischer (2003), Gallin (2003), Griep (2002), Hänisch (2012), Hefendehl-Hebeker (2003), Kaune (2003), Lambert (2003), Sjuts (2002).

Mentale Motorik

Vielfach beschworen (nicht nur) in der Grundschulmathematikdidaktik wird der Aufbau mentaler Bilder. Die Frage ist, inwieweit hierbei tatsächlich immer der Kern der im Visier liegenden mathematischen Ideen getroffenen ist, oder auch, ob sinnvolle Anreicherungen anderer Art möglich sind. Wir plädieren für ein verstärktes Kümmern um funktional-motorische Gedanken. Von den drei großen Bereichen Sprache, mentale Bilder, mentale Motorik scheint im Bereich der Mathematik die Sprache am wenigsten bei der Generierung neuer Ideen beteiligt zu sein. Die beiden Mathematiker Bartel van der Waerden und Jacques Hadamard haben sich in dieser Richtung sehr deutlich geäußert.[19]

»Im Begriff Kreis sind drei Vorstellungen vereinigt: die motorische Vorstellung einer rotierenden Strecke, die den Kreis erzeugt, die visuelle Vorstellung einer runden Linie und die Vorstellung des Wortes Kreis. [...] Die dritte Vorstellung, der Name der Kurve, ist völlig unwesentlich. [...] Er [Etienne Pascal] hat einen völlig klaren Begriff von der Kurve gehabt, bevor er den Namen erfand« (Van der Waerden 1954, S. 166).[20]

»I insist that words are totally absent from my mind when I really think [...] after reading or hearing a question, every word disappears at the very moment I am beginning to think it over [...] and I fully agree to Schopenhauer when he writes, ›Thoughts die the moment they are embodied by words.‹ [...] I think it also essential to emphasize that I behave in this way not only about words, but even about algebraic signs« (Hadamard 1949/1954, S. 75).

Die Sensibilität für nichtverbale, gleichwohl intelligente Vorstellungen ist im Alltag des Mathematikunterrichts noch nicht ausgereift (Schwank 2008).

Hinsichtlich visueller Vorstellungen bestehen insbesondere im Englischen Ausdrucksschwierigkeiten, da das Wort »image« sowohl für Bild (visuell wahrnehmbar) als auch für Vorstellung (unterschiedliche mentale Modi) gebraucht wird. Hadamard benutzt vermischt die Ausdrücke »imagery« und »mental pictures«. »Mental pictures« können bei ihm zufolge von unterschiedlichem Typ sein, vornehmlich visuell, aber auch zum Beispiel kinetisch (vgl. z. B. Hadamard 1949/1954, S. 85). Die van der Waerden'sche motorische Vorstellung entspricht unserer funktionalen Vorstellung, dazu passen auch die Hadamard'schen *kinetic mental pictures*. Bemerkenswert ist die Rolle, die

19 Bei van der Waerden war 1954 der Anlass eine interdisziplinäre Tagung zum Thema »Thinking and Speaking«; Hadamard, geprägt von Poincaré, nahm 1937 an einer Vorlesungsreihe teil, bei der Vertreter aus unterschiedlichsten Fachrichtungen zu »inventions of various kinds« Stellung bezogen, später, 1943, arbeitete er seine Ideen für ein Vorlesungsangebot weiter aus.

20 Geometrische Objekte als Ergebnisse eines Herstellungsverfahrens zu betrachten, ist durchaus verbreitet, z. B. nutzt Papert sie für seine Turtle-Geometrie; die modernen vektororientierten Graphikprogramme funktionieren auf dieser Basis; immer wieder gibt es auch Schüleräußerungen, die solche Vorstellungen offenbaren (siehe z. B. Kaune 2003, S. 107).

Hadamard *imagery* zuweist. »[...] imagery is necessary in order that the useful hookings [der Argumentationsketten in einem Beweis], once obtained, may not get lost« (Hadamard 1949/1954, S. 77).

Mathematische Ideen entstehen bei ihm im so genannten *fringe consciousness* (»Rand-Bewusstsein«), ist ein Beweis einmal entwickelt, hilft *imagery*, die Beweisschritte zusammengefügt zu halten. Die Hirnforschung könnte neue Konzepte, ein neues Vokabular entwickeln, um unterschiedliche Vorstellungstypen – darunter auch weniger bewusste – präziser oder auch überhaupt beschreibbar zu machen.

Einen fundamentalen Aspekt motorischer Intelligenz hat der Neurobiologe Gerhard Neuweiler herausgearbeitet: »Unsere Denkkraft erwuchs aus der herausragenden motorischen Intelligenz, mit der wir unsere Hände gebrauchen und die Sprache [besser: das Sprechen, vgl. Neuweiler 2005, S. 25] meistern« (Neuweiler 2005, S. 31).

Nur Primaten verfügen über eine direkte Kommando-Schnellbahn vom Vorderhirn zu Muskeln kontrollierenden Motoneuronen im Rückenmark (dies gilt z. B. insbesondere für Hand- und Fingermuskeln). Beim Menschen funktioniert diese Schaltverbindungsart besonders gut, zum Beispiel werden nur bei ihm auch die Motoneuronen für die Arm- und Schultermuskulatur direkt angesprochen, was dazu führt, dass Menschen, nicht aber Affen zielgenau werfen oder mit dem Hammer sicher einen Nagel treffen können. Den Affen fehlt es zudem an kognitiven Mitteln, zeitlich präzise Handlungsketten aus komplexen Bewegungen aufzubauen und sich solcher zu erinnern (nach Neuweiler 2005; vgl. auch unsere obigen Analysen zu Haidle 2006, 2010).

Zur Orientierung in der Welt eröffneten sich dem Menschen durch die verbesserte kognitive Infrastruktur ganz neue Möglichkeiten, Dinge untereinander in Beziehung zu setzen und etwas gezielt zu gestalten: Durch den Geschwindigkeitszuwachs liegen Start- und Zielsituation zeitlich enger beisammen und können somit leichter, weil unmittelbarer hintereinander gegeben, als verknüpft angesehen werden; durch die Konzentration der Befehlsgewalt auf das Vorderhirn bringt schon ein einfacherer Rückkopplungsmechanismus mehr an Effekt; schließlich lassen die mental handhabbaren, längeren Handlungsketten das absichtsvolle Erzeugen komplizierterer Zusammenhänge zu. Die Spuren der Initiierung einer Handlung sind mental noch nicht (gänzlich) erloschen, sondern stehen am Initialisierungsort – obendrein in naher Verbindung zu Orten höherer kognitiver Funktionen – noch parat, wenn das Ergebnis der Handlung zustande gekommen ist und wahrgenommen wird. »Zusammenschau« von etwas und noch etwas anderem setzt die nahezu gleichzeitige mentale Verfügbarkeit voraus, zumindest muss es noch einen Nachhall des ersten etwas geben, während sich das zweite etwas einstellt. Der Nachhall kann schwächer sein, die Zeitspanne länger, wenn ein »Rückwärtsrechnen« vom zweiten aus möglich ist und auf Vorgänger führt, die das verblasste Bild des ersten wiederbeleben und ihm so die Kontur zurückgeben.

Man kann sich gut vorstellen, dass einige der an dem tatsächlichen Praktizieren von komplexer Motorik beteiligten Hirnareale mitwirken, wenn es um funktionale Sinnstiftung geht. Die neuronalen Algorithmen, die zum Beispiel dafür aufgebaut worden sind, um die Handlung des tatsächlichen Hämmerns zu initiieren und am Laufen zu halten, könnten auch »zweckentfremdet« angewendet werden, also unter Einfluss anderer Hirnaktivitäten geschaltet werden als solcher, die die tatsächliche Erregung von Motoneuronen im Rückenmark zum Ziel haben. So könnten solche neuronalen Algorithmen beispielsweise bei einer Figurenfolge der Matrizenaufgaben mental durchexerziert werden. Eine Passung, sprich die Figuren stellen sich tatsächlich als mögliche Kandidaten für Zwischenergebnisse einer solchen »Neuro-Handlung« heraus, ergäbe den Sinnzusammenhang. Die Figuren werden zu denkbaren Anwärtern.

Bei der Suche nach einzigartigen menschlichen Eigenschaften haben die Forscher der menschlichen motorischen Intelligenz in Form manueller Geschicklichkeit bislang weniger Beachtung geschenkt als dem mit der Sprachfähigkeit vermengten Sprechvermögen (Neuweiler 2005, S. 25). Der Bereitschaftsdienstcharakter und damit die Verselbständigung der Werkzeuge der motorischen Intelligenz, ihr dadurch möglicher loser Bezug zu tatsächlich ausgeführten Handlungen, erscheint als der Einstiegspunkt in den Aufbau arithmetischen und damit mathematischen Denkens.

Zahlenmächtigkeitssinn – Zahlenkonstruktionssinn

Wird der so genannte Zahlensinn (Dehaene 1999) untersucht, geht es häufig um einen Zahlenmächtigkeitssinn, insbesondere bei Studien mit Babys, Kleinkindern oder Tieren (z. B. Wynn 1992; Pepperberg 2002).[21] Unsere Analysen legen nahe, dass für das sichere Rechnen-Können aber vielmehr ein *Zahlenkonstruktionssinn* relevant ist. Zur Stärkung des Zahlenkonstruktionssinnes können beispielsweise Materialien wie die Gallin'sche Pluslandschaft (Ruf u. Gallin 1995) oder die Rechenwendeltreppe (Schwank 2010a) verwendet werden.

Die »mathematische« Zahl kennt die Gleichförmigkeit des Um-eins-mehr-Werdens (beginnend bei null), die »psychologische« Zahl kennt Sprünge: Eins ist das jeweils fokussierte Objekt oder Subjekt; zwei sind die beiden, das Paar oder das eine und das andere, drei eröffnet von zwei Gegenständen aus, die wie auf einer Geraden liegen, die Fläche. In diesem Anzahlbereich wird eine Konfigura-

21 Wie müsste ein Experiment aussehen, um zu überprüfen, ob z. B. Papageien Zahlkonstruktionsvorstellungen haben? Könnte ein Papagei »einsehen«, in welcher Beziehung (2;8) zwar verwandt ist mit (1;7), nicht aber mit (3;4), oder dass sich 7 nicht wie 9 als Vielfaches einer kleinerer Zahlen (größer als 1) ergibt? Wie ist sicherzustellen, dass tatsächlich ein Konstruktionsprinzip erkannt und übertragen wird und darin ein Zusammenhang gesehen wird?

tion, ohne nachzählen zu müssen, in ihrer Anzahligkeit erfasst, die Kenntnis der »mathematischen« Zahl ist nicht nötig. Kaufman et al. (1949, S. 520) haben dafür unter Mitwirkung der Altsprachlerin Coulter den Begriff »to subitize« in Anlehnung an die lateinischen Ausdrücke »subitus« (plötzlich, eilig, rasch zusammengerafft) und »subitare« (plötzlich eintreffen) vorgeschlagen. Bereits bei Säuglingen kann die Fähigkeit zum Subitzing beobachtet werden, wenn auch noch nicht geklärt ist, mittels welcher kognitiver Systeme Säuglinge dazu in der Lage sind und inwiefern sich darin ein erstes Anzahlverständnis erkennen lässt (Brez 2009). Als Ergebnis ihrer eigenen Studie stellt Brez (2009) fest, dass Kleinkinder tatsächlich im Subitizing-Bereich die Anzahligkeiten diskriminieren können. »These data suggest that number is an easily abstracted construct and that early number representations do not contain any featural information. [...] Therefore, featural information does not appear to be important for small number discrimination at early ages« (Brez 2009, S. vii).

Bevor Kleinkinder über reichhaltiges Vokabular verfügen und dieses als Werkzeug zur Kategorisierung und Diskriminierung zur Verfügung haben, können sie aufgrund visueller Eindrücke Unterschiedlichkeit in der Anzahligkeit kognitiv bewältigen, solange die betrachteten Objekte im Bereich »mono, di, tri« in Erscheinung treten. Völlig offen ist, wie sich daraus ein mathematisches Verständnis für Zahlen im Sinne des beliebig häufigen Um-eins-mehr-Werdens entwickelt. Entscheidend muss hinzukommen, dass es um Veränderungen geht, wichtig ist nun nicht *»eins«* sondern *»plus eins«*. Vier, fünf, sechs, sieben, acht, ... sind im Vergleich zu eins, zwei, drei auf eine neuartige Weise zu verstehen. Für nicht überschaubare, sehr große Anzahlen ist nochmals ein kognitiver Sprung zu bewältigen: das Verständnis des Stellenwertsystems.

Pluslandschaft

Die Pluslandschaft von Peter Gallin (Abb. 16) ist eine Art Gebirge mit System. Bevölkert wird sie von kleinen Figuren, die darin mit kleinen oder auch größeren Sprüngen umherziehen. Bezogen auf ein Ausgangsklötzchen erheben sich die hintereinander liegenden Reihen an aufgerichteten Holzquadern jeweils exakt um die Länge des Ausgangsklötzchens höher. Weist man dem Ausgangsklötzchen den Wert Eins zu, dann sind es in dem Gebirge alle Zahlen von Null bis Achtzehn repräsentiert. Das mehrfache Vorkommen gleich hoher Holzquader erklärt sich dadurch, dass ein und dieselbe Höhe von den Figuren auf unterschiedlichen Wegen erreicht werden soll. Erlaubt man vom tiefsten Platz aus (Höhe Null) zwei Schritte – zum Beispiel erst einen hoch entlang der linken Flanke, dann einen zweiten nach einer Drehung um 90 Grad hoch in Richtung des Berginneren –, so können damit alle Aufgaben der einfachen zweistelligen Addition nachgespielt werden, die maximal achtzehn zum Ergeb-

Abbildung 16: Pluslandschaft

nis haben. Das Plus-Gebirge stellt somit ein dreidimensionales »$x + y = z$« von $0 + 0 = 0$ bis $9 + 9 = 18$ dar.[22] Die Holzquader sind weder beschriftet noch unterschiedlich farbig gestaltet. Die Orientierung im Zahlenraum soll dadurch gefördert werden, dass es erschwert ist, sich mit einer lokal-isolierten Wahrnehmung zu begnügen (z. B. Wahrnehmung: »blauer Holzquader« → Zahlwort: »Fünf«). Will man wissen, auf welcher Höhe sich eine Figur befindet, hilft es, sich an bekannten Nachbarhöhen zu orientieren; zum Beispiel: »Ich bin mit meiner Figur noch zwei Stufen unter dem 18er-Quader, also steht sie auf einem 16er-Quader.« Höhen können sich weiter durch den Vergleich mit bekannten Höhenpositionen anderer Figuren bestimmen lassen, dabei können auch andere nachgespielte Aufgaben zu Rate gezogen werden, sprich, um wie viel mehr oder weniger diesbezüglich man seine eigene Figur in der Landschaft hat auf- oder absteigen lassen. Die Pluslandschaft mit den sich in ihr bewegenden Figuren bietet insgesamt vielfältigste Möglichkeiten, Aufgaben zu stellen, die es herausfordern, sich auf die Konstruktion des Zahlenraums und den dynamischen Erzeugungsaspekten beim Rechnen einzulassen – weit über den Zahlenraum bis 18 hinaus und nicht nur bei der Addition.

22 Analog stellt die Gallin'sche Mallandschaft das kleine Einmaleins bis zum Ergebnis 81 der Neuner-Reihe dar.

Rechenwendeltreppe

Die Rechenwendeltreppe (Abb. 17) ist speziell aufgrund der in diesem Beitrag vorgestellten Überlegungen entwickelt worden und ist für den Erstrechenunterricht gedacht. Das Material wurde ursprünglich im Rahmen einer Gruppen-Staatsarbeit im Unterricht erprobt (Aring u. Blocksdorf 2003). Mittlerweile liegen viele Erfahrungen, darunter auch solche im Vorschulbereich, vor (Schwank 2010a, 2011). Ergänzend ist zur Einführung der Zahlschrift ein Zahlentheater entwickelt worden (Schwank 2010b).

Die Rechenwendeltreppe arbeitet mit nach der Höhe geordneten Kugelstangen, die von Figuren bewandert werden, indem diese »Zauber«-Transportschilder verwenden.[23] Zuunterst steht die Figur auf dem Platz, der die Null repräsentiert, würde man eine Tür nach unten öffnen können, würde man sich in den Keller begeben können. Bis zur 9er-Höhe geht es gleichmäßig weiter nach oben, dann erfolgt insofern eine Zäsur, da sich eine Tür in den Weg stellt. Durch sie hindurch gelangt man zur 10er-Höhe, die so angeordnet ist, dass sie zur Dezimalschreibweise der Zahlen (einschließlich der Verwendung der Nullzei-

Abbildung 17: RWT – Rechenwendeltreppe. – Im Original sind die Kugeln orange (hier: hell) und grün (hier: dunkel)

23 Bemerkenswert ist, dass mit einem Nachfolger-Zauberschild das fundamentale Dedekind'sche φ aufgegriffen werden kann, aus der sich Addition und Subtraktion rekursiv ergeben. Bei den anderen Materialien, die wir kennen, taucht die angewendete mathematische Operation so gut wie immer nur flüchtig im Augenblick des Geschehens auf, mit den Zauberschildern erhält sie über die Ausführung hinaus einen greifbaren Bezugspunkt.

chens) passt[24], wodurch sich auch Analogieaufgaben gut im Auge behalten lassen (etwa die Parallelität von 3 + 4 und 13 + 4). Die Subtraktion ist als direkte Umkehroperation der Addition erfahr(schweb-)bar: Einem »plus drei«/»drei hoch schweben« entspricht ein »minus drei«/»drei hinunter schweben«. Der Innenkreis, der den Zahlenraum von null bis neun umfasst, empfiehlt sich mit zahlreichen Steck- und Figurbewegungsmöglichkeiten für den Vorschulbereich, die Hinzunahme des Außenkreises bereitet das Verständnis des Stellenwertsystems und die dezimale Zahlschrift vor.

Wie hoch eine Figur platziert ist, kann ein Kind bei der Rechenwendeltreppe zunächst an der Anzahl der Kugeln, auf denen diese steht, erkennen. Dazu, sich nicht nur einschrittig weiterzählend zu orientieren, werden die Kinder motiviert, indem sie die Figuren mit Hilfe der Zauberschilder größere Schritte machen lassen können und so schneller (mit weniger Schritten als z. B. Mitstreiter) ans Ziel kommen (hinführende Aufträge sind z. B. zunächst einfaches Mitzählen beim Hochgehen und wieder Heruntergehen, dann von verschiedenen Positionen aus den Nachfolger/Vorgänger um eins, um zwei oder auch mehr bilden, in genau zwei oder drei Schritten eine vorgegebene Höhe erreichen etc.).

Einer der Vorzüge der Rechenwendeltreppe ist die natürliche Einbindung der Zahl Null. Weiter ist sehr nützlich, dass es gleichermaßen Anlässe zum Hoch- wie Runterlaufen gibt und damit zum Vorwärts- wie Rückwärtszählen. Das damit durchgeführte Plus-eins-Rechnen sind die ersten Additionsschritte, das Minus-eins-Rechnen die ersten Subtraktionsschritte. Im Bereich der mathematischen Frühförderung, in dem oftmals in der gegenständlichen Alltagswelt Anwendungen für das Zählen gesucht und Dinge ausgezählt werden, wird das Rückwärtszählen sträflich vernachlässigt und damit die Subtraktion um größere Anzahlen als eins nicht angebahnt.

Die Bewältigung und Ausnutzung des »schwierigen« Zehnerübergangs bei gleichwohl einfachen Plus- oder Minusaufgaben wird dadurch ins Blickfeld gerückt, dass man bei einer Additionsaufgabe, wenn man sich noch vor der Tür befindet und der Sprung, den man tätigen möchte, einen in den nächsten Bereich führt, sich zwei Sprünge zur Bewältigung überlegen soll: zunächst einen, der bis auf den Platz direkt hinter der Tür führt, und dann noch einen zweiten mit der noch fehlenden Reichweite. Die Kinder merken schnell, dass dieses ein sehr bequemes Verfahren ist, weil man sich nur überlegen muss, wie viel des Sprunges man bis zur 10er-Höhe verbraucht, der Rest ergibt automatisch den Einer der gesuchten Höhe – dabei lohnt wieder ein Blick auf die innere Runde: Null plus dieser Rest ist gleich diesem Rest, es geht wieder von vorne los. Die Behandlung der Aufgabe 8 + 6 kann man sich dann wie folgt vorstellen: »Schneide von der 6er-Sprunghöhe das ab, was du brauchst, um mit deiner Figur auf den Platz hinter der Tür zu kommen, nämlich auf die 10er-Höhe. Der Rest, der dir an Sprunghöhe bleibt, gibt dir an, wie viele Einerschritte deine

24 Siehe dazu auch den nächsten Abschnitt »go!-Zahlnamen«.

Figur dann noch gehen muss, natürlich benutzt sie ihr Zauberschild, um das jeweils auf einen Rutsch zu bewältigen.« Der Platz an der Tür, genauer die Partnersäule zur 0er-Säule, erweist sich als sehr vorteilhaft. Aus 8 + 6 wird die viel leichter zu erledigende Aufgabe 10 + 4. Bei Subtraktionsaufgaben ist der erste Schritt der bequeme.[25] Soll 14 – 6 berechnet werden, geben die vier Einer unmittelbar an, wie man schnurstracks die 10er-Höhe erreicht, anschließend ist der noch nicht verbrauchte Rest der 6er-Sprungweite herunterzugehen, das ist überschaubar. Aus der weniger ersichtlichen Aufgabe 14 – 6 ist die einfachere Aufgabe 10 – 2 geworden.

In unseren Augen ist es eher verfehlt, die verbreiteten Ausdrücke »zählendes Rechnen« und »denkendes Rechnen« zu gebrauchen. Der entscheidende Unterschied ist nicht »zählen« versus »denken«. Auch beim Zählen ist das Gehirn aktiv und anfangs muss es sich dabei richtig anstrengen. Entscheidend ist, auf den Geschmack zu kommen, sich strategisch geschickter Ergebnisse besorgen zu wollen und diese geschickteren Strategien dann auch anzuwenden. Simples Vorwärts- oder Rückwärtszählen ist bei kleinen Veränderungen angesagt (bis man es auswendig weiß), bei größeren Veränderungen ist ein solches Vorgehen nicht geschickt (und alle Kombinationen auswendig zu lernen unmöglich). Das Umherwandeln mit schilderbestückten Figuren in der Rechenwendeltreppe kann helfen, auf diesen Geschmack zu kommen, wobei nicht zuletzt der Zahlenkonstruktionssinn – insbesondere auch hinsichtlich der Schriftform im Dezimalsystem – angesprochen wird.[26] Die Kernfrage ist schlicht, welche der denkbaren Sprünge sich als bequeme Sprünge heraus stellen (z. B. 67 + 50 = 50 + 50 + 17 oder 67 + 50 = 60 + 40 + 17 oder 67 + 50 = 20 + 20 + 20 + 20 + 20 + 10 + 7 oder ...). Statt von »zählendem« und »denkendem« Rechnen sollte man daher eher von einem mehr oder weniger *strategisch geschickten* Vorgehen sprechen, selbstverständlich muss es dabei eine Alters-/Entwicklungsberücksichtigung geben.

Überschriften wie »Zählen als Basis für das Rechnen (?)« oder »Warnungen vor dem zählenden Rechnen« (Probst u. Waniek 2003, S. 68, 72) erscheinen vor dem Hintergrund der funktionalen Herausforderung eines strategisch geschickten Vorgehens, das sich aus dem Zählen, genauer dem Zahlkonstruktionsprinzip »Immer-um-eins-mehr-Werden« entwickeln kann, in neuem Licht.

Die Rechenwendeltreppe erleichtert insofern eine Zahlraumvorstellung zu generieren als die Zahlen in ihrer Anordnung, ihrem systematischen Aufbau besprechbar werden. Die Kugelsäulen von null bis neun beziehungsweise bis neunzehn sind gleichzeitig vorhanden. Eine Zahl wird begriffen durch ihre Nachbarschaften. Steht eine Figur auf einer bestimmten Kugelsäule und ist die Anzahl ihrer Kugeln bekannt, weiß man damit auch unmittelbar, wie viele Kugeln auf

25 Das könnte dafür sprechen, den Zehnerübergang zunächst anhand von Subtraktionsaufgaben zu besprechen.

26 Mit einer geeigneten Abänderung der Zählung, bis die nächste Tür erreicht wird, lassen sich andere Basen problemlos einführen.

der Stange davor und wie viele Kugeln auf der Stange danach sind. Ebenso helfen die Zahlnachbarn beim Erschließen von Rechenaufgaben. Ist bekannt, dass die Kugelsäule für neun Kugeln erst mit fünf Kugeln bestückt ist, und ist erforscht, dass vier Kugeln fehlen (5 + 4 = 9), dann weiß man damit auch, dass auf einer Kugelsäule für acht Kugeln, die erst mit fünf Kugeln bestückt ist, drei Kugeln fehlen (5 + 3 = 8), schließlich ist acht eins weniger als neun.

Moosgummischeiben, die zwischen die Kugeln gesteckt werden können, dienen dazu, über die Konstruktion von Mustern Zahlzusammenhänge zu entdecken. Steckt man von unten beginnend an jeder Kugelsäule im Abstand von zwei Kugeln jeweils eine Moosgummischeibe, ergibt sich, dass bei jeder zweiten Kugelsäule auch ganz oben eine Moosgummischeibe platziert wird: Damit sind die geraden von den ungeraden Zahlen unterschieden. Andere Steckweisen demonstrieren andere Verwandtschaften von Zahlen.

Statt sich auf ein Prinzip »Kraft der Fünf« festzulegen, kann mit den losen Moosgummischeiben flexibel auch beispielsweise »Kraft der Zwei« oder »Kraft der Drei« untersucht werden und für Kinder mit größeren Schwierigkeiten bei Anzahlen, die außerhalb des Subitizing-Bereichs liegen, eine zugänglichere Struktur geschaffen werden.

go!-Zahlnamen

Kinder mit mathematikbezogenen Defiziten werden von verschiedenen Autoren in zwei große Teilgruppen (RS und A) eingeteilt:

- »Gruppe RS (Rechtschreibstörung): Kinder mit unterdurchschnittlichen Fähigkeiten in Mathematik, aber noch geringerer Leistung im Schriftspracherwerb.
- Gruppe A (Arithmetik): Kinder mit Schwächen in Mathematik, aber mindestens durchschnittlicher Altersleistung des Lesens und Schreibens

[...] Neuropsychologische Untersuchungen ergaben dabei für A-Kinder Defizite in der visuell-räumlichen und der taktil-kinästhetischen Wahrnehmung sowie psychomotorische Beeinträchtigungen. Diese Kinder verrechnen sich häufiger und ihre Fehler sind breiter gestreut als diejenigen der RS-Kinder. Dies deutet, aus der Sicht der Autoren, auf ein geringeres Verständnis der mathematischen Algorithmen hin auf Grund einer Störung des Prozesses der nichtsprachlichen Begriffsbildung« (Lorenz 2003, S. 153).

Wir möchten insbesondere auf die Gruppe A eingehen, der die Kinder zugeordnet werden, die zwar rechenschwach aber vergleichsweise sprachstark sind.[27] Mithin handelt es sich bei dieser Gruppe – wir möchten dies nach-

27 Wir wüssten gerne auch eine fundamentale, weiterführende Idee für die Gruppe der RS-Kinder. Leider reichen unsere Literaturkenntnis und unsere eigenen Forschungen nicht

drücklich betonen – um auf ihre Weise intelligente Kinder, nur der Weg in die Mathematik ist ihnen kognitiv erschwert oder gar verschlossen. Es ist zu vermuten, dass unter diesen Kindern kaum eine Stärke im funktional-logischen Denken verbreitet ist, ihre Stärke wird vielmehr im prädikativ-logischen Denken liegen. Es ist eine Herausforderung an jede einzelne Lehrkraft, diesen Kindern in ihrem Denkvermögen gerecht zu werden und ihnen zu helfen, die ihnen nicht nahe liegenden Sichtweisen und Formen des Zurechtlegens, die gleichwohl in der Arithmetik bedeutsam sind, zu erwerben.

Es heißt, diese A-Kinder hätten Schwächen beim nichtsprachlichen Begriffsbildungsprozess. Aber ihre Stärke bei sprachlichen Begriffsbildungsprozessen können diese intelligenten Kinder in der Arithmetik gar nicht ausspielen, da die deutsche Umgangssprache keine exakt zum arithmetischen Betrieb passenden Zahlwörter zur Verfügung stellt. Die historisch gewachsenen deutschen Zahlnamen spiegeln nicht das durchgängige Konstruktionsprinzip der weltweit gebräuchlich gewordenen und sich als praktisch erwiesen habenden Darstellung von Zahlen im Dezimalsystem wider. Schwerwiegend ist, dass in der deutschen Alltagssprache gerade die ersten Zahlen von zehn an davon betroffen sind. Die Zahlnamen sind von acht bis zwölf einsilbig, die formale Darstellung aber wechselt genau nach 9 auf zwei Ziffern: 10. Es wäre also dringend an der Zeit, sich um die Einführung einer geeigneten Fachsprache im Arithmetikunterricht zu kümmern.[28]

---

so weit, als dass wir gangbare Wege und Vorschläge propagieren könnten, von denen wir meinen, dass sie wirksam genug seien, tatsächlich einen Durchbruch, sprich Einsicht in arithmetische Zusammenhänge auszulösen.

28 Eine solche Idee ist nicht neu. Die französische Umgangssprache stellt, gemessen an der Zahlkonstruktionsweise im Dezimalsystem, noch ungeeignetere Zahlwörter zur Verfügung als die deutsche. Es wundert so nicht, dass in den »Instructions Officielles« (IO) aus dem Jahr 1945, die darin mit den IO von 1923 übereinstimmen, der Vorschlag unterbreitet wird, im Arithmetikunterricht eine Fachsprache mit logisch aufgebauten Zahlnamen einzuführen, um durch die gegebenen Anomalien der umgangssprachlichen Zahlnamen nicht unnötig behindert zu werden.

»Les noms des nombres présentent, comme l'on sait, des anomalies; il peut être avantageux d'employer d'abord les noms qui seraient logiques:
dix-un [*zehn-eins*], au lieu de onze [*elf*];
dix-deux [*zehn-zwei*] au lieu de douze [*zwölf*];
. . . .
dix-six [*zehn-sechs*], au lieu de seize [*sechzehn*].
De même utiliser septante, octante et nonante au lieu de soixante-dix, quatre-vingts et quatre-vingt-dix. Des leçons complémentaires de vocabulaire feront ensuite correspondre à ces noms théoriques les noms de notre français courant« (aus »Instructions Officielles de 1945 – Enseignement primaire« nach Leterrrier 1956).

Verwunderlich ist nur, dass sich diese Idee nicht durchgesetzt hat. Man weiß mittlerweile z. B., dass chinesische Kinder im Vergleich zu amerikanischen Kindern beim Zahlen-/Rechnenlernen im Vorteil sind, und führt dies unter anderem auf die in den beiden Sprachen für diese Zwecke unterschiedlich gut geeigneten Zahlwörter zurück (Azar 1999; Miller et al. 1995).

Aufgrund ihrer Sprachstärke dürfte es den A-Kindern nicht schwerfallen, wenige neue Zahlbezeichnungen zu erlernen und ihr linguistisches Aufbaumuster zu verstehen. Der Gewinn an Klarheit ist so groß, dass – wenn einmal die Hürde genommen worden ist – auch andere Kinder davon profitieren dürften.

Die Rechenwendeltreppe nutzt grüne (bzw. dunkle) Kugeln bei der Formierung der 10er-Kugelreihen und orangene (bzw. helle) Kugeln bei der Darstellung der Einer. Beim Spielen mit den Figuren in der Rechenwendeltreppe ergeben sich in natürlicher Weise gut geeignete, sinnige Zahlnamen, und zwar durch den Aufbau der Kugelsäulen, auf denen sich die Figuren hin- und herbewegen. Die Säulen in der inneren Runde enthalten null bis neun orangene Kugeln, nach der Tür geht es in der äußeren Runde weiter mit zunächst zehn grünen Kugeln, die sich dann um eins bis neun orangene Kugeln – von unten angebaut – erhöhen. Kinder, die zunächst mit dem Innenkreis der Rechenwendeltreppe ausgiebig gespielt hatten und sich dann zusätzlich mit dem Außenkreis befassten, sprachen in natürlicher Weise passend zu der gegebenen Struktur: vierzehn, dreizehn, zweizehn, einszehn. Nichts einzuwenden wäre gegen die Fortsetzung: nullzehn, neun, acht, ... (vgl. Tab. 2). Neue Zahlnamen sind hergeleitet, die von uns zur Unterscheidung von den umgangssprachlichen Zahlnamen aufgrund der Ableitung aus den grün-orangenen Kugelsäulen *go!-Zahlnamen* genannt werden. Ist zum Beispiel das Ergebnis zu 12 – 5 zu überlegen, stellt man seine Figur auf die 12er-Höhe (zehn-zwei an Höhe) und versorgt sie mit einem Minuszeichen-Schild. Die Bequemlichkeit des Zehnerübergangs wird ausgenutzt und der erste Sprung nach unten führt in Sprungrichtung auf den Platz vor der Tür, nämlich die 10er-Höhe (zehn-zwei minus zwei gleich zehn, 12 – 2 = 10), von der 5 verbleiben nun noch 3, um weiter nach unten zu springen, die Figur landet schließlich auf der 7er-Höhe. Die go!-Zahlnamen erleichtern offenkundig die Anwendung der Methode des Zehnerübergangs: Die Abarbeitung der Zahlnamen verläuft durchwegs parallel zu dem, was man bei den Kugelsäulen sieht, und geht einher mit der Manipulation der formalen Notation der Zahlen in der Dezimalschreibweise. Es ist leicht einsichtig, dass nach diesem Zahlwortaufbauprinzip auch in höheren Zahlräumen gut und vorteilhaft hantiert werden kann.

Die Bezeichnung *go!-Zahlnamen* ermöglicht ein Wortspiel. Aufgefasst als englisches Wort »go!« im Sinne von »geh!«[29] passt es gut zu dem Anliegen, das systematische Fortschreiten als Zahlwesen-immanent herauszustellen, so wie Dedekind seine Definition angesetzt hat – man geht und es geht immer so weiter, es funktioniert.

Gerade bei Kindern mit einer Schwäche in der nichtsprachlichen Begriffsbildung bei gleichzeitiger Stärke in der sprachlichen Begriffsbildung ist für ein

29 Vgl. auch: It [machine, device] goes. – Es funktioniert.

erfolgreiches Zurechtfinden mit arithmetischen Gedanken eine besondere Förderung nötig, die nicht nur auf den Aufbau *mentaler Bilder* setzen darf, sondern mindestens ebenso stark auf den Aufbau *mentaler Motorik*, genauer mentaler Funktional-Motorik, setzen muss. Eine zum arithmetischen Umgang mit den Zahlen buchstäblich besser passende Namensgebung könnte für diese Kinder ein stabiles Gerüst, einen zuverlässigen Ausgangs- und Bezugspunkt darstellen bei ihren zögerlichen Schritten zur Erschließung der operativ-dynamisch in sich verknüpften Zahlenwelt. Unbedingt erforderlich ist der Einsatz didaktischer Materialien, die den Zahlenkonstruktionssinn stärken.

Schlussbemerkung

Brainerd hat sich Gedanken gemacht, wie es zu einer Bevorzugung des Kardinalzahlaspektes kommen konnte.

»During the 19th century and most of the 20th it was standard practice in the West to begin the formal mathematical education of young children with the natural numbers. It was this practice that Russell decried in his introduction to the revision of *Principles of Mathematics* published in 1903. Russell argued that the practice was derived from the discredited Phytagorean assumption that the natural numbers are unanalyzable entities that we simply must accept as being given. It is safe to assume that he would have preferred a curriculum wherein the introduction of natural numbers is postponed until the child has been taught the rudiments of the logic of classes and, in particular, taught the quantification of classes through correspondence of elements« (Brainerd 1973, S. 109).

Was wäre, wenn Dedekind in gleicher Weise wie Frege mit seinen Ideen eine Anerkennung gefunden hätte, so dass in einem bedeutenden Werk vergleichbar der »Principles of Mathematics« (Russell 1903) auf die Notwendigkeit und Sinnhaftigkeit des Kümmerns zunächst um die Grundlagen eines ordinalen statt eines kardinalen Zahlverständnisses hingewiesen worden wäre – am Besten in einer vielen Menschen zugänglichen Sprache?

Für die stärkere Berücksichtigung des Ordinalzahlaspektes und die Förderung des funktionalen Denkens spricht nicht zuletzt, dass in der heutigen Zeit Grundkenntnisse in der Informatik, dazu gehören auch grundlegende Programmiervorstellungen, außerordentlich nützlich sind.[30] Der Mathematikunterricht in der Grundschule könnte den Boden dafür bereiten, dass Menschen solche Vorstellungen leichter begreiflich werden (Schwank 2005).

---

30 Längstens sind Programmierspiel-/modell-Welten konstruiert worden wie *Logo*, *Kara* oder die *RM*-Sprache mit der Parallelkonzeption der Dynamischen Labyrinthe (siehe dazu auch den Abschnitt Web-Adressen, S. 138).

Literatur

Aring, A.; Blocksdorf, K. (2003): Rechnen im1. Schuljahr: Betritt die Rechenwendeltreppe! Unveröffentlichte Staatsarbeit. Universität Osnabrück.

Armbrust, S. (2001): QuaDiPF-Untersuchung mit Eyetracker. Transkripteband Teil 1. Osnabrück: Forschungsinstitut für Mathematikdidaktik.

Armbrust, S. (2006): Die Werkzeuge »CoDyLa« und »QuaDiPF-Eye« zur Untersuchung funktionalen/prädikativen Denkens sowie ihre empirische Erprobung. Osnabrück: Forschungsinstitut für Mathematikdidaktik.

Azar, B. (1999): English words may hinder math skills development. American Psychological Association – Monitor Online, Vol. 30/4.

Brainerd, C. (1973): The origins of number concepts. Scientific American 228 (3): 101–109.

Brainerd, C. (1979): The origins of the number concept. New York.

Brez, C. (2009): Infant number perception: A developmental approach. Dissertation. University of Texas Libraries, Digital Repository.

Brunner, M.; Krauss, S.; Martignon, L. (2011): Eine alternative Modellierung von Geschlechtsunterschieden in Mathematik. Journal für Mathematik-Didaktik 32/2: 179–204.

Burattini, T. L. (1675): Misura universale. Vilna.

Burscheid, H. J.; Struve, H. (1994): Das Rechtfertigungsproblem didaktischer Konzeptionen – ein Beitrag zur Zahlbegriffsentwicklung. Teil II. mathematica didactica 17/1: 28–68.

Burscheid, H. J.; H. Struve (2005): Das Theoriennetz der Zahlaspekte. In: Kaune, C.; Schwank, I.; Sjuts, J. (Hg.): Mathematikdidaktik im Wissenschaftsgefüge: Zum Verstehen und Unterrichten mathematischen Denkens, Band 1. Osnabrück: Forschungsinstitut für Mathematikdidaktik, S. 25–38.

Burscheid, H. J.; Struve, H. (2010): Mathematikdidaktik in Rekonstruktionen. Ein Beitrag zu ihrer Grundlegung. Hildesheim.

Carpenter, P., Just, M.; Shell, P. (1990):What one intelligence test measures: a theoretical account of the processing in the Raven progressive matrices test. Psychological Review 97/3: 404–431.

Christoff, K., Prabhakaran, V., Dorfman, J., Zhao, Z., Kroger, J., Holyoak, K.; Gabrieli, J. (2001): Rostrolateral prefrontal cortex involvement in relational integration during reasoning. Neuroimage 14: 1136–1149.

Cohors-Fresenborg, E. (2001): Mathematik als Werkzeug zur Wissensrepräsentation: Das Osnabrücker Curriculum. Der Mathematikunterricht 47/1: 5–13.

Courant, R.; Robbins, H. (1973): Was ist Mathematik? 3. Aufl. Berlin.

Damerow, P.; Lefèvre, W. (1981): Rechenstein, Experiment, Sprache – Historische Fallstudien zur Entstehung der exakten Wissenschaften. Stuttgart.

Dantzig, T. (1931): Le nombre: langage de science. 4. Aufl. Paris.

Dedekind, R. (1887): Was sind und was sollen die Zahlen? Studienausgabe der 10. Aufl. Braunschweig, 1969.

Dehaene, S. (1999): Der Zahlensinn oder Warum wir rechnen können. Basel.

Ebbinghaus, H.-D. (2003): Einführung in die Mengenlehre. 4. Aufl. Heidelberg.

Fischer, A. (2003): Mentale Modelle zum Vektorraumbegriff. Erste Ergebnisse einer empirischen Studie unter Studierenden. mathematica didactica 26/2: 91–114.

Frege, G. (1884): Die Grundlagen der Arithmetik: eine logisch-mathematische Untersuchung über den Begriff der Zahl. 2. Nachdruckauflage. Hildesheim, 1977.

Frege, G. (1893): Grundgesetze der Arithmetik. I. u. II. Band. Hildesheim, 1966.
Gallin, P. (2003): Prädikatives und funktionales Denken in der Wahrscheinlichkeitsrechnung. Zentralblatt für Didaktik der Mathematik 35/3: 110–119.
Gazzaniga, M.; Ivry, R.; Mangun, G. (1998): Cognitive neuroscience: the biology of the mind. New York.
Gerster, H.-D. (1989): Die Null als Fehlerquelle bei den schriftlichen Rechenverfahren. Grundschule 21/12: 26–29.
Gorgé, V. (1960): Philosophie und Physik. Die Wandlung zur heutigen erkenntnistheoretischen Grundhaltung in der Physik. Berlin.
Gowers, T. (2002): Mathematics: A very short introduction. Oxford.
Gowers, T. (2011): Mathematik. Stuttgart.
Griep, M. (2002): Zur Stabilität von kognitiven Strukturen. In: Beiträge zum Mathematikunterricht. Hildesheim, S. 187–190.
Hadamard, J. (1949): The psychology of invention in the mathematical field. Reprint of »An essay on: The psychology of invention in the mathematical field«. New York, 1954.
Haidle, M.N. (2006): Ene, mene, muh – und schlau bist Du? Zur Entwicklung des menschlichen Denkens. In: Uelsberg, G. (Hg.): Roots. Wurzeln der Menschheit. Bonn, S. 199–208.
Haidle, M.N. (2010): Working memory capacity and the evolution of modern cognitive capacities – implications from animal and early human tool use. Current Anthropology 51/S1: S149–S166.
Halpern, D. (2000): Sex differences in cognitive abilities. 3. Aufl. Mahwah, NJ.
Hänisch, C. (2012): Denkformen des formalen Denkens – Eine qualitative empirische Studie zur spezifischen Kognition von Studienanfängern im Fach Mathematik. Dissertation. RWTH Aachen.
Hefendehl-Hebeker, L. (1982): Die Zahl Null im Bewusstsein von Schülern. Eine Fallstudie. Journal für Mathematik-Didaktik 2/1: 45–63.
Hefendehl-Hebeker, L. (2003): Didaktik der Mathematik als Wissenschaft – Aufgaben, Chancen, Profile. Jahresbericht der DMV, 105(1): 3–29.
Hunt, G.R.; Gray, R.D. (2004): The crafting of hook tools by wild New Caledonian crows. Proceedings of the Royal Society of London B (Suppl.) 271, S88–S90.
Huttenlocher, J., Haight, W., Bryk, A., Seltzer, M.; Lyons, T. (1991): Early vocabulary growth: Relation to language input and gender. Developmental Psychology 27/2: 236–248.
Ifrah, G. (1998): Universalgeschichte der Zahlen. 2. Aufl. Frankfurt a. M.
Justus, C. (1996): Numeracy and the German upper decades. Journal of Indo-European Studies 24: 45–80.
Kandel, E., Schwartz, J.; Jessell, T. (1996): Neurowissenschaften. Heidelberg.
Kaplan, R. (2006): Die Geschichte der Null. 6. Aufl. München.
Kaufman, E.L., Lord, M.W., Reese, T.W.; Volkmann, J. (1949): The discrimination of visual number. The American Journal of Psychology 62/4: 498–525.
Kaune, C. (2003): Das Wissen um Unterschiede in den kognitiven Strukturen von Schülerinnen und Schülern als Erklärung von Unterrichtsbeiträgen. Zentralblatt für Didaktik der Mathematik 35/3: 102–109.
Kimura, D. (1999): Sex and cognition. Cambridge: MIT.
Krämer, S. (1998): Symbolische Maschinen – Die Idee der Formalisierung in geschichtlichem Abriß. Darmstadt.
Krämer, S. (2003): »Schriftbildlichkeit« oder: Über eine (fast) vergessene Dimension der

Schrift. In: Krämer, S.; Bredekamp, H. (Hg.): Bild – Schrift – Zahl. München, S. 157–176.

Kucian, K., Loenneker, T., Dietrich, T., Martin, E.; Aster, M. von (2004): Children's brain learn to calculate approximately. In: Remschmidt, H.; Belfer, M. (Hg.): 16th World Congress of the IACAPAP, Vol. Abstracts, 276. Darmstadt.

Lambert, A. (2003): Begriffsbildung im Mathematikunterricht. Preprint No. 77, Fachrichtung 6.1 – Mathematik. Saarbrücken: Universität des Saarlandes.

Leterrier, L. (1956): Enseignement du premier degré, Programmes, Instructions, Répartitions mensuelles et hebdomadaires. Darin: Instructions officielles de 1945 – Enseignement primaire. Paris.

Lorenz, J. H. (2003): Überblick über Theorien zur Entstehung und Entwicklung von Rechenschwächen. In: Fritz, A.; Ricken, G.; Schmidt, S. (Hg.): Rechenschwäche – Lernwege, Schwierigkeiten und Hilfen bei Dyskalkulie. Weinheim, S. 144–162.

McGrew, W. C. (1992): Chimpanzee material culture. Implications for human evolution. Cambridge.

McGuiness, D. (1976): Sex differences in the organization of perception and cognition. In: Lloyd, B.; Archer, J. (Hg.): Exploring sex differences. New York, S. 123–156.

Miller, K., Smith, C., Zhu, J.; Zhang, H. (1995): Preschool origins of cross-national differences in mathematical competence: The role of number-naming systems. Psychological Science 6: 56–60.

Mölle, M., Schwank, I., Marshall, L., Klöhn, A.; Born, J. (2000): Dimensional complexity and power spectral measures of the EEG during functional versus predicative problem solving. Brain and Cognition 44: 547–563.

Neuweiler, G. (2005): Der Ursprung unseres Verstandes. Spektrum der Wissenschaft 1: 24–31.

Pepperberg, I. (2002): The Alex studies. Cambridge/MA.

Posner, M.; Raichle, M. (1996): Bilder des Geistes – Hirnforscher auf den Spuren des Denkens. Heidelberg.

Preckel, F. (2002): Diagnostik intellektueller Hochbegabung. Testentwicklung zur Erfassung der fluiden Intelligenz. Göttingen.

Probst, H.; Waniek, D. (2003): Kommentar: Erste numerische Kenntnisse von Kindern und ihre didaktische Bedeutung. In: Fritz, A.; Ricken, G.; Schmidt, S. (Hg.): Rechenschwäche – Lernwege, Schwierigkeiten und Hilfen bei Dyskalkulie. Weinheim, S. 65–78.

Radatz, H. (1980). Fehleranalysen im Mathematikunterricht. Braunschweig.

Raven, J. (1936): Standard Progressive Matrices (SPM). London.

Raven, J. (1962a): Advanced Progressive Matrices (APM). London.

Raven, J. (1962b): Coloured Progressive Matrices (CPM). London.

Resnikoff, H.; Wells, R. (1983): Mathematik im Wandel der Kulturen. Braunschweig.

Roth, G. (1996): Das Gehirn und seine Wirklichkeit. Kognitive Neurobiologie und ihre philosophischen Konsequenzen. 4. Aufl. Frankfurt a. M.

Ruf, U.; Gallin, P. (1995): Ich mache das so! Wie machst du es? Das machen wir ab. Sprache und Mathematik. 1.–3. Schuljahr. Zürich.

Russell, B. (1903): The Principles of Mathematics. Cambridge.

Schwank, I. (1990): Zur Analyse kognitiver Strukturen algorithmischen Denkens. In: Haussmann, K.; Reiss, M. (Hg.): Mathematische Lehr-Lern-Denkprozesse. Göttingen, S. 31–54.

Schwank, I. (1993): On the analysis of cognitive structures in algorithmic thinking. Journal of Mathematical Behaviour 12/2: 209–231.

Schwank, I. (1994): Zur Analyse kognitiver Mechanismen mathematischer Begriffsbil-

dung unter geschlechtsspezifischem Aspekt. Zentralblatt für Didaktik der Mathematik 2: 31–40.
Schwank, I. (1998/2000): QuaDiPF – Qualitatives Diagnoseinstrument für prädikatives versus funktionales Denken. Sets A-D. Osnabrück: Forschungsinstitut für Mathematikdidaktik.
Schwank, I. (2003): Einführung in funktionales und prädikatives Denken. Zentralblatt für Didaktik der Mathematik 35/3: 70–78.
Schwank, I. (2004): eLearning: Individualität als Herausforderung – Kognitionsdidaktische Notizen. In: Franzen, M. (Hg.): Die Zukunft von eLearning. Neue Erkenntnisse aus Gehirnforschung, Pädagogik und Wirtschaft. Zürich, S. 47–65.
Schwank, I. (2005): Maschinenintelligenz: ein Ergebnis der Mathematisierung von Vorgängen – Zur Idee und Geschichte der Dynamischen Labyrinthe. In: Kaune, C.; Schwank, I.; Sjuts, J. (Hg.): Mathematikdidaktik im Wissenschaftsgefüge: Zum Verstehen und Unterrichten mathematischen Denkens. Band 2, 39–72. Osnabrück: Forschungsinstitut für Mathematikdidaktik.
Schwank, I. (2008): Mathematiklernen: Die verkannte Bedeutung des sprachlosen Denkens. In: Kliemann, S. (Hg.): Diagnostizieren und Fördern in der Sekundarstufe I – Schülerkompetenzen erkennen, unterstützen und ausbauen. Berlin, S. 174–185.
Schwank, I. (2009): Um wie viel geht es? Orientierung im Zahlenraum mit Bruchzahlen. In: Fritz-Stratmann, A.; Schmidt, S. (Hg.): Fördernder Mathematikunterricht in der Sek I. Rechenschwierigkeiten erkennen und überwinden. Weinheim/Basel, S. 109–122.
Schwank, I. (2010a): Erlebniswelt Zahlen – Spielereien mit der Rechenwendeltreppe für Vorschulkinder. Osnabrück: Forschungsinstitut für Mathematikdidaktik.
Schwank, I. (2010b): Zahlentheater – Spiele mit Holzfiguren zur Vorbereitung der Schulschrift (mit Anwendung am Zahlenstrahl). Osnabrück: Forschungsinstitut für Mathematikdidaktik.
Schwank, I. (2010c): Vom Umgang mit dem Nichts als Zahl und anderen Ideen. In: Kliemann, S. (Hg.): Diagnostizieren und Fördern. Berlin, S. 129–141.
Schwank, I. (2011): Mathematisches Grundverständnis: Denken will erlernt werden. In: Keller, H. (Hg.): Handbuch der Kleinkindforschung. 4. Aufl. Bern, S. 1154–1174.
Schwank, I. (2012): Zwergen-Mathe-Olympiade. Osnabrück: Forschungsinstitut für Mathematikdidaktik.
Schwank, I.; Nowinska, E. (2008): Die Denkform des Formeldenkens. In: Barzel, B.; Berlin, T.; Fischer, A. (Hg.): Algebraisches Denken. Festschrift für Lisa Hefendehl-Hebeker. Hildesheim, S. 111–122.
Singer, W. (2001): Neurobiologische Anmerkungen zum Konstruktivismus-Diskurs. Vortrag im Rahmen des konstituierenden Workshops der Felix Burda Lectures in Fessenbach, 15.09.2001.
Sjuts, J. (2002): Unterschiedliche mentale Konstruktionen beim Aufgabenlösen. Journal für Mathematik-Didaktik 23/2: 106–128.
Smolak, L. (1986): Infancy. Englewood-Cliffs, NJ.
Spearman, C. (1904): General intelligence, objectively determined and measured. American Journal of Psychology 15: 201–293.
Van der Waerden, B. L. (1954): Denken ohne Sprache. In: Révész, G. (Hg.): Thinking and Speaking. Amsterdam, S. 165–174.
van Schaik, C. P., Fox, E. A.; Sitompul, A. F. (1996): Manufacture and use of tools in wild Sumatran orangutans. Naturwissenschaften 83: 186–188.
Whitehead, A. N.; Russell, B. (1910, 1912, 1913): Principia Mathematica. 3 vols. Cambridge.

Winkelmann, H., van den Heuvel-Panhuizen, M.; Robitzsch, A. (2008): Gender differences in the mathematics achievements of German primary school students: results from a German large-scale study. ZDM Mathematics Education 40/4: 601–616.
Wynn, K. (1992): Addition and subtraction by human infants. Nature 358: 749–750.
Zhang, J.; Norman, D. A. (1995): A representational analysis of numeration systems. Cognition 57: 271–295.

Web-Adressen

Dynamische Labyrinthe (DL)
http://www.ikm.uos.de/aktivitaeten/dl/dynamische-labyrinthe.htm

Zu DL und RM siehe auch: Osnabrücker Schulversuche
http://www.ikm.uos.de/aktivitaeten/iaa_msw/iaa_msw.html

Plus-/Mal-Landschaft von Peter Gallin (im Rahmen eines Erstrechenausbildungsscheins)
http://www.ikm.uos.de/aktivitaeten/erstrechnen_ws0304/erstrechnen_ws0304.htm#aufgabe

Kara
http://www.swisseduc.ch/informatik/karatojava/index.html

Logo
http://el.media.mit.edu/logo-foundation/

Teil 2:
Die psychologisch-pädagogische Perspektive

Elsbeth Stern

Kognitive Entwicklungspsychologie des mathematischen Denkens

Intuitive und kulturelle Mathematik

Zu den spektakulären Ergebnissen der Entwicklungspsychologie gehören die Befunde zum kompetenten Säugling. Während Piaget noch davon ausging, dass angeborene lebensnotwendige Reflexe die Grundlage für geistige Entwicklung darstellen, wissen wir heute, dass die universell verfügbare genetische Ausstattung des Menschen komplexer ist (Sodian 1995; Stern 2002, 2003). Menschen werden mit einem modularisierten Gehirn auf die vielfältigen Anforderungen ihrer Umgebung vorbereitet und können deshalb Lernangebote aus der Umgebung schnell und ohne Umwege nutzen. Da das menschliche Gehirn auf die Grundstruktur der Sprache vorbereitet ist, können Kinder auch ohne systematische Instruktion die in ihrer Umgebung gebräuchliche Sprache erwerben. Auch Wissen über grundlegende physikalische und mathematische Gesetzmäßigkeiten scheint genetisch prädisponiert zu sein, wie zahlreiche Habituationsversuche mit Säuglingen zeigen (Wynn 1992). In Abbildung 1 sind die Grundzüge dieser Untersuchung dargestellt. Nachdem im Falle der Addition eine Figur erschienen ist, wird sie von einem Bildschirm verdeckt; dann geht eine zweite Figur hinter den Bildschirm. Anschließend wird der Bildschirm entfernt. Bei einer Gruppe von Versuchskindern (Säuglinge im Alter von sechs Monaten) waren – erwartungsgemäß – zwei Figuren zu sehen. Bei der anderen Gruppe von Kindern war – nicht erwartungsgemäß – nur eine Figur zu sehen. Gemessen wurde die Blickdauer der Kinder. Bei dem nicht erwartungsgemäßen Ereignis – also wenn bei der Addition nur eine Figur zu sehen war oder wenn bei der Subtraktion zwei Figuren zu sehen waren – schauten die Säuglinge länger hin.

Bei Stern (1998, 2002, 2003) werden klassische Arbeiten zur intuitiven Mathematik zusammengefasst, die zeigen, dass Menschen mit einer angeborenen Fähigkeit ausgestattet sind, die externe Umgebung hinsichtlich quantitativer Kriterien zu analysieren. Studien von Xu und Carey (1996) sprechen dafür, dass die Fähigkeit zur Quantifikation sogar zu einem früheren Zeitpunkt entwickelt ist als die Fähigkeit zur Individuierung von Objekten. Die bereits im Säuglingsalter zu beobachtenden intuitiven mathematischen Kompetenzen bilden die Grundlage für den Erwerb des quantitativen Verständnisses und der Zählfertigkeit im Vorschulalter.

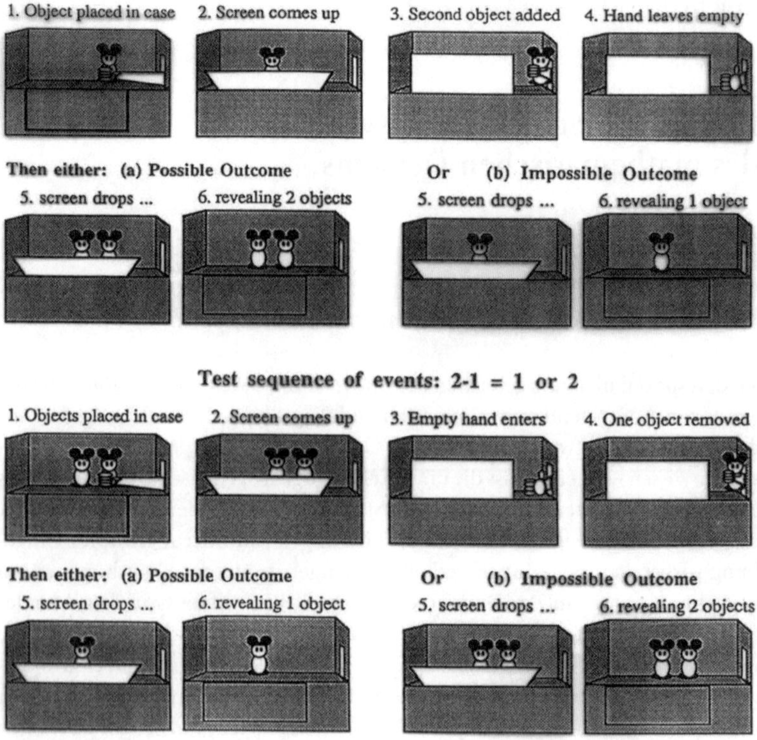

Abbildung 1: Versuchsanordnung bei Wynn (1992)

Die Leichtigkeit, mit der Kinder lernen, im kleineren Zahlenbereich zu zählen und die Veränderung von Mengen zu modellieren, steht im Widerspruch zu den Ergebnissen, die die großen Schwierigkeiten belegen, die Mathematik als Schulfach bereiten kann.

Aus der kulturvergleichenden Forschung wissen wir, dass alle – selbst die illiteraten – menschlichen Kulturen Zählwörter entwickelt haben. Hingegen gibt es in zahlreichen menschlichen Kulturen mit Schrift keine eigenen Symbole für Zahlwörter. Es sind aber gerade die Symbolsysteme, die die Grundlage für die Entwicklung der kulturellen Mathematik boten. Auch der intelligenteste Römer dürfte kaum in der Lage gewesen sein, CIV : XXVI = ? zu rechnen, während die Aufgabe 104 : 26 = ? auch von Grundschülern gelöst wird. Der Aufbau des Römischen Zahlensystems erlaubte keine Bruchrechnung und bot deshalb wenige Möglichkeiten zur konzeptuellen mathematischen Erweiterung.

Die Inhalte des schulischen Mathematikunterrichts sind das Ergebnis einer kulturellen Entwicklung. Einige Gebiete der Schulmathematik wurden erst vor wenigen Jahrhunderten entwickelt, wie zum Beispiel die Trigonometrie. Dies

Repräsentation der Zahl 5

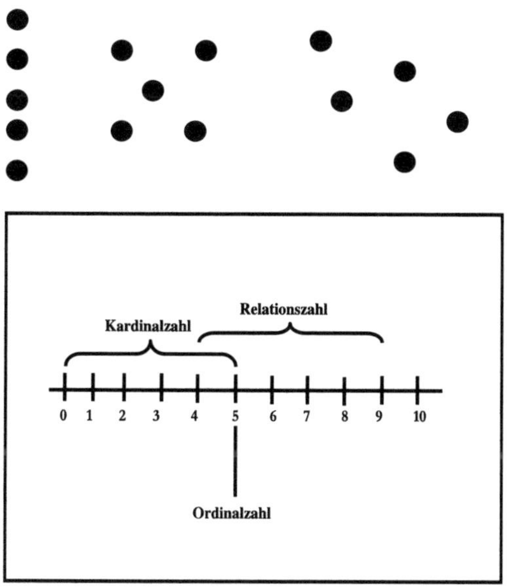

Abbildung 2: Die Repräsentation von »5« in der intuitiven (oberer Teil) und der kulturellen (unterer Teil) Mathematik

gilt auch für die Grundlagen der Wahrscheinlichkeitsrechnung. Die Herausforderung des schulischen Lernens besteht darin, dass durchschnittlich begabte Schüler in wenigen Jahren Inhalte erwerben müssen, an deren Entwicklung hochbegabte Wissenschaftler über mehrere Jahrhunderte gearbeitet haben.

Intuitives mathematisches Verständnis bedeutet die Übertragung der mathematischen Sprache auf Situationen der wahrnehmbaren Welt. Eine Menge von Gegenständen oder Ereignissen wird quantifiziert. Im oberen Teil der Abbildung 2 ist diese Ebene des mathematischen Verständnisses dargestellt. Darüber hinaus kann sich mathematisches Verständnis durch Wissen über Beziehungen zwischen Mengen ausdrücken. Das Verständnis von Zahlen als Abschnitt auf dem Zahlenstrahl geht in diese Richtung (s. unterer Teil der Abbildung). Der Zahlenstrahl selbst kann als eine kulturelle Erfindung gesehen werden. Bei der intuitiven Mathematik wird eine Verbindung zwischen mathematischen Symbolen und der realen Welt hergestellt, während in der kulturellen Mathematik unterschiedliche Symbole miteinander verknüpft werden.

Mit dem Übergang von der intuitiven zur kulturellen Mathematik lässt sich auch erklären, warum sich mathematische Textaufgaben mit gleicher mathematischer Struktur massiv in ihrer Schwierigkeit unterscheiden können (Stern 1998). Die Aufgabe: »Fünf Vögel haben Hunger. Sie finden drei Würmer«, kann von kaum einem Vorschulkind gelöst werden, wenn sie mit der Frage endet:

»Wie viel mehr Vögel als Würmer gibt es?«, während fast alle Kinder die Aufgabe lösen, wenn die Frage lautet: »Wie viele Vögel bekommen keinen Wurm?«

Ähnliche Effekte zeigen sich bei so genannten Angleichungsaufgaben:

»Hans hat acht Murmeln. Peter hat drei Murmeln. Wie viele Murmeln muss Peter noch bekommen, damit er genauso viele Murmeln hat wie Hans?«

Diese Aufgabe ist für Vorschulkinder sehr einfach zu lösen, während die gleiche Aufgabe mit der Frage »Wie viele Murmeln hat Peter weniger als Hans?« sehr schwer ist.

In den ersten beiden Jahren des Grundschulalters wurden deutliche Abweichungen in der Lösungsrate bei drei Aufgabentypen zur Addition und Subtraktion von Zahlen gefunden. Austauschaufgaben (»Maria hatte sechs Murmeln. Dann gab sie Hans vier Murmeln. Wie viele Murmeln hat Maria jetzt?«) sind eher einfach zu lösen, während Aufgaben zum Vergleich von Mengen (»Maria hat neun Murmeln. Sie hat vier Murmeln mehr als Hans. Wie viele Murmeln hat Hans?«) sehr schwer sind.

Die Lösungsrate von Aufgaben zur Kombination von Mengen (»Maria und Hans haben zusammen sechs Murmeln. Maria hat vier Murmeln. Wie viele Murmeln hat Hans?«) liegt zwischen denen von Vergleichs- und Austauschaufgaben.

Wie kommt es zu den auffallenden Unterschieden in der Lösungsrate? Warum sind Aufgaben zum Vergleich von Mengen so schwer? Stern und Lehrndorfer (1992) und Stern (1993) konnten zeigen, dass die Diskrepanz nicht mit Unterschieden im Sprachverständnis zu erklären ist. Vielmehr lässt sich die Antwort aus Abbildung 2 ablesen. Vergleichsaufgaben erfordern ein fortgeschrittenes Zahlverständnis, das über die Zählfunktion von Zahlen hinausgeht. Die im Satz »Hans hat fünf Murmeln mehr als Peter« gegebene Information bezeichnet keine konkrete, existierende Menge, sondern beschreibt die *Relation* zwischen zwei Mengen. Man muss ein mentales Modell – also eine von den konkreten Dingen abstrahierte geistige Vorstellung – von der in der Textaufgabe beschriebenen Situation entwickeln. Wer beispielsweise mit der Zahl »Fünf« immer nur fünf Gegenstände verbindet, der wird den Satz nicht verstehen. Wer hingegen »fünf« als einen Abschnitt auf dem Zahlenstrahl versteht, der die Relation zwischen zwei anderen Zahlen markiert – zum Beispiel zwischen »Zwei« und »Sieben« oder zwischen »Vier« und »Neun«, der kann Vergleichsaufgaben verstehen.

Unterschiedliche Schwierigkeiten bei isomorpher mathematischer Struktur zeigten sich auch bei Aufgaben zur Multiplikation und zur Division. So genannte Aufteilungsaufgaben, zum Beispiel: a) »Jedes von vier Kindern soll drei Kekse bekommen. Wie viele Kekse werden benötigt?«, werden problemlos von allen Drittklässlern gelöst. Schwieriger hingegen sind Aufgaben zum multiplikativen Vergleich, zum Beispiel: b) »In Peters Portmonee sind vier Euro. In dem Portmonee von Hans ist dreimal soviel Geld. Wie viel Geld ist in dem Portmonee von Hans?« Diese Aufgabe wird nur von der Hälfte der Probanden gelöst.

Nur eine sehr geringe Lösungsrate hat hingegen die Aufgabe: c) »Es gibt vier Wege von A nach B und drei Wege von B nach C. Wie viele Wege gibt es von

A nach C über B?« Sie wurde von weniger als 10 % der Sechstklässler in der Fortsetzungsstichprobe der SCHOLASTIK-Studie (Weinert u. Helmke 1997) gelöst.

Ein intuitives Verständnis von Multiplikation (und bei entsprechender Umformulierung auch von Division) drückt sich in Aufgabe a) aus. Multiplikation ist als wiederholte Addition zu verstehen, und Division bedeutet die Aufteilung in gleiche Teile. Kinder, deren Verständnis von Addition und Subtraktion sich auf die genannten Handlungen beschränkt, werden die Regel aufstellen, dass Multiplikation immer zur Vergrößerung und Division immer zur Verkleinerung von Mengen führt. Diese Regel trifft jedoch nur für natürliche Zahlen zu, und deshalb kann es beim Rechnen mit nichtnatürlichen Zahlen zu massiven Verständnisschwierigkeiten kommen.

Zusammenfassend lässt sich also sagen, dass sich im Lösen bestimmter Textaufgaben in allen Altersstufen ein anspruchsvolles mathematisches Verständnis ausdrückt. Bei gleicher zugrunde liegender Formel sind einige Textaufgaben einfach, weil sie an ein intuitives Verständnis anknüpfen, während andere schwierig sind, weil das zugrunde liegende Situationsmodell nur über die kulturelle Mathematik zu erschließen ist.

An anderer Stelle (Stern u. Staub 2000; Stern 1997, 1998) wurde am Mathematikunterricht, wie er in Deutschland weit verbreitet ist, ausgiebig Kritik geübt. Es wurde gezeigt, dass das Potenzial mathematischer Textaufgaben in der Schule nicht genutzt wird. Wenn überhaupt mathematische Textaufgaben vorgegeben werden, dann sind es solche, die an das intuitive mathematische Verständnis anknüpfen. Die Möglichkeit, mit Hilfe von Textaufgaben das mathematische Verständnis zu erweitern, bleibt ebenso wie das Potenzial graphisch-visueller Veranschaulichungen weitgehend ungenutzt.

Langfristige Effekte des Lösens von Textaufgaben: Ergebnisse aus der LOGIK-Studie

Obwohl die schulischen Lerngelegenheiten zum Erwerb von Kompetenzen im Umgang mit Textaufgaben gegenwärtig suboptimal sind, können viele Kinder in der frühen Grundschulzeit recht komplizierte Textaufgaben lösen (Stern 1998). Die am Münchener Max-Planck-Institut für psychologische Forschung in den achtziger Jahren initiierten Längsschnittstudien LOGIK (Weinert 1998; Weinert u. Schneider 1999) und SCHOLASTIK (Weinert u. Helmke 1997) geben Auskunft über die langfristige Entwicklung von interindividuellen Unterschieden bei mathematischen Kompetenzen. In der Individualstudie LOGIK, an der circa 200 Kinder über einen Zeitraum von 14 Jahren teilnahmen, wurden bereits in der Vorschulzeit numerische Basiskompetenzen erhoben. Eine letzte Erhebung wurde vorgenommen, als die Schüler 17 Jahre alt waren. Die Ergebnisse zu diesem Alterszeitpunkt stehen hier im Mittelpunkt. In der Schulstudie SCHOLASTIK wurden die Kinder der Individualstichprobe LOGIK zusätzlich zusammen mit ihren Klassenkameraden unterschiedlichen Leistungstests unterzogen. Der kombinierte Datensatz aus LOGIK und SCHOLASTIK erlaubt es, Aussagen über die Entwicklung interindividueller Kompetenzunterschiede sowie über die Vorhersagbarkeit von Leistungsunterschieden zu machen.

Eine Frage, die in diesem Zusammenhang natürlich von großem Interesse ist, ist die *Vorhersagbarkeit der Mathematikleistung* in der 11. Klasse aus früheren Messzeitpunkten. Mit anderen Worten, werden bereits in der Grundschule die Weichen für die spätere mathematische Leistung gestellt? Eine weitere Frage, die in diesem Zusammenhang von Interesse ist, betrifft die Inhalte der Prädiktoren. Welche Rolle spielt die allgemeine Intelligenz und welche Rolle spielt spezifisches Vorwissen in Mathematik?

In der folgenden Auswertung werden 58 Schüler berücksichtigt, die zum letzten Messzeitpunkt der LOGIK-Studie in der 11. Klasse auf dem Gymnasium oder einer Fachoberschule waren. Zum letzten Messzeitpunkt, also im Alter von 17 Jahren, wurden allen Teilnehmern Aufgaben aus dem für die Mittelstufe entwickelten Test der Third International Mathematics and Science Study (TIMSS, Baumert et al. 1997) vorgegeben. Da dieser Test vorwiegend den Schulstoff der 8. Klasse erfasste, sind die Aufgaben natürlich zu einfach für die 17-Jährigen. Andererseits hätte die Vorgabe eines Tests, der den Schulstoff der 11. Klasse erfasst, den Nachteil, dass dieser Stoff bis zum Testzeitpunkt möglicherweise nicht in allen Klassen der teilnehmenden Schüler behandelt worden war. Wir ent-

Zwei Beispielaufgaben:

Welcher x-Wert erfüllt die Gleichung $x^2 - 14x + 49 = 0$

A) 7 und 0
B) 7
C) –14
D) 7 und –7
E) 14 und 0

Ein Buch hat 120 Seiten und 45 Zeilen auf jeder Seite. Die Autorin möchte ihr Buch auf 150 Seiten ausweiten, ohne zusätzlichen Text zu schreiben. Wie viele Zeilen pro Seite hat das Buch unter dieser Voraussetzung?

A) 36
B) 34
C) 30
D) 40
E) 38

schlossen uns deshalb, einige Multiple-Choice-Aufgaben aus der TIMSS- Studie vorzugeben, aber unter Zeitdruck.

Insgesamt wurden 20 Aufgaben vorgegeben, für die zehn Minuten Zeit vorgesehen waren. Auch für einen guten Mathematiker dürfte es sehr schwer sein, in dieser Zeit alle Aufgaben zu lösen. Die Anzahl der gelösten Aufgaben kann deshalb als ein valider Indikator für die mathematische Problemlösungskompetenz gesehen werden. Inwiefern lassen sich Leistungsunterschiede im TIMSS-Test durch frühere Leistungsunterschiede vorhersagen? Folgende Maße wurden einbezogen:

- *Allgemeine Intelligenz*
  In LOGIK wurde in (fast) jedem Jahr ein Intelligenztest durchgeführt. In der 2. und 4. Klasse handelte es sich um einen nichtsprachlichen Test, in der 3. und 6. Klasse um einen sprachlichen Test. In der 11. Klasse wurden beide Arten von Tests vorgegeben, die in dieser Analyse zu einem Wert zusammengefasst wurden, weil eine getrennte Auswertung zu gleichen Ergebnissen führte.
- *Rechenfertigkeit in der Grundschule*
  In den Klassenstufen zwei, drei und vier wurden einfache Rechenaufgaben mit zwei Zahlen vorgegeben, die den Anforderungen der jeweiligen Klassenstufe entsprachen.
- In den Klassenstufen zwei, drei, vier, fünf und sechs wurden Textaufgaben vorgegeben, deren Lösung ein *anspruchsvolles mathematisches Verständnis* erforderte. Dazu gehörten komplexe Vergleichsaufgaben, wie zum Beispiel »Peter hat fünf Murmeln. Susanne hat drei Murmeln mehr als Peter. Wie viele Murmeln haben Susanne und Peter zusammen?« und Aufgaben zum kartesischen Produkt, wie: »Es gibt drei Wege von A nach B und vier Wege von B nach C. Wie viele Wege gibt es von A nach C über B?«, sowie in der 5. und 6. Klasse Aufgaben zum proportionalen Denken.

Wie korrelieren diese Maße mit der Mathematikleistung in der 11. Klasse? Die Ergebnisse sind in Tabelle 1 aufgeführt. Als wichtigste Ergebnisse lassen sich festhalten:

Tabelle 1: Korrelationen zwischen der Mathematikleistung in der elften Klasse und anderen Maßen

Klasse	Lösen von Textaufgaben	Rechnen	Intelligenz
2	.58**	.22	.04
3	.45**	.21	.45**
4	.42**	.25	.44**
5	.46**	–	–
6	.49**	–	.42**
11	–	–	.41**

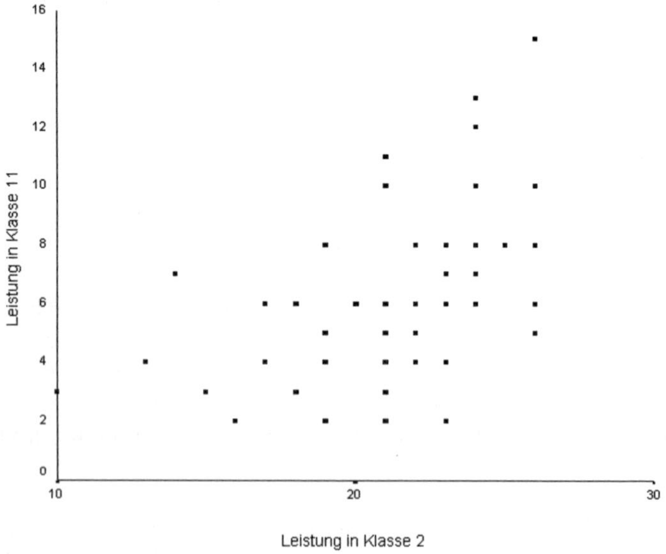

Abbildung 3: Die Beziehung zwischen der Mathematikleistung in der zweiten und elften Klasse im Scatterplot

Das Lösen von Textaufgaben in der 2. Klasse korreliert mit r = .58 rein deskriptiv höher als alle anderen Maße mit der Mathematikleistung der 11. Klasse. In Abbildung 3 ist diese Korrelation als Scatterplot dargestellt. Diesem ist einerseits zu entnehmen, dass der Zusammenhang nicht auf Ausreißer zurückzuführen ist, sondern dass ein sehr großer Teil der Stichprobe zum Zusammenhang beiträgt. Andererseits zeigt sich auch – und die Bedeutung dieses Ergebnisses kann gar nicht hoch genug eingeschätzt werden –, dass alle Probanden, die nicht zum Zusammenhang beitragen, eine ähnliche Entwicklung nehmen. Dem Scatterplot ist zu entnehmen, dass die linke obere Hälfte völlig unbesetzt ist. Mit anderen Worten, kein Teilnehmer der LOGIK-Studie, der nicht bereits in der 2. Klasse überdurchschnittliche Leistungen im Lösen von Textaufgaben zeigte, erreichte in der 11. Klasse gute bis sehr gute Werte. Hingegen ist die rechte untere Hälfte mit einigen Probanden besetzt, die zwar in der 2. Klasse noch überdurchschnittliche Leistungen erbrachten, später aber in den durchschnittlichen oder gar unterdurchschnittlichen Bereich zurückfielen. Aus den Daten geht hervor, dass ein frühes mathematisches Verständnis, das sich im Lösen von anspruchsvollen Textaufgaben ausdrückt, eine notwendige, aber keinesfalls hinreichende Voraussetzung für spätere mathematische Kompetenzen ist.

Überaus bemerkenswert ist, dass die in der 11. Klasse gemessene Intelligenzleistung niedriger mit der Mathematikleistung der 11. Klasse korreliert als die

Mathematikleistung der 2. Klasse. Sprachliche und nichtsprachliche Intelligenz unterscheiden sich nicht in ihrer Vorhersagekraft, und die Rechenleistung in der Grundschule sagt die spätere Mathematikleistung nicht vorher. Die Ergebnisse sprechen dafür, dass mathematische Kompetenzen im späteren Schulalter das Ergebnis eines kumulativen Lernprozesses sind. Wer bereits zu einem frühen Zeitpunkt anspruchsvolles Wissen verfügbar hatte, kann auf dieser Grundlage anspruchsvolle Kompetenzen aufbauen und seinen Vorsprung immer weiter ausbauen.

Warum haben manche Schülerinnen und Schüler besondere Schwierigkeiten beim Mathematiklernen?

Während in der Grundschule nur eine Minderheit von Schülern größere Schwierigkeiten mit den schulischen Anforderungen in Mathematik hatte, nehmen die Probleme in der Sekundarstufe deutlich zu. Immer häufiger ist zu beobachten, dass auch sehr intelligente Kinder in Mathematik versagen. Die Ursachen für Schwierigkeiten mit der Mathematik kann man in der intuitiven und in der kulturellen Mathematik suchen. Nur ganz wenige Kinder haben Schwierigkeiten mit dem Zählen. Dazu gehören Kinder mit Down-Syndrom (Gelman u. Cohen 1988). Aufgrund eines genetischen Defekts scheint Menschen mit Down-Syndrom – obwohl sie sich sprachlich recht gut verständigen können – der Zugang zur intuitiven Mathematik versperrt zu sein. Auch wenn sich keine genetischen Defekte finden lassen, können Probleme im intuitiven mathematischen Verständnis zum Beispiel als Ergebnis cerebraler Störungen auftreten. Eine Störung im intuitiven mathematischen Verständnis kann bei Kindern angenommen werden, die auch nach der 2. Klasse noch Schwierigkeiten bei der Addition und Subtraktion im Zahlenraum bis 20 haben.

Weit häufiger als Störungen in der intuitiven Mathematik treten jedoch Probleme mit der kulturellen Mathematik auf. Die Schüler verstehen, dass man Zahlen zum Zählen und zur Bestimmung der Mächtigkeit von Mengen nutzt, aber die Nutzung von Zahlen als Instrumente der Modellierung ist ihnen unbekannt. Diese konzeptuelle Umstrukturierung des mathematischen Denkens wird in der gegenwärtigen deutschen Grundschulmathematik kaum unterstützt. Addition und Subtraktion werden ebenso wie die Multiplikation und die Division als Methoden zur Verkleinerung oder Vergrößerung von Mengen gelehrt. Zudem wird den Schülern der Eindruck vermittelt, dass es für die Lösung jedes mathematischen Problems nur eine Methode gibt. Hier zeigen sich bedeutsame kulturelle Unterschiede im Mathematikunterricht, die beispielsweise auch im Vergleich von ostasiatischen und US-amerikanischen Klassen offensichtlich wurden (Stigler u. Baranes 1988). Deutsche Grundschulkinder – und dies gilt sicher auch für viele andere westliche Länder – lernen in den ersten Grundschuljahren Mathematik in Form von Rezepten zur Lösung von

Rechenaufgaben kennen. Im Unterricht wird ihnen der Eindruck vermittelt, dass es das Beste für sie ist, die von den Lehrern entwickelten Lösungswege zu übernehmen. Tatsächlich durchläuft die Mehrheit der Kinder auf diese Weise den Mathematikunterricht der Grundschule ohne größere konzeptuelle Schwierigkeiten. Probleme treten auf, weil die Rechenstrategien noch nicht reibungslos ablaufen oder die mathematischen Netzwerke, die beispielsweise zum Abrufen des Einmaleins benötigt werden, noch nicht perfektioniert sind. Dass mathematische Symbole als ein Spiel mit Regeln verstanden werden können, mit dessen Hilfe man neue Ideen entwickelt, wird nicht vermittelt. Dies wird am deutlichsten bei der Bearbeitung von mathematischen Textaufgaben, wie bereits ausführlich an anderer Stelle dargestellt (Stern 1994; Stern u. Staub 2000). Die Beschränkung auf Austausch- und Kombinationsaufgaben sowie die Vorgabe fester Rechenwege engt den Spielraum der Kinder ein, wie bereits bei Stern (1998) diskutiert wurde. Die Kinder machen keine kreativen Erfahrungen im Umgang mit mathematischen Symbolsystemen und lernen deren Potenzial als Werkzeug zum Aufbau neuer Wissensstrukturen nicht kennen. Diese Defizite werden dann offensichtlich, wenn die Mathematik der Sekundarstufe ein erweitertes Verständnis von Zahlen und mathematischen Operationen erfordert. Wenn Addition und Subtraktion nur als die Verkleinerung oder Vergrößerung von Mengen verstanden wird, bereitet das Verständnis negativer Zahlen Schwierigkeiten. Wenn Kinder die Multiplikation nur als wiederholte Addition und die Division nur als Aufteilung von Mengen kennen gelernt haben, werden sie später nicht verstehen, warum bei der Multiplikation mit einem Faktor kleiner eins das Produkt kleiner als der zweite Faktor beziehungsweise bei einem Nenner kleiner eins der Quotient größer als der Zähler sein kann. Die vermehrte Vorgabe anspruchsvoller Textaufgaben in der Grundschule, wie zum Beispiel mehrstufige Vergleichsaufgaben, könnte ein Weg zur rechtzeitigen Erweiterung des mathematischen Verständnisses sein. Positive Effekte der Vorgabe von anspruchsvollen Textaufgaben sind allerdings nur zu erwarten, wenn sich auch die Bearbeitung von Textaufgaben im Unterricht ändert. Die in Deutschland übliche, sehr lehrerzentrierte und kleinschrittige Behandlung von Textaufgaben entmündigt die Schüler. Sie versuchen nicht, eigenständige Lösungen für komplexe Probleme zu entwickeln, sondern fragen ihr Gedächtnis nach Lösungsstrategien ab, die vom Lehrer vorgeführt wurden. Eine kleinschrittige Vorgehensweise im Unterricht spiegelt sich in der Auffassung vieler Lehrer zum Lernen wider: Es wird davon ausgegangen, dass das Wissen des Lehrers direkt auf den Schüler übertragen wird. Die – aus wissenschaftlicher Sicht adäquate – konstruktivistische Vorstellung von Lernen, wonach Schüler aus der dargebotenen Information die Aspekte auswählen, die sich an ihr bisheriges Wissen anknüpfen lassen, ist nur selten bei Lehrern verankert. Es gibt inzwischen gut erprobte Fragebögen, die Vorstellungen von Lehrern beim Mathematiklernen erfassen (dazu: Staub u. Stern 2002). Lehrer, die eher Aussagen zustimmten wie: »Kinder lernen Mathematik am besten, indem sie selber herausfinden, wie sie zu Antworten auf einfache Textaufgaben kommen«, oder: »Kinder sollten viele informelle Erfahrungen mit dem Lösen von einfachen Textaufgaben sammeln, ehe man von ihnen erwarten kann, dass sie sich an Zahlenfakten erinnern«, drücken eine konstruktivistische Einstellung aus. Lehrer hingegen, die Aussagen zustimmen wie: »Ein guter Lehrer führt vor, auf welche Weise man eine Textaufgabe am besten löst«, oder: »Es sollte Zeit auf das Üben von Rechenverfahren verwendet werden, ehe man von Kindern erwarten kann, dass sie die Verfahren verstehen«, drücken aus, dass sie sich Lernen als direkte, lehrergesteuerte Übertragung vorstellen. Ergebnisse der Münchener SCHOLASTIK-Studie zeigten, dass in Klassen, in denen Lehrer mit einer eher konstruktivistischen Einstellung vom Lernen unterrichteten, ein größerer Lernfortschritt zu verzeichnen war als in Klassen, in denen die Lehrer eher einer Vorstellung von direkter Übertragung anhingen (Staub u. Stern 2002). Eine konstruktivistische Vorstellung von Lernen drückt also berechtigtes Vertrauen in die Eigenaktivitäten der Schüler aus. Wünschenswert wäre, dass Grundschullehrer eine konstruktivistische Vorstellung vom Lernen übernehmen und sie in Verhalten umsetzen.

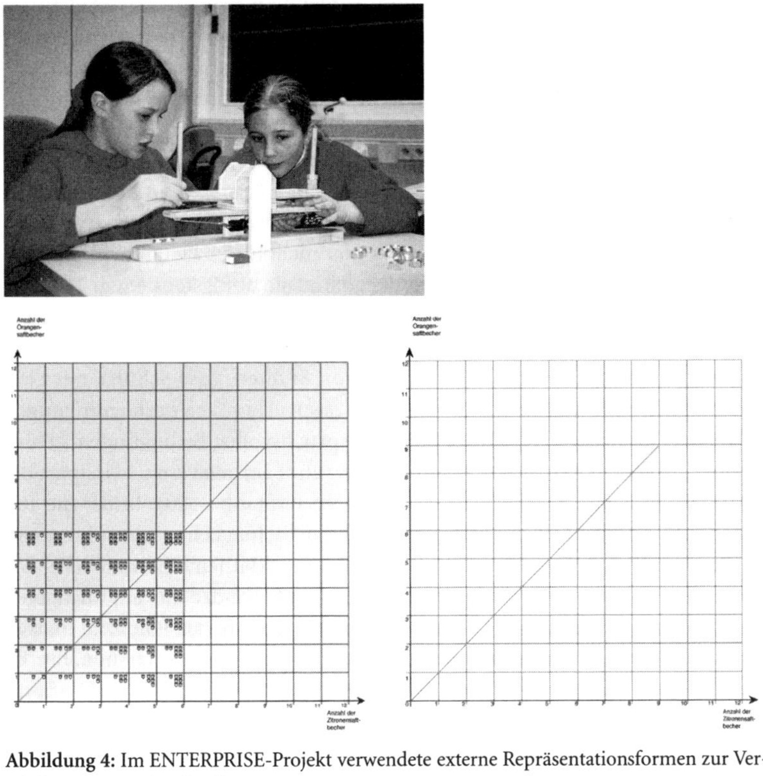

Abbildung 4: Im ENTERPRISE-Projekt verwendete externe Repräsentationsformen zur Vermittlung proportionaler Konzepte

Die Struktur jeder mathematischen Textaufgabe lässt sich graphisch-visuell veranschaulichen, und von dieser Repräsentation lassen sich mathematische Lösungswege ableiten. Im gegenwärtigen Mathematikunterricht wird jedoch nur sehr selten von graphisch-visuellen Veranschaulichungen Gebrauch gemacht (Stern u. Staub 2000; Stern 2002). Im Projekt ENTERPRISE (Enhancing knowledge-transfer and efficient reasoning by practicing representation in science education) am Max-Planck-Institut für Bildungsforschung wurde gezeigt, dass bereits Viertklässler mit Hilfe eines Graphen einer linearen Funktion proportionale Misskonzepte wie zum Beispiel 7 : 5 = 6 : 4 aufgeben (Koerber 2003). Mit Hilfe von externen Repräsentationen wie einer Balkenwaage lernen Drittklässler, dass man Volumen und Masse berücksichtigen muss, um zu entscheiden, ob ein Gegenstand im Wasser schwimmt oder sinkt (Stern et al. 2002a, 2002b). Ohne die Hilfe externer Repräsentationsformen berücksichtigen Kinder lediglich das Gewicht und kommen deshalb zu dem falschen Schluss, dass ein schwerer Baumstamm sinkt, während eine leichte Nadelspitze schwimmt. In Abbildung 4 sind die im ENTERPRISE-Projekt verwendeten Repräsentationsformen zu sehen.

Es gibt eine überwältigende Anzahl von Studien, in denen gezeigt wird, dass Grundschulkinder in Mathematik und in den Naturwissenschaften deutlich bessere Leistungen erbringen könnten, wenn ihnen anspruchsvollere Lernangebote gemacht und sie zudem stärker zu eigenständigem Lernen angehalten würden. In diesem Zusammenhang stellt sich natürlich die Frage, ob ein höheres Anspruchsniveau nicht für Kinder mit ungünstigeren Eingangsbedingungen – dazu gehören zum Beispiel Kinder, die an Dyskalkulie leiden – nicht kontraindiziert ist. Sind solche Kinder nicht heillos überfordert, wenn sie noch Zusätzliches wie beispielsweise die Nutzung graphisch-visueller Veranschaulichungen lernen müssen? Sollten diese Kinder nicht durch kleinschrittiges Vorgehen »an die Hand genommen« werden, damit sie wenigstens einige Rechenroutinen lernen, wenn ihnen schon das tiefere Verständnis fehlt? Gegen eine derartige Auffassung können Wissenschaftler in erfreulich eindeutiger Weise Stellung beziehen: Es zeigt sich in mehreren Studien, dass Schüler mit eher ungünstigeren Voraussetzungen sich unter anspruchsvollen Lernbedingungen eher besser entwickeln als unter weniger anspruchsvollen Bedingungen. Lehrer mit einer konstruktivistischen Grundhaltung zum Lernen vernachlässigten die leistungsschwachen Kinder keineswegs (Stern u. Staub 2000). Selbst die Rechenleistungen sind in Klassen mit konstruktivistischen Lehrern eher besser als in Klassen mit Lehrern, die meinen, dass man im Mathematikunterricht vorwiegend numerische Aufgaben üben sollte. Gerade Kinder mit ungünstigeren Voraussetzungen benötigen besondere Anregungen, um das Potenzial mathematischer Symbole bei der Konstruktion von Bedeutung zu verstehen. Für sie erschließt sich die Tragweite des Buchtitels von Keith Devlin (1998): »Die Sprache der Mathematik: Das Unsichtbare sichtbar machen«, nur mit besonderer Unterstützung. Deshalb haben gerade Kinder mit Rechenschwierigkeiten einen Anspruch auf einen anregenden Mathematikunterricht.

Literatur

Baumert, J.; Gruehn, S.; Heyn, S.; Köller, O.; Schnabel, K. (1997): Bildungsverläufe und psychosoziale Entwicklung im Jugendalter. Dokumentation. Berlin.

Gelman, R.; Cohen, M. (1988): Qualitative differences in the way Down's syndrome and normal children solve a novel counting problem. In: Nadel, N. (Hg.): The psychobiology of Down's syndrome. Cambridge, S. 51–99.

Koerber, S. (2003): Visualisierung als Werkzeug im Mathematikunterricht. Hamburg.

Sodian, B. (1995): Entwicklung bereichsspezifischen Wissens. In: Oerter, R.; Montada, L.: Entwicklungspsychologie. Weinheim, S. 622–653.

Staub, F.; Stern, E. (2002): The nature of teachers' pedagogical content beliefs matters for students' achievement gains: quasi-experimental evidence from elementary mathematics. Journal of Educational Psychology 93: 144–155.

Stern, E. (1993): What makes certain arithmetic word problems involving the comparison of sets so hard for children? Journal of Educational Psychology 85: 7–23.

Stern, E. (1994): Die Erweiterung des mathematischen Verständnisses mit Hilfe von Textaufgaben. Grundschule 26: 23–25.

Stern, E. (1997): Das Lösen mathematischer Textaufgaben: Wie Kinder lernen, was sie nicht üben. In: Weinert, F. E.; Helmke, A. (Hg.): Entwicklung im Grundschulalter. Weinheim, S. 157–170.

Stern, E. (1998): Die Entwicklung des mathematischen Verständnisses im Kindesalter. Lengerich.

Stern, E. (2002): Wie abstrakt lernt das Grundschulkind? Neuere Ergebnisse der entwicklungspsychologischen Forschung. In: Petillon, H. (Hg.): Jahrbuch Grundschulforschung, Band 5: Individuelles und soziales Lernen – Kindperspektive und pädagogische Konzepte. Leverkusen, S. 22–28.

Stern, E. (2003): Kompetenzerwerb in anspruchsvollen Inhaltsgebieten bei Grundschulkindern. In: Cech, D.; Schwier, H. J. (Hg.): Lernwege und Aneignungsformen im Sachunterricht. Bad Heilbrunn, S. 37–58.

Stern, E.; Lehrndorfer, A. (1992): The role of situational context in solving word problems. Cognitive Development 7: 259–268.

Stern, E.; Staub, F. (2000): Mathematik lernen und verstehen: Anforderungen an die Gestaltung des Mathematikunterrichts. In: Inckermann, E.; Kahlert, J.; Speck-Hamdan, A. (Hg.): Sich Lernen leisten. Grundschule vor den Herausforderungen der Wissenschaft. Neuwied, S. 90–100.

Stern, E.; Hardy, I.; Koerber, S. (2002): Die Nutzung graphisch-visueller Repräsentationsformen im Sachunterricht. In: Spreckelsen, K.; Hartinger, A.; Möller, K. (Hg.): Ansätze und Methoden empirischer Forschung zum Sachunterricht. Bad Heilbrunn, S. 119–131.

Stern, E.; Möller, K.; Hardy, I.; Jonen, A. (2002): Warum schwimmt ein schwerer Baumstamm im Wasser? Der Erwerb physikalischer Konzepte im Grundschulalter. Physik Journal 3: 63–67.

Stigler, J. W.; Baranes, R. (1988): Culture and mathematics learning. Review of Research in Education 15: 253–305.

Weinert, F. E. (1998): Entwicklung im Kindesalter – Bericht über eine Längsschnittstudie. Weinheim.

Weinert, F. E.; Helmke, A. (Hg.) (1997): Entwicklung im Grundschulalter. Weinheim.

Weinert, F. E.; Schneider, W. (Hg.) (1999): Individual development from 3 to 12: Findings from the Munich longitudinal study. Cambridge.

Wynn, K. (1992): Addition and subtraction by human infants. Nature 358: 749–750.
Xu, F.; Carey, S. (1996): Infants' metaphysics: The case of numerical identity. Cognitive Psychology 30(2): 111–154.

Kristin Krajewski

Wie bekommen die Zahlen einen Sinn?

Ein entwicklungspsychologisches Modell der zunehmenden Verknüpfung von Zahlen und Größen

Traditionelle entwicklungspsychologische Ansätze des so genannten Empirismus gingen noch davon aus, dass ein Kind mit keinerlei Wissen auf die Welt kommt und vielmehr wie eine anfangs leere Schiefertafel (eine »tabula rasa«) mit Erfahrungen beschrieben werden muss. Demgegenüber wurden seit den 1980er Jahren erstaunliche bereichsspezifische Fähigkeiten schon bei Säuglingen und kleinen Kindern nachgewiesen. Dieser Beitrag zeigt einerseits, um welche basalen Fähigkeiten es sich für den mathematischen Bereich handelt. Er macht andererseits aber auch deutlich, dass sich bis zur Einschulung und darüber hinaus weitere Entwicklungen vollziehen, die nicht als gegeben angenommen werden sollten, weil sie auch defizitär verlaufen und dadurch den Erwerb der Schulmathematik nachhaltig beeinträchtigen können.

Entwicklung von Zahl-Größen-Kompetenzen vom Säuglings- bis ins Jugendalter

Entwicklungsmodell der Zahl-Größen-Verknüpfung (ZGV-Entwicklungsmodell)

Eine wesentliche für das Rechnenlernen notwendige Erkenntnis ist die Bewusstheit dafür, dass Zahlwörter und Ziffern einen numerischen Sinn haben. Wie das nachfolgende, bereits in früheren Arbeiten vorgestellte und hier lediglich von Mengen auf »Größen« generalisierte Modell der Zahl-Größen-Verknüpfung aufzeigt, stellt bereits dieses Verständnis einen bedeutenden Meilenstein dar, den Kinder zunächst erreichen müssen (vgl. Krajewski 2003; 2005; 2007; Krajewski u. Schneider 2006). Es werden drei Entwicklungsebenen einer zunehmenden Verknüpfung von Zahlwörtern mit Mengen (Größen) und Mengenrelationen (Größenrelationen) beschrieben, über die Kinder zu einem numerischen Verständnis von Zahlen gelangen (Abb. 1).

Dem Modell folgend beginnt die Entwicklung numerischer Kompetenzen schon im Säuglingsalter und ist bei vielen Kindern bis zum Schuleintritt so weit

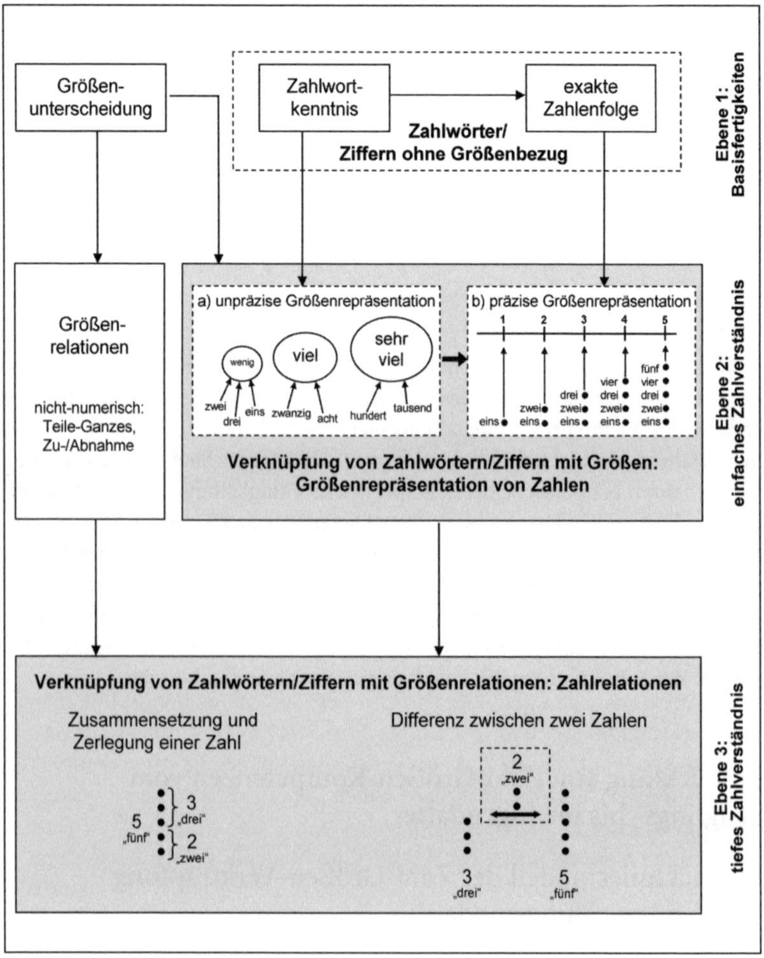

Abbildung 1: Entwicklungsmodell der Zahl-Größen-Verknüpfung (leicht modifizierte Abbildung nach Krajewski 2007)

vorangeschritten, dass sie relativ problemlos mathematische Operationen erlernen können. Obwohl sich die ursprünglichen Betrachtungen des Modells im Wesentlichen auf die Beschreibung der numerischen Kompetenzentwicklung bis zum Schuleintritt beschränkten, sollten die anschließenden Ausführungen deutlich machen, dass die Entwicklung zu diesem Zeitpunkt nicht abgeschlossen ist. Vielmehr verläuft sie auch in der Schule weiter und folgt dabei für höhere Zahlenräume sowie für das Verständnis rationaler Zahlen prinzipiell demselben Verlauf, wie dies im kleinen Zahlenraum beziehungsweise für die natürlichen Zahlen beobachtet werden kann.

Kompetenzebene 1: Zahlwörter und Ziffern ohne Mengenbezug/Größenbezug

Die erste Entwicklungsebene ist dadurch gekennzeichnet, dass hier Zahlwörter noch nicht mit Mengen beziehungsweise Größen in Verbindung gebracht werden. Vielmehr entwickeln sich beide Basisfertigkeiten (Mengen-/Größenunterscheidung und Erwerb der Zahlwortfolge) zunächst getrennt voneinander.

Unpräzise Mengen- beziehungsweise Größenunterscheidung. Kinder verfügen bereits von Geburt an über die Fähigkeit, Unterschiede zwischen kontinuierlichen Mengen wahrzunehmen, und differenzieren diese bereits nach *Ausdehnung, Fläche und Volumen* (siehe Clearfield u. Mix 1999; Feigenson, Carey u. Spelke 2002; Starkey u. Cooper 1980; Xu, Spelke, u. Goddard 2005). So nehmen kleine Kinder eine Menge als »viel« wahr, wenn diese eine große Fläche einnimmt, und zwar selbst dann, wenn sich auf dieser Fläche nicht unbedingt viele Elemente befinden. In ähnlicher Weise wird eine große Menge von Elementen eher als »wenig« wahrgenommen, wenn diese insgesamt nur wenig Raum in Anspruch nimmt. Darüber hinaus zeigen Studien zur Zeitwahrnehmung, dass Säuglinge auch *Zeitintervalle* grob vergleichen und damit ebenso zwischen zeitlichen Größen unterscheiden können (Colombo u. Richman 2002).

Aufsagen von Zahlwörtern/Erwerb der exakten Zahlwortfolge. Unabhängig von ihrer Fähigkeit zur Größenunterscheidung lernen Kinder ab etwa zwei Jahren Zahlwörter aufzusagen und bringen diese zunehmend auch in ihre richtige Folge. Auf dieser Entwicklungsebene haben sie jedoch noch kein Verständnis dafür, dass hinter Zahlen Mengen/Größen stehen und Zahlen damit Größen repräsentieren. Selbst wenn Zahlwörter gegebenenfalls bereits auch schon in ihre korrekten Ziffernschreibweisen übersetzt werden können (drei, vier, fünf → 3, 4, 5) und umgekehrt, so werden Zahlwörter hier dennoch isoliert von der Mengen- und Größenwahrnehmung erworben. Ein Kind erlernt folglich die exakte Zahlwortfolge, einschließlich Vorgänger- und Nachfolgerbestimmung, zunächst ohne hierbei zwangsläufig einen Bezug zu Mengen herstellen zu müssen (Größenrepräsentation). Auf Kompetenzebene 1 werden Zahlwörter und Ziffern somit als Wörter und Zeichen erworben, die noch keine Verknüpfung mit Mengen/Größen aufweisen. Es handelt sich damit schlicht um die Beherrschung der Zahlwortfolge (z. B. vier, fünf, sechs, sieben; zweitausendvierhundertsieben, zweitausendvierhundertacht, zweitausendvierhundertneun) sowie gegebenenfalls auch deren Übersetzung in arabische Zeichen (4, 5, 6, 7; 2407, 2408, 2409) und damit um eine einfache Fertigkeit, die für den kleinen Zahlenraum bereits vor Schuleintritt erworben wird, für größere Zahlenräume und rationale Zahlen im späteren Grund- und Sekundarstufenalter aber weiter entwickelt und ausdifferenziert werden muss.

Kompetenzebene 2: Verknüpfung von Zahlwörtern und Ziffern mit Mengen/Größen (Größenrepräsentation von Zahlen)

Auf Ebene 2 vollzieht sich die bedeutende Verknüpfung von Zahlwörtern (und ggf. Ziffern) mit Mengen beziehungsweise Größenrepräsentationen, wobei sich zwei Phasen unterscheiden lassen (unpräzises und präzises Anzahlkonzept beziehungsweise unpräzise und präzise Größenrepräsentation von Zahlen). Zahlwörter werden auf dieser Entwicklungsebene allerdings noch nicht mit Mengenrelationen/Größenrelationen in Verbindung gebracht.

Unpräzises Anzahlkonzept beziehungsweise unpräzise Größenrepräsentation. Im ersten Schritt nehmen Kinder lediglich eine sehr grobe, unpräzise Zuordnung von Zahlwörtern zu Mengenbegriffen vor. Dabei lernen sie, dass manche Zahlwörter wie etwa »drei« oder »eins« eher mit dem Begriff »wenig« assoziiert sind, während andere wiederum (z. B. »zwanzig« bzw. »tausend«) mit den Begriffen »viel« oder »sehr viel« in Verbindung gebracht werden. Diese ungenaue Verknüpfung basiert möglicherweise auch auf der Erkenntnis der Kinder, dass man bis zu höheren Zahlwörtern »länger zählen« muss als bis zu kleineren (Verknüpfung von Zahlwörtern mit zeitlichen Größenunterschieden). Nahe beieinander liegende Zahlen wie etwa »neunzehn« und »zwanzig« können in dieser Phase nach ihrer Größe noch nicht unterschieden werden.

Präzises Anzahlkonzept beziehungsweise präzise Größenrepräsentation. Erst im weiteren Entwicklungsverlauf und mit Verfügbarkeit der exakten Zahlwortfolge differenziert sich die Zuordnung von Zahlwörtern zu Mengen/Größen weiter aus, so dass Kinder zu einer immer präziseren Zuordnung der aufsteigenden Zahlwörter zu größer werdenden Mengen/Größen gelangen. Sie verfügen jetzt bereits über ein Kardinalzahlkonzept beziehungsweise eine präzise Größenrepräsentation (das Zahlwort »neunzehn« wird exakt neunzehn Dingen, das Zahlwort »zwanzig« exakt zwanzig Dingen zugeordnet) und können nun (innerhalb eines begrenzten Zahlenraums) nahe beieinander liegende Zahlen aufgrund ihrer Mächtigkeit miteinander vergleichen (5 sind *mehr als* 3, 19 sind *weniger als* 20). Wie die Zahlwortfolge auf Ebene 1 so differenziert sich auch die präzise Größenrepräsentation erst im Verlauf der weiteren Entwicklung auch für höhere Zahlenräume aus und wird hier nicht zuletzt im Verständnis des Stellenwertsystems sichtbar. Denn um eine mehrstellige Zahl, wie etwa 518, konzeptuell zu verstehen, muss sich ein Schüler bewusst sein, dass im Grunde nur die letzte Ziffer genau jene Anzahl repräsentiert, die ihr normalerweise zugeordnet ist (»8« steht für 8), während die vorletzte Ziffer für das Zehnfache und die drittletzte für das Hundertfache der jeweils zugeordneten Anzahlen stehen (»1« steht für 10; »5« für 500). Die Verknüpfung von Zahlen mit Mengen und Größen wird also dadurch kompliziert, dass eine Ziffer, je nachdem, welche Position sie innerhalb einer mehrstelligen Zahl einnimmt, eine kleinere oder größere Mächtigkeit repräsentiert. Erst durch diese Einsicht ist der verständnisbasierte Größenvergleich von Zahlen wie 518 und 581 (581 sind *mehr als* 518) möglich. Bereits im kleinen Zahlenraum gesicherte Ebene-3-Kompetenzen (Zahlrelationen, auch Vielfache) dürften somit den Erwerb von Ebene-2-Kompetenzen (Größenverständnis) höherer Zahlen erleichtern.

Die weitere Ausdifferenzierung von Zahl-Größen-Verknüpfungsregeln, und damit von Kompetenzen der Ebene 2, erstreckt sich nicht nur auf einen höheren Zahlenraum, sondern auch auf das Verständnis für rationale Zahlen. Um verstehen zu können, was 8,50 bedeutet (z. B. »achteinhalb Stück«), muss sich ein Schüler nicht nur bewusst sein, dass die natürliche Zahl »acht« für acht Dinge steht (Zahlwort-Menge-Zuordnung) und die natürliche Zahl »neun« – weil neun Stück repräsentierend – mehr Dinge einschließt. Er muss auch erkennen, dass 8,50 eine größere Mächtigkeit als 8 und eine kleinere als 9 widerspiegelt, obwohl hier keine ganze Stückzahl vorliegt. Zudem sind im rationalen Zahlenraum im Vergleich zum natürlichen Zahlenraum mehr Ziffern- beziehungsweise Zahl-Größen-Zuordnungsregeln zu beachten, die im Zusammenhang mit den entsprechenden Darstellungskonventionen (z. B. Dezimalschreibweise) erworben werden müssen. Hierzu zählt etwa die Einsicht, dass nach einem Komma die erste Ziffer am »mächtigsten« ist und beispielsweise die Ziffern 498 – nach einem Komma stehend – eine weniger mächtige Menge bezeichnen als etwa eine einzige 5 nach dem Komma.

Mengen- beziehungsweise Größenrelationen ohne Zahlbezug. Neben der Ausbildung einer Zahl-Größen-Verknüpfung entwickelt sich ab etwa drei bis fünf Jahren auch das Verständnis für Beziehungen und Veränderungen von diskreten Mengen/Größen (ohne Zahlbezug) weiter. Ohne Rückgriff auf Zahlwörter erkennen Kinder auf dieser Entwicklungsebene, dass diskrete Mengen beziehungsweise Größen in kleinere Mengen beziehungsweise Größen zerlegt und aus diesen wieder zusammengesetzt werden können (Teile-Ganzes) beziehungsweise dass sich eine Menge/Größe nur dann verändert, wenn ihr etwas hinzugefügt oder weggenommen wird (Zu-/Abnahme). Die Kinder können nun beispielsweise angeben, dass sich »alle« Elemente einer Menge (Äpfel) in »einige« Äpfel und »einige« Äpfel oder »wenige« und »viele« Äpfel aufteilen lassen beziehungsweise dass zu einer unbestimmten Anzahl an Äpfeln »einige« dazugegeben wurden, so dass es nun »mehr« sind als vorher Sie können all dies jedoch noch nicht mit genauen Zahlen quantifizieren.

Kompetenzebene 3: Verknüpfung von Zahlwörtern und Ziffern mit Mengenrelationen/Größenrelationen (Zahlrelationen)

Erst auf Kompetenzebene 3 können Mengen-/Größenrelationen auch mit Zahlwörtern beschrieben werden, denn Zahlwörter und Ziffern werden nun auch als Repräsentanten von *Relationen* zwischen Mengen beziehungsweise Größen verstanden. Kinder gelangen einerseits zum Verständnis, dass sich *eine* (Gesamt-)Zahl

– entsprechend den sie repräsentierenden Mengenelementen – in kleinere (An-) Zahlen zerlegen lässt beziehungsweise kleinere Zahlen zu *einer* größeren (Gesamt-) Zahl zusammengesetzt werden können (Zusammensetzung und Zerlegung von Zahlen). Sie verstehen andererseits, dass auch Relationen zwischen *zwei* Zahlen – entsprechend den sie repräsentierenden Mengenelementen – mit Zahlen beschrieben werden können (Differenzen zwischen Zahlen).

Zusammensetzung und Zerlegung einer Zahl. Mengen beziehungsweise Größen können nun beim Zerlegen und Zusammensetzen nicht mehr nur numerisch-unbestimmt (»alle«, »einige«) beschrieben, sondern mit exakten Zahlen belegt werden (z. B. 5 Äpfel werden aufgeteilt in 3 Äpfel und 2 Äpfel). Die Kinder gelangen zur Einsicht, dass sich »größere« Zahlen (also Zahlen, die »viel« repräsentieren beziehungsweise eine große Mächtigkeit besitzen) in andere, kleinere Zahlen zerlegen lassen beziehungsweise dass das Zusammensetzen von Zahlen zu einer anderen, größeren Zahl führt.

Differenz zwischen zwei Zahlen. Schließlich werden auch Vergleiche zwischen (An-)Zahlen nicht mehr nur »zahlenlos« vorgenommen, wie dies noch auf Ebene 2 der Fall war, sondern der Unterschied zwischen zwei Zahlen kann nun auch mit einer dritten Zahl benannt werden (z. B. 3 sind *2 weniger als* 5, 20 sind *1 mehr als* 19, 581 sind *63 mehr als* 518). Dieses Verständnis entwickelt sich im kleineren Zahlenraum bereits in der Zeit um den Schuleintritt, muss für den größeren Zahlenraum aber erst nach und nach erworben werden.

Verschiebungen in der individuellen Entwicklung

Dimensionen. Wie die obigen Ausführungen deutlich machen, vollzieht sich die Entwicklung der Zahl-Größen-Verknüpfung für kleinere und größere Zahlenräume nicht gleichzeitig, sondern erfolgt für den kleinen Zahlenraum (etwa bis 10) viele Jahre früher als für größere Zahlenräume (etwa bis 1 Million). Somit ist es möglich, dass sich ein Kind oder Schüler für verschiedene Teile der Zahlwortreihe gleichzeitig in verschiedenen Entwicklungsphasen befindet (etwa im Zahlenraum bis 10 auf Ebene 3, im Zahlenraum bis 100 auf Ebene 2a, im Zahlenraum bis 1 Million noch nicht einmal auf Ebene 1). Die Ausdifferenzierung und Erweiterung des Anzahlkonzepts beziehungsweise der numerischen Größenrepräsentation auf größere Zahlenräume führt zudem dazu, dass die Zuordnung der Zahlen zu groben Größenkategorien (Ebene 2a) nicht unveränderlich ist, so dass Zahlwörter (z. B. »zwanzig«) zunächst der einen Kategorie (z. B. »viel«), später aber einer anderen Kategorie (»wenig«) zugeordnet werden können.

Darüber hinaus werden die drei Entwicklungsebenen auch für die verbalen Zahlwörter und die arabischen Ziffern nicht zwangsläufig gleichzeitig durchlaufen. Ein Kind oder Schüler kann also gegebenenfalls zwar verbale Zahlwörter bereits zur exakten Quantifizierung von Mengenrelationen einsetzen (Ebene 3), demgegenüber aber im entsprechenden Zahlenraum noch keine einzige arabische Ziffer kennen. Da auch höhere Kompetenzebenen (wie Zahlrelationen, Ebene 3) an realen Darstellungsmitteln erworben werden können, zeigen sich schließlich auch für unterschiedliche Darstellungsarten Verschiebungen in der individuellen Entwicklung. So kann ein Kind möglicherweise an Aufgaben zur zweiten Ebene scheitern, wenn diese mit bildlichem Material oder Ziffern präsentiert werden, und gleichzeitig – unter Rückgriff auf konkretes Material – Aufgaben der dritten Ebene bereits lösen.

Folgen für die Diagnostik. Die genannten Verschiebungen machen es sehr schwierig, ein Kind exakt auf *einem* Entwicklungsniveau zu verorten. Daher ist es wichtig, bei der Diagnostik den jeweils untersuchten Zahlenraum möglichst eng und die Darbietungsart möglichst gleich zu halten.

Abgrenzung zu anderen Theorien und Modellen

Da das beschriebene Modell der Zahl-Größen-Verknüpfung (ZGV-Modell) Überschneidungen zu anderen Theorien und Modellen aufweist, soll im Folgenden eine Abgrenzung zu diesen vorgenommen werden.

Theorie von Lauren Resnick

Nach Resnick (1989) müssen verschiedene so genannte »protoquantitative Schemata« (ungenaue verbale Beschreibungen für den Vergleich, die Zu- und Abnahme sowie Teile und Ganzes von Mengen wie »mehr«, »weniger als zuvor«, »manche«) mit der Zahlwortreihe gekoppelt werden, um zu einem numerischen Verständnis von Zahlen zu gelangen. Das ZGV-Modell greift diesen Kerngedanken auf und beschreibt darüber hinaus, wie sich diese Kopplung genau vollzieht. Hierfür führt es drei verschiedene Entwicklungsebenen und entsprechende graphische Veranschaulichungen ein. Dabei definiert das ZGV-Modell Fertigkeiten des Aufsagens der Zahlwortreihe jedoch minimalistischer, als dies bei Resnick angenommen wird (siehe unten).

Theorie über die Entwicklung des Zahlwortgebrauchs nach Karen Fuson

In ihrer Theorie unterscheidet Fuson (1988) zwei Phasen, in denen Kinder die Zahlwortfolge zunächst korrekt erlernen müssen (Phase des Erwerbs der Zahlwortfolge), bevor sie ein tieferes Verständnis der Zahlen erreichen und Operationen mit der Zahlenfolge möglich werden (Phase der Elaboration).

Die Phase der Elaboration, in der die Kinder zunehmend kompetenter mit Zahlwörtern umgehen und rechnen lernen, vollzieht sich nach ihren Annahmen wiederum über fünf Ebenen. So durchläuft ein Kind beim Aufsagen der Zahlwortfolge zunächst die gesamte Zählprozedur von Anfang bis Ende und nimmt anfänglich die Wörter noch nicht als separate Zahlwörter wahr (1. *Wortganzes*/string level: »einszweidreivierfünfsechssiebenachtneunzehn«), kann diese aber später voneinander unterscheiden (2. *separierte Folge*/unbreakable list: »eins, zwei, drei, vier, fünf, sechs, sieben, acht, neun, zehn«). Sobald ein Kind beim Vorwärts- oder auch Rückwärtszählen irgendwo in der Reihe beginnen kann, wird nach Fuson dem Kind der Kardinalwert der Startzahl (»7«) als Teilmenge bewusst, es kann Vorgänger und Nachfolger bestimmen und Unterschiede in aufeinanderfolgenden Zahlen mit »1« quantifizieren (3. *aufgebrochene Folge*/breakable chain: »*sieben*, acht, neun, zehn«). Anschließend kann es Teilketten miteinander vergleichen beziehungsweise durch Hoch- und Herunterzählen rechnen (4. numerable chain: *fünf*, sechs, *sieben* vs. *vier*, drei, *zwei*) und schließlich genauso schnell vorwärts wie rückwärts zählen, wobei ihm die Umkehrbarkeit von Addition und Subtraktion bewusst und das Teile-Ganzes-Schema verständlich werden (5. bidirectional chain: $8 - 5 = 3 \rightarrow 3 + 5 = 8$).

Fuson (vgl. auch Fritz u. Ricken 2008) macht in ihrer Theorie qualitativ unterschiedliche konzeptuelle Ebenen des Zahlverständnisses demnach an der Beherrschung und zunehmenden Manipulation der Zahlwortfolge fest (z. B. getrennte Zahlwörter mit 1 beginnend, Start des Aufsagens der Zahlwörter mitten in der Zahlwortfolge, rückwärts zählen). Eine solche Unterscheidung ist im oben beschriebenen ZGV-Modell irrelevant; zunehmendes Zahlverständnis wird hier vielmehr als zunehmende Verknüpfung der Zahlwortfolge (egal ob vorwärts, rückwärts oder in der Mitte beginnend) mit Mengen und Mengenrelationen beziehungsweise Größen und Größenrelationen verstanden. So wird im ZGV-Modell das Aufsagen der exakten Zahlwortfolge sowohl von 1 beginnend (Fusons 1. und 2. Level) als auch von irgendwo oder rückwärts beginnend (Fusons 3. Level) auf Ebene 1 verortet. Auch eine hohe Schnelligkeit im Aufsagen der Zahlwortfolge rückwärts (Fusons 5. Level) muss im ZGV-Modell nicht zwangsläufig mit hohem numerischen Verständnis einhergehen, sondern wird ebenfalls auf Ebene 1 angesiedelt. Umgekehrt unterscheidet das ZGV-Modell qualitativ zwischen Fähigkeiten wie beispielsweise dem Bestimmen von Vorgänger- und Nachfolgerzahlen (ZGV-Modell: Ebene 1, weil keine Zahl-Größen-Verknüpfung notwendig), dem Größenvergleich von Zahlen (Ebene 2, da Zahl-Größen-Verknüpfung notwendig) und der Fähigkeit, Größenunterschiede zwischen Zahlen mit einer Zahl anzugeben (Ebene 3, da Zahl-Größen-Relation-Verknüpfung notwendig), die bei Fuson auf einem einzigen Level (Level 3: breakable chain) verortet sind.

Im Gegensatz zu Fuson (und daran angelehnten Modellen), die ein automatisiertes, flexibles Aufsagen der Zahlwortfolge mit der kindlichen Einsicht in die Kardinalität und in das Verständnis von Zahlrelationen verbinden, ist also nach den Annahmen des ZGV-Modells eine zunehmende Perfektion in der Beherrschung der vor- und rückwärtigen Zahlwortfolge (Ebene 1) nicht zwingend an das Verständnis für die »Mächtigkeit« (Ebene 2) und Beziehungen zwischen Zahlen (Ebene 3) gebunden. Wie bei Fuson wird allerdings auch im ZGV-Modell angenommen, dass Kinder beim Umgang mit Zahlenfolgen in kleineren Zahlenräumen (z. B. von 1 bis 10) gewöhnlich schon elaborierter vorgehen können als in größeren Zahlenräumen (z. B. Zahlen ab 20).

Begrenzte angeborene Fähigkeiten und Einführung einer Phase der unpräzisen Zahl-Größen-Verknüpfung

In der Säuglingsforschung besteht Uneinigkeit darüber, ob bereits die Fähigkeit zur Unterscheidung exakter, diskreter Anzahlen angeboren ist (z. B. Huntley-Fenner u. Cannon 2000; Starkey u. Cooper 1980; Wynn 1992) oder ob es sich hierbei lediglich um eine noch sehr ungenaue, nur auf Fläche und Volumen stützende Mengenunterscheidung handelt (z. B. Clearfield u. Mix 1999; Feigenson, Carey u. Spelke 2002; Simon, Hespos u. Rochat 1995), wobei Ersteres Letzteres einschließt. Anders als in allen anderen neueren Modellvorstellungen wird im ZGV-Modell (Ebene 1) davon ausgegangen, dass lediglich (zumindest) nach Fläche und Volumen von Mengen unterschieden werden kann, während Säuglingen sowohl die Unterscheidung exakter, diskreter Anzahlen und/oder gar erste Rechenhandlungen als auch Eins-zu-eins-Zuordnungen beim Vergleich von Mengen noch nicht zwangsläufig gelingen müssen.

Basierend auf dieser Annahme und ebenfalls in Abgrenzung zu anderen entwicklungspsychologischen Theorien wird ferner angenommen, dass erstens beim Nennen/Aufsagen einzelner (voneinander getrennt aufgesagter) Zahlwörter (ZGV-Modell: Ebene 1) *nicht zwangsläufig* ein Bezug zur Reihenfolge von Objekten oder Handlungen hergestellt wird (wie etwa bei Resnick und Fuson das Herstellen von 1:1-Zuordnungen beim Zählen). Demzufolge wird nach dem ZGV-Modell zweitens die flexibilisierte Zahlwortfolge beziehungsweise »Zählprozedur« zunächst noch nicht zwangsläufig mit dahinter stehenden Anzahlen und Größen in Verbindung gebracht (Ebene 1; Fusons 2. Level). Folgernd erfolgt schließlich drittens im ZGV-Modell die Verknüpfung von (separierten/aufgebrochenen) Zahlwörtern mit Mengen und Größen (Ebene 2) anfänglich auch *nicht zwangsläufig* schon exakt (da eine 1:1-Zuordnung nicht vorausgesetzt wird, siehe oben), sondern es wird zunächst eine sehr vage, ungenaue Zuordnung der Zahlwörter zu groben Größenbegriffen postuliert. So wird im ZGV-Modell mit dem unpräzisen Anzahlkonzept beziehungsweise der unpräzisen Größenrepräsentation (Ebene 2a) ein Stadium der Menge-Zahlwort-Verknüpfung eingeführt, das dem eigentlichen

Kardinalverständnis von Zahlen (präzise Größenrepräsentation, Ebene 2b) vorausgeht und unter anderem erklären kann, warum Kinder in bestimmten Entwicklungsphasen größenmäßig zwar zwischen weit auseinander liegenden Zahlen, aber nicht zwischen Nachbarzahlen unterscheiden können. Diese Entwicklungsphase der unpräzisen Größenrepräsentation spiegelt sich zudem in Befunden wider, wonach jüngere Kinder zwar bereits deutlich zwischen den Größen kleinerer Zahlen differenzieren können (hier bereits: präzise Größenrepräsentation), höhere Zahlen aber, einer unpräzisen Größenrepräsentation entsprechend, größenmäßig kaum angemessen unterscheiden (z. B. Siegler u. Opfer 2003).

Neurowissenschaftliche Modelle

Im Gegensatz zum ZGV-Modell bildet das *Modell der drei Repräsentationsebenen* von Dehaene (1992) keine Entwicklungsverläufe ab, sondern beschreibt drei verschiedene Module der Repräsentation von Zahlen, die beim Rechnen (von Erwachsenen) eine Rolle spielen. Nach seinen Annahmen existieren Zahlen im Gehirn erstens verbal als Zahlwort, zweitens visuell in arabischer Ziffernform und drittens als näherungsweise Vorstellung der hinter diesen Zahlen stehenden Größen. Seinem Modell folgend ist es beim Rechnen und der Verarbeitung von Zahlen bedeutsam, dass die drei Module miteinander in Verbindung stehen und Zahlen flexibel in ihre entsprechenden Repräsentationsformen übersetzt werden können. Das ZGV-Modell setzt nun an den beiden Stellen des Modells an, die das Transkodieren von Zahlwörtern (auditory verbal word frame) beziehungsweise Ziffern (visual arabic number form) in ihre analogen Größenrepräsentationen (analogue magnitude representation) und umgekehrt beleuchten, und es beschreibt, wie sich im Laufe der Entwicklung die Verknüpfung von Zahlwörtern (bzw. Ziffern) mit Größenrepräsentationen herausbildet. Ebenso wie im Modell von von Aster und Shalev (2007), das die *Entwicklung numerischer Präsentationen* aus neurowissenschaftlicher Perspektive beleuchtet und aufzeigt, wie Kinder zu einer vom konkreten Kontext losgelösten mentalen Zahlrepräsentation gelangen (damit also eine zum ZGV-Modell senkrechte Dimension beschreibt, die in diesem nicht näher betrachtet wird), wird dabei angenommen, dass ein Benutzen von Zahlwörtern und Ziffern für die Beschreibung von Mengen bereits höher entwickelte Fähigkeiten widerspiegelt (von Aster u. Shalev: Stufen 2 und 3, ZGV-Modell: Ebene 2). Das ZGV-Modell postuliert ferner nicht nur für gestörte Entwicklungen numerischer Kompetenz, sondern generell ein Stadium in der frühen Entwicklung, in dem Zahlwörter noch keine Größenrepräsentation haben (Ebene 1 im kleinen Zahlraum).

Bedeutung von Zahl-Größen-Kompetenzen für die Mathematikleistungen im Grund- und Sekundarschulalter

Die im Modell der Zahl-Größen-Verknüpfung dargestellten Mengen-Zahlen-Kompetenzen (allgemeiner: Zahl-Größen-Kompetenzen), vor allem die Ebenen 1 und 2, stellen das Fundament für einen erfolgreichen Einstieg in die Schulmathematik dar, denn sie bilden den Grundstein für das Verständnis von Rechenoperationen. So kann sowohl das Rechnen im einstelligen Bereich als auch das Rechnen mit dem Stellenwertsystem nur bewältigt werden, wenn erstens die Zahlwortfolge beziehungsweise Ziffern im entsprechenden Zahlenraum sicher beherrscht werden (Ebene 1), es zweitens gelingt, die Menge-Zahl- beziehungsweise Menge-Ziffer-Zuordnung im Stellenwertsystem zu entschlüsseln (Ebene 2), und drittens das Verständnis vorliegt, dass sich Rechenoperationen in jeweils bestimmter Weise auf die Größenverhältnisse von Zahlen auswirken beziehungsweise dass alle Zahlen auch Relationen zwischen Mengen/Größen widerspiegeln (Ebene 3). In diesem Sinne geht auch das Verständnis für Terme, Gleichungen und Ungleichungen, Potenz-, Bruch-, Prozent- und Zinsrechnungen grundsätzlich aus Ebene-3-Kompetenzen hervor (Zahlen repräsentieren Beziehungen zwischen Mengen/Größen). Nicht zuletzt ist dieses Verständnis auch für Berechnungen beim Umgang mit Größen wie Meter – Kilometer, Gramm – Kilogramm zentral.

Defizitäre Zahl-Größen-Kompetenzen und schulische Mathematikleistungen

Bedeutung im Grundschulalter

Die Annahme, dass Zahl-Größen-Kompetenzen tatsächlich einen bedeutsamen vorschulischen Prädiktor darstellen, der die nachfolgende Leistungsentwicklung substanziell beeinflusst, konnte in mehreren Langzeitstudien bestätigt werden (Aunola, Leskinen, Lerkkanen u. Nurmi 2004; Jordan, Kaplan, Locuniak u. Ramineni 2007; Krajewski u. Schneider 2006; 2009; Passolunghi, Vercelloni u. Schadee 2007; Stern 2003; Weißhaupt, Peucker u. Wirtz 2006). Insbesondere auch Untersuchungen mit rechenschwachen Schülern stellen die Bedeutung der beschriebenen Zahl-Größen-Kompetenzen für die mathematische Entwicklung heraus. So wurden bei Grundschülern mit Rechenschwäche beziehungsweise Dyskalkulie Defizite in Fähigkeiten nachgewiesen, die bereits auf Ebene 1 (Zahlwortfolge aufsagen, Zahlen lesen und schreiben) und Ebene 2 (Zahlen vergleichen bzw. Größenrepräsentation von Zahlen) verortet werden können (Gaupp, Zoelch u. Schumann-Hengsteler 2004; Geary, Hamson u. Hoard 2000; Landerl, Bevan u. Butterworth 2004; von Aster, Schweiter u. Weinhold Zulauf 2007).

Bedeutung im Sekundarschulalter

Moser Opitz (2005) verweist zudem selbst für rechenschwache Sekundarschüler auf Defizite in Aufgaben, die auf dem Ebene-3-Verständnis für Zahlen als Repräsentanten von Mengenrelationen beruhen (Ergänzen, Verdoppeln, Halbieren). Die Studie von Ennemoser, Krajewski und Schmidt (2011) liefert demgegenüber Hinweise darauf, dass die Zahl-Größen-Kompetenzen nicht nur im Kontext von Rechenschwierigkeiten eine Rolle spielen, sondern von der 5. bis zur 9. Klassenstufe hin auch generell noch systematischen Entwicklungstrends unterliegen und die schulischen Mathematikleistungen beeinflussen. In der 1782 Schüler umfassenden Stichprobe waren in allen drei Schulformen noch bedeutsame Leistungszuwächse über die Jahrgangsstufen hinweg zu beobachten. Zudem ergaben sich deutliche Unterschiede zwischen den Schulformen. So zeigten die Gymnasiasten sogar auf den Ebenen 1 und 2 (erfasst durch die Kenntnis von Zahlenfolge und Ziffern im bis 7-stelligen Zahlenraum sowie Zahlvergleiche im bis 8-stelligen Zahlenraum und Anordnen von Zahlen auf einem Zahlenstrahl bis 10.000) bereits in der 5. Klasse höhere Kompetenzen als die um vier Schuljahre erfahreneren Neuntklässler an Hauptschulen. Ungeachtet dieser frühen Vorteile stiegen die Zahl-Größen-Kompetenzen auch im Gymnasium über die Klassenstufen hinweg weiter an. In der 9. Klasse korrelierten sie schließlich mit den Leistungen in einem curricular validen Mathematiktest zu .61, was die Bedeutung der Zahl-Größen-Kompetenzen für die schulischen Mathematikleistungen auch hier eindrucksvoll belegte. Obwohl die Vermittlung von Zahl-Größen-Kompetenzen im Zahlenraum bis eine Million mit der Grundschulzeit als abgeschlossen gilt, machte die Studie also deutlich, dass der sicheren Beherrschung, Festigung und Automatisierung von Zahl-Größen-Kompetenzen auch in der Sekundarstufe noch Bedeutung beigemessen werden sollte, insbesondere wenn es darum geht, ein sicheres Fundament für das Lösen komplexer mathematischer Probleme herzustellen.

Zusammenspiel der Entwicklung von Zahl-Größen-Kompetenzen mit dem Schriftspracherwerb

Phonologische Bewusstheit

Mit den Zahl-Größen-Kompetenzen wurden in den letzten Jahren einerseits bedeutsame Fähigkeiten identifiziert, die den Weg für das Verständnis der Schulmathematik ebnen. Bereits seit den 1980er Jahren wurde andererseits die phonologische Bewusstheit (Fähigkeit, gesprochene Sprache in ihre lautlichen Bestandteile zu zerlegen) als bedeutender Vorläufer des Lesen- und Schreibenlernens herausgestellt. Obwohl ein besonderer Schwerpunkt der längsschnittlichen Untersuchungen in beiden Bereichen auf den Nachweis einer *spezifischen* Vorläuferfunktion von Zahl-Größen-Kompetenzen beziehungsweise phonologischer Bewusstheit gelegt wurde (sie sollten frühzeitig die zukünftige Entwicklung in *einem* schulischen Leistungsbereich, nicht aber im anderen vorhersagen), zeigte sich, dass die Entwicklung in beiden Bereichen nicht unabhängig voneinander verläuft. So wiesen verschiedene Untersuchungen nicht nur mittelhohe Zusammenhänge zwischen den schulischen Mathematik- und Schriftsprachleistungen nach (Berg 2008; Koponen, Aunola, Ahonen u. Nurmi 2007; Lee, Ng, Ng u. Lim 2004), sondern es fanden sich zudem Hinweise darauf, dass phonologische Bewusstheit auch mit späteren Mathematikleistungen assoziiert ist (Alloway et al. 2005; Bradley u. Bryant 1985).

Bedeutung phonologischer Bewusstheit im weiteren Sinn

Eine eigene Langzeitstudie (Krajewski u. Schneider 2009) konnte belegen, dass bereits vor Schuleintritt ein Zusammenhang in der Entwicklung der mathematischen und schriftsprachlichen Fähigkeiten besteht und dass dieser durch einen Einfluss der phonologischen Bewusstheit auf den Erwerb der Zahlwortfolge (Ebene 1) erklärt werden kann. Nach Kontrolle dieses Einflusses konnte jedoch kein direkter Einfluss der phonologischen Bewusstheit auf höhere Zahl-Größen-Kompetenzen (Ebenen 2 und 3) und damit auf das konzeptuelle Verständnis von Zahlen (numerische Größenrepräsentation) sowie auf die schulischen Mathematikleistungen mehr festgestellt werden. Phonologische Bewusstheit scheint demnach nur auf einem sehr basalen Niveau, das zudem noch kein tieferes numerisches Verständnis widerspiegelt (Erlernen der Zahlwortfolge), Einfluss auf die mathematische Entwicklung zu nehmen. Erste Ergebnisse einer Nachfolgestudie (Simanowski, Greiner u. Krajewski 2011) bestätigen diesen Befund und liefern ein noch differenzierteres Bild. Sie zeigen, dass insbesondere die so genannte phonologische Bewusstheit im *weiteren* Sinn (Bewusstheit für größere sprachliche Einheiten wie Wörter und Silben), nicht aber phonologische Bewusstheit im engeren Sinn (Fähigkeit zur Differenzierung und Manipulation einzelner Laute; Skowronek u. Marx 1989) die Beherrschung der Zahlwortfolge (Ebene 1) vorhersagt. Dieser Befund weist darauf hin, dass es für den Erwerb und die Manipulation der Zahlwortfolge zwar notwendig ist, gesprochene Sprache (zwanzigeinundzwanzigzweiundzwanzig) in größere Einheiten wie einzelne Wörter und Silben zerlegen zu können (zwanzig, ein-und-zwanzig, zwei-und-zwanzig), wodurch phonologische Bewusstheit im weiteren Sinn definiert ist. Die Fähigkeit, Wörter und Silben auch in einzelne Laute zu gliedern (phonologische Bewusstheit im engeren Sinn) hat demnach jedoch für die Entwicklung basaler numerischer Fertigkeiten keine Bedeutung, da die Zahlwortfolge für die Manipulation der einzelnen Zahlwörter nicht auch in Laute zerlegt werden muss (z-w-a-n-z-i-g-e-i-n-u-...).

Risikofaktor für kombinierte Lernstörungen

Die Befunde legen die Vermutung nahe, dass eine beeinträchtigte phonologische Bewusstheit im *weiteren* Sinn einen Risikofaktor für die Ausbildung einer kombinierten Rechen-Rechtschreib-Störung darstellt, da sie sowohl die Entwicklung des Rechtschreibens (phonologische Bewusstheit im weiteren Sinn → phonologische Bewusstheit im engeren Sinn → Rechtschreibleistungen) als auch die mathematische Entwicklung (phonologische Bewusstheit im weiteren Sinn → Erwerb der Zahlwortfolge → Zahlwort-Größen-Verknüpfung → Mathematikleistungen) indirekt beeinflusst. Eine beeinträchtigte phonologische Bewusstheit im engeren Sinn sollte (bei intakter phonologischer Bewusstheit im weiteren Sinn) jedoch lediglich einen Risikofaktor für die Ausbildung einer isolierten Rechtschreibstörung darstellen, da sie weder einen direkten noch indirekten Einfluss auf die mathematische Entwicklung nimmt.

Bedeutung mathematischen Konventions- und Regelwissens für die Mathematikleistungen in der Sekundarstufe

Wie die bisherigen Ausführungen verdeutlichen, nehmen Zahl-Größen-Kompetenzen Einfluss auf die Entwicklung der mathematischen Schulleistungen bis zum Ende der Sekundarstufe. Demgegenüber kommt der Intelligenz nur eine sehr untergeordnete Rolle für die schulische Leistungsentwicklung zu und sie ist bei gleichzeitiger Betrachtung von Arbeitsgedächtnisfähigkeiten (siehe unten) und spezifischem Vorwissen vernachlässigbar (Alloway 2009; Krajewski u. Schneider 2006).

Unter das spezifische Vorwissen auf einer sehr basalen Ebene fallen im Sekundarstufenbereich nicht nur Zahl-Größen-Kompetenzen, sondern mit dem so genannten »Konventions- und Regelwissen« auch das Verständnis der über die bloße Ziffern- und Zahlenkenntnis hinausgehenden mathematischen Notation. Nach Ennemoser und Kollegen (im Druck) handelt es sich hierbei im Wesentlichen um die Kenntnis der verwendeten mathematischen Symbole und Regeln, nach denen mathematische Zeichenfolgen abgearbeitet werden. Darunter fassen die Autoren die korrekte Verarbeitung von Operatorenfolgen (Vorzeichen, Punkt-vor-Strich-Regel), die Berücksichtigung der Konventionen beim Rechnen mit Dezimalstellen, Klammern und Brüchen sowie das Verständnis von Potenzschreibweise und Wurzelzeichen.

Ähnlich wie für den Erwerb von Zahlwortfolge und Ziffernkenntnis wird hierbei angenommen, dass die Kenntnis und das Verständnis der Symbole nicht zwangsläufig mit einem tiefen konzeptuellen mathematischen Verständnis assoziiert ist, sondern dass diese im Sinne von Verarbeitungsregeln zumindest erst einmal gelesen und ausgeführt werden müssen. Wie die Ergebnisse der Studie von Ennemoser und Kollegen zeigen, hat das Konventions- und Regelwissen (KRW), das wiederum durch Zahl-Größen-Kompetenzen (MZK) vorhergesagt wurde, einen bedeutsamen Einfluss auf die mathematischen Schulleistungen in der 9. Klasse. Ein gut ausgebildetes konzeptuelles Verständnis von Zahlen (MZK) unterstützt demnach den Erwerb des Konventions- und Regelwissens, selbst wenn es sich bei diesem lediglich um eine basale Fertigkeitskomponente handelt, die in gewissem Umfang gegebenenfalls auch ohne tieferes konzeptuelles Verständnis erworben werden kann. Unter Einbezug beider Prädiktoren (MZK und KRW) konnten 67 % der Varianz in den Mathematikleistungen der 9. Klasse aufgeklärt werden.

Schwächen in Arbeitsgedächtnis, Zugriff auf das Langzeitgedächtnis, mentale Rotation und Aufmerksamkeitsregulierung als zusätzliche Risikofaktoren

Arbeitsgedächtnis und Zugriff aufs Langzeitgedächtnis

Neben spezifischen Vorläuferfertigkeiten stellt die Forschung in den letzten Jahren auch unspezifische kognitive Faktoren heraus, für die generelle Einflüsse auf die Schulleistungen und damit auch auf mathematische Leistungen postuliert werden. Allen voran wird immer wieder die Bedeutung von Arbeitsgedächtnisressourcen und des schnellen Zugreifens auf Zahlwörter sowie arithmetische Fakten im Langzeitgedächtnis belegt (Geary, Hamson u. Hoard 2000; Geary, Hoard, Byrd-Craven, Nugent u. Numtee 2007; Krajewski u. Schneider 2006; Passolunghi et al. 2007). Dass es sich hierbei tatsächlich um Fähigkeiten handelt, die unspezifisch wirken und bei Beeinträchtigungen mit verschiedenen Lernstörungen einhergehen, legen die Ergebnisse aus Studien nahe, in denen zwischen Kindern mit unterschiedlichen Arten von Lernstörungen unterschieden wurde. Hierbei zeigte sich, dass Kinder mit isolierter Rechenstörung (lediglich) Schwächen im visuell-räumlichen Arbeitsgedächtnis[1] aufweisen, während Kinder mit kombinierter Rechen- und Schriftsprachstörung zusätzlich auch defizitäre Leistungen im verbalen Arbeitsgedächtnis[2] sowie der Zentralen Exekutive[3] zeigen (Schuchardt, Mähler u. Hasselhorn 2008; von Aster, Schweiter u. Weinhold Zulauf 2007).

1 Menge an visuell-räumlicher Information, die beim einmaligen Betrachten gespeichert werden kann.
2 Menge an verbaler Information, die nach einmaligem Hören gespeichert werden kann.
3 Menge an visuell-räumlicher und/oder verbaler Information, die nach einmaliger Präsentation gespeichert und weiterverarbeitet werden kann.

In der oben angesprochenen Studie von Krajewski und Schneider (2009) fanden sich Hinweise darauf, dass auch die Beeinträchtigungen im visuell-räumlichen Speicher bereits vor Schuleintritt Einfluss auf die mathematische Entwicklung nehmen. Sie führten hier zu Beeinträchtigungen der höheren Zahl-Größen-Kompetenzen, bei denen die Verknüpfung von Zahlwörtern mit (visuell-räumlich erfassbaren) Mengen bedeutsam wird (Ebenen 2 und 3), zeigten darüber hinaus aber keinen Einfluss auf den Erwerb der Zahlwortfolge (Ebene 1), für den keine Mengenrepräsentation notwendig ist. Schließlich weist eine Studie von Reuhkala (2001) den substanziellen Einfluss des visuell-räumlichen Speichers auch für den Sekundarstufenbereich nach. Bei den hier untersuchten Neuntklässlern zeigten sich mittelhohe Zusammenhänge der Mathematikleistungen nicht nur mit der visuell-räumlichen Gedächtnisspanne, sondern auch mit der Fähigkeit zur mentalen Rotation.

Mentale Rotation

In die gleiche Richtung weisen auch die Befunde einer eigenen Langzeitstudie, in der Kinder zunächst vom Kindergarten bis zum Ende ihrer Grundschulzeit in ihrer mathematischen Entwicklung untersucht worden waren (Krajewski u. Schneider 2006) und für die mittlerweile auch eine Nacherhebung in der 9. Klasse vorgenommen werden konnte. Es zeigte sich, dass die hierbei identifizierten rechenschwachen Neuntklässler bereits vor Schuleintritt, und damit neun Jahre zuvor, nicht nur deutlich schwächere Zahl-Größen-Kompetenzen als ihre mathematisch unauffälligen Mitschüler aufgewiesen, sondern auch deutliche Beeinträchtigungen in ihrer vorschulischen Fähigkeit zur mentalen Rotation (Spiegelbilder legen) gezeigt hatten (Krajewski u. Ennemoser 2009). In der Studie konnte eine solche Rolle der mentalen Rotation für die mathematischen Grundschulleistungen nicht nachgewiesen werden. Eine mögliche Erklärung für diesen zeitverzögerten Einfluss der mentalen Rotationsfähigkeit auf die mathematischen Schulleistungen könnte in der Verfügbarkeit von Veranschaulichungshilfen liegen. So lässt sich mutmaßen, dass im Mathematikunterricht der Grundschule häufiger *externe* Veranschaulichungshilfen herangezogen werden (können), wodurch ein Aufbau innerer mathematischer Modelle von außen unterstützt wird. In diesem Fall wären visuell-räumliche Fähigkeiten des Schülers, die ihm den Aufbau eines inneren visuellen Modells über mathematische Sachverhalte ermöglichen, weniger relevant. Da für die Erarbeitung mathematischer Lehrplaninhalte in der Sekundarstufe externe Veranschaulichungen jedoch seltener eingesetzt werden (können), sollten hier die visuell-räumlichen Fähigkeiten eines Schülers zur inneren visuellen Repräsentation besonders zum Tragen kommen, da er sich nun für die Bewältigung mathematischer Probleme interne Modelle selbst konstruieren muss.

Aufmerksamkeitsregulation

Bisher wurden in vereinzelten Studien auch Zusammenhänge zwischen kindlichen Verhaltensauffälligkeiten und Lernstörungen untersucht. Hierbei konnten Schwächen in der kindlichen Aufmerksamkeit als Faktor identifiziert werden, der mit kombinierten Rechen- und Schriftsprachstörungen einhergeht (Fischbach, Schuchardt, Mähler u. Hasselhorn 2010; von Aster, Schweiter u. Weinhold Zulauf 2007). Demnach scheinen neben übergreifenden Schwächen im Arbeitsgedächtnis insbesondere auch Beeinträchtigungen in der Aufmerksamkeitsregulation einen Risikofaktor darzustellen, der das Lernen und die schulische Leistungsentwicklung beeinträchtigen und zu übergreifenden Lernstörungen führen kann.

Entwicklungsorientierte Förderung als Ziel der Prävention und Intervention von Rechenstörungen

Forderungen an eine entwicklungsorientierte Förderung

Mit Blick auf die beschriebenen Determinanten schulischer Mathematikleistungen lässt sich ableiten, dass Entwicklungsverzögerungen in diesen Bereichen zu substanziellen Defiziten in der mathematischen Kompetenzentwicklung führen können. Eine Förderung zur Prävention und Intervention von Rechenschwierigkeiten sollte daher entwicklungsorientiert erfolgen. Entwicklungsorientierte Förderung meint hier, dass erstens Entwicklungsdefizite in den basalen numerischen Kompetenzen durch einen systematischen Aufbau verhindert beziehungsweise geschlossen werden, zweitens anschließend konzeptuell verstandenes numerisches Faktenwissen gefestigt und automatisiert wird und dabei drittens begrenzte Ressourcen von Arbeitsgedächtnis und Aufmerksamkeit berücksichtigt werden.

Forderung 1: Entwicklungsorientierter Aufbau sowie Festigung von Zahl-Größen-Kompetenzen und Konventions- und Regelwissen

Bevor in der Therapie von Rechenschwierigkeiten mathematische Probleme des Schulcurriculums in Angriff genommen werden können, ist es bedeutsam, zunächst Defizite im basalen numerischen Wissen aufzudecken und zu schließen. Wie die Schwierigkeiten rechenschwacher Kinder und Erwachsener zeigen, spielt hierbei insbesondere die Ausbildung von Zahl-Größen-Kompetenzen der Ebene 2 (Zahl-Größen-Verknüpfung, Ausbildung einer numerischen

Größenrepräsentation) eine zentrale Rolle. Scheitert ein Grundschüler an schulischen Rechenaufgaben und stellt sich bei einer entwicklungsorientierten Diagnostik heraus, dass er die Ziffern noch nicht sicher beherrscht (Ebene 1) oder Zahlen noch nicht mit dahinter stehenden Größen verknüpfen kann (Ebene 2), müssen also zunächst diese Fähigkeiten systematisch aufgebaut und hierdurch Lücken in der Entwicklung geschlossen werden, bevor komplexere numerische Sachverhalte auf diesem Fundament aufgebaut werden können.

Ähnlich verhält es sich auch mit der mathematischen Notation (Konventions- und Regelwissen), deren fehlende (sichere) Beherrschung bei der Bearbeitung komplexerer Mathematikaufgaben dazu führen kann, dass zu viele Ressourcen von Arbeitsgedächtnis und Aufmerksamkeit für das Entschlüsseln der Symbole beansprucht werden und das Lösen einer mathematischen Aufgabe beträchtlich erschwert wird. Da demnach auch die unmittelbare Einbettung nicht gefestigter mathematischer Symbole in komplexere Mathematikaufgaben schnell dazu führen kann, dass ein Schüler an der Aufgabenbearbeitung scheitert, sollte auch das Symbolwissen zunächst diagnostiziert und gegebenenfalls isoliert geübt und gefestigt werden (Ennemoser et al., im Druck).

Erst wenn Basiskompetenzen erworben und gefestigt sind, Zahlen hierbei eine numerische Größenrepräsentation erfahren haben (Ebene 2) und numerische Relationen verstanden werden (Ebene 3), ist auch ein Selbst-Entdecken numerischer Strukturen in Aufgaben wie dem Fortsetzen von Zahlenfolgen oder dem Entdecken von Zahlmustern möglich, insofern diese nicht mehr durch einfaches Überspringen von Zahlwörtern beim Aufsagen der Zahlwortfolge (z. B. 1, 3, 5, ...; Ebene 1) lösbar sind. Fehlen allerdings-Ebene 2- und Ebene-3-Kompetenzen, können Kinder hier nicht selbst-entdeckend Lernen.

Forderung 2: Automatisierung konzeptuell verstandenen Faktenwissens

Der alleinige sichere Erwerb der genannten Basiskompetenzen ist aus einer ressourcenorientierten Perspektive jedoch nicht ausreichend. Vielmehr müssen diese – anschließend – in einem weiteren Schritt durch intensives Üben auch automatisiert werden, so dass sie als Fakten sofort aus dem Langzeitgedächtnis abgerufen werden können und damit »im Schlaf beherrscht« werden. Der Schritt der Automatisierungen schließt später auch das Beherrschen des *konzeptuell verstandenen* Einspluseins, Einsminuseins, Einmaleins und Einsdurcheins ein. Nur wenn diese basalen Fakten sofort abgerufen werden können, werden im Extremfall Kinder überhaupt erst fähig, eine Aufgabe vollständig zu bearbeiten (z. B.: Tim war in den Sommerferien 4 Wochen am Meer und dann noch 10 Tage bei den Großeltern, wie viele Tage war er in den Ferien nicht zu Hause?). So gibt die sofortige Verfügbarkeit von Fakten (z. B. eine Woche hat 7

Tage; $4 \times 7 = 28$) ebenso wie die Beherrschung der mathematischen Symbole beim Lösen einer komplexeren Aufgabe Arbeitsgedächtnis- und Aufmerksamkeitsressourcen frei, die nun für die weitere Aufgabenbearbeitung (z. B. $28 + 10 = 38$) zur Verfügung stehen. Da die Ressourcen bei rechenschwachen Kindern meist ohnehin beeinträchtigt sind, liegt in der Automatisierung von konzeptuell verstandenem Wissen ein großes Potenzial zur Freisetzung ansonsten nicht verfügbarer Arbeitsgedächtnisressourcen.

Forderung 3: Entlastung von Arbeitsgedächtnis- und Aufmerksamkeitsressourcen in der Förderung

Die beschriebenen Automatisierungsvorgänge führen zu einer Ressourcenreduktion, die im Schüler verortet werden kann. Darüber hinaus können und sollten jedoch auch Lernsituationen so gestaltet werden, dass sie Rücksicht auf begrenzte Arbeitsgedächtnis- und Aufmerksamkeitsressourcen nehmen (vgl. Krajewski u. Ennemoser 2010). So sollten Lernsituationen erstens so gestaltet sein, dass sofort »sichtbar« ist, was gelöst beziehungsweise gelernt werden soll. Aufgaben, in denen die größte Herausforderung darin besteht, erst einmal herauszufinden, was überhaupt getan werden soll, sind fehl am Platz, wenn es darum geht, Kompetenzen aufzubauen und zu festigen.

Für Darstellungsmittel bedeutet dies, dass sie eine klare äußere Veranschaulichung von numerischen Strukturen und Regeln wiedergeben sollten, welche andernfalls intuitiv nicht schnell erfasst werden können. Um beispielsweise den numerischen Aspekt und damit den »Sinn« der Zahlen herauszustellen, sollten bei der visuellen Darstellung von Zahlen für alle Zahlen dieselben Materialien verwendet werden (z. B. drei rote Chips, drei Kinder auf Bildkärtchen, drei schwarze Punkte für die Zahl 3 vs. fünf rote Chips, fünf Kinder auf Bildkärtchen, fünf schwarze Punkte für die Zahl 5). So wird sichergestellt, dass sich die dargestellten Mengen in numerisch-irrelevanten Aspekten wie Form, Farbe und Funktion nicht unterscheiden und damit die Zahlen ineinander überführt werden können. Nur so wird »sichtbar«, dass der Unterschied zwischen zwei (z. B. durch drei rote Chips vs. fünf rote Chips) dargestellten Zahlen wieder eine Zahl ist (zwei rote Chips → 2). Dieser bedeutende Aspekt gilt nur für Zahlen (der Unterschied zwischen zwei Buchstaben – z. B. b und m – ist hingegen kein Buchstabe) und sollte als zentrales numerisches Kriterium deutlich sichtbar sein. Nur bei Verwendung gleicher Materialien für alle Zahlen korrespondieren zudem auch die Fläche und das Volumen, das die verwendeten Materialien einnehmen, exakt mit der dargestellten Zahl. Soll ein Kind lernen, dass Zahlwörter zu Mengen zugeordnet werden (Ebene 2), ist es also bedeutend, dass die angeborene Fähigkeit zur Unterscheidung von Mengen anhand von Flächen und Volumina (Ebene 1) optimalerweise exakt auf die Zahldarstellungen angewendet werden kann. Hierfür müssen Darstellungen höherer Zahlen auch flächen- und volumenmäßig »mehr« vereinnahmen als kleinere Zahlen (vgl. z. B. »Zahlentreppe«, Krajewski 2008).

Neben visuellen Hilfsmitteln sollten in der Förderung des Weiteren Verbalisierungen herangezogen werden, damit auch über die sprachliche Repräsentation von numerischen Inhalten, ähnlich einem intuitiv-verständlichen Darstellungsmittel, das Wesentliche einer Lernsituation herausgestellt und insbesondere die Aufmerksamkeit der Kinder gezielt auf die numerischen Inhalte gelenkt werden kann.

Beispiel zur effektiven Förderung von Zahl-Größen-Kompetenzen

Systematischer Aufbau, Festigung und Automatisierung

Das Förderprogramm »Mengen, zählen, Zahlen« (MZZ; Krajewski, Nieding u. Schneider 2007) orientiert sich an den oben genannten Forderungen an eine entwicklungsorientierte numerische Förderung. Es zieht das eingangs dargestellte Entwicklungsmodell der Zahl-Größen-Verknüpfung als Fördermodell heran und widmet sich dem systematischen Aufbau von Zahl-Größen-Kompetenzen entlang der drei Ebenen. Hierdurch wird sichergestellt, dass (entwicklungsgemäß) vor der Förderung von Ebene-3-Kompetenzen (z. B. Zerlegung und Differenzen von Zahlen) ein gesichertes Größenverständnis von Zahlen (Ebene 2) vorliegt und Zahlwörter und Ziffernzeichen (Ebene 1) automatisiert sind. Für den Fall, dass sich nach ersten Erfahrungen mit dem Rechnen bereits Schwierigkeiten abzeichnen und diese insbesondere auf ein mangelndes Größenverständnis von Zahlen (Ebene 2) zurückzuführen sind, kann das Programm auch sinnvoll eingesetzt werden, um bereits bestehende Lücken in der numerischen Entwicklung zu schließen und damit die Anschlussfähigkeit an den mathematischen Schulunterricht wiederherzustellen.

Ressourcenorientierte Förderung

Die Förderung mit dem MZZ-Programm berücksichtigt durch die verwendeten Materialien und den Einbezug von Verbalisierungen die begrenzten Arbeitsgedächtnis- und Aufmerksamkeitsressourcen von Kindern. Die Materialien sind so gestaltet, dass sie den numerischen Aspekt der Zahlen herausstellen und den oben beschriebenen Anforderungen an Darstellungsmittel entsprechen. So wurde dezidiert darauf geachtet, für alle Zahlen dieselben Materialien zur Darstellung von Mengen und Größen heranzuziehen. Darüber hinaus werden die Kinder stetig angehalten, den Fokus auf die numerischen Aspekte der Situationen zu lenken und dabei das numerisch Wesentliche auch verbal zu formulieren und zusammenzufassen. Aus Rücksicht auf begrenzte visuelle Gedächtnisressourcen dürfen die Kinder die konkreten Darstellungsmittel schließlich bis zur Beherrschung aller Ebenen heranziehen und müssen hierbei noch nicht mental operieren.

Empirische Belege für die Effektivität

Mittlerweile liegt eine Serie von Studien vor, die die Effektivität des MZZ-Förderprogramms bei Kindergartenkindern (Krajewski, Nieding u. Schneider 2008), Kindern aus Vorklassen (Ennemoser 2010; Hasselhorn u. Linke-Hasselhorn 2010), Erstklässlern mit verzögerter mathematischer Entwicklung (Ennemoser u. Krajewski 2007; Ennemoser, Sinner u. Krajewski, in Vorb.; Sinner 2011), sieben- bis elfjährigen Lernhilfeschülern (Sinner u. Kuhl 2010) sowie sieben- bis 13-jährigen Schülern mit geistiger Behinderung (Kuhl u. Sinner 2009) belegen. Ergebnisse einer weiteren Studie weisen zudem darauf hin, dass auch eine direkt in den Erstklassunterricht integrierte MZZ-Förderung erfolgversprechend ist und Effekte auf die arithmetische Performanz der Kinder hat (Olyai, Otto, Büttner u. Krajewski 2011).

Fazit

Es wurde aufgezeigt, dass sich Zahl-Größen-Kompetenzen bereits ab einem frühen Alter entwickeln und dass Unterschiede in diesen Kompetenzen bis in die Sekundarstufe hinein Unterschiede in den schulischen Mathematikleistungen erklären. Für die Sekundarstufe wurde darüber hinaus die Bedeutung des Wissens um die mathematische Notation (Konventions- und Regelwissen) herausgestellt. Neben Einflüssen dieser beiden sehr basalen mathematikspezifischen Faktoren unterliegen die mathematischen Schulleistungen auch Einflüssen von Arbeitsgedächtnis, Aufmerksamkeitsregulierung, schnellem Zugreifen auf numerische Fakten im Langzeitgedächtnis sowie der Fähigkeit zur mentalen Rotation. Da sich Einschränkungen in der jeweiligen Entwicklung der genannten Faktoren schnell kumulieren und zu substanziellen Defiziten in den mathematischen Schulleistungen führen können, sollten sie vor allem beim Vorliegen von Rechenschwierigkeiten einer genaueren Diagnostik unterzogen werden (z. B. Ennemoser, Krajewski u. Sinner, in Vorb.).

Insbesondere die Zahl-Größen-Kompetenzen (Ausbildung einer Größenvorstellung von Zahlen) und das Konventions- und Regelwissen sowie der schnelle, routinierte und automatisierte Zugriff auf dieses Wissen sollten Fähigkeiten und Fertigkeiten sein, die trainierbar sind, so dass sie einen Ansatzpunkt für Maßnahmen zur Prävention und Intervention von Rechenstörungen bieten. Da Kinder mit Rechenstörungen häufig auch Schwächen im Arbeitsgedächtnis und in der Aufmerksamkeitsregulation aufweisen, sollte in der Förderung auf eine entwicklungs- und ressourcenorientierte Gestaltung der Materialien und Förderinhalte geachtet werden. Wie im letzten Abschnitt gezeigt werden konnte, sind solche Maßnahmen zumindest im kleinen Zahlenraum vielversprechend und führen dazu, dass Lücken in der mathematischen Entwicklung geschlossen werden und eine bessere Anschlussfähigkeit an die schulischen Mathematikinhalte erreicht wird. Als wichtiges Ziel zukünftiger Forschung ist nun noch der Nachweis zu erbringen, dass eine Förderung, die sich an diesen Grundsätzen orientiert, auch im Sekundarschulbereich erfolgreich ist und Rechenschwierigkeiten beheben kann.

Literatur

Alloway, T. P. (2009): Working memory, but not IQ, predicts subsequent learning in children with learning difficulties. European Journal of Psychological Assessment 25: 92–98.

Alloway, T. P., Gathercole, S. E., Adams, A.-M., Willis, C., Eaglen, R., Lamont, E. (2005): Working memory and phonological awareness as predictors of progress towards early learning goals at school entry. British Journal of Developmental Psychology 23: 417–426.

Aster, M. von, Schweiter, M., Weinhold Zulauf, M. (2007): Rechenstörungen bei Kindern: Vorläufer, Prävalenz und psychische Symptome. Zeitschrift für Entwicklungspsychologie und Pädagogische Psychologie 39: 85–96.

Aster, M. G. von, Shalev, R. S. (2007): Number development and developmental dyscalculia. Developmental Medicine, Child Neurology 49: 868–873.

Aunola, K., Leskinen, E., Lerkkanen, M.-K. Nurmi, J.-E. (2004): Developmental dynamics of mathematical performance from preschool to grade 2. Journal of Educational Psychology 96: 699–713.

Berg, D. H. (2008): Working memory and arithmetic calculation in children: The contributory roles of processing speed, short-term memory, and reading. Journal of Experimental Child Psychology 99: 288–308.

Bradley, L., Bryant, P. (1985): Rhyme and reason in reading and spelling. Ann Arbor.

Clearfield, M. W., Mix, K. S. (1999): Number versus contour length in infants' discrimination of small visual sets. Psychological Science 10: 408–411.

Colombo, J., Richman, W. (2002): Infant time keeping: Attention and temporal estimation in 4-month-olds. Research Report 13: 475–479.

Dehaene, S. (1992): Varieties of numerical abilities. Cognition 44: 1–42.

Ennemoser, M. (2010): Training mathematischer Basiskompetenzen als unterrichtsintegrierte Maßnahme in Vorklassen. Empirische Pädagogik 24(4): 336–352.

Ennemoser, M. Krajewski, K. (2007): Effekte der Förderung des Teil-Ganzes-Verständnisses bei Erstklässlern mit schwachen Mathematikleistungen. Vierteljahreszeitschrift für Heilpädagogik und ihre Nachbargebiete 76: 228–240.

Ennemoser, M., Krajewski, K. Schmidt, S. (2011): Entwicklung und Bedeutung von

Mengen-Zahlen-Kompetenzen und eines basalen Konventions- und Regelwissens in den Klassen 5 bis 9. Zeitschrift für Entwicklungspsychologie und Pädagogische Psychologie 43 (4): 228–242.

Ennemoser, M., Krajewski, K. Sinner, D. (in Vorb.): Test zur Erfassung mathematischer Basiskompetenzen ab Schuleintritt (MBK 1): Göttingen.

Ennemoser, M., Sinner, D. Krajewski, K. (in Vorb.): Short and long-term effects of training in early quantity-number competencies in 1st grade at-risk children.

Feigenson, L., Carey, S., Spelke, E. (2002): Infants' discrimination of number vs Continuous extent. Cognitive Psychology 44: 33–66.

Fischbach, A., Schuchardt, K., Mähler, C. Hasselhorn, M. (2010): Zeigen Kinder mit schulischen Minderleistungen sozio-emotionale Auffälligkeiten? Zeitschrift für Entwicklungspsychologie und Pädagogische Psychologie 42: 201–210.

Fritz, A. Ricken, G. (2008): Rechenschwäche. München.

Fuson, K. (1988): Children's counting and concepts of number. New York.

Gaupp, N., Zoelch, C. Schumann-Hengsteler, R. (2004): Defizite numerischer Basiskompetenzen bei rechenschwachen Kindern der 3. und 4. Klassenstufe. Zeitschrift für Pädagogische Psychologie 18: 31–42.

Geary, D. C., Hamson, C. O., Hoard, M. K. (2000): Numerical and arithmetical cognition: A longitudinal study of process and concept deficits in children with learning disability. Journal of Experimental Child Psychology 77: 236–263.

Geary, D. C., Hoard, M. K., Byrd-Craven, J., Nugent, L., Numtee, C. (2007): Cognitive mechanisms underlying achievement deficits in children with mathematical learning disability. Child Development 78: 1343–1359.

Hasselhorn, M. Linke-Hasselhorn, K. (2010): Fostering of early numerical skills at school start in children at risk for mathematical achievement problems. Manuscript submitted for publication.

Huntley-Fenner, G., Cannon, E. (2000): Preschooler's magnitude comparisons are mediated by a preverbal analog mechanism. Psychological Science 11: 147–152.

Jordan, N. C., Kaplan, D., Locuniak, M. N., Ramineni, C. (2007): Predicting first-grade math achievement from developmental number sense trajectories. Learning Disabilities Research and Practice 22: 36–46.

Koponen, T., Aunola, K., Ahonen, T., Nurmi, J.-E. (2007): Cognitive predictors of single-digit and procedural calculation skills and their covariation with reading skill. Journal of Experimental Child Psychology 97: 220–241.

Krajewski, K. (2003): Vorhersage von Rechenschwäche in der Grundschule. Hamburg.

Krajewski, K. (2005): Vorschulische Mengenbewusstheit von Zahlen und ihre Bedeutung für die Früherkennung von Rechenschwäche. In: Hasselhorn, M.; Schneider, W.; Marx, H. (Hg.), Diagnostik von Mathematikleistungen. Test & Trends, N. F. 4. Göttingen, S. 49–70.

Krajewski, K. (2007): Entwicklung und Förderung der vorschulischen Mengen-Zahlen-Kompetenz und ihre Bedeutung für die mathematischen Schulleistungen. In: Schulte-Körne, G. (Hg.), Legasthenie und Dyskalkulie: Aktuelle Entwicklungen in Wissenschaft, Schule und Gesellschaft. Bochum, S. 325–332.

Krajewski, K. (2008): Mathematik plus – Zahlentreppe: Lehrmittel für das 1. Schuljahr. Berlin.

Krajewski, K., Ennemoser, M. (2009): The impact of domain-specific precursors and visual-spatial operating in kindergarten on mathematical school achievement in Grade 9. Paper presented at the Biennial Meeting of the Society for Research in Child Development on 2nd April in Denver, Colorado, USA.

Krajewski, K., Ennemoser, M. (2010): Die Berücksichtigung begrenzter Arbeitsgedächtnisressourcen in Unterricht und Lernförderung. In: Trolldenier, H.-P.; Lenhard, W.; Marx, P. (Hg.), Brennpunkte der Gedächtnisforschung. Göttingen, S. 337–365.

Krajewski, K., Nieding, G., Schneider, W. (2007): Mengen, zählen, Zahlen: Die Welt der Mathematik verstehen (MZZ): Berlin: Cornelsen.

Krajewski, K., Nieding, G., Schneider, W. (2008): Kurz- und langfristige Effekte mathematischer Frühförderung im Kindergarten durch das Programm »Mengen, zählen, Zahlen«. Zeitschrift für Entwicklungspsychologie und Pädagogische Psychologie 40: 135–146.

Krajewski, K., Schneider, W. (2006): Mathematische Vorläuferfertigkeiten im Vorschulalter und ihre Vorhersagekraft für die Mathematikleistungen bis zum Ende der Grundschulzeit. Psychologie in Erziehung und Unterricht 53: 246–262.

Krajewski, K., Schneider, W. (2009): Exploring the impact of phonological awareness, visual-spatial working memory, and preschool quantity-number competencies on mathematics achievement in elementary school: Findings from a 3-year-longitudinal study. Journal of Experimental Child Psychology 103: 516–531.

Kuhl, J., Sinner, D. (2009): Förderung von mathematischen Basiskompetenzen bei Schülern mit geistiger Behinderung. Posterpräsentation auf der Tagung der Arbeitsgruppe Empirische Sonderpädagogische Forschung in Hamburg, November 2009.

Landerl, K., Bevan, A., Butterworth, B. (2004): Developmental dyscalculia and basic numerical capacities: A study of 8–9 year old students. Cognition 93: 99–125.

Lee, K., Ng, S.-F., Ng, E.-L., Lim, Z.-Y. (2004): Working memory and literacy as predictors of performance on algebraic word problems. Journal of Experimental Child Psychology 89: 140–158.

Moser Opitz, E. (2005): Lernschwierigkeiten Mathematik in Klasse 5 und 8. Eine empirische Untersuchung zu fehlenden mathematischen Basiskompetenzen. Vierteljahresschrift für Heilpädagogik und ihre Nachbargebiete (74) 2: 113–128.

Olyai, N., Otto, B., Büttner, G. Krajewski, K. (2011): Numbers – Wirksamkeitsevaluation einer unterrichtsintegrierten Förderung von Mengen-Zahlen-Kompetenz und Selbstregulation zur Sekundärprävention von Rechenschwierigkeiten. Poster auf der Tagung für Pädagogische Psychologie vom 14.–16. September in Erfurt.

Passolunghi, M. C., Vercelloni, B., Schadee, H. (2007): The precursors of mathematics learning: working memory, phonological ability and numerical competence. Cognitive Development 22: 165–184.

Resnick, L. B. (1989): Developing mathematical knowledge. American Psychologist 44: 162–169.

Reuhkala, M. (2001): Mathematical Skills in Ninth-graders: Relationship with visuo-spatial abilities and working memory. Educational Psychology 21: 387–399.

Schuchardt, K., Mähler, C., Hasselhorn, M. (2008): Working memory deficits in children with specific learning disorders. Journal of Learning Disabilities 41: 514–523.

Siegler, R. S., Opfer, J. E. (2003): The development of numerical estimation: Evidence for multiple representations of numerical quantity. Psychological Science 14 (3): 237–243.

Simanowski, S., Greiner, N., Krajewski, K. (2011): Der Einfluss der phonologischen Bewusstheit im weiteren Sinne auf frühe Mengen-Zahlen-Kompetenzen. Poster auf der 20. Tagung der Fachgruppe Entwicklungspsychologie vom 12.–14. September in Erfurt.

Simon, T. J., Hespos, S. J., Rochat, P. (1995): Do infants understand simple arithmetic? A replication of Wynn (1992): Cognitive Development, 10, 253–269.

Sinner, D. (2011): Prävention von Rechenschwäche durch ein Training mathematischer

Basiskompetenzen in der Grundschule. Abteilung Pädagogische Psychologie: Universität Gießen.
Sinner, D., Kuhl, J. (2010): Förderung mathematischer Basiskompetenzen in der Grundstufe der Schule für Lernhilfe. Zeitschrift für Entwicklungspsychologie und Pädagogische Psychologie 42 (4): 241–251.
Skowronek, H., Marx, H. (1989): The Bielefeld longitudinal study on early identification of risks in learning to write and read: Theoretical background and first results. In M. Brambring, F. Lösel, H. Skowronek (Hg.), Children at risk: Assessment, longitudinal research, and intervention. New York, S. 268–294.
Starkey, P., Cooper, R. G. (1980): Perception of numbers by human infants. Science 210: 1033–1035.
Stern, E. (2003): Früh übt sich: Neuere Ergebnisse aus der LOGIK-Studie zum Lösen mathematischer Textaufgaben in der Grundschule. In A. Fritz, G. Ricken, S. Schmidt (Hg.), Handbuch Rechenschwäche – Lernwege, Schwierigkeiten und Hilfen. Weinheim, S. 116–130.
Weißhaupt, S., Peucker, S., Wirtz, M. (2006): Diagnose mathematischen Vorwissens im Vorschulalter und Vorhersage von Rechenleistungen und Rechenschwierigkeiten in der Grundschule. Psychologie in Erziehung und Unterricht 53: 236–245.
Wynn, K. (1992): Addition and subtraction by human infants. Nature 358, 749–750.
Xu, F., Spelke, E. S., Goddard, S. (2005): Number sense in human infants. Developmental Science 8: 88–101.

Jens Holger Lorenz

Grundlagen der Förderung und Therapie

Wege und Irrwege

Die Schule als Ort der Förderung für Kinder mit Rechenschwäche

Zunehmend sprießen Einrichtungen wie das »Institut zur Behandlung der Dyskalkulie«, das »Zentrum für Arithmasthenie« und ähnliche aus dem Boden, die sich anheischig machen, Kindern mit mathematischen Lernproblemen zu helfen, was naturgemäß seinen (stolzen) Preis hat. Zweierlei spricht gegen diese Einrichtungen: Zum einen ist der Ort, an dem Kinder zum ersten Mal Lernprobleme zeigen, die Schule. Mehrere Stunden in der Woche sieht die Lehrerin oder der Lehrer das Kind und seine arithmetischen Fehler, seine wiederkehrenden untauglichen Versuche, sich den Zahlen und Zahloperationen zu nähern, und in vielen weiteren Stunden seine Stärken und Schwächen in anderen (schulischen Lern-)Bereichen. Das Kind zeigt seinen motorischen Entwicklungsstand auf dem Schulhof und im Sportunterricht, seine visuelle Verarbeitung im Deutschunterricht in der Blattorganisation und im Kunstunterricht, seine auditive und visuelle Diskriminationsfähigkeit und Figur-Grund-Wahrnehmung in sämtlichen Stunden.

Es ergibt sich, ein diagnostisches Auge vorausgesetzt, ein Gesamtbild der kindlichen Persönlichkeit und Entwicklung. Es ist ein Irrtum zu glauben, eine punktuelle, auf eine oder zwei Stunden pro Woche beschränkte Therapie könne dies in ähnlicher Form leisten. Zum anderen, dies gilt zumindest für Deutschland, existiert keine Ausbildung zum so genannten »Dyskalkulie-Therapeuten«, es bestehen keine verbindlichen Normen, was darunter zu verstehen sei oder über welche Qualifikation eine solche Person verfügen sollte. Der Titel »Dyskalkulie-Therapeut« ist ungeschützt, jeder kann ihn sich kostenfrei zulegen, ohne Nachweis einer irgendwie gearteten Kompetenz (dies soll nicht sämtliche tätigen Therapeuten disqualifizieren, lediglich die Problematik verdeutlichen).

Grundschullehrerinnen und -lehrer hingegen sind ausgebildet in mathematischen Lernprozessen, in der Beobachtung von kindlichen Auffälligkeiten und in den Symptomen der Rechenschwäche. Zumindest hält dies in verstärkter Form Eingang in die Lehrerausbildung und -fortbildung (so haben einige Bundesländer die Themen »Rechenschwäche« und »Lese-Rechtschreib-Schwäche« als obligatorische Inhalte in ihre Prüfungs- und Studienordnungen für Lehramtskandidaten aufgenommen). Die Kenntnisse in pädagogischer und kognitiver Psychologie, Teilen der klinischen Psychologie, in Mathematik und Mathematikdidaktik sowie in neueren Unterrichtsmethoden sind vielleicht nicht so umfangreich, wie es für jeden individuellen Fall der Dyskalkulie wünschenswert wäre, aber sicher umfangreicher als bei den übrigen Berufen. In diesem Sinne stellen Lehrerinnen und Lehrer die Experten dar, an die sich betroffene Eltern und Schüler wenden sollten.

Etwas in die Aus- und -fortbildung aufzunehmen stellt allerdings erst die eine Seite dar, die Umsetzung der Förderung bei Rechenschwäche im alltäglichen Unterricht die andere. Es lassen sich durchaus ungünstige Szenarien entwerfen, die gar nicht so weit von der üblichen Realität entfernt sein müssen und die dem Kind in seiner arithmetischen Entwicklung nicht nur nicht helfen, sondern es im Gegenteil behindern. Und dies gilt keineswegs nur für rechenschwache Kinder, sondern auch für »normale«, nicht von einer Dyskalkulie betroffene Kinder, die dann nicht durch, sondern trotz des Mathematikunterrichts lernen.

Der herkömmliche (negative) Mathematikunterricht und die Notwendigkeit seiner Veränderung

Der herkömmliche Mathematikunterricht in Deutschland lässt sich, cum grano salis und sicher nicht für jede Stunde zutreffend, in seiner Tradition folgendermaßen negativ charakterisieren. Er

- verkürzt Mathematik auf das Rechnen,
- betont die (schriftlichen) Algorithmen, das Einüben von Rechenschritten und nicht das Verstehen von Zahlzusammenhängen,
- ist auf Fehlervermeidung aus,
- vernachlässigt die Geometrie, da sie nicht im Zusammenhang mit Zahlbeziehungen und dem Aufbau von Zahlenräumen in der Vorstellung gesehen wird,
- entwickelt daher selten kognitive Prototypen für die arithmetischen Operationen,
- lässt individuelle Lernwege nicht zu,
- verlässt sich auf die (vermeintliche) Objektivität der Mathematik,
- sieht Mathematik nicht als soziales Phänomen.

Unglücklicherweise sind einige der Voraussetzungen, auf denen diese langjährige und daher so veränderungsresistente Vorgehensweise beruht, nicht gültig, wie lern- und kognitionspsychologische Studien zeigen konnten. Hingegen müssen andere Prämissen angenommen und entsprechende Konsequenzen gezogen werden, insbesondere folgende:

- Mathematik lernen heißt, Zahlenbeziehungen und arithmetische Operationen zu verstehen, denn Einsichten sind wichtiger als Automatismen.
- Schüler lernen an für sie bedeutsamen mathematischen Problemen oder Sachaufgaben.
- Komplexität ist auch für (vermeintlich) leistungsschwache Schüler keineswegs hinderlich, sondern hilfreich, da in der Gesamtsituation mehr Bedeutung enthalten ist.
- Da Schüler auf individuellen Wegen lernen, kann man ihr Lernen nur anregen und auch im Fall von Lernstörungen nie steuern.
- Beim Mathematiklernen sind Fehler wichtig; erklärt ein Schüler seinen fehlerhaften Lösungsweg den Mitschülern, treten plötzlich Aha-Effekte auf, die ihn besser verstehen lassen als sämtliche Lehrerbelehrung.
- Mathematikbetreiben ist aktives Entdecken.
- Didaktisches Vereinfachen, Elementarisieren, kleinschrittiges Zurichten und Anleiten stört hierbei.
- Hingegen kann eine Überforderung nützlich sein, soweit sie in der Zone der nächsten Entwicklungsschritte liegt.
- Schüler lernen mathematische Inhalte besser von- und miteinander als von der Lehrerin oder dem Lehrer, da sie argumentieren, begründen, vergleichen, nachvollziehen und Hypothesen bilden müssen.

Notwendige Veränderungen im Lehrerverhalten

Der Mathematikunterricht verlangt von der Lehrperson eine Zurücknahme ihres pädagogischen Impetus, der sie üblicherweise veranlasst, in Lernprozesse frühzeitig einzugreifen und sie glatt machen zu wollen. Auch kleine Veränderungen stellen sich aber aufgrund des schon habituellen Lehrverhaltens als ausgesprochen schwierig heraus. Der Unterricht sollte von den Kindern ausgehen und damit nicht mehr die Lehrperson im Zentrum der Aufmerksamkeit stehen. Viel ist schon gewonnen, wenn die Lehrerin beziehungsweise der Lehrer nicht vorne, sondern an der Seite oder hinter der Klasse steht.

Ebenso schwierig ist es offensichtlich für viele Pädagogen, Fehler an der Tafel stehen zu lassen, bis sich Kritik aus der Klasse regt. Die didaktisch-methodische Befürchtung, das Falsche könne sich einprägen, scheint unbegründet: Auch das Richtige prägt sich erfahrungsgemäß nicht ein.

Eine Belehrung, die im deutschen Mathematikunterricht häufig in Form des Vormachens und Nachmachens stattfindet, trägt zum Verständnis nur selten bei. Erst dann eigentlich, wenn das Verfahren an bisheriges Wissen angebunden und mit ihm vernetzt werden kann, findet Verstehen statt. Anderenfalls kann nur imitiert, böse formuliert: unverstanden nachgeäfft werden, aber Zusammenhänge entziehen sich dem tieferen Verständnis.

Der durch die veränderte Lehrerrolle gewonnene Freiraum kann zu diagnostischen und individuell fördernden Schritten genutzt werden. Ist die Lehrperson nicht mehr mit (meist wirkungslosem) Instruieren befasst, dann hat sie Zeit und Ruhe, sich einzelnen Kindern mit Lernstörungen zuzuwenden, sie in ihrem Lösungsbemühen zu beobachten und Hypothesen über mögliche Verursachungsfaktoren zu bilden. Geeignete diagnostische Aufgaben, die die Eigenkonstruktionen der Kinder erfassen, können in diesen Phasen gezielt eingesetzt und ausgewertet werden. Zudem kann die Konstruktion im Kopf, diese notwendige Phase bei der Entwicklung der Zahl- und Zahloperationsbeziehungen, durch rechtzeitige Entfernung (!) von Veranschaulichungsmaterial angeregt werden.

Die Zahlen in unserem Kopf

Wie rechnen Grundschüler die Aufgabe 36 + 18? Viele, insbesondere die rechenschwachen Schüler werden zählen, andere werden aber, und das ist das Ziel für alle (!), unterschiedliche Strategien verwenden:

- Zuerst die Zehner (30 + 10) und dann die Einer (6 + 8): 36 + 18 = 30 + 10 + 6 + 8 = 54
- Zur 36 die 10 addieren, dann die 8: 36 + 18 = 36 + 10 + 8 = 54
- Bei der zweiten Zahl beginnend zuerst die Einer, dann die Zehner: 36 + 18 = 18 + 6 + 30 = 54
- Oder umgekehrt erst die Zehner, dann die Einer: 36 + 18 = 18 + 30 + 6 = 54
- Addition von 4 zur ersten Zahl, die von der zweiten wieder abgezogen wird (Zehnerergänzung beziehungsweise gegensinniges Verändern): 36 + 18 = 36 + 4 + 14 = 40 + 14 = 54
- Addition von 20, anschließende Subtraktion von 2: 36 + 18 = 36 + 20 – 2 = 56 – 2 = 54
- Subtraktion von 2 und anschließende Addition von 20: 36 + 18 = 36 – 2 + 20 = 34 + 20 = 54

Dies sind nur einige Beispiele, die als Rechenstrategien in einer zweiten Grundschulklasse beobachtet werden können; viele unterschiedliche Strategien, vor allem aber auch Strategien, die gar nicht unterrichtet wurden (Beishuizen 1997; Lorenz 1997). Und wie geht man als Lehrperson damit um?

Zum einen sollte man sich darüber klar werden, wie man selbst rechnet. Rechnet man immer gleich? Wohl kaum. Wir Erwachsene verfügen über ein reiches Arsenal an elaborierten Rechenstrategien, die wir bei Bedarf einsetzen. Aber was heißt »bei Bedarf«? Bei Bedarf bedeutet, dass wir unsere Rechenstrategien davon abhängig machen, um welche Zahlen es sich handelt! Nicht eine einmal erlernte, feste Strategie führt uns zum Rechenerfolg, sondern die breite Auswahl, die wir zahlenangemessen verwenden.

Aber dies ist nur ein Teil der Antwort auf die Frage, wie wir Erwachsene rechnen. Wir können die Strategien beschreiben und besitzen sogar didaktische Bezeichnungen für einige von ihnen. Aber was geht bei den Rechnungen in unserem Kopf vor? Wie kommen wir dazu, uns für eine bestimmte Rechenstrategie zu entscheiden und gegen eine andere? Und sind es bewusste Entscheidungen, oder trifft unser Kopf diese Entscheidung selbsttätig, ohne unser bewusstes Zutun?

Wir haben es hier mit einem Problem zu tun, das in abgewandelter Form auch den Unterricht charakterisiert: Wir bedienen uns der Sprache, hier und im Unterricht, um zu beschreiben, wie wir rechnen. Aber tatsächlich denken wir beim Rechnen nicht sprachlich, wir sagen uns bei den obigen Aufgaben nicht als Text vor »Ich muss die Zehnerergänzung vornehmen« oder »Es ist günstiger, erst 20 zu addieren« oder Ähnliches. Nein, die Zahlen sind im Kopf in Form einer bildhaften Darstellung repräsentiert, als visueller Zahlenraum. Viele Untersuchungen der letzten hundert Jahre zeigen, wie sich Erwachsene Zahlen vorstellen, um damit zu rechnen. Dreierlei ist hierbei bedeutsam:

- Die Zahlenraumvorstellungen sind individuell unterschiedlich, kaum zwei gleichen sich ganz.
- Sie sind praktisch immer linear, das heißt in Form einer Zahlengeraden. In unserem Kulturkreis sind die Zahlen in der Vorstellung insbesondere von links nach rechts angeordnet, im arabischen Kulturkreis eher von rechts nach links (es darf darüber spekuliert werden, inwieweit dies mit der Schrift zu tun hat).
- Sie haben bei aller Verschiedenheit eine hohe Affinität zu den kindlichen Veranschaulichungsmitteln. Dies müssen nicht Veranschaulichungsmittel aus dem Unterricht selbst sein, sondern Mittel, an denen bereits im Vorschulalter mit Zahlen gerechnet wurde, an denen Zahlbeziehungen erprobt wurden.

Zahlenvorstellungen sind also ein imaginierter Zahlenraum. Mit Hilfe dieser Vorstellung rechnen wir. Rechnungen sind dabei Bewegungen in diesem Zahlenraum, meist Sprünge nach rechts bei der Addition, Sprünge nach links bei der Subtraktion. Und der vorgestellte Zahlenraum ermöglicht es uns auch, die »Nähe« zwischen Zahlen zu sehen. Dies lässt dann auf bestimmte, günstige Rechenstrategien zurückgreifen.

So werden Erwachsene und normale Grundschulkinder bei der Aufgabe 93 – 88 ergänzen, das heißt von der 88 zur 93 gehen, da diese beiden Zahlen so nahe beieinander liegen (und nicht, weil das Ergänzungsverfahren bei der Subtraktion in Deutschland vorgeschrieben ist). Hingegen werden wir bei der Aufgabe 93 – 5 (entgegen des KMK-Beschlusses für die schriftlichen Verfahren) nicht ergänzen, sondern abziehen. Und bei der Aufgabe 93 – 19? Vielleicht rechnen einige dabei 93 – 10 – 9, andere hingegen 93 – 20 + 1, weil die 19 so nahe bei der günstigen 20 liegt. Auch diese Entscheidung ist nicht sprachlich gespeichert, das kann sie gar nicht, sondern die Nähe zwischen 19 und 20 wird »gesehen« (Seron, Pesenti, Noël, Deloche u. Cornet 1993). Es ist deutlich, dass solches »Sehen« geometrische Erfahrung voraussetzt, denn Entfernungen spielen für die Strategieentscheidung eine bedeutsame Rolle. Dies macht die Geometrie in der Grundschule so wesentlich. Ohne die Fähigkeit, sich Zahlen (und andere Dinge und Handlungen) vorzustellen, sind Grundschüler auf die ihnen dann einzig verbleibende Strategie des Zählens – meist an den Fingern – zurückverwiesen. Und genau dies machen rechenschwache Kinder.

Neuere Ansätze zur Erklärung der Dyskalkulie

Bereits von den Gestaltpsychologen (Bergson, Wertheimer) wurde der räumliche Faktor für das Rechnen und seine Störungen hervorgehoben, da der Wert einer Zahl nicht über iteratives Addieren von »Einern« erhalten werden kann, sondern dafür die Idee der relativen Position dieser Zahl zur Eins oder anderen herausragenden Zahlen, zum Beispiel der 10, 50 oder 100, vorhanden sein muss (mentale Repräsentation einer Zahl als notwendige Vorstellung im Raum). Eine bedeutungshaltige Erfassung einer Zahl ohne solche quasi räumliche Bestimmung ist nicht möglich. Die Störung der Rechenfähigkeit ist danach auf eine Beeinträchtigung des visuellen Gedächtnisses oder auf ein Defizit in der visuellen Analyse/Synthese, dem »Vermögen des Überschauens«, zurückzuführen (vgl. auch von Aster 1997, 2000).

Innerhalb der Neurologie und durch Befunde der Neuropädiatrie gestützt veränderte sich das Konzept der verletzungsbedingten Rechenschwäche. Es gilt, jene kognitiven Fähigkeiten differenzierter zu beschreiben, die für die Rechenaufgaben erforderlich sind. Folgende Störungen kognitiver Faktoren haben sich als die Rechenleistung beeinträchtigend ergeben:
- Störungen im taktil-kinästhetischen Bereich,
- Störungen der auditiven Wahrnehmung, Speicherung und Serialität,
- Störungen der visuellen Wahrnehmung, Speicherung und Serialität,
- Störungen der Intermodalität.

Frühkindliche Störungen im taktil-kinästhetischen Bereich führen zu einer Störung des Körperschemas, Schwierigkeiten der Rechts-Links-Unterscheidung zu einer Raumorientierungsstörung und damit Beeinträchtigung der Rechenfähigkeit (Lorenz 2003). Auditive Störungen verhindern unter anderem die Speicherung von Zahlen (586, 237) oder Aufgaben (47 + 18) sowie der Zwischenergebnisse bei Kopfrechenaufgaben. Im arithmetischen Anfangsunterricht werden klassifikatorisch-kategoriale, relationale (nah – fern, kurz –

lang), komparative und räumlich-zeitlich präpositionale Bestimmungen (auf, über, unter, an, bei, in, vorher, nachher, um, vor, zwischen etc.) gefordert; ebenso kausale (wenn ... dann, weil, daher) und ein- und ausschließende Relationen (alle, manche, keiner, irgendeiner, alle außer, weder ... noch), feinere Sprachkompetenz also als im muttersprachlichen Unterricht. Die Störungen im visuellen Bereich als Hauptverursachungsfaktor für Rechenschwäche führen zu Schwierigkeiten der Vorstellung räumlicher Beziehungen und der Eins-zu-eins-Zuordnung. Interne Bilder für arithmetische Operationen bleiben aus.

Insgesamt lässt sich mit diesem Ansatz analysieren, bei welchen Lernschritten, bei welchen Präsentationsformen und bei der Bearbeitung welcher arithmetischen Aufgaben diese allgemeinen kognitiven Fähigkeiten verlangt werden und wie sich die Störungen zeigen. Es wird versucht, durch die Stärkung jener Fähigkeiten, die als defizient diagnostiziert sind, auch die Schulleistung implizit mit zu verbessern. Vorgeschlagen werden allgemeine Förderprogramme zur modalen, intermodalen und serialen Wahrnehmung. Dies stellt sich aber meist als wenig effizient heraus (Irrtum). Erfolgversprechender ist es, die Förderprogramme an die zu erlernenden Inhalte zu adaptieren und mit diesen zu koppeln.

Auch in dem Modell von Dehaene (1999) bezieht sich das dritte Modul, die »analoge Größen-Repräsentation«, auf die Fähigkeit, Anzahlen zu vergleichen und abzuschätzen. Das Verständnis der individuellen Charakteristik einer Anzahl, die durch eine Zahl repräsentiert wird, verlangt eine schnelle Orientierung über die Lösungsrichtigkeit eines Vergleichsproblems. Das Verständnis wird über die (mentalen) Vorstellungsbilder von Zahlenräumen beziehungsweise Zahlenlinien konstruiert (Dehaene 1999), die individuell extrem unterschiedlich ausfallen können (Lorenz 1992; 1997).

Zahlen als Relationalzahlen

Rechenoperationen werden über Handlungen mit konkretem Material eingeführt, sie entstehen als Abstraktionen aus Alltagshandlungen. Dies bedeutet aber nun keineswegs, dass Zahlen auch in unserem Denken als Mengen, als Anhäufungen von Objekten gedacht werden. Bei der obigen Aufgabe 93 – 19 »sieht« man nicht eine Menge von zum Beispiel 93 Apfelsinen, von denen man 19 entfernt oder gar 20 wegnimmt, um dann eine wieder hinzuzulegen. Sondern es wird in Form von abstrakten Zahlen gedacht, die Zahlen als Abfolge, als lineare Anordnung in dem vorgestellten Zahlenraum (Lorenz 1992). Zahlen bilden Beziehungen mit anderen Zahlen. Wir können eine Zahl, etwa die 28, nicht allein denken, sondern wir denken sie als zwischen 20 und 30 liegend, näher an der 30. Zahlen bilden Relationen ab: 50 ist die Hälfte von 100 und das Doppelte von 25, das Fünffache von 10. Zahlen haben keine eigene Größe!

Zwar ist der Hunderter-Zahlenstrahl, der üblicherweise in der Klasse hängt, einen Meter lang, aber 100 ist nicht »ein Meter«. Wenn wir 10000 denken, dann ist 100 wenig, sehr klein, wenn wir 20 denken, dann ist 100 sehr groß.

Dies bedeutet, dass auch mit rechenschwachen Kindern diese Zahlvorstellung entwickelt werden muss. Sonst bleiben Zahlen und arithmetische Operationen bedeutungslos in dem Sinne, dass keine Vorstellungen damit verbunden sind. Insbesondere im sonderpädagogischen Bereich wird aber in hohem Maß von dem Kardinalzahlaspekt ausgegangen und es werden in übertriebenem Maß Mengenoperationen durchgeführt, die nicht unbedingt den Relationalzahlaspekt verstärken. Auch dann nicht immer, wenn mit strukturierten Mengen operiert wird.

Und wie kommen die Zahlen in den Kopf des Kindes, auch des rechenschwachen?

Seit Jahrhunderten ist man sich in der Pädagogik im Allgemeinen und in der Mathematikdidaktik im Speziellen darüber einig, dass die Kinder günstigerweise durch Handlungen lernen. Diverse Veranschaulichungsmittel wurden in der Geschichte der Didaktik erfunden, die einerseits die mathematische Struktur abbilden, wie man glaubt, andererseits motivierend auf die Kinder wirken und sie zu entsprechenden Handlungen anregen. Nun ist es fast ein Qualitätsmerkmal geworden, möglichst viele Veranschaulichungsmittel im Klassenzimmer verfügbar zu haben, so dass das einzelne Kind sich das ihm passende oder genehme auswählen kann (obwohl hier wohl die Lernvoraussetzung mit dem Lernziel verwechselt wird). Wie hat man sich aber das Lernen mit diesen Materialien vorzustellen? Offensichtlich führt das Handeln, das Manipulieren der konkreten Objekte nicht automatisch zu entsprechenden Anschauungsbildern, zumindest nicht bei den rechenschwachen Kindern.

Denn die gewünschten Begriffe und Strukturen werden keineswegs automatisch mit den Handlungen ausgebildet. Begriffe und Strukturen sind abstrakt, sie sind unsere menschliche Interpretation der Welt und der Handlungen. Aber sie sind aus diesen nicht direkt ablesbar; es genügt nicht, einfach hinzuschauen. Die Handlungen durchzuführen und die numerischen Veränderungen dabei zu sehen, reicht nicht aus. Es ist ein pädagogischer Irrtum zu glauben, in dieser Weise gelange etwas in den Kopf, denn es ist ein wechselweiser Akt der Wahrnehmung und Erkenntnis. Die Leserin beziehungsweise der Leser möge sich dies an einem vertrauten Beispiel verdeutlichen: Viele Besucher betrachten fasziniert die Renaissance-Fassade eines Gebäudes. Für alle ist die passive Wahrnehmung im Sinne des Netzhautbildes gleich. Und dennoch sehen jene, die einige Semester Kunstgeschichte studiert haben, wesentlich mehr als die anderen. Sie verfügen über Begriffe, die sie leiten: Wahrnehmung ist eben kein passiver, sondern ein sehr aktiver Vorgang.

Und dies gilt auch für die Schülerinnen und Schüler, die die Veranschaulichungsmittel und Tafelbilder sehen. Ein aufmunterndes »Sieh doch genau hin« vermag daran wenig zu ändern. Denn es ist entgegen der pädagogischen Maxime nicht die Hand oder der flinke Finger, die einen Begriff im Kopf bewirken, sondern das Nachdenken über die Handlung, die Reflexion. Anderenfalls bleiben Mehr-System-Blöcke bunte Würfel, Stäbe und Platten, der Zahlenstrahl ein horizontaler Strich mit vielen kleinen vertikalen Strichen und Fünferreihen daran, die Hundertertafel ein Feld mit Zahlen in einer unbekannten Ordnung und der Eierkarton ein Pappbehältnis mit Löchern zum Einfüllen wie anderes Spielzeug auch.

Exkurs zu kindlichen Anschauungsbildern und Veranschaulichungsmaterialien

Bereits die Wahrnehmung ist ein aktiver Prozess, wie das obige Beispiel der Betrachtung einer Renaissance-Fassade zeigen sollte. Was (vermeintlich) mit eigenen Augen gesehen wurde, stellt sich oft als Mischung aus Vorerwartungen, Vorwissen und unbewussten Annahmen heraus. Die Wahrnehmung bildet nicht die Realität über objektive Sinneskanäle ab, sondern der Wahrnehmungsgegenstand wird aktiv mit Hilfe des vorhandenen Wissens konstruiert.

Ebenso wenig sind Vorstellungsbilder keine bildhaften Gedächtnisinhalte, die wie eine Fotografie aus einer Schublade gezogen werden könnten. Sie sind kein visuelles Abbild der Wirklichkeit, sie unterliegen noch nicht einmal den Beschränkungen der Wirklichkeit.

So stellt es uns vor keine Schwierigkeiten, uns einen Elefanten vorzustellen. Wir können uns sogar einen kleinen Elefanten vorstellen, sagen wir in der Größe einer Hutschachtel. Und wir können ihm eine beliebige Farbe verleihen, etwa rosarot. Und wir können ihn in der Vorstellung von oben betrachten, oder können wie mit einem Zoom-Objektiv seine Füße inspizieren. Wir können uns sogar bildhaft vorstellen, dass dieser kleine rosarote Elefant durch unser Küchenfenster in die Wohnung geflogen kommt. Wir können dies, obwohl die wenigsten Leserinnen und Leser dies tatsächlich einmal in ihrer Wohnung erlebt haben.

Die Vorstellung spiegelt also nicht die Wirklichkeit wider, sondern sie stellt die bildhafte Form des Wissens dar. Wir können uns obigen Elefantenflug vorstellen, weil wir Wissen über die Details besitzen, die für das Bild notwendig sind. Und wir können sie in neuer, uns selbst bislang unbekannter Weise in der Vorstellung zusammensetzen.

Nach diesem kurzen Ausflug in die Aerodynamik von Großtieren zurück in die Gefilde der Mathematik. Mit den visuellen Vorstellungsbildern können also mentale Operationen ausgeführt werden. Und gerade dies ist für den Mathematikunterricht wesentlich: Arithmetische Operationen werden in Form von Bewegungen und Veränderungen repräsentiert. Die Grundrechenarten sind im Kopf als Bewegungen in dem vorgestellten Zahlenraum verankert. Auch dies ist wiederum keine Abbildung der Realität, denn die beim Rechnen im Kopf ablaufenden Vorstellungen sind in dieser Form nie beobachtet worden.

Wenn aber die Vorstellungsbilder von arithmetischen Beziehungen und Operationen nicht detailgenau die Handlungen wiedergeben, so basieren sie doch auf den Veranschaulichungsmitteln beziehungsweise auf Rechenhilfen der Vorschulzeit. Allerdings können die verwendeten Materialien die Entwicklung der Vorstellungsbilder lediglich unterstützen, sie vermögen sie aber nicht zu bestimmen. Es wird auch nicht die Handlung mit den Veranschaulichungsmitteln erinnert, sondern diese werden jeweils rekonstruiert. Dies bewirkt die Idiosynkrasie, die individuelle Ausformung der Vorstellungsbilder.

Die vorgestellten Bilder sind die Prototypen des kindlichen Denkens für die arithmetischen Operationen. Diese Vorstellungsbilder sind häufig vage, unscharf, unpräzise und selten numerisch. Diese Unbestimmtheit macht ihre Kraft bei Problemlösungsprozessen aus, da sie hierdurch auf ähnliche Situationen und Gegebenheiten übertragen werden können. Für die meisten von uns ist die Addition mit der Vorstellung verbunden, eine Menge wird vergrößert (wobei die Menge amorph und unscharf bleibt), es wird vermehrt, angeklebt, verlängert, angenäht oder ähnlich. Die Subtraktion wird mit Wegnehmen, Verlieren, Absägen, Abhacken, Abschneiden, Weggeben und Ähnlichem mehr gekoppelt, die Multiplikation mit wiederholtem gleichem Handeln, zum Beispiel mehrfachem Springen und Ähnlichem. Und die Division wird als Aufteil- oder Verteilhandlung bildhaft repräsentiert. Alle diese Vorstellungen sind numerisch unpräzise, aber eben deshalb können sie bei beliebigen Zahlen in unserem Kopf hervorgerufen werden, wenn nur die Handlung für sie passend ist.

Damit es im kindlichen Denken zu den mathematischen Objekten kommt, bedarf es der Aufmerksamkeitsfokussierung auf die Zahlzusammenhänge, die sich während der Handlung verändern. Aus diesem Grund ist für die Ausbildung von geeigneten arithmetischen Vorstellungsbildern nicht die Handlung mit dem Veranschaulichungsmittel selbst so wesentlich, sondern, um es zu wiederholen, das Nachdenken darüber. Dieses Nachdenken wird sogar eher provoziert, wenn die Materialien entzogen werden und stattdessen beschrieben werden muss, wie die unterbrochene Handlung denn fortgeführt werden müsste. In der Arbeit mit rechenschwachen Kindern wird daher häufig mit einem Tuch gearbeitet, unter dem die Handlung ausgeführt wird, oder der Fortgang der Handlung muss sprachlich beschrieben, besser noch aufgemalt werden, ohne dass er tatsächlich ausgeführt wird. Dies evoziert Vorstellungsbilder, die die bisher entwickelten Strukturen verbildlichen.

Der hierin enthaltene Sachverhalt hat weit reichende Konsequenzen für den Förderunterricht. Die schlichte Handhabung des Veranschaulichungsmittels durch rechenschwache Grundschüler erweist sich als ineffizient. Nicht die

Struktur des Objekts steht dabei im Vordergrund, sondern das schnelle Erzielen eines Rechenergebnisses durch die Materialmanipulation und das Abzählen der Objekte. Die Veranschaulichungsmittel werden nicht für konstruktive Prozesse verwendet, sondern zu häufig und gerade von leistungsschwächeren Schülern als Zählhilfe.

Dies gilt zum Beispiel für die Hundertertafel, an der die Kinder die einzelnen Felder weiter- oder rückwärtszählen, bis sie auf das Ergebnisfeld tippen, oder bei den Mehr-System-Blöcken, die auf dem Tisch gezählt werden. Bei einer solchen Handlung kann eine arithmetische Beziehung als Begriff im Denken nicht entstehen. Die Beibehaltung des zählenden Rechnens ist bei der Verwendung offen daliegender Materialien fast ein notwendiges Phänomen und tritt bei allen Materialien auf. Darüber hinaus ist jeweils zu prüfen, in welcher Weise die Veranschaulichungsmittel die Strategien, die Schüler entwickeln sollen, begünstigen oder verhindern. Wie ist die Rechnung 17 + 20 am Rechenrahmen durchzuführen? Gerade rechenschwache Kinder entwickeln dann die Strategie 17 + 3 + 10 + 7, die der Handlung an dem Material entspricht. Kraftvollere Rechenverfahren, die in andere Zahlenräume übertragbar wären, können sich nicht bilden.

Zum anderen ist aber die gleichzeitige Verwendung mehrerer Materialien insbesondere bei leistungsschwächeren Schülern problematisch. Die Handlung, die für eine Rechenoperation an einem Veranschaulichungsmittel durchgeführt wird, fällt bei dem nächsten Material anders aus. Man vergleiche die Handlung für 28 + 30 am Rechenrahmen, am Zahlenstrahl, an der Hundertertafel und den Mehr-System-Blöcken. Die Handlungen sind nicht übertragbar, sie sind grundverschieden. Überspitzt formuliert lässt sich sagen, dass ein Veranschaulichungsmittel eine Sprache darstellt, mit Hilfe derer arithmetische Beziehungen im Unterricht repräsentiert und für andere Schüler dargestellt werden, sie sind ein Kommunikationsmedium. Die durchzuführende Handlung muss für jedes Veranschaulichungsmittel neu gelernt werden, und Handlungen von einem auf das andere Mittel zu übertragen ist ein Übersetzungsprozess und als solcher bekanntlich äußerst schwierig. Insbesondere leistungsschwächere Schüler entwickeln Lernprobleme, wenn sie von einem auf ein anderes Veranschaulichungsmittel umlernen, das heißt, eine neue Unterrichtssprache dazulernen müssen.

Diagnostik im Förderunterricht

Bevorzugt werden in der Dyskalkulie-Therapie jene Veranschaulichungsmittel eingesetzt, die weniger offensichtlich »veranschaulichen« als vielmehr die Schülerinnen und Schüler zu eigenen Konstruktionen anregen. Hierbei erweisen sich dann jene Materialien als vorteilhaft, die die Eigentätigkeit des (rechenschwachen) Kindes fordern und es veranlassen, seine idiosynkratischen Rechenstrategien zu erproben und zu verbessern. In den Niederlanden hat sich die Verwendung des leeren Zahlenstrahls bewährt (Beishuizen 1997), der auch in Deutschland mit Erfolg erprobt wird (Lorenz 1997).

Um die Ursachen zu ermitteln, die bei Kindern das Lernen arithmetischer Inhalte erschweren bis verhindern, ist eine Diagnostik der eventuell gestörten kognitiven Faktoren notwendig. Das betrifft aufgrund des oben Gesagten vor allem die räumliche Vorstellung, die räumliche Orientierung, Sprachfaktoren (Nuancierungsfähigkeit bei räumlichen und zeitlichen Präpositionen, relationalen und komparativen Begriffen) und das Gedächtnis. Ohne eine parallele Förderung der für das Lernen notwendigen kognitiven Faktoren ist eine Dyskalkulie-Therapie kaum möglich. So scheitern etwa Kinder mit einer Rechts–Links-Orientierungsstörung im Unterricht, weil typische Fehlermuster mit Operations- und Zahleninversion (61 + 6 = 10, 17 + 4 = 31 u. Ä.) auftreten, obwohl sie bereits elaborierte Rechenstrategien entwickelt haben. Die Fehlerhäufigkeit lässt sie aber auf die frühere, suboptimale, jedoch bewährte Strategie des Zählens zurückfallen. Für diese Kinder ist ein Üben an arithmetischen Aufgaben eher kontraindiziert, da sich ohne eine Therapie der Orientierungsstörung Fehler notwendig einstellen müssen, mit entsprechend negativen psychischen Folgen. Eine differenzierte Diagnostik unterbleibt aber häufig, da der Irrtum besteht, das Lernen arithmetischer Inhalte bilde lediglich die hierarchische Struktur der Mathematik ab und ein Nicht-Verstehen sei lediglich in einem Intelligenzmangel begründet. Dem widerspricht jeder Einzelfall eines rechenschwachen Kindes.

Die aktuellen Forschungsansätze sehen in rechenschwachen Schülern eine Gruppe, an der in pointierter Weise zu beobachten ist, welche kognitiven Fähigkeiten der Mathematikunterricht fordert und welche Defizite zu Störungen im mathematischem Begriffserwerb führen. Eine Diagnose dieser Fähigkeiten ist bereits im Vorschulalter möglich, ebenso eine darauf abgestimmte Förderung (Kaufmann u. Lorenz 2009).

Der Förderunterricht

Eine Dyskalkulie-Therapie, ob in den herkömmlichen Unterricht integriert oder in außerschulischen Einrichtungen, fördert jene kognitiven Bereiche, die das Mathematiklernen erschweren bis verhindern. Die curriculare Arbeit verläuft dazu parallel. Auch für rechenschwache Schüler reicht das simple Einüben von Algorithmen nicht aus, hinzukommen muss die begleitende Erkennens- und Entscheidungsleistung, wo, wann und warum welche Strategien eingesetzt werden. Die übliche Form von Unterricht in den zusätzlich zur Verfügung gestellten Förderstunden, der sich in Deutschland häufig auf das wiederholte Behandeln des gleichen Stoffs in gleicher Form beschränkt, reicht dafür nicht aus.

Was einmal durch Belehrung nicht verstanden wurde, wird auch in einem zweiten Durchlauf nicht verstanden werden.

Zweierlei darf ein Förderunterricht nicht sein:

- Nachhilfeunterricht, der sich in der Wiederholung des aktuellen Stoffs erschöpft, und
- Trainingsprogramm zum Einüben von Verfahren.

Gerade das letzte ist allerdings die Form, die häufig rechenschwachen Schülern zugemutet wird, mit der Begründung versehen, dass tiefere Einsicht von ihnen nicht zu erwarten sei und es doch schon genüge, wenn sie die Aufgaben rechnen könnten.

Hierbei wird übersehen, dass das Beherrschen von Algorithmen, insbesondere der schriftlichen Rechenverfahren, für die jetzigen Grundschüler ein obsoletes Lernziel ist. Kaum ein Erwachsener rechnet jetzt, im Zeitalter der Taschenrechner und Computer, selbst noch schriftlich, die nächste Generation wird dies umso weniger tun. Hingegen ist es notwendig, in Sachsituationen und in Kontexten zu wissen, welche Rechenoperation angewendet werden muss und wie groß das Ergebnis ungefähr ausfallen wird, das heißt die Aufgabe zu überschlagen, zu schätzen. Das bedarf eines Zahlensinns (Dehaene 1999) und das heißt letztlich auch für die rechenschwachen Schüler die Entwicklung eines vorgestellten Zahlenraums, in dem sie sich orientieren, bewegen und »zu Hause fühlen« können.

Literatur

Aster, M. von (1997): Die Störungen des Rechnens und der Zahlenverarbeitung in der kindlichen Entwicklung. Habilitationsschrift, Universität Zürich.

Aster, M. von (2000): Varieties of developmental dyscalculia. European Child & Adolescent Psychiatry 9 (2): 41–57.

Beishuizen, M. (1997): Development of mathematical strategies and procedures up to 100. In: Beishuizen, M.; Gravemeijer, K. P. E.; van Lieshout, E. C. D. M. (Hg.): The role of contexts and models in the development of mathematical strategies and procedures. Utrecht, S. 127–162.

Dehaene, S. (1999): Der Zahlensinn – oder warum wir rechnen können. Berlin.

Kaufmann, S., Lorenz, J. H. (2009). Elementar – Erste Grundlagen in Mathematik. Braunschweig.

Lorenz, J. H. (1992): Anschauung und Veranschaulichungsmittel im Mathematikunterricht. Göttingen.

Lorenz, J. H. (1997): Kinder entdecken die Mathematik. Braunschweig.

Lorenz, J. H. (2003): Lernschwache Rechner fördern. Berlin.

Lorenz, J. H.; Radatz, H. (1993): Handbuch des Förderns im Mathematikunterricht. Hannover.

Seron, X.; Pesenti, M.; Noël, M.-P.; Deloche, G.; Cornet, J.-A. (1993): Images of numbers, or »when 98 is upper left and 6 sky blue«. In: Dehaene, S. (Hg.): Numerical cognition. Cambridge, S. 159–196.

Hans-Dieter Gerster

Anschaulich rechnen – im Kopf, halbschriftlich, schriftlich

Wie ein Kind rechnet, hängt vor allem von seinen individuellen Vorstellungen von Zahlen und von den Rechenoperationen ab. Das zeigt sich deutlich auch in einer empirischen Studie, die Selter mit etwa 300 Schülern des dritten und vierten Schuljahres durchführte (Selter 2000). Die Aufgabe 701 – 698 (eine von insgesamt sechs Aufgaben zur Subtraktion im Zahlenraum bis 1000) lösten nur etwa ein Drittel der Schüler im Kopf, ein Zehntel halbschriftlich und über die Hälfte mit schriftlicher Subtraktion. Beim schriftlichen Rechnen produzierten die Schüler 82(!) verschiedene Ergebnisse, die zwischen 0 und 1903 lagen. Der Anteil richtiger Lösungen lag unter 50 %.

Solche Befunde offenbaren, dass Schüler auch noch nach drei Jahren Mathematikunterricht erhebliche Mängel im Zahlverständnis und im Operationsverständnis aufweisen. Sonst wäre ihnen sofort klar, dass die Zahlen 701 und 698 beide sehr nahe bei 700 liegen und dass man das Subtrahieren nicht nur deuten kann als Wegnehmen (was nach dem »Borgeverfahren« zweimaliges Entbündeln erfordert) oder als schriftliches Ergänzen (zwei Überträge, einen davon zur 9), sondern auch als Bestimmen des Unterschieds, was im gegebenen Zahlenbeispiel besonders einfach ist.

Vorliegender Beitrag soll deutlich machen, dass Rechnen sicher und flexibel wird, wenn es auf solider anschaulicher Grundlage aufgebaut wird.

Abhängigkeit des Rechnens von der Zahlvorstellung

Im Folgenden wird anhand der Aufgabe 13 – 7 gezeigt, inwiefern Rechenstrategien von den Zahlvorstellungen abhängen. Dabei soll klar werden, dass die zur Lösung der Aufgabe verwendeten Rechenstrategien sich im kognitiven Aufwand, in der Visualisierbarkeit und Einprägsamkeit deutlich unterscheiden. Dies soll zugleich dazu motivieren, sich näher mit den anschließend folgenden methodischen Vorschlägen zum Aufbau von Zahlvorstellungen und Strategien des Kopfrechnens, halbschriftlichen und schriftlichen Rechnens nach dem Teile-Ganzes-Konzept zu befassen. Diese Vorschläge werden in vorliegendem Beitrag der Klarheit des Aufbaus wegen für die vier Grundrechenarten getrennt behandelt, obwohl die Erarbeitung der Konzepte sich im Unterricht überlagert.

Zahlen als Positionen

In Unterrichtswerken findet man zur Lösung der Aufgabe 13 – 7 etwa folgende Darstellungen (Abb. 1 und 2).

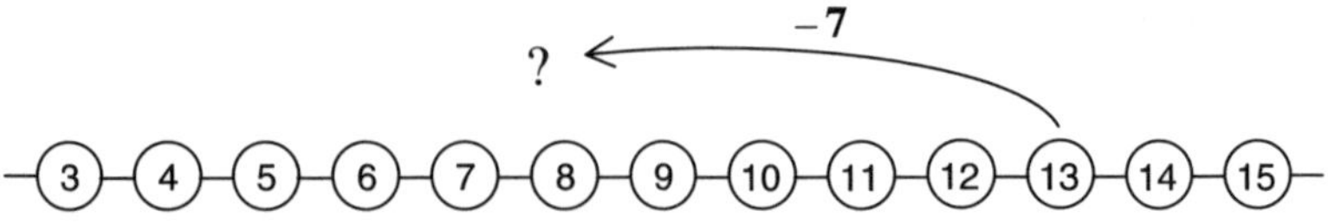

Abbildung 1: Rechnen an der beschrifteten Rechenkette oder an der Zahlwörterreihe

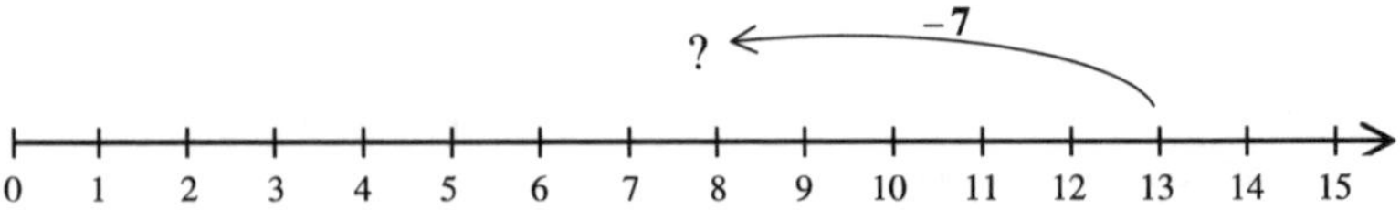

Abbildung 2: Rechnen am beschrifteten Zahlenstrahl

Das Lösen der Aufgabe 13 – 7 erfordert dabei, von der Startposition 13 um sieben Schritte zurückzugehen. Die dabei erreichte Endposition ist das Ergebnis der Aufgabe.[1] Solange das Kind das Ergebnis noch nicht auswendig weiß und nicht über günstigere Strategien verfügt, kann es dieses nur durch Rückwärtszählen in Einerschritten ab der Position 13 finden. Dies kann an der Rechenkette, an den Strichen des Zahlenstrahls, aber auch ohne diese direkte Anschauung an den Zahlwörtern der Zahlwortreihe erfolgen. Das Kind kann dazu die Zahlwörter 12, 11, 10, 9, ... nennen und durch Nacheinander-Aufklappen von Fingern anhand des so entstehenden Fingerbildes kontrollieren, wie viele Schritte es bereits zurückgelegt hat. Das beim Aufklappen des siebten Fingers gesprochene Zahlwort ist dann die Lösung der Aufgabe.

Diese Lösungsstrategie enthält mehrere Probleme. Das Kind hat gleichzeitig mit zwei Zählreihen zu tun: von 13 rückwärts und von eins bis sieben vorwärts. Die Verwendung der Finger erleichtert das, erfordert aber dennoch hohe Konzentration auf die Koordination zwischen Aufklappen der Finger und Rückwärtszählen auf der Zahlwortreihe 12, 11, 10, 9, und so weiter. Die Hauptschwierigkeit besteht aber darin, dass mit *Positionen* beziehungsweise *Nummern* gearbeitet wird und damit die Rolle des Anfangs- und Endglieds nicht klar ist.[2] Auch Erwachsene sind unsicher, ob es vom Sechsten bis zum

1 Bei diesem Konzept werden die Startzahl (13) und die Ergebniszahl (6) als Positionen gedeutet, –7 dagegen als Operator, der die Anzahl zurückzulegender Schritte angibt. Nach diesem Konzept ist 7 + 2 eine einfache Aufgabe, 2 + 7 dagegen schwierig. Das Kommutativgesetz erscheint hier *nicht* selbstverständlich.

2 Damit zusammenhängende Probleme haben Spiegel et al. (1999) eindrucksvoll dargestellt.

Zwölften eines Monats fünf oder sechs oder gar sieben Urlaubstage sind und nehmen zur Klärung die Finger zur Hilfe oder zählen die Tage auf einem Kalender ab.

Im Unterricht wird deshalb angestrebt, dass die Kinder das Rückwärtsgehen nicht in sieben Einerschritten, sondern in zwei Sprüngen mit einer Zwischenlandung auf der Position »10« durchführen (Abb. 3).

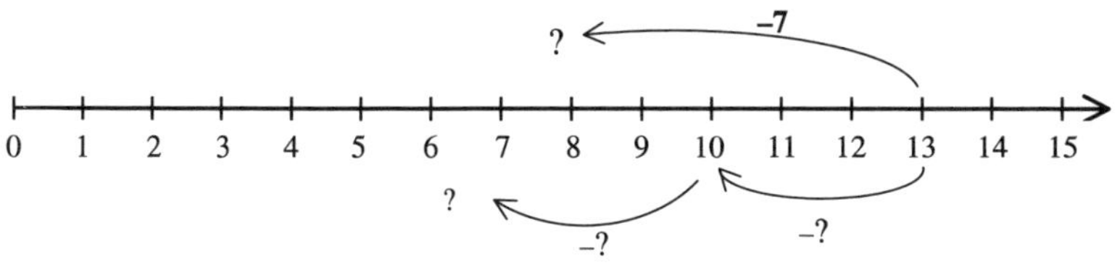

Abbildung 3: Zerlegen des Rechenschritts am beschrifteten Zahlenstrahl

Doch auch hier bleibt angesichts des Zahlenstrahls die Unsicherheit, ob es von der 13 bis zur 10 zwei (übersprungene) oder vier (insgesamt beteiligte) Zahlen sind. Die richtige Zahl Drei zwischen den *Positionen* 13 und 10 tritt in Abbildung 3 kaum in Erscheinung: Sie wird durch die Zwischenräume *zwischen* den Positionen repräsentiert und diese bilden in der Abbildung eher den Hintergrund. Zusätzlich zu dieser Schwierigkeit mit der Figur-Grund-Unterscheidung empfinden Kinder die Zehnerüberschreitung mit Zerlegung des Rechenschritts als schwierig. Denn sie erfordert die Koordination von drei Operationen: erstens zu bestimmen, wie viel es von 13 bis 10 ist, zweitens, wie viele Schritte von den insgesamt sieben Schritten jetzt noch zu machen sind, und drittens festzustellen, wo man landet, wenn man die restlichen Schritte von der 10 aus rückwärts macht. Angesichts dieser Überlegungen überrascht nicht, dass von Lehrkräften die Zehnerüberschreitung als ein Hauptproblem rechenschwacher Kinder genannt wird.

Zahlen als Anfangsstücke der Zahlwortreihe

Bei diesem Zahlverständnis versteht das Kind unter 13 die Menge der Zahlwörter von eins bis 13, die es sich als Glieder an der Rechenkette (Abb. 4), die Menge der Zahlen bis zur Position 13 in der beschrifteten Hundertertafel oder die Menge der Einheitsstrecken zwischen den Positionen null und 13 am beschrifteten Zahlenstrahl (Abb. 5) vorstellen kann.

Zur Lösung der Aufgabe 13 – 7 gehen viele Kinder in der Zahlwörterreihe (Abb. 4) von eins bis 13 um das Anfangsstück von eins bis sieben in umgekehrter Richtung zurück – meist in Einerschritten, die sie mit Fingerhilfe kontrollieren – und erhalten als Ergebnis das Anfangsstück von eins bis sechs, das nach ihrem Zahlverständnis die Zahl Sechs bedeutet.

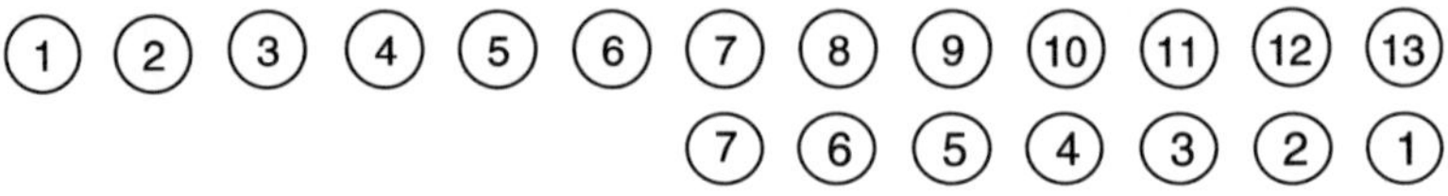

Abbildung 4: Berechnung von 13 – 7 mit Anfangsstücken der Zahlwörterreihe

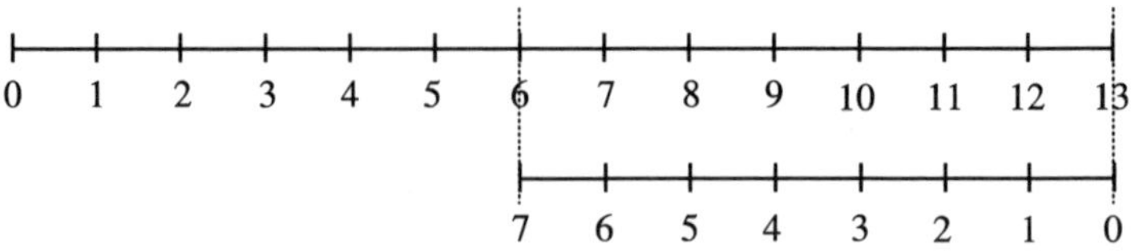

Abbildung 5: Berechnung von 13 – 7 mit Anfangsstücken der Zahlwörterreihe am beschrifteten Zahlenstrahl

Darstellung von Zahlen durch Mengen mit Fünfer-/Zehnergliederung

Werden Zahlen durch Mengen (beispielsweise Plättchen oder Zehnersystem-Blöcke) repräsentiert, kann der Aspekt der Position in einer linearen Anordnung aufgegeben werden zugunsten größerer Freiheit im Anordnen der Elemente. Das ermöglicht konzeptionelle Weiterentwicklungen, welche das Herausarbeiten *nichtzählender* Rechenstrategien wesentlich erleichtern. Kerngedanke dieses Konzepts ist, *Zahlen als Zusammensetzungen aus anderen Zahlen* zu verstehen, nach Resnick (1983, S. 114) die wahrscheinlich wichtigste Leistung der ersten Schuljahre. Ein weiterer Vorteil ergibt sich, wenn man die Plättchen auf einen strukturierenden Hintergrund (Zehnerfelder) legt. Betrachten wir zunächst anhand der Abbildungen 6 und 7 verschiedene Lösungsstrategien für die Aufgabe 13 – 7.

In Abbildung 6 sind die Zehnermengen, wie häufig üblich, *linear* angeordnet. Eine gewisse Abweichung von einem einseitig linearen Zahlverständnis und vor allem vom Konzept »Zahl als Anfangsstück der Zahlwörterreihe« ist jedoch daran zu erkennen, dass in Abbildung 6a eine Teilmenge aus der Mitte herausgegriffen und in Abbildung 6b ein Teil des Anfangs und ein Teil am Ende als wegzudenken markiert ist. Dennoch sind wesentliche Forderungen an die

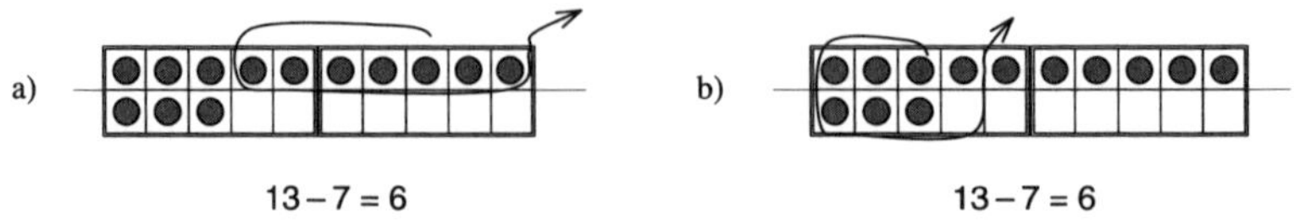

Abbildung 6: Darstellungen von 13 – 7 mit linearem Zehner

Darstellung einer Subtraktionsaufgabe erfüllt: Man erkennt den Minuenden 13, den (mit einer Schlinge) markierten Subtrahenden 7 und auch den Rest 6, die Differenz, also den Unterschied zwischen 7 und 13.

Noch weiter von einem einseitig linearen Zahlverständnis entfernen sich die Präsentationen für die Aufgabe 13 – 7 in Abbildung 7.

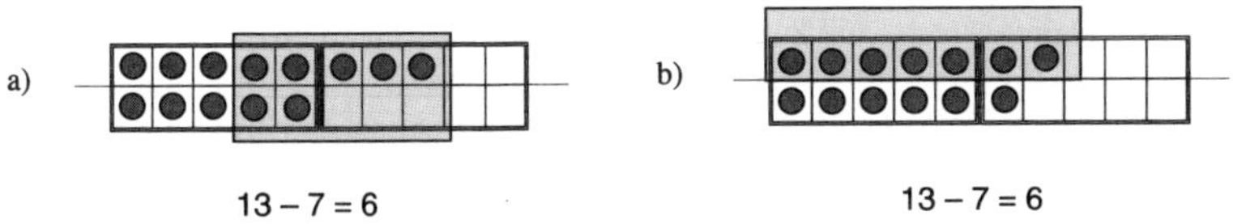

Abbildung 7: Darstellungen von 13 – 7 mit flächigem Zehner

In Abbildung 7 sind die Zehnermengen *flächig* dargestellt, der Subtrahend –7 ist mit einer halbtransparenten Folie markiert. Während Abbildung 7a vertraut sein wird und als traditioneller Zehnerübergang durch Zerlegen des Rechenschritts (zuerst 3 wegnehmen, und dann noch 4) gedeutet werden kann, mag die Darstellung in Abbildung 7b überraschen. Wenn sich aber beim Anblick des Rechenausdrucks 13 – 7 die Idee einstellt, dass 14 – 7 einfacher zu berechnen wäre, dann ist diese Darstellung nahe liegend. Dann würde man sich die 14 vorstellen als Zusammensetzung aus zwei Siebener-Portionen und somit die 13 als Zusammensetzung aus einer Siebener- und einer Sechserportion. Man würde damit die Konzepte »Verdoppeln« und »Fast-Verdoppeln« als Nichtzähl-Strategien anwenden. Hat man das Konzept »13 ist die Zusammensetzung aus einer 7 und einer 6« konstruiert, dann *sieht* man dies auch in Abbildung 7a deutlich. Um 13 – 7 zu berechnen, muss man dann von der Gesamt-Portion 13 nur die Teil-Portion 7 wegdenken oder fragen, welche Teilportion zusammen mit der 7 die 13 ergibt.

Schlussfolgerungen

Die im Vorhergehenden angesprochenen Zahl- und Operationsvorstellungen (Zahlen als Positionen und Zahlen als Anfangsstücke der Zahlwörterreihe) sind einander ähnlich, auch wenn im einen Fall die Zahlen als (unzerlegbare) *Positionen* und im anderen Fall als (zerlegbare?) *Anfangsstücke* aufgefasst werden. Gemeinsam ist beiden Konzepten, dass die Elemente durchnummeriert sind und *linear* angeordnet vorgestellt werden. Irritierend und Fehler auslösend ist, dass für 13 – 7 beim Rechnen mit *Positionen* das Rückwärtszählen mit der 12 beginnt und der siebte Schritt zur Position 6 führt, die als Ergebnis interpretiert wird. Beim Rechnen mit *Anfangsstücken* dagegen beginnt der Zählvorgang bei der 13 (das 13. Ding wegnehmen, dann das zwölfte usw.). Wenn das siebte Ding weggenommen ist, bleibt als Ergebnis die *nächste* kleinere Zahl, also die 6. Unscharfe Trennung dieser beiden ähnlichen Konzepte führt zur häufig zu beobachtenden Unsicherheit hinsichtlich der Rolle des Anfangs- und des Endglieds beim zählenden Rechnen, also zu den Abweichungen um eins vom richtigen Ergebnis.

Wer die traditionellen Zahldarstellungen in den ersten beiden Abschnitten (Zahlen als Positionen und Zahlen als Anfangsstücke der Zahlwörterreihe)gewohnt ist, wird die Zahldarstellungen und Lösungswege im darauf folgenden Abschnitt (Darstellung von Zahlen durch Mengen mit Fünfer-/Zehnergliederung) möglicherweise als kompliziert empfinden und meinen, Kinder wären damit überfordert und die traditionellen Lösungswege seien einfacher. Tatsächlich bleiben aber nicht wenige Kinder beim zählenden Rechnen hängen. Denn was ein Kind im mathematischen Anfangsunterricht über Zahlen und das Rechnen mit Zahlen wahrnimmt, hängt nicht bloß davon ab, was im Unterricht geboten wird, sondern besonders davon, was es *selber* an Vorstellungen von Zahlen und vom Rechnen mit Zahlen bereits entwickelt hat, also von *seinem individuellen* Vorwissen. Denn der Beobachter (hier also das Kind im Unterricht) legt den Ausschnitt fest, den er beobachtet (Tschira 2003, S. 149). Wenn also der Unterricht nicht genügend dafür tut, die Zahlvorstellungen des Kindes zu erweitern, wird es an ordinalen Zahlvorstellungen und am zählenden Rechnen festhalten, was ihm ja aus der Vorschulzeit vertraut ist. Dies zeigen auch die beiden nachfolgenden Beispiele.

Die Aufgabe 8 – 5

Eine für eine Lernstandanalyse aufschlussreiche Aufgabenstellung für ein Kind lautet: »Berechne 8 – 5«. Häufig wird man Folgendes beobachten: Das Kind zeigt acht Finger, fünf mit der linken Hand und drei mit der rechten. Dann klappt es von rechts (!) nach links nacheinander den achten, siebten, sechsten, fünften und vierten Finger weg, wobei es von eins bis fünf zählt (Abb. 11). Dann nennt es das Ergebnis »drei«. Wieso klappt das Kind nicht die fünf Finger der linken Hand weg?

Man kann sich dieses Verhalten so erklären: Der Zählvorgang, durch den das Kind das Fingerbild der Acht ursprünglich herstellte, bestimmt immer noch sein Verständnis: Seine Finger sind gewissermaßen mit eins bis acht beschriftet, sie sind durchnummeriert. *Sein* Fingerbild der Acht stellt für das Kind *nicht* eine Achter-Portion dar, zusammengesetzt aus einer Fünfer- und einer Dreierportion, so dass es einfach die Fünferportion wegnehmen könnte. Es rechnet *nicht* mit Portionen nach dem *Teile-Ganzes-Konzept*, sondern klappt einzeln abzählend nacheinander fünf Finger weg und erhält als Ergebnis das Fingerbild der Drei. Obwohl das Fingerbild der Acht für den erwachsenen Beobachter deutlich in eine Fünfer-Portion der linken Hand und eine Dreier-Portion der rechten Hand gegliedert erscheint, ist dies dem Kind wahrscheinlich *nicht bewusst*. Es sieht dies nicht so! Jedenfalls kann es diesen Vorteil beim Rechnen der Aufgabe 8 – 5 nicht anwenden.

Stellt man dem Kind zur Lösung der obigen Aufgabe einen Rechenrahmen zur Verfügung, wird man beobachten, dass es zur Darstellung der Zahl Acht beispielsweise fünf weiße und drei rote Kugeln an den linken Rand des Rahmens schiebt (Abb. 8).

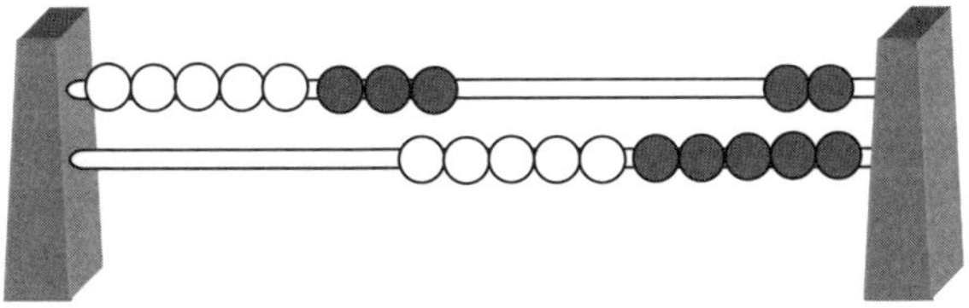

Abbildung 8: 8 – 5 am Rechenrahmen

Die Operation minus fünf führt es dann dadurch aus, dass es zuerst die drei roten und dann noch zwei weiße Kugeln nach rechts wegschiebt und das Ergebnis drei an den verbliebenen weißen Kugeln abliest. Warum hat es nicht mit einem Zug die fünf weißen Kugeln weg geschoben? Weil das auf dem Rechenrahmen gar nicht geht! Insofern gibt diese Aktion am Rechenrahmen keinen Aufschluss über das tatsächliche Zahl- und Operationswissen des Kindes.

Man kann dem Kind vorschlagen, zur Lösung der Aufgabe Plättchen zu verwenden (Abb. 9). Ähnlich wie oben bei der Verwendung von Fingern kann man auch hier beobachten, dass das Kind nicht, wie es Erwachsenen nahe zu liegen scheint, die Fünferportion wegnimmt, sondern mit dem achten Plättchen beginnend, zuerst drei und dann noch zwei weitere Plättchen wegnimmt.

Abbildung 9: 8 – 5 anhand einer Darstellung mit Plättchen in Würfelbild-Anordnung

Diese Art mit Plättchen zu rechnen ist für den Beobachter aufschlussreich. Wenn dem Kind angesichts der Plättchenmenge in Abbildung 10a die Aufgabe 8 – 5 gestellt wird, nutzt es *nicht* die Gelegenheit, eine Fünfer-Portion wegzunehmen (Abb. 10c), sondern rechnet mit den Plättchen in Einerschritten rückwärts zählend (Abb. 10b und Abb. 9). Dies zeigt, dass *das Kind* die Zahlwörterfolge auf die gegliedert liegende Plättchenmenge projiziert. Dies ist ein Hinweis darauf, wie sehr Kinder dazu neigen, *Zahlen als Positionen oder als Anfangsstücke in der Zahlwortreihe* zu verstehen (wie am Zahlenstrahl, an der Rechenkette, am Rechenrahmen oder in der mit Zahlen beschrifteten Hundertertafel) und daran *in Einerschritten zählend* rechnen. Leider wird dieses einseitige Zahlverständnis durch Unterricht und Unterrichtswerke häufig favorisiert. Das Kind kann somit die im Material vorliegende Gliederung nicht sehen und nicht nutzen, obwohl diese Möglichkeit dem Erwachsenen offenkundig erscheint. Hier bestätigt sich der Spruch: Man sieht nur, was man weiß.

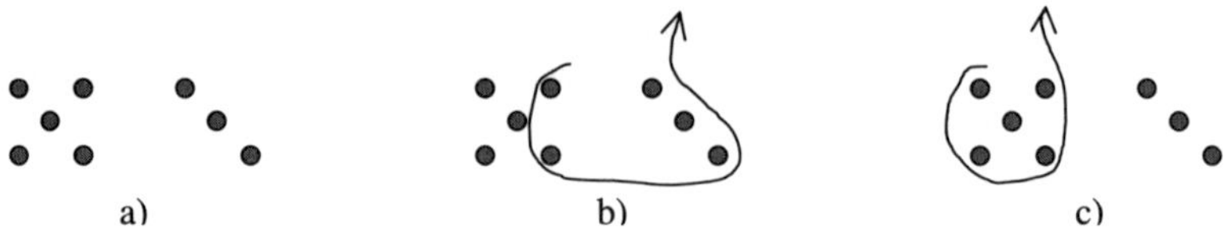

Abbildung 10: Zahlbild der 8 und Berechnen von 8 – 5 an diesem Zahlbild

Vergleicht man die vier verschiedenen Präsentationen der Aufgabe 8 – 5 in Abbildung 11 miteinander, so gewinnt man den Eindruck, dass die Versuchung für das Kind, die Zahlwörterreihe auf die dargestellte Menge von acht Dingen zu projizieren, von links nach rechts abnimmt.

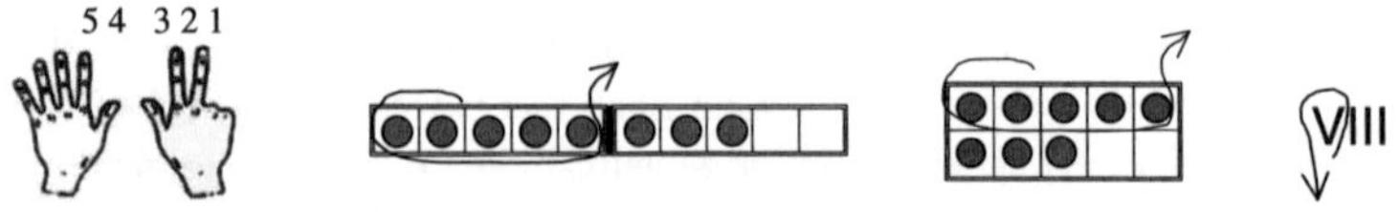

Abbildung 11: Verschiedene Repräsentationen der Aufgabe 8 – 5

Die Aufgabe 13 – 10

Selbst bei Aufgaben vom Typ 13 – 10 kann man Zählmethoden beobachten. Es gibt Kinder, welche hierbei in Einerschritten von 13 zurückzählen und das falsche Ergebnis vier nennen. Dies überrascht, denn man denkt »drei-*zehn* minus *zehn* ist drei, das *hört* man doch«. Diese Kinder verfügen möglicherweise aber noch nicht über das Konzept »dreizehn ist eine Zusammensetzung aus zehn und drei«, sondern aktivieren eine Zahlvorstellung, wie sie in den Abbildungen 1 bis 5 dargestellt ist (Zahlen als Positionen oder Anfangsstücke). Sie verwenden zur Berechnung der *Differenz* 13 – 10 auch nicht das Konzept *Unterschied* der Zahlen 10 und 13, was beim zählenden Rechnen nur drei statt zehn Schritte erfordern würde.

Lässt man das Kind die Zahl 13 mit Plättchen darstellen, ergibt sich eventuell eine Situation wie in Abbildung 12.

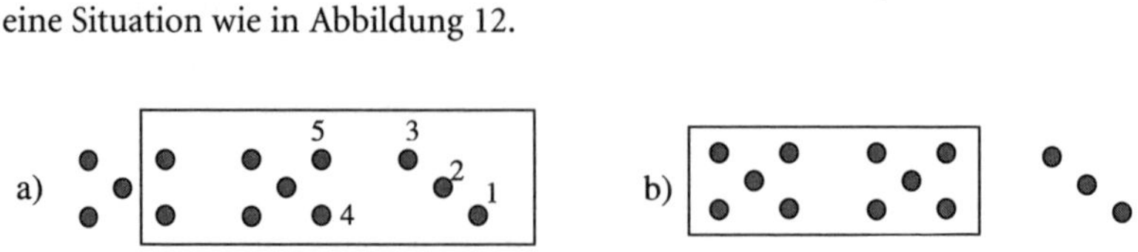

Abbildung 12: Darstellung der Aufgabe 13 – 10 mit Plättchen

Nimmt das Kind die Plättchen wie in Abbildung 12a weg, lässt es erkennen, dass es insgeheim die Plättchen durchnummeriert hat und meint, das Rückwärtszählen müsse beim 13. Plättchen beginnen. Es zeigt damit auch, dass es die Zahl 13 *nicht* als Zusammensetzung aus den Zahlen 10 und 3 wahrnimmt, von der es die komplette 10 wegnehmen könnte, wie in Abbildung 12b angedeutet ist. Zählendes Rechnen ist nur eine Notlösung mangels besserer Konzepte.

Untersucht man die kognitiven Anforderungen an das Kind beim zählenden Rechnen genauer, stellt man fest, dass sie sehr hoch sind. Die hohe Misserfolgsquote offenbart dies ebenfalls. Es ist auch keineswegs so, dass beim zählenden Rechnen stets mit derselben Methode gerechnet würde und keine Auswahl zwischen verschiedenen Strategien getroffen werden müsste. Bei der Aufgabe 13 – 7 kann das Kind in Einerschritten ab der 13 zählen oder ab der 12. Beides ist richtig, wenn der erste und der letzte Zählschritt richtig gedeutet werden. Ferner kann es *um* sieben rückwärts zählen und bei der Sechs landen (Konzept des Wegnehmens) oder es kann von der 13 *bis* sieben zurückzählen und als Ergebnis die sechs durchgeführten Zählschritte nennen (Konzept des Unterschiedes, der Differenz). Es könnte aber auch von der Sieben bis zur 13 vorwärts zählen (Konzept des Ergänzens). Die Qual der Wahl des Lösungswegs hat das Kind auch bei den vermeintlich einfachen *Zähl*methoden. Und die Lehrerin hat bei der Analyse des Lernstands des Kindes oder beim Versuch, dem Kind zu helfen, die Aufgabe, den vom Kind gemeinten Lösungsweg zu verstehen – eine Herausforderung an ihre eigene Flexibilität.

Die im vorletzten Abschnitt (Darstellung von Zahlen durch Mengen mit Fünfer-/Zehnergliederung) angedeuteten methodischen Konzepte setzen, wie andere methodische Konzepte auch, einen methodisch konsequenten Aufbau voraus. Das soll im Folgenden dargestellt werden.

Aufbau von Zahlvorstellungen nach dem Teile-Ganzes-Konzept

Es ist verständlich, wenn Grundschulkinder ans Rechnen mit den Vorstellungen von Zahlen und vom Rechnen herangehen, die sie bereits im Vorschulalter erworben haben. Sie sind stolz, die Zahlenreihe aufsagen und zum Abzählen einer Menge von Dingen verwenden zu können. Lange vor Schuleintritt fangen sie an, Bonbons oder Spielautos abzuzählen und auch zusammenzuzählen. So sind Zahlen für Kinder während langer Zeit vor allem einzelne Zählwörter oder Anfangsstücke der Zählwörterreihe. Von der Zahl Acht wissen sie, dass sie die Zahl zwischen der Sieben und der Neun ist (ordinaler Zahlaspekt, Nummerierungsaspekt, z. B. in einem Buch die Seite 8 lesen). Sie wissen auch, dass auf einem Teller acht Bonbons liegen, wenn sie beim Abzählen die Zählwörter »eins« bis »acht« verwendeten (kardinaler Zahlaspekt, Anzahlaspekt, z. B. in einem Buch acht Seiten lesen). Das Zusammenzählen und das Abziehen bewältigen sie spontan *zählend.*[3]

3 Es gibt aber auch Kinder, die beim Spielen mit einem Baukasten, beispielsweise beim Bauen von Autos, jeweils Stapel mit vier Rädern bilden und sich angesichts dieser Stapel klarmachen, dass zwei Vierer-Stapel zusammen 8 Räder sind und dies vielleicht sogar

Will man der Entstehung von Rechenschwächen vorbeugen, müssen *im Unterricht von Anfang an* die meisten Kinder erst dazu angeregt werden, weitere Vorstellungen von Zahlen und vom Rechnen zu entwickeln, die günstigere Rechenstrategien nahelegen – und das sind vor allem *nichtzählende* Rechenstrategien. Entsprechendes gilt für Fördermaßnahmen bei älteren Kindern, die bereits eine Rechenschwäche entwickelt haben.

Für den Einstieg ist es eine gute Übung, den Kindern ungegliederte und als Kontrast dazu gegliederte Plättchenmengen zu präsentieren, an denen die Kinder *Vorteile der Gliederung* von Mengen für die Anzahlerfassung erkennen (Abb. 13).

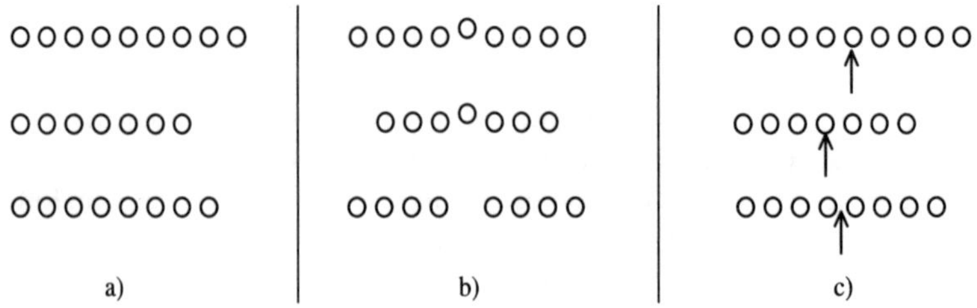

Abbildung 13: Anzahlerfassung bei ungegliederten und bei gegliederten Punktmengen

In Abbildung 13a kann man die Anzahlen wohl nur durch Abzählen bestimmen, wobei man sorgfältig vorgehen muss und bei größeren Anzahlen Unsicherheiten oder gar Fehler kaum auszuschließen sind. In Abbildung 13b ist die *Mitte* der Plättchenmengen durch Ausrückung des mittleren Plättchens oder durch eine Lücke markiert und in Abbildung 13c durch einen Pfeil. Dadurch entstehen *simultan erfassbare Teilportionen*, deren Anzahl ohne abzuzählen mit einem Blick erfasst werden kann. Bis zu vier linear angeordnete Plättchen können von den meisten Kindern mit einem Blick sicher erfasst werden. Ab fünf Plättchen wird dies zunehmend schwieriger. Deshalb wurden in der deutschen Rechendidaktik um 1920 Fünfermengen mit Ausrückung des mittleren Plättchens dargestellt (Abb. 14). Damit kann die Fünf auch in linearer Anordnung wie bei der Würfelfünf erkannt werden als Vier-und-Eins oder als Drei-und-Zwei. Die Erarbeitung der Fünfer-Portion verdient besondere Aufmerksamkeit, da zwei Fünfer-Portionen eine Zehner-Portion bilden und zehn die Basis unseres Stellenwertsystems ist. Eine ungegliederte Zehnermenge kann mit einem Blitzblick *nicht* erfasst werden, zwei Fünfermengen dagegen schon.

---

abstrahieren zu »8« ist eine Zusammensetzung aus 4 und 4. Für diese Kinder ist »8« nicht bloß eine Position oder ein Anfangsstück in der Zahlwortreihe, sondern auch eine Zusammensetzung aus zwei anderen Zahlen.

Abbildung 14: Verschiedene Darstellungen der Zahl 5 mit Plättchenmengen

Veranschaulichungen, die für einen systematischen Aufbau tragfähiger Vorstellungen für Zahlen und das Rechnen mit ihnen taugen, benutzen Fünfer- und Zehner-Portionen sowie Verdoppelungen und Halbierungen. Somit ergeben sich für die Zahlen bis 10 zwei Typen von »Kennkarten« (Abb. 15 und 16).

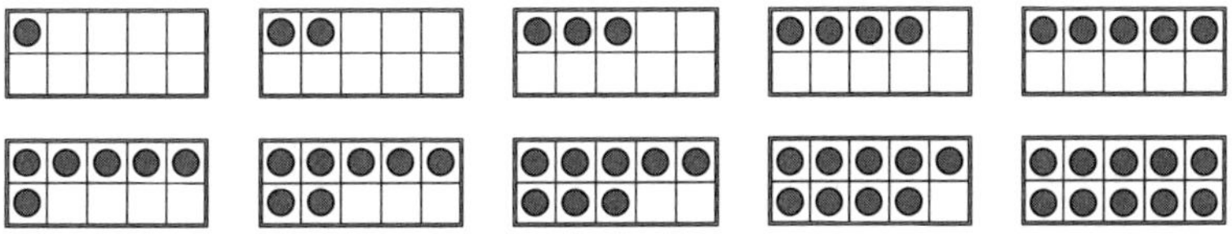

Abbildung 15: Kennkarten der Zahlen 1 bis 10 mit ihren Beziehungen zur 5 und zur 10

In Abbildung 15 sind die Zahlen bis zehn in ihren Beziehungen zur Fünf (und zur Zehn) dargestellt. Dies entspricht der Gliederung der Finger an den Händen des Menschen und führte in der Geschichte der Menschheit zur Entwicklung des Zehnersystems. Unsere Zahlwörter wie acht-*zehn* oder drei-*hundert*-acht-und-vier-*zig* sind entsprechend aufgebaut.

Für das Rechnen mit Zahlen sind deren Beziehungen zur Fünf und zur Zehn besonders wichtig. In der Zahlschrift der Römer oder Maya waren sie noch deutlich erkennbar. Beispielsweise kann man bei »VI + VII« noch sehen, *wie* das Ergebnis »XIII« zustande kommt (X ist eine Verdoppelung von V).[4] Die Schreibweise mit arabischen Ziffern »6 + 7 = 13« dagegen enthält leider solche für das Rechnen sehr nützlichen Informationen (die enthaltenen Fünfen) nicht mehr. Wir müssen also diese Vorstellungen bei Kindern im Unterricht erst aufbauen, denn nicht alle Kinder leisten dies spontan.

---

4 Der deutsche Rechenmeister Adam Ries (1492–1559) verwendete zum »Rechnen auf den Linien« Plättchen, die auf Linien für die Einer, die Zehner, die Hunderter usw. gelegt werden konnten. Ein Plättchen *zwischen* der Einer- und der Zehnerlinie bedeutete die Zahl 5, zwischen der Zehner- und Hunderterlinie die 50. Um 7 darzustellen, wurden zwei Plättchen auf die Einer-Linie und ein Plättchen *zwischen* die Einer- und die Zehner-Linie gelegt. Entsprechend wurde die 6 gelegt. Zur Berechnung von 7 + 6 wurden die beiden Plättchen für die 5 durch ein Plättchen auf der Zehner-Linie ersetzt. Schon sah man das Ergebnis. So wurde in Deutschland jahrhundertelang mit dem Fünfer-Vorteil gerechnet. Adam Ries schreibt dazu: »Liegen fünff rechenpfennige auf einer Linien / so heb die auff / leg einen in das spacium darüber // Hastu aber zwen pfennig in einem spacio / so heb die auff und leg einen auff die linie darüber« (Adam-Ries-Museum in Annaberg-Buchholz). So versuchte Adam Ries möglichst vielen Menschen das Rechnen beizubringen. Sein Rechenbuch erreichte mehr als 100 Auflagen.

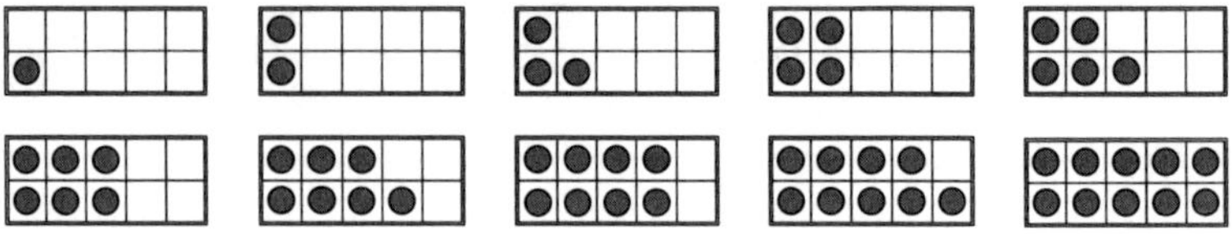

Abbildung 16: Kennkarten der Zahlen 1 bis 10 mit ihren Beziehungen zu Verdoppelungen

In Abbildung 16 sind die Zahlen bis 10 in ihren Beziehungen zu Verdoppelungen beziehungsweise Halbierungen dargestellt. Hierbei werden die Konzepte *gerade Zahl* und *ungerade Zahl* deutlich: Mengen mit zwei, vier, sechs oder acht Elementen lassen sich einfach an zwei Personen verteilen (also halbieren). Das entspricht zudem dem Urbedürfnis nach Symmetrie.

Für das Rechnen sind neben den Beziehungen zur Fünf und zur Zehn auch die Beziehungen zu Verdoppelungen (und Fastverdoppelungen) nützlich. Kinder können sich Ergebnisse von Verdoppelungsaufgaben wie 4 + 4 oder 7 + 7 leicht merken. Dies sind insgesamt elf Aufgaben des kleinen Einsundeins und zusammen mit deren Nachbaraufgaben (wie 4 + 3 oder 7 + 8) über 30 Aufgaben, also bereits ein Viertel der 121 Aufgaben des kleinen Einsundeins.

Selbstverständlich müssen diese Zahlvorstellungen zunächst durch Handlungen mit Zehner-Eierschachteln und später durch Anordnen von Plättchen auf dem Zehnerfeld gründlich erarbeitet werden. Man kann mit freien Anordnungen von Plättchen beginnen und die Kinder selber beurteilen lassen, bei welchen Anordnungen sie mit einem Blick, ohne zu zählen, erkennen können, wie viele Plättchen auf dem Zehnerfeld liegen (Abb. 17).

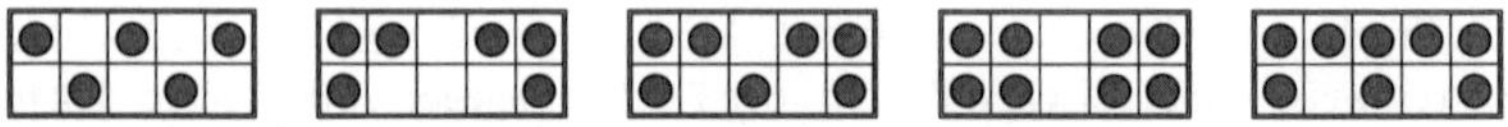

Abbildung 17: Freie Anordnung von 5 bis 8 Plättchen auf dem Zehnerfeld

Danach kann man dazu übergehen, Vorteile der Anordnungen der Plättchen auf den *Zahlen-Kennkarten* der Abbildungen 15 und 16 für das rasche Erkennen der Anzahl zu diskutieren. Zur Festigung der Kennkarten in der Vorstellung der Kinder gehören »Blitzblick«-Übungen, bei denen obige Kennkarten[5] nur während Bruchteilen einer Sekunde gezeigt werden und die Kinder die Anzahlen nennen sollen – ohne sie abzählen zu können. Dabei sollen die Kinder immer wieder erklären, *wie* sie so schnell erkannt haben, dass es genau

5 Für den Klassenunterricht ist es zweckmäßig, von den Kennkarten der Abb. 15 und 16 eine Demonstrations-Version herzustellen. Für das Zehnerfeld hat sich die Länge 25 cm und die Breite 10 cm bewährt. Klebt man in die Felder (5 cm × 5 cm) im Schreibwarenhandel erhältliche, selbstklebende Markierungspunkte mit 32 mm Durchmesser, so werden die Felder im so genannten goldenen Schnitt geteilt, was als schön empfunden wird.

sieben oder genau acht Punkte waren. Diese Übungen sollen *alle* Kinder befähigen, sich obige Kennkarten jederzeit mühelos mit geschlossenen Augen *vorstellen* zu können (Visualisierung). Wesentlich dabei ist, dass die Kinder *Zahldarstellungen als Zusammensetzungen aus simultan erfassbaren Teilportionen* auffassen, zum Beispiel die Sieben als Fünf-und-Zwei, aber auch als Vier-und-Drei oder Sechs-und-Eins und dabei jeweils auch die Beziehung zur Zehn erkennen (Abb. 18).

Abbildung 18: Verschiedene Zusammensetzungen der Sieben aus Teilportionen

Für die Erarbeitung des Zahlenraums bis 20 sind Zehnerfelder, die man wie in Abbildung 7 nebeneinander setzen kann, völlig ausreichend. Man kann auch Zahlen bis 100 damit darstellen.

Zum Aufbau effizienter Zahlvorstellungen für größere Zahlen empfehlen sich die in Schulen verbreiteten Zehnersystem-Blöcke, bestehend aus Einer-Würfeln, Zehner-Stangen, Hunderter-Platten und Tausender-Würfeln. Man sollte dieses handelsübliche Arbeitsmittel jedoch dadurch abwandeln, dass man einige Zehner-Stäbe, Hunderter-Platten und Tausender-Würfel halbiert. Dann kann beispielsweise 80 dargestellt werden durch *eine* Fünfziger-Platte und *drei* Zehner-Stäbe. Das hat den Vorteil, dass diese Zahldarstellung quasi-simultan erfasst werden kann, was bei acht ungegliedert liegenden Zehner-Stäben nur durch Abzählen möglich wäre, wieder ein Impuls zum zählenden Rechnen, das in der Grundschule überflüssig gemacht werden sollte (Abb. 19).

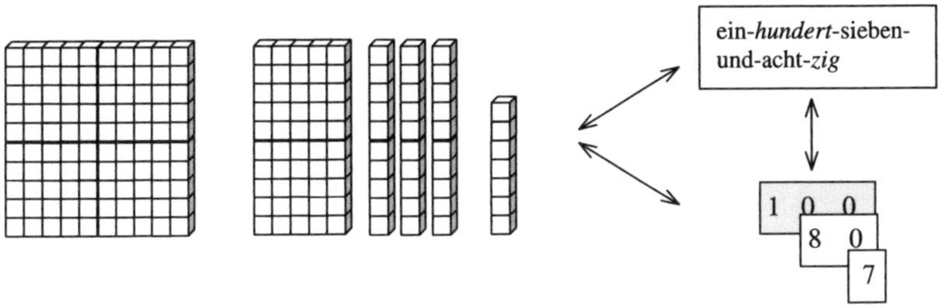

Abbildung 19: Zahldarstellungen mit Zehnersystem-Blöcken

Mit den so abgewandelten Zehnersystem-Blöcken lässt sich ein methodisches Konzept realisieren, das den so genannten Japan-Tiles ähnlich ist. Dieses Arbeitsmittel besteht aus Fliesen-Stücken zur Darstellung von Einern und Fünfen (ohne Unterteilung) und hatte sich nach längeren empirischen Studien des Verbands der Mathematiklehrer in Japan im Vergleich verschiedener Materialien als das günstigste für die Darstellung von Zahlen und Rechenausdrücken

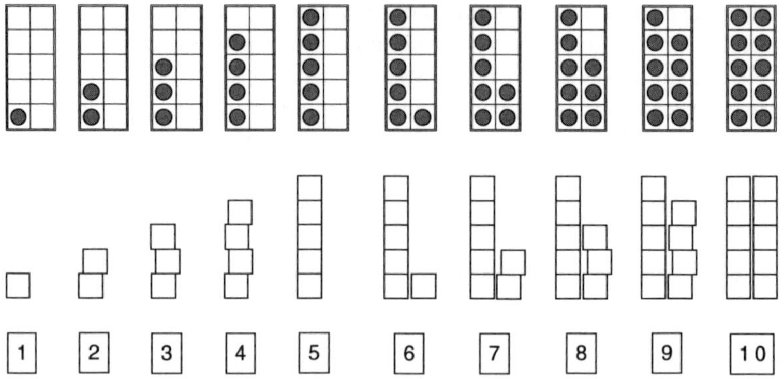

Abbildung 20: Darstellungen der Zahlen bis 10 mit Plättchen auf dem Zehnerfeld, Zehnersystem-Blöcken und Ziffernkarten

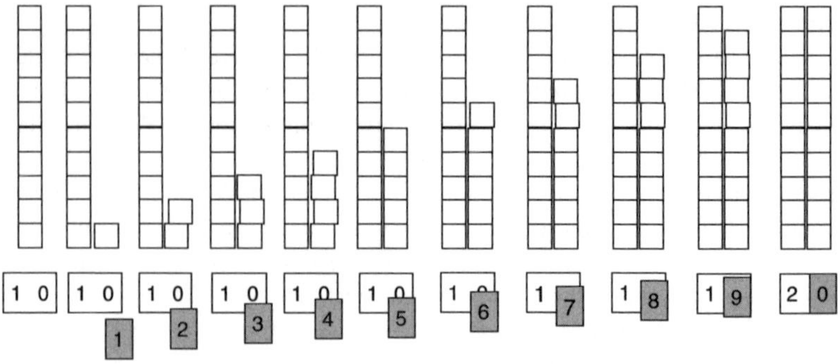

Abbildung 21: Darstellung der Zahlen bis 20 mit Zehner-/Fünfer-/Einer-Material und Seguin-Zahlenkarten

herausgestellt. Bei diesem Konzept ist die Orientierung an der Fünf und der Zehn von zentraler Bedeutung für die Entwicklung von Zahlvorstellungen und des Rechnens (Abb. 20 und 21).

Aufbau von Verständnis der Rechenoperationen

Für das Verstehen symbolischer Darstellungen wie $3 + 5 = 8$, $8 - 5 = 3$, $3 \times 6 = 18$ und $24 : 6 = 4$ genügt es nicht, Kinder die Ergebnisse der Rechenausdrücke lediglich auswendig lernen zu lassen. Vielmehr müssen sie diesen abstrakten mathematischen Zeichen *Bedeutungen* zuzuordnen können, das heißt die zugrunde liegenden mathematischen Konzepte *verstehen.* Dies erfordert: Sie müssen den Rechenausdrücken *Sinn* geben können, das heißt modell- oder bildhafte Darstellungen und diesen wiederum Alltagssituationen zuordnen können und umgekehrt Alltagssituationen modell- oder bildhafte Darstellungen und diesen wiederum Rechenausdrücke. Außerdem sollten sie die Ergebnisse der Rechenausdrücke auf eine effiziente Art bestimmen können.

Voll entwickeltes *Operationsverständnis* beim Addieren und Subtrahieren sowie beim Multiplizieren und Dividieren besteht also in der Fähigkeit, Verbindungen herstellen zu können zwischen

- möglichst realen, vorgestellten oder verbal beschriebenen konkreten Sachsituationen,
- modell- oder bildhaften Darstellungen der zugrunde liegenden Quantitäten und Beziehungen,
- symbolischen Schreibweisen für die zugehörigen Quantitäten und Rechenoperationen, meist in Form von Gleichungen.

Eine Additions- oder Subtraktionsaufgabe beziehungsweise Multiplikations- oder Divisionsaufgabe kann demnach in drei verschiedenen »Sprachen« dargestellt werden: als eine reale Situation, eine entsprechende modell- oder bildhafte Darstellung und eine symbolische Darstellung (Abb. 22 und 23). *Operationsver-*

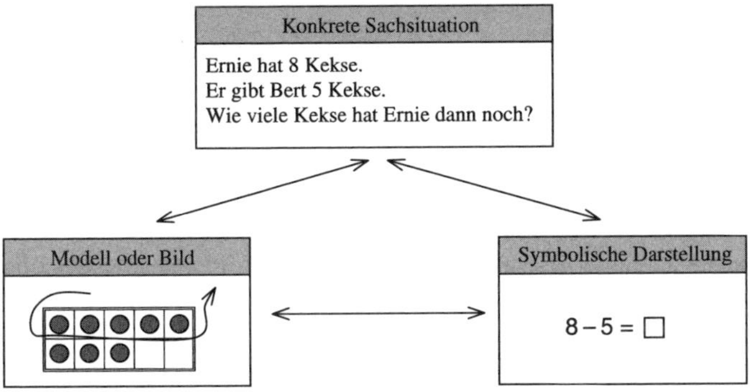

Abbildung 22: Verschiedene Repräsentationen einer Subtraktionsaufgabe

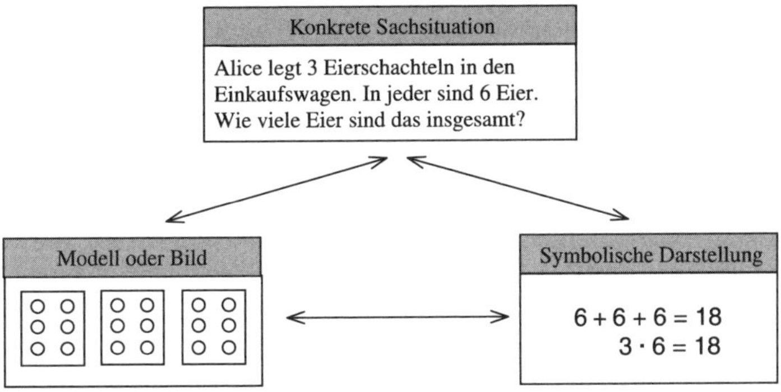

Abbildung 23: Verschiedene Repräsentationen einer Multiplikationsaufgabe

ständnis zeigt sich in der Fähigkeit, zwischen diesen drei Sprachen hin- und herübersetzen zu können (Huinker 1993; Van de Walle 1994, S. 116). Dabei sind sechs verschiedene Übersetzungsrichtungen möglich.

Um festzustellen, wo sich ein Kind in der Entwicklung *seines* Operationsverständnisses befindet, kann man ihm verschiedene (diagnostische) Aufgaben zu den erwähnten »Übersetzungsleistungen« vorlegen (Huinker 1993):

- *Sachsituation → Modell*: »Zeige mit diesen Plättchen, was in der Textaufgabe geschieht«. Dabei lässt man das Kind erklären, was es mit den Plättchen macht und warum.
- *Bildhafte Darstellung → Sachsituation:* »Erfinde eine Rechengeschichte, die zu diesem Bild passt.« Dabei lässt man das Kind erklären, inwiefern die Geschichte zum Bild (oder den als Muster vorgegebenen Plättchen) passt. Man kann das Kind auch bitten, noch eine andere zum Bild passende Rechengeschichte zu erfinden.
- *Sachsituation → symbolische Darstellung*: »Schreibe eine Rechenaufgabe (Zahlenaufgabe, Zahlengleichung) auf, die zu der Rechengeschichte passt. Erkläre, was jede Zahl in der Rechengeschichte bedeutet. Erkläre, warum du so gerechnet hast.«
- *Symbolische Darstellung → Sachsituation*: »Erfinde eine Rechengeschichte, welche zu der Aufgabe 4 × 15 (oder 20 : 4) passt. Wieso passt diese Geschichte zu dieser Rechenaufgabe? Erfinde zu der gleichen Rechenaufgabe noch eine andere Rechengeschichte.«
- *Modell- oder bildhafte Darstellung → symbolische Darstellung*: » Schreibe eine Rechenaufgabe auf, die zu diesem Bild (oder Modell) passt.« Man bittet das Kind zu erklären, weshalb es diese Rechenart gewählt hat und was jede Zahl der Rechenaufgabe in dem Bild bedeutet.
- *Symbolische Darstellung → bildhafte Darstellung oder Modell*: »Zeige mir mit diesen Plättchen (oder einem Bild), was 3 × 5 (bzw. 15 : 5 oder 15 : 3) bedeutet.« Man bittet das Kind, den Zusammenhang zwischen der Rechenaufgabe und den Plättchen (dem Bild) zu erklären.
- Sehr aufschlussreich ist es auch, das Kind selbst erlebte oder erfundene Situationen beschreiben und dazu selbst Textaufgaben bilden zu lassen. Man kann auch fragen, was beispielsweise »3 × 4« oder »4 × ? = 12« oder »4 × □ = 20« bedeuten könnte (Steiner 1997, S. 174). Kann das Kind zum gleichen Rechenterm beziehungsweise zur selben Gleichung verschiedene Sachzusammenhänge und verschiedene sprachliche Formulierungen finden?

Im Klassenunterricht kann die Entwicklung des Operationsverständnisses an der dreiflügeligen Wandtafel »zelebriert« werden: Ein Kind schreibt auf den linken Tafelflügel eine Rechengeschichte, ein zweites Kind stellt die Situation mit magnetisiertem Demonstrationsmaterial oder mit einer Skizze auf der mittleren Tafel dar und das dritte Kind schreibt auf den rechten Tafelflügel den zugehörigen Rechenausdruck beziehungsweise die Rechengleichung. Alle drei Kinder handeln möglichst synchron. Die Aufgabenstellung beginnt mal mit einer Sachsituation (einer Textaufgabe), mal mit einer modell- oder bildhaften Darstellung, mal mit einem Rechenausdruck oder einer Rechengleichung.

Die Erfahrung in Schulklassen – auch in Schulen für Lernbehinderte – zeigt, dass Kinder sehr gern Rechengeschichten erfinden. Man sollte dabei darauf achten, dass diese möglichst realitätsnah sind, damit mit diesen Übungen gleichzeitig auch das Sachwissen der Kinder und (wegen des Bezugs zu Anwendungen) die Motivation gefördert wird. Gelegentlich kann die Lehrerin neue Aufgabentypen aus der Vielfalt unterschiedlich strukturierter Sachsituationen vorschlagen, um das Vorstellungsvermögen für Sachsituationen und die Kreativität der Kinder anzuregen. Die in Tabelle 1 aufgelisteten 20 verschiedenen Aufgabentypen zur Addition und Subtraktion geben Anregungen dazu und enthalten auch Aufgabentypen, die in Unterrichtswerken vernachlässigt werden.[6] Der Einfachheit und Übersicht wegen sind alle Aufgaben aus demselben Sachzusammenhang entnommen und mit denselben Zahlenwerten versehen. Wenn im Unterricht vorwiegend das Operatorkonzept verwendet und das Teile-Ganzes-Konzept vernachlässigt wurde, werden den Kindern Aufgaben vom Typ »Ausgangslage unbekannt« (Nr. 3, 6, 9, 12, 15 und 18) schwerfallen. Die Aufgabentypen Nr. 15 und 18 sind wegen der dort irreführenden Signalwörter »mehr« und »weniger« besonders schwierig. Bei solchen Aufgaben wird deutlich, dass ohne gute modellhafte Vorstellung von der realen Situation die Gefahr eines falschen Ansatzes groß ist.

Tabelle 1: Sachsituationen zur Addition und Subtraktion

Aufgabentyp	**Beispielaufgabe**
	Verändern einer Menge (dynamische Situationen)
Dazugeben	
1. Ergebnis unbekannt	Ernie hat 4 Kekse. Bert gibt ihm noch 3 Kekse dazu. Wie viele Kekse hat Ernie jetzt?
2. Veränderung unbekannt	Ernie hat 4 Kekse. Dann gibt Bert ihm weitere Kekse. Jetzt hat Ernie 7 Kekse. Wie viele hat Bert ihm gegeben?
3. Ausgangslage unbekannt	Am Anfang hatte Ernie einige Kekse. Dann gab Bert ihm 3 Kekse dazu. Jetzt hat Ernie 7 Kekse. Wie viele hatte er am Anfang?
Weggeben	
4. Ergebnis unbekannt	Ernie hat 7 Kekse. 3 Kekse gibt er an Bert ab. Wie viele Kekse hat Ernie jetzt noch?

6 Eine entsprechende Tabelle mit Aufgabentypen zur Multiplikation und Division findet man in Gerster u. Schultz 2000/2007, S. 389.

Aufgabentyp	Beispielaufgabe
5. Veränderung unbekannt	Ernie hat 7 Kekse. Davon gibt er einige an Bert ab. Dann hat er noch 4 Kekse. Wie viele hat er Bert gegeben?
6. Ausgangslage unbekannt	Ernie hat einige Kekse. Dann gibt er 3 Kekse an Bert ab. Jetzt hat er noch 4 Kekse. Wie viele hatte er am Anfang?
Ausgleichen nach oben (»genau so viel wie ...«)	
7. Ergebnis unbekannt	Ernie hat 4 Kekse. Er bekommt 3 Kekse dazu. Jetzt hat er *genau so viele* Kekse wie Bert. Wie viele Kekse hat Bert?
8. Veränderung unbekannt	Ernie hat 4 Kekse. Bert hat 7 Kekse. Wie viele Kekse muss Ernie noch bekommen, damit er *genau so viele* Kekse wie Bert hat?
9. Ausgangslage unbekannt	Ernie hat einige Kekse. Bert hat 7 Kekse. Nun bekommt Ernie 3 Kekse dazu. Dann hat er *genau so viele* Kekse wie Bert. Wie viele Kekse hatte Ernie am Anfang?
Ausgleichen nach unten (»genau so viel wie ...«)	
10. Ergebnis unbekannt	Ernie hat 7 Kekse. Er gibt 3 Kekse ab. Jetzt hat er *genau so viele* Kekse wie Bert. Wie viele Kekse hat Bert?
11. Veränderung unbekannt	Ernie hat 7 Kekse. Bert hat 3 Kekse. Wie viele Kekse muss Ernie abgeben, damit er *genau so viele* hat wie Bert?
12. Ausgangslage unbekannt	Ernie hat einige Kekse. Bert hat 3 Kekse. Dann isst Ernie 4 Kekse und hat jetzt *genau so viele* wie Bert. Wie viele Kekse hatte Ernie am Anfang?
Vergleichen zweier Mengen (statische Situationen, komparative Aufgaben)	
Vergleichen zweier Mengen (»mehr als ...«)	
13. Ergebnis unbekannt	Ernie hat 3 Kekse. Bert hat 4 Kekse *mehr als* Ernie. Wie viele Kekse hat Bert?
14. Veränderung unbekannt	Ernie hat 3 Kekse. Bert hat 7 Kekse. Wie viele Kekse hat Bert *mehr als* Ernie?
15. Ausgangslage unbekannt	Ernie hat 7 Kekse. Er hat 3 Kekse *mehr als* Bert. Wie viele Kekse hat Bert?
Vergleichen zweier Mengen (»weniger als ...«)	
16. Ergebnis unbekannt	Ernie hat 7 Kekse. Bert hat 4 Kekse *weniger als* Ernie. Wie viele Kekse hat Bert?
17. Veränderung unbekannt	Ernie hat 7 Kekse. Bert hat 4 Kekse. Wie viele Kekse hat Bert *weniger als* Ernie?
18. Ausgangslage unbekannt	Ernie hat 4 Kekse. Er hat 3 Kekse *weniger als* Bert. Wie viele Kekse hat Bert?
Vereinigen zweier Mengen (statische Situationen)	
19. Das Ganze ist unbekannt	Ernie hat 3 Kekse. Bert hat 4 Kekse. Wie viele Kekse haben sie *zusammen*?
20. Ein Teil ist unbekannt	Ernie und Bert haben *zusammen* 7 Kekse. Ernie hat 3 Kekse. Wie viele Kekse hat Bert?

Aufbau nichtzählender Rechenstrategien beim Addieren

Will man der Fixierung auf zählendes Rechnen vorbeugen, darf man den Zahlenraum, in welchem die Kinder rechnen, nicht zu lange auf die Zahlen bis sechs oder zehn beschränken. Denn die Vorteile *nichtzählender* Strategien gegenüber zählendem Rechnen werden erst bei etwas größeren Zahlen (also etwa im Zahlenraum bis 20) deutlich. Zwar verwendet gute Methodik grundlegende Nichtzähl-Strategien auch schon im Zahlenraum bis sechs, dennoch ist für Kinder in diesem engen Zahlenraum die Versuchung groß, am zählenden Rechnen festzuhalten.

Erarbeitung nichtzählender Rechenstrategien beim kleinen Einsundeins

Das kleine Einsundeins umfasst 121 Aufgaben von 0 + 0 bis 10 + 10 (Tab. 2). Es hat sich für zahlreiche Übungen im Unterricht als sehr nützlich erwiesen, jeden der 121 Rechenterme auf eine Rechenkarte zu schreiben. Es gibt also 121 Karten mit Plus-Aufgaben. Man kann sie im Unterricht kurz Plus-Karten nennen (Abb. 37).

Zehnersummen und Nachbaraufgaben

Rechenausdrücke wie 7 + 3 und 4 + 6 kann man als *Zehnersummen* (Summen mit dem Wert 10) oder *Zehnerpartner* bezeichnen. Wenn den Kindern Anordnungen von Plättchen auf Zehnerfeldern und das Teile-Ganzes-Konzept vertraut sind, können sie die Ergänzungen von einer Zahl bis zur Summe 10 einfach an den Bildern oder Vorstellungen von diesen ablesen (Abb. 24).

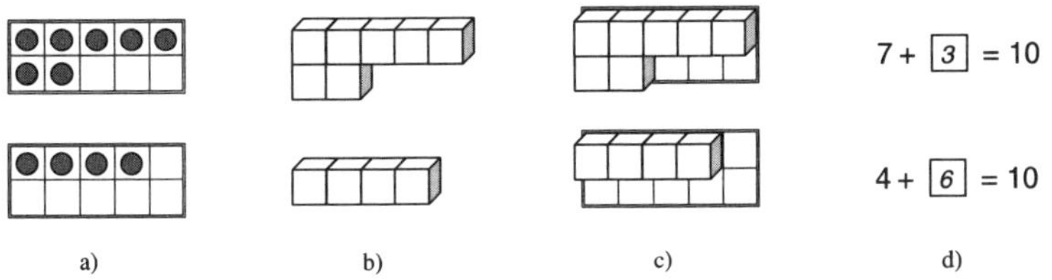

Abbildung 24: Zehnersummen *nichtzählend* bestimmen

Die Erarbeitungs- und Übungsphase kann als Blitzblick-Übung gestaltet werden: Man zeigt für den Bruchteil einer Sekunde eine der Zahlen-Kennkarten (Abb. 24a). Die Kinder rufen dann im Chor einen Rechensatz der Art »sieben und *drei* sind 10«. Einzelne Kinder dürfen erklären, *wie* sie so schnell sehen konnten, dass es sieben Punkte sind und dass noch drei bis zur vollen Zehn fehlen. Mit dieser visuellen Stütze beherrschen die Kinder die elf Aufgaben zu den Zehnersummen rasch. Derartige Übungen können durchgeführt werden, lange bevor die Kinder Rechenausdrücke oder gar Gleichungen (Abb. 24d) aufschreiben.

In Abbildung 24 wird deutlich, dass der Zehnerrahmen als strukturierender Hintergrund Vorteile aufweist: Die Ergänzungen zur Zehn sind in Abbildung 24a unmittelbar zu erkennen.[7] In Abbildung 24b ist dies nicht der Fall. Es ist deshalb zweckmäßig, auch bei den Zehnersystem-Blöcken den Zehnerrahmen und später das Hunderter-Feld als Unterlage zu verwenden (Abb. 24c).

Wenn die Kinder die Zehnersummen *beherrschen,* kann man daran Nachbaraufgaben anknüpfen.[8] Mit Blick auf die Kennkarte der Vier sagen die Kinder »vier und *sechs* ist zehn« und gleich anschließend »vier und *sieben* ist elf« beziehungsweise »vier und *fünf* ist neun« (Abb. 25 und Tab. 2a).

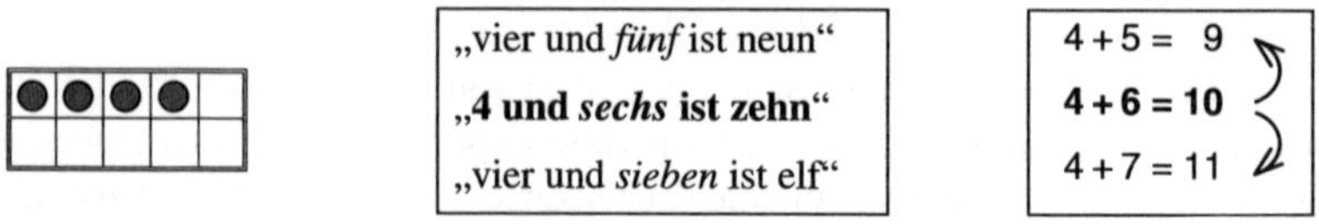

Abbildung 25: Zehnersummen und Nachbaraufgaben in bildlicher und symbolischer Darstellung

Mit der Einpräge- und damit auch Abruf-Strategie »Zehnersumme und Nachbaraufgabe« beherrschen die Kinder bereits 31 Aufgaben, also etwa 25 % des kleinen Einsundeins. Es lohnt sich also, diese Strategie im Unterricht oder in der Förderung nachhaltig zu bearbeiten und auch zu benennen. Entsprechendes gilt für die Einprägestrategie des Verdoppelns.

Verdoppeln

Aufgaben des Verdoppelns oder Halbierens gehören häufig zu den ersten Aufgabentypen, welche Kinder auswendig wissen. Dies liegt an ganz elementaren Erfahrungen. Legt man immer zwei Äpfel in einen Korb (in jeder Hand einen), braucht man nur mit geraden Zahlen zu zählen. Auch beim Spiegeln verdoppelt sich die Anzahl der Elemente, denn man sieht *zweimal das Gleiche.* Stellt man die Anzahlen auf dem Zehner- oder Zwanzigerfeld dar, ergeben sich einprägsame Bilder (Abb. 26).

7 Das gilt auch für die Ergänzung von 4 bis 10. Man sieht, dass noch 1 und 5 fehlen. Die Kinder sollten bereits wissen: 5 und 1 sind zusammen 6, denn die Zahl »6« wurde ja eingeführt als »fünf-und-eins« (und als »drei-und-drei«).

8 Das Konzept *Nachbaraufgabe* beruht auf der *Kovarianz*: Vergrößert man einen *Teil* eines Ganzen um eins, vergrößert sich auch das Ganze um eins.

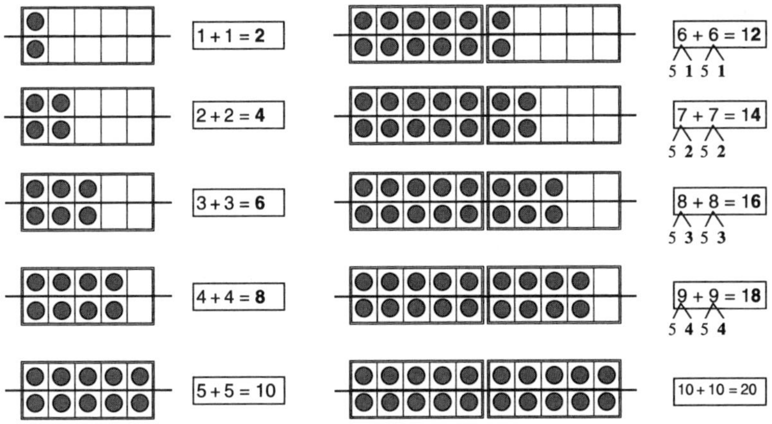

Abbildung 26: Verdoppeln im Zahlenraum bis 20

Um beispielsweise die Aufgabe 7 + 7 am Rechenrahmen (Abb. 27) darzustellen, sollte man nicht meinen, man müsse zuerst »den ersten Zehner auffüllen«, was der klassischen Zehnerüberschreitung durch Zerlegen des Rechenschritts entspräche. Es ist einprägsamer, die beiden Siebener-Portionen auf den beiden getrennten Stangen darzustellen und nach dem Teile-Ganzes-Konzept dies als Darstellung der Summe zweier Siebener-Portionen mit dem Ergebnis »10 + 4« zu akzeptieren. Mit Blick auf diese Darstellung ist gut zu begründen, *weshalb* 7 + 7 = 14 ist (vgl. Radatz et al. 1996, Kap. 3).

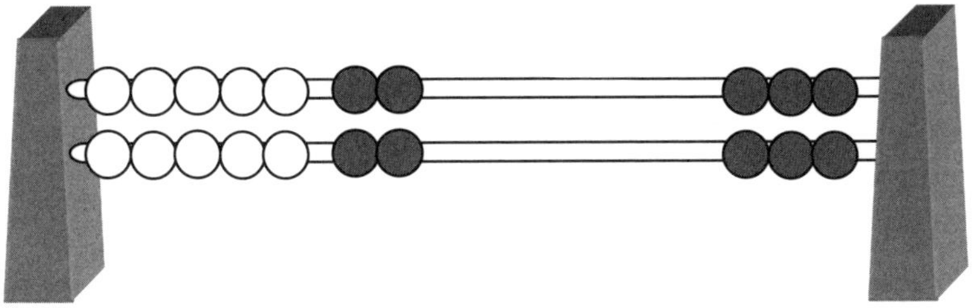

Abbildung 27: Darstellung von Verdopplungsaufgaben am Rechenrahmen

Verdoppeln plus eins

An die elf Verdoppelungsaufgaben des kleinen Einsundeins kann man 20 Nachbaraufgaben ankoppeln (Abb. 28 und Tab. 2b).

Ein Problem bei Rechenausdrücken wie 3 + 4 oder 6 + 7 besteht für Kinder darin, dass die *Ziffern* 4 beziehungsweise 7 *nicht* signalisieren, dass die Zahl 4 aus 3 und 1 zusammengesetzt ist und die Zahl 7 aus 6 und 1. Die Darstellung

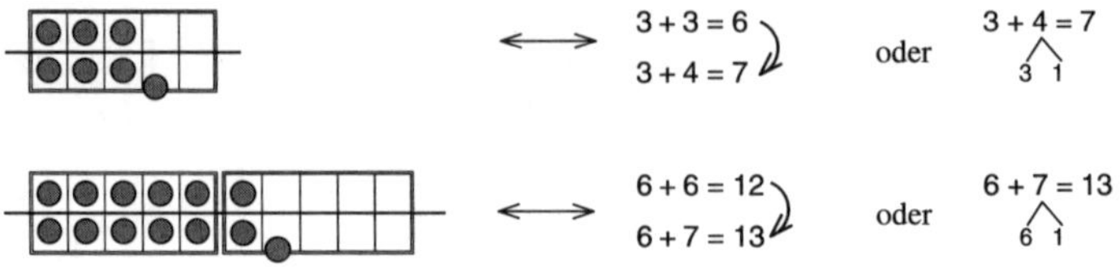

Abbildung 28: Strategie »Verdoppeln plus eins« in bildlicher und symbolischer Darstellung

mit Modellen oder mentale Vorstellungsbilder wie in Abbildung 28 dagegen legen solche Zusammensetzungen beziehungsweise Zerlegungen nahe, weil 3 der 4 Plättchen sich visuell mit den oberen Plättchen zu einer ganzheitlich wahrnehmbaren Würfel-Sechs verbinden und entsprechend 6 der 7 Plättchen sich mit den oberen 6 Plättchen zu einer Zwölf verbinden. Die *symbolischen* Darstellungen in Abbildung 28 können von schwächeren Kindern leicht verstanden werden, wenn Verbindungen zu den entsprechenden modell- oder bildhaften Darstellungen hergestellt werden.

Verdoppeln plus zwei

Summen wie 3 + 5, 7 + 5, 8 + 6 oder 7 + 9, deren Summanden sich um 2 unterscheiden, lassen sich bequem und sicher mit der Strategie »Verdoppeln plus 2« berechnen. Auch diese Strategie muss – soll sie von Kindern übernommen werden – durch konkretes Handeln mit Quantitäten eingeführt oder noch besser von Kindern in einer geeigneten Lernumgebung selber erfunden werden. Dazu präsentiert man die Aufgaben in symbolischer Schreibweise und die Kinder bearbeiten sie durch Legen von Plättchen auf einem Zehner- oder Zwanzigerfeld (Abb. 29 und 30).

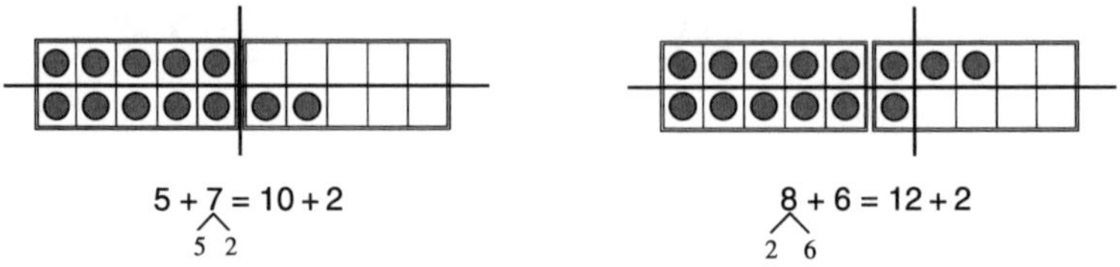

Abbildung 29: Verdoppeln plus zwei: den kleineren der beiden Summanden verdoppeln

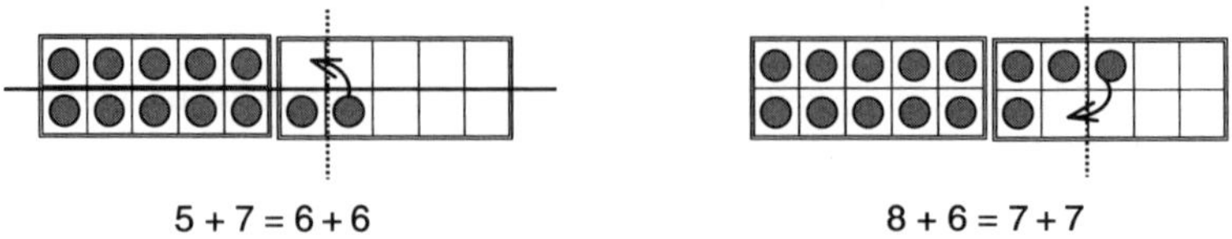

Abbildung 30: Verdoppeln plus zwei: die Zwischenzahl verdoppeln

Die Kinder werden in Fällen wie in Abbildung 29 bald herausfinden, dass man die Summe der beiden Zahlen leicht mit einem Blick erkennt, wenn man die kleinere der beiden Zahlen verdoppelt (was einfach ist) und dann noch 2 addiert (ebenfalls einfach). Die Regel dazu lautet »kleinere Zahl verdoppeln, dann plus zwei«. Eine andere Möglichkeit besteht darin, den Überschuss der einen über die andere Zahl *gerecht* zu verteilen (Pfeile in Abb. 30). Dann entstehen reine Verdoppelungsaufgaben, deren Ergebnisse ja meist auswendig gewusst werden. Dann lautet die Regel: »Zwischenzahl verdoppeln«. Das gegensinnige Verändern der Glieder einer Summe ist ein Sonderfall des allgemeinen Konzepts der *Kompensation*: Ein Ganzes ändert sich nicht, wenn man ein Ding von einem Teil zum anderen Teil des Ganzen bewegt.

Würde man die Strategien *Verdoppeln* (11 Aufgaben), *Verdoppeln plus eins* (20 Aufgaben) und auch noch *Verdoppeln plus zwei* (18 Aufgaben) in allen möglichen Fällen anwenden, wären dies 49 der 121 Aufgaben des kleinen Einsundeins, also gut 40 %. Es handelt sich also um sehr effiziente Strategien (Tab. 2b).

Der Wert dieser Nichtzähl-Strategien zeigt sich erst recht bei größeren Zahlen. Beispielsweise gilt 26 + 28 = 52 + 2 (den kleineren Summanden verdoppeln) oder 26 + 28 = 54 (Zwischenzahl 27 verdoppeln). Entsprechendes gilt für Aufgaben wie 326 + 328. Bereits bei der Erarbeitung des kleinen Einsundeins können die Kinder also wichtige Gesetze des vorteilhaften, flexiblen und kreativen Rechnens kennen lernen.

Null, eins und zwei als Summanden

Besonders einfache Aufgaben des kleinen Einsundeins sind vom Typ »addiere null«, »addiere eins« oder »addiere zwei«. Dies sind 33 Aufgaben des kleinen Einsundeins. Nimmt man noch die Tauschaufgaben, also Aufgaben wie 1 + 7 oder 2 + 5 hinzu, sind es bereits 57 Aufgaben, also fast schon das halbe kleine Einsundeins (Tab. 2c). Voraussetzung dafür ist allerdings die Beherrschung der Beziehungen *»eins mehr«* und *»zwei mehr«*. Denn es ist eine Sache, von einer Zahl um eins oder zwei weiter zu zählen, eine andere Sache, die Beziehung »eins mehr« oder »zwei mehr« zwischen zwei Zahlen zu erkennen und noch einmal etwas anderes, diese Beziehungen auch auf Rechenausdrücke wie 5 + 2 oder 1 + 7 anzuwenden. Als Vorübung kann man die Kinder auffordern, zu einer Zahl jeweils die um eins (oder um zwei) größere Zahl zu nennen. Dies kann in unterschiedlichen Formen geübt werden. Beim »Eins-mehr-Domino« legen die Kinder nicht Steine mit gleicher Punktzahl an, sondern mit *eins mehr.* Beim »Zwei-mehr-Blitzrechnen« zeigt man eine Zahlen-Kennkarte (Abb. 15 oder 16) etwa eine Sekunde lang und die Kinder nennen die Zahl, die um zwei größer ist als die gesehene Zahl. Bei Blitzrechen-Übungen zeigt man kurzzeitig Rechenkarten und die Kinder antworten mit »zwei mehr als fünf« oder »eins mehr als sieben« (Abb. 31).

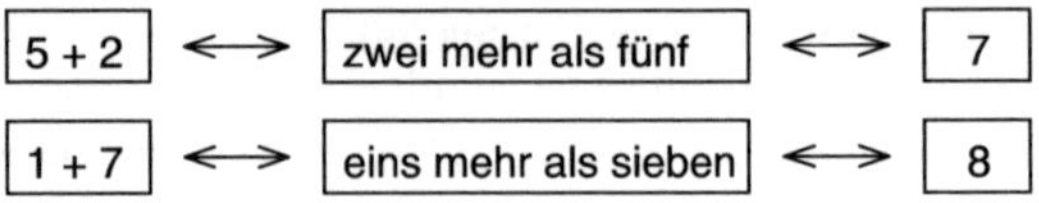

Abbildung 31: Zuordnung Rechenausdruck – Beziehung – Ergebnis

Zehner-Vorteil mit Erweiterungen

Die Bildung unserer Zahlwörter beruht auf dem Zehnersystem. Deshalb ist das Rechnen mit 10, 100 oder 1000 besonders einfach – falls man das System verstanden hat. Dennoch finden wir bis ins dritte oder vierte Schuljahr Kinder, die Aufgaben wie 4 + 10 oder 24 + 10 in Einerschritten weiterzählend lösen und es noch nicht einmal bemerken, wenn sie sich dabei um eins verzählen. Entsprechend kann man beobachten, dass Kinder, wenn sie derartige Aufgaben mit Zehnersystem-Blöcken darstellen sollen, nicht einfach eine Zehner-Stange dazulegen, sondern zehn einzelne Würfel. Man kann also nicht davon ausgehen, dass alle Kinder sprachliche Analysen (Reflexionen) wie »vier plus *zehn* ist vier-*zehn*« oder gar »vier-und-*zwan*zig plus zehn ist vier-und-*dreiß*ig« selbständig durchführen. Das wird durch die unlogische Zahlwörterbildung in der deutschen Sprache, besonders bei den kleinen Zahlen, also am Beginn des Lernprozesses, erschwert – im Unterschied zur türkischen und fernöstlichen Sprachen. Auch hier hilft das Herstellen enger Verbindungen zwischen einerseits modellhaften und andererseits symbolischen, also auch sprachlichen Darstellungen (Abb. 32 und Abb. 33).

Abbildung 32: 10 + 7 und 7 + 10 mit Plättchen auf Zehnerfeldern, Seguin-Karten und in Gleichungsschreibweise

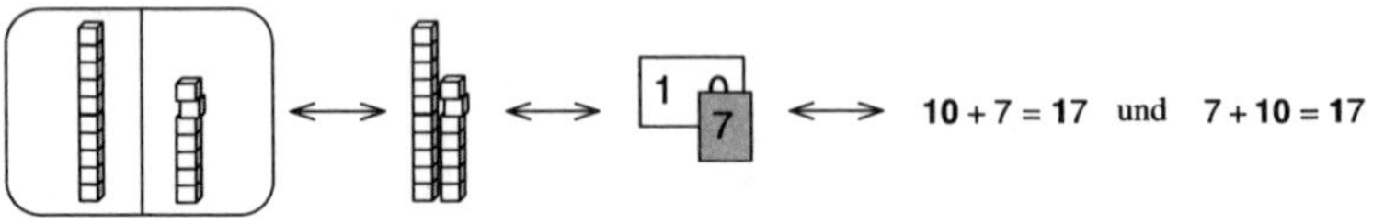

Abbildung 33: 10 + 7 und 7 + 10 mit Zehnersystem-Blöcken, Seguin-Karten und in Gleichungsschreibweise

In Abbildung 33 ist besonders deutlich: Auf Modellebene ist addieren das *Zusammenfassen* von Teilportionen zu *einem* Ganzen. Das *Ganze* ist das, was *auf dem Tablett* liegt. Die Zusammensetzung einer Zehner-Portion und einer Siebener-Portion stellt die Zahl 17 dar. Die beiden Teilportionen auf dem Tablett müssen *nicht* näher zusammen geschoben werden, es genügt das mentale Zusammenfassen, das Zusammendenken. Die Zahl 17 kann als 10 + 7 oder 7 + 10 = 17 geschrieben werden.

Erweiterungen der Strategie »Zehner-Vorteil«

An das besonders einfache Rechnen mit 10, 100, 1000 und so weiter kann man Nachbaraufgaben anknüpfen (Abb. 34).

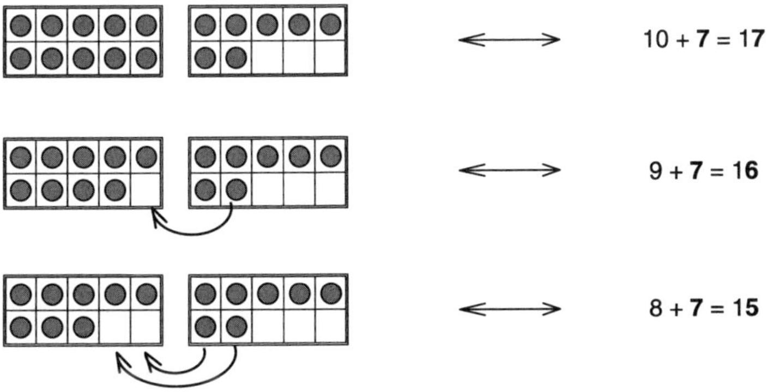

Abbildung 34: Zehner-Vorteil für die Neun und die Acht nach dem Konzept der Kompensation

Zur Einführung des *Zehner-Vorteils beim Rechnen mit der Neun* (man kann diese Strategie als »Neuner-Vorteil« bezeichnen) im Unterricht empfiehlt es sich, eine Kennkarte für die Zahl 9 hochzuhalten und Aufgaben wie 9 + 7 zu stellen. Beim Blick auf die Kennkarten-Darstellung der 9 werden die meisten Kinder selber auf die Idee kommen, ein Plättchen von der 7 zur 9 hinüber zu denken. Um die Automatisierung dieser Strategie anzubahnen, kann man – die Kinder blicken dabei immer auf die Kennkarte der 9 – mehrere Aufgaben kurz nacheinander stellen, wobei die Kinder im Chor rufen: »neun und *sieben* ist *sech*zehn«, »neun und *fünf* ist *vier*zehn«, »neun und *sechs* ist *fünf*zehn«, und so weiter. Hierbei ist es von großem Vorteil, wenn die »Eins-weniger-Übung« vorausgegangen ist. Dazu zeigt man als Blitz-Blick-Übung die Kennkarte oder die Zifferndarstellung einer Zahl und die Kinder rufen im Chor die um eins kleinere Zahl (oder halten eine entsprechende Zahlen-Kennkarte oder eine Ziffern-Karte hoch). Zur Einführung des *Zehner-Vorteils beim Rechnen mit der Acht* (»Achter-Vorteil«) im Unterricht geht man entsprechend vor.

Die in Abbildung 34 dargestellte Strategie des Rechnens mit der Neun und der Acht als Nachbarn der Zehn ist sehr effizient auch für größere Zahlen. Zur Berechnung beispielsweise von 49 + 36 denkt man sich eine 1 von der 36 weg und bei der 49 hinzu. Man hat somit die einfachere Aufgabe 50 + 35 mit demselben Ergebnis zu lösen (Konzept der *Kompensation*: Der Wert einer Summe ändert sich nicht, wenn man einen Summanden um einen Betrag verkleinert und dafür den anderen um denselben Betrag vergrößert). Entsprechendes gilt für Aufgaben wie 149 + 36 oder 149 + 136. In gemischten Jahrgangsklassen

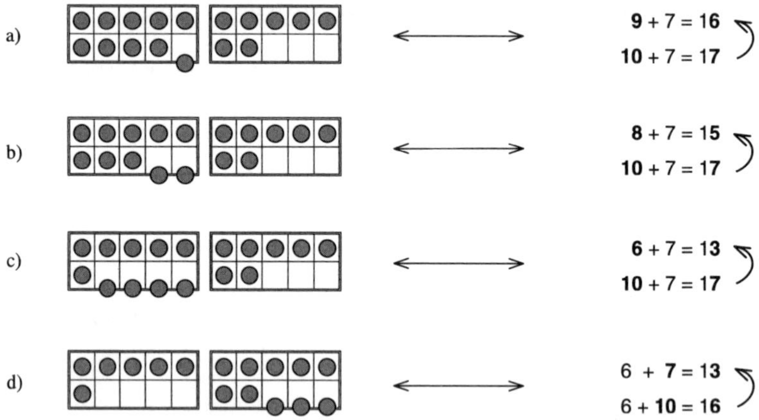

Abbildung 35: Zehner-Vorteil für die Neun, die Acht und die Sechs

oder zur Individualisierung des Rechnens in einer Jahrgangsklasse werden Kinder diese Kompensationsstrategie auch gleich beim Rechnen mit größeren Zahlen nutzen.

Die Zehner-Vorteil-Strategien lassen sich auch nach einem anderen Konzept einführen, das man erstaunlicherweise gelegentlich bei rechenschwachen Kindern als deren eigene Erfindung antrifft. Bei dieser Variante des Zehner-Vorteils nutzt das Kind sein Vorwissen 10 + 7 = 17 und leitet daraus die Ergebnisse von 9 + 7 oder 8 + 7 oder auch 6 + 7 ab (Abb. 35). Dabei verwendet es das Konzept der *Kovarianz*: Wird ein Summand um einen Betrag verkleinert, dann auch der Wert der Summe. Die in Abbildung 35 auf den Rand eines Zehnerfelds gezeichneten Plättchen können als eine Art Joker gedeutet werden, die vorübergehend als Hilfsmittel zur Erleichterung einer Aufgabe verwendet werden.

Kinder, die nach dieser leider unüblichen Strategie rechneten, erklärten beim Berechnen von 8 + 7, dass sie nicht gern einen »Zwischen-Stopp bei der Zehn« machen, sondern anstelle der 8 einfach 10 addieren und dann die zuviel addierte 2 anschließend abziehen. Diese Kinder meiden damit die klassische Zehnerüberschreitung mit Zerlegung des Rechenschritts und machen lieber einen *Zehner*-Sprung in das nächste Zehnerintervall, in dem sie anschließend die erforderliche Korrektur ausführen.

Die Abbildungen 35c und 35d lassen erkennen, dass man den ersten *oder* den zweiten Summanden durch einen Zehner ersetzen kann.

In Tabelle 2d sehen wir, dass mindestens 55 Aufgaben der 121 Aufgaben des kleinen Einsundeins nach dieser *Zehner-Vorteil-Strategie* berechnet werden können, also knapp die Hälfte aller Aufgaben des kleinen Einsundeins.

Die sehr effiziente Zehner-Vorteil-Strategie lässt sich auch bei größeren Zahlen als Rechenvorteil anwenden. Um beispielsweise 48 + 36 (bzw.

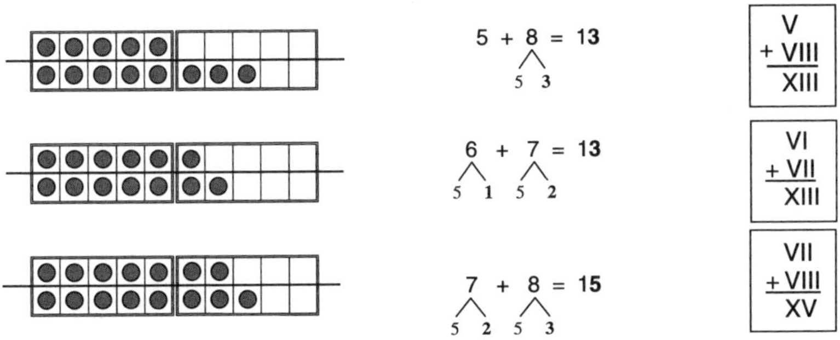

Abbildung 36: Fünfer-Vorteil beim Addieren

148 + 36) zu berechnen, kann man zuerst die einfachere Nachbaraufgabe 50 + 36 (bzw. 150 + 36) ausrechnen und anschließend die gleichsinnige (kovariante) Veränderung ausführen. Wir sehen auch an diesem Beispiel: Flexible Rechenstrategien lassen sich bereits im Zahlenraum bis 20 anbahnen und durch Herstellungen von Verbindungen zwischen modellhaften Darstellungen beziehungsweise bildhaften Vorstellungen mit symbolischen Notationen verstehen und einprägen. Sie können später (oder bei klasseninterner Individualisierung sofort) auf größere Zahlen übertragen werden.

Fünfer-Vorteil mit Erweiterungen

Wenn die Zahlen von sechs bis neun mit ihren Beziehungen zur Fünf eingeführt worden sind, kann man dies zum vorteilhaften Rechnen nutzen. Die Summen 5 + 1, 5 + 2, 5 + 3, 5 + 4 und ihre Tauschaufgaben sind dann von vornherein klar, weil die Zahlen 6 bis 9 auf diese Weise eingeführt worden sind. 25 weitere Aufgaben lassen sich bequem dadurch ausrechnen, dass man die in den Zahlen enthaltenen Fünfen zu einer Zehn zusammenfasst (Abb. 36 und Tab. 2e).

Von nichtzählenden Rechenstrategien zur Automatisierung des Einsundeins

Eine Übersicht über die nichtzählenden Rechenstrategien des vorigen Abschnitts ist in Tabelle 2 dargestellt. Kinder, auch rechenschwache, entwickeln solche Strategien spontan und wenden sie an, von Lehrkräften häufig nicht bemerkt. Damit die Verwendung solcher Strategien bewusst und sicher geschieht, sollten sie im Unterricht thematisiert werden.

Offensichtlich überschneiden sich die Anwendungsbereiche der verschiedenen

Tabelle 2: Übersicht über nichtzählende Strategien bei Einsundeins-Aufgaben

a) Zehnersummen und Nachbaraufgaben

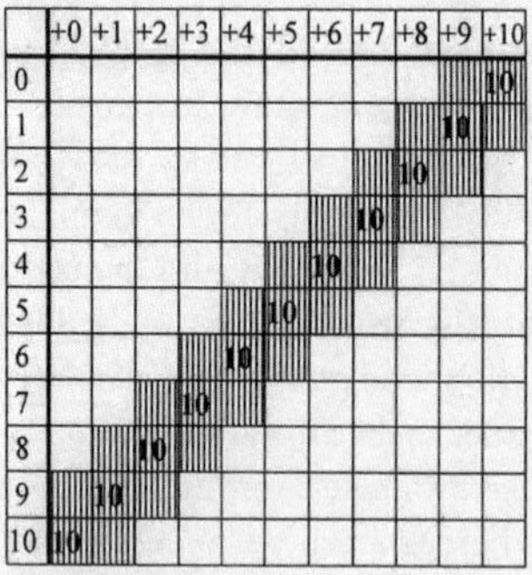

31 Aufgaben (26 % des kl. Einsundeins)

b) Verdoppeln und Nachbaraufgaben

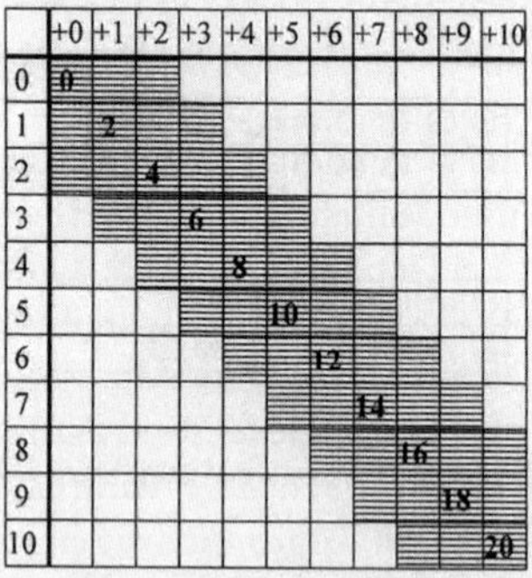

49 Aufgaben (40 % des kl. Einsundeins)

c) 0, 1 oder 2 als Summand

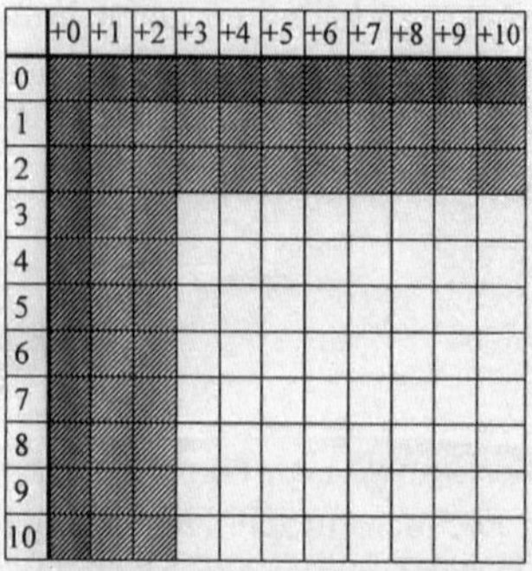

57 Aufgaben (47 % des kl. Einsundeins)

d) „Zehner-Vorteil“ mit Erweiterungen

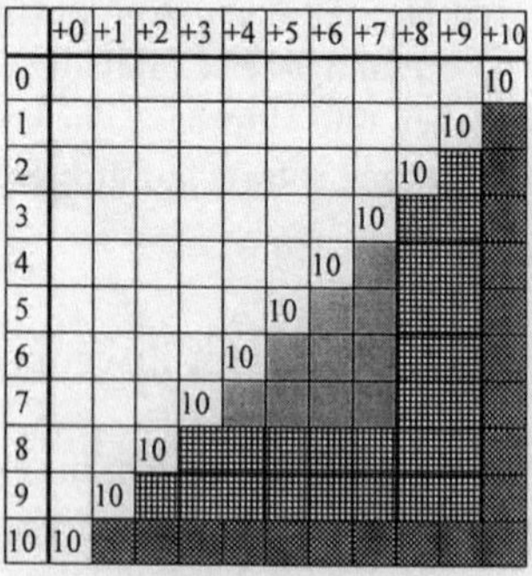

55 Aufgaben (45 % des kl. Einsundeins)

e) „Fünfer-Vorteil“

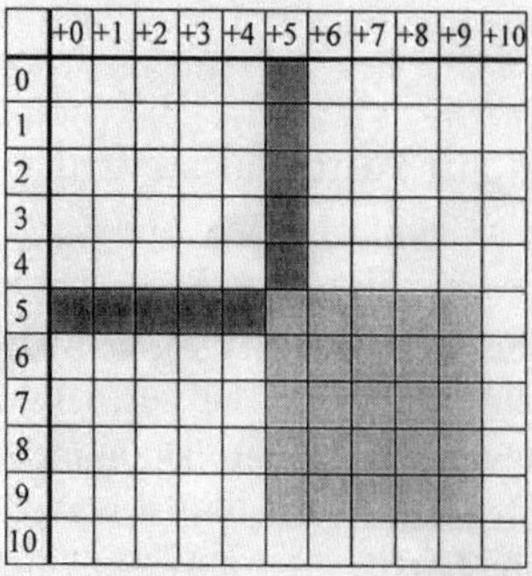

35 Aufgaben (29 % des kl. Einsundeins)

f) Gesamtes Einsundeins

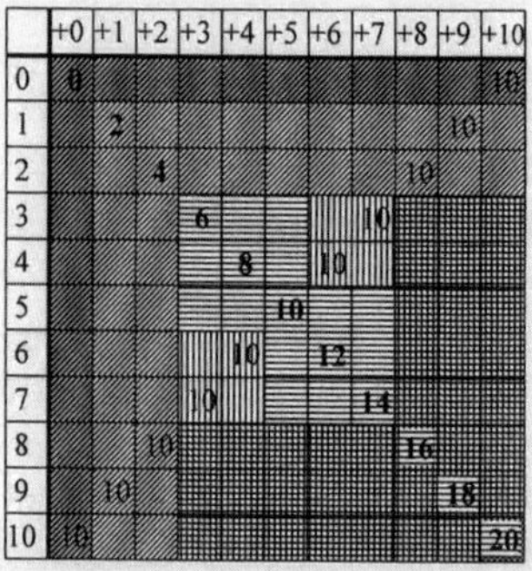

Strategien. Beispielsweise kann 5 + 5 als Verdoppelungsaufgabe oder als Zehnersumme angesehen werden. Die Summe 5 + 6 kann als Nachbaraufgabe dazu aufgefasst werden. Sie kann aber auch mit dem Fünfer-Vorteil oder mit dem Zehner-Vorteil (5 + *10* = 15, also 5 + *6* = 11) berechnet werden (Tab. 2d und 2e). Addiert man die in Tabelle 2 angegebenen Prozentsätze für die Anwendungsbereiche der Strategien, kommt man auf knapp 190 %. Im Durchschnitt lässt sich also jede Einsundeinsaufgabe mit zwei verschiedenen nichtzählenden Strategien lösen.

Bei Hope et al. (1988, S. X) findet man einen guten Vorschlag zur *Übung der Strategieauswahl.* Man schreibt Bezeichnungen für Rechenstrategien an die Tafel oder auf Karten, die an die Magnettafel oder an die Wand geheftet werden können (Abb. 37). Jedes Kind der Klasse erhält ein oder mehrere Kärtchen mit Rechenausdrücken, die es dann einer dazu passenden Strategie zuordnen darf. Wir setzen jetzt voraus, dass die einzelnen Strategien bereits erarbeitet worden sind.

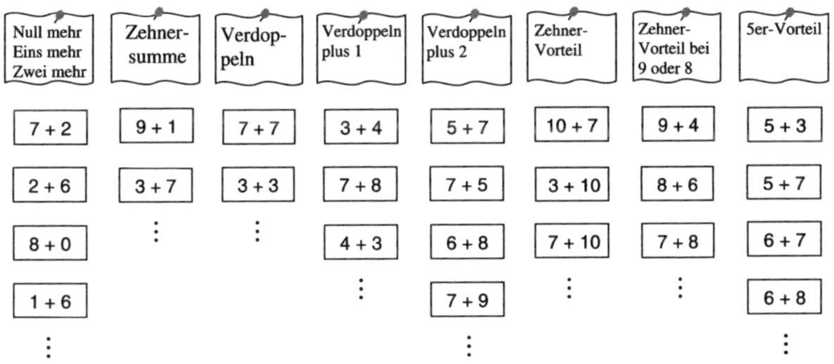

Abbildung 37: Zuordnung von Rechenausdrücken zu Rechenstrategien

Dieses Zuordnungsspiel kann öfters gespielt werden. Dadurch prägen sich die unterschiedlichen Rechenstrategien, ihre Bezeichnungen und zugehörige Anwendungsaufgaben besser ein. Dabei sollte mit den Kindern auch diskutiert werden, dass ein Kärtchen mehreren Strategien zugeordnet werden kann. Die Aufgabe 5 + 7 beispielsweise passt zu den Strategie »Fünfen zusammenfassen« und »Verdoppeln plus zwei«. Die Summe 8 + 6 lässt sich berechnen mit den Strategien »Verdoppeln plus zwei«, »Fünfer-Vorteil« und »Zehner-Vorteil bei acht«. Dabei wird den Kindern bewusst, dass verschiedene Wege zum Ziel führen und dass sie dabei auch ihren persönlichen Neigungen folgen dürfen.

Eine gute Idee einer Lehrerin in einer Förderschule: Sie schrieb Bezeichnungen für Rechenstrategien auf die Frontseiten von Schuhschachteln. Die Kinder sortierten dann die Rechenkarten in die passenden Schachteln und wiederholten dieses Spiel in der Freiarbeit oft. Auch die umgekehrte Übung ist nützlich. Man gibt eine Term-Karte vor (beispielsweise 8 + 5) und die Kinder ordnen geeignete Rechenstrategien zu, deren Bezeichnungen auf Strategie-Karten geschrieben sind, beispielsweise »Zehner-Vorteil bei acht« oder »Fünfer-Vorteil«.

Welche der obigen nichtzählenden Rechenstrategien soll man nun im Unterricht behandeln? Nimmt man den in der Mathematikdidaktik seit Jahren gemachten Vorschlag »Rechnen auf eigenen Wegen« ernst, muss der Unterricht auf Vorschläge der Kinder reagieren. Bei offenem Unterricht und geeignetem Einsatz von Arbeitsmitteln finden Kinder alle obigen Strategien. Sie sollten deshalb auch diskutiert und geklärt werden.

Für die systematische Erarbeitung des gesamten kleinen Einsundeins im Unterricht sollte man auf das Bewusstmachen folgender Strategien nicht verzichten (Tab. 2f):

- Die Strategien »null mehr«, »eins mehr«, »zwei mehr«. Sie lösen die Aufgaben mit den Summanden null, eins oder zwei. Diese Strategien erfassen 57 Aufgaben des kleinen Einsundeins, also fast die Hälfte aller 121 Aufgaben.
- Die Strategien »Zehner-Vorteil«, »Zehner-Vorteil bei 9 und bei 8«. Das sind weitere 39 Aufgaben. Mit der vorausgehenden Strategie zusammen sind damit bereits 96 Aufgaben erfasst, also fast 80 % des kleinen Einsundeins.
- Die Strategien »Verdoppeln, Verdoppeln plus eins, Verdoppeln plus zwei«. Damit kann man 17 weitere Aufgaben (etwa 14 %) lösen.
- Die Strategie »Zehnersumme und Nachbaraufgaben«. Sie liefert die acht noch fehlenden Aufgaben des gesamten kleinen Einsundeins (die restlichen 7 %).

Zur Automatisierung des kleinen Einsundeins

Ein Kind *beherrscht* das kleine Einsundeins erst dann, wenn es die Ergebnisse jeder der 121 Aufgaben rasch (d. h. innerhalb maximal drei Sekunden), sicher und mühelos aus dem Langzeitgedächtnis abrufen oder von auswendig gewussten Fakten (ebenso rasch, sicher und mühelos) ableiten kann. Für eine langfristige sichere Einspeicherung von Fakten im Langzeitgedächtnis reicht mechanisches Repetieren nicht aus. Die beiden aktuellen Gedächtnistheorien, die Zwei-Speicher-Theorie und die Theorie der Verarbeitungstiefe (Zimbardo 1992, S. 289) gehen davon aus, dass Einspeicherung im Langzeitgedächtnis nur möglich ist über das Evaluieren der Fakten. Der Lernstoff muss mit einer so genannten *elaborierenden Wiederholung* bearbeitet werden, bei der nicht die Anzahl der Wiederholungen relevant ist, sondern die *Verarbeitungstiefe*. Das heißt, ein Satz des kleinen Einspluseins, beispielsweise $6 + 8 = 14$, wird nur dann abrufbar im Langzeitgedächtnis gespeichert, wenn ihm *Bedeutung* zugemessen wird, indem Verbindungen zu anderen Aufgaben hergestellt werden, die bereits im Langzeitgedächtnis eingespeichert sind. Das kann beispielsweise sein

- die Strategie »Fünfer-Vorteil«: $6 + 8 = (5 + \mathit{1}) + (5 + \mathit{3}) = 10 + \mathit{4} = 14$,
- die Strategie »Zehner-Vorteil«: $6 + 10 = 16$, also $6 + 8 = 14$,
- das »Verdoppeln plus zwei«: $6 + 8 = 6 + 6 + 2 = 12 + 2 = 14$ oder $6 + 8 = 7 + 7 = 14$,
- »Zerlegen des Rechenschritts«: $6 + 8 = (6 + 4) + 4 = 10 + 4 = 14$.

Solche Strategien des Ableitens aus bereits auswendig gewussten Fakten gelingen umso geläufiger und sicherer, je mehr sie an Handlungen und Vorstellungen wie in den Abbildungen 26 bis 37 gekoppelt werden.

Zählendes Rechnen beim Lösen dieser Aufgabe (6; plus 1 gibt 7, plus 2 gibt 8, . . ., plus 8 gibt 14) führt nach den genannten Gedächtnistheorien und auch nach der praktischen Erfahrung nicht zum Einspeichern in das Langzeitgedächtnis. Die im vorausgehenden Abschnitt behandelten *nichtzählenden* Rechenstrategien dienen somit dazu, *Beziehungen zwischen Aufgaben* herzustellen, die Voraussetzung sind für die Einspeicherung im Langzeitgedächtnis, und somit auch für das Gelingen des Abrufs aus dem Langzeitgedächtnis ins Kurzzeitgedächtnis, dem Ort der bewussten Verarbeitung. Sie dienen als *Abrufhilfen* für Ergebnisse von Einsundeinsaufgaben. Zugleich sind sie vorteilhafte Rechenstrategien auch für größere Zahlen.

Schriftliches Addieren

Es wurde bereits darauf hingewiesen, dass schriftliches Rechnen reines Ziffernrechnen ist, und genau darin besteht das Problem: Kinder missverstehen schriftliche Rechenverfahren als bloßes Manipulieren mit Ziffern und produzieren dabei im Nu grobe Fehler. Die Vorbeugung besteht darin, den einzelnen Schritten beim schriftlichen Rechnen *Bedeutung* zu geben. Dies geschieht durch enge Koppelung der symbolischen Notationen an modell- oder bildhafte Vorstellungen.

Im Unterricht soll bereits beim Einstiegsbeispiel mindestens eine Zehnerüberschreitung erforderlich sein, sonst ist der vom Kopfrechnen und halbschriftlichen Rechnen abweichende Beginn mit der Einerstelle nicht zu begründen. Es ist zweckmäßig, die Zehnerüberschreitung in der Einerstelle vorzusehen. Das

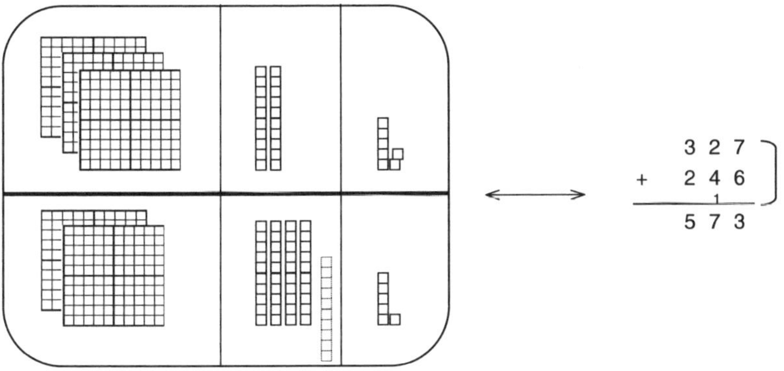

Abbildung 38: Darstellung der Addition mit Zehnersystem-Blöcken und in schriftlicher Form

Verfahren soll zuerst mit didaktischem Material modelliert werden. Es ist vorteilhaft, das Material auf einem Tablett (ein Stück Karton genügt) zu legen, am besten mit einem Trennstrich, der die beiden Summanden voneinander abgrenzt. Betrachten wir ein Beispiel (Abb. 38).

Wichtig bei der modellhaften Darstellung von Summen ist, dass die Darstellungen der beiden Summanden *nicht* zusammengeschoben werden (wie es in Schulbüchern und auch im Unterricht oft geschieht). Die Summe ist dennoch bereits vorhanden: Sie wird durch das Material dargestellt, das (insgesamt) auf dem Tablett liegt. Man muss nur die beiden Teil-Portionen des Ganzen zusammen*denken*. Würde man das Material, welches die beiden Summanden darstellt, zusammenschieben, könnte man die Aufgabenstellung im Modell nicht mehr erkennen und es gäbe für die Art des Zustandekommens des Ergebnisses keine anschauliche Grundlage mehr, die reflektiert und in der Klasse oder mit dem zu fördernden Kind diskutiert werden könnte.

Wie bei der Erarbeitung des kleinen Einsundeins und halbschriftlicher Strategien erleichtert auch hier das Zusammenfassen von Fünfer-Portionen die Zehnerübergänge. Das mühelose Addieren einstelliger Zahlen muss *vor* Einführung der schriftlichen Addition ohnehin vorausgesetzt werden.

Wichtig ist auch, mit den Kindern – wie bereits bei der Einführung der Ziffernschreibweise für mehrstellige Zahlen – erneut zu klären, dass im Zehnersystem in der Einer-, Zehner-, Hunderterstelle und so weiter jeweils höchstens die Ziffer Neun vorkommen darf. *Deshalb* ist es vorteilhaft, beim schriftlichen Addieren mit den Einern zu beginnen: Man kann dann einen etwaigen Übertrag aus einer Stelle gleich in der nächst höheren Stelle hinzufügen. In Abbildung 38 ist der *Übertrags-Zehner* nur *gestrichelt* eingezeichnet. Es ist nur ein gedachter Zehner, da wir auf dem Tablett die beiden Fünfer-Portionen in der Einerspalte liegen lassen, also *nicht* in einen Zehnerstab umtauschen. Diese beiden Fünfer-Stäbe stellen den Übertrags-Zehner dar, der nach der Einführung der *schriftlichen* Addition als kleine Eins in der Zehnerspalte notiert wird.

Bei der Einführung der schriftlichen Addition stellen wir das Verfahren an ausreichend vielen Beispielen, die auch Sonderfälle mit Nullen, Stellenunterschieden, gleichen Ziffern übereinander und so weiter einschließen, *zunächst nur mit dem Material* dar und lesen daran die Ergebnisse ab. Erst danach entwickeln wir auf dieser konkreten Verständnis-Grundlage eine kurze schriftliche Notation. Die schriftliche Darstellung einer Addition ist also vorläufig lediglich eine Art Kurzschrift für die konkrete Handlung am didaktischen Material. Der *Bogen* bei der schriftlichen Addition fasst die beiden Summanden zusammen und erinnert die Kinder an die Darstellung der Aufgabe mit dem didaktischen Material auf dem *Tablett*. Die Kinder müssen bei der schriftlichen Addition jeder Ziffer eine passende *Bedeutung* zuordnen können (beispielsweise der Ziffer 7 in obiger Aufgabe die zugehörige Darstellung im Modell). Verwenden von Fünfer-Portionen beim Legen erleichtert das Erkennen der Summen in den einzelnen Stellenwerten. Die kleine Eins in der schriftlichen Notation erinnert uns daran, dass wir in der Zehnerspalte einen Zehner hinzudenken müssen. Regelmäßiges Mitsprechen der Stellenwerte beim schriftlichen Rechnen erleichtert das Zuordnen der Stellenwert-Bedeutung der Ziffern. Also nicht »sechs plus sieben gleich dreizehn«, sondern »sechs Einer plus sieben Einer sind drei*zehn* Einer«.

Ausblick

Grundgedanke bei der Entwicklung tragfähiger Konzepte des Addierens (im Kopf, halbschriftlich und schriftlich) ist die enge Koppelung symbolischer Darstellungen (verbal oder schriftlich) an die Vorstellung von Zahlen als geeignet gegliederte Quantitäten und das gedankliche Zusammenfassen dieser Quantitäten. Diese Koppelung zwischen bildhaften und symbolischen Darstellungen ist in mehreren Abbildungen dieses Beitrags durch einen Doppelpfeil angedeutet.

Entsprechendes gilt für das methodische Vorgehen bei der Subtraktion, Multiplikation und Division (Gerster u. Schultz 2000, 2007; Gerster 2007, 2009a, 2009b). Das Subtrahieren lässt sich dabei verstehen als Abgrenzen einer Teilportion (die den Subtrahenden darstellt) von einem Ganzen (das den Minuenden darstellt). Also *nichts wegnehmen,* denn Minuend, Subtrahend und Ergebnis sollen für die abschließende Reflexion des Lösungswegs sichtbar bleiben. Die den Subtrahenden darstellende Teilportion nur markieren, beispielsweise durch Abdecken mit einer transparenter Folie oder durch Einkreisen mit einem Lasso, wie in den Abbildungen 6, 7, 10, 11 und 12 zu sehen ist. Ebenso gut könnte man die Darstellung einer Differenz beginnen mit dem Legen des Subtrahenden, der dann zum Minuenden ergänzt werden soll.

Bei der Behandlung der Multiplikation ist zu beachten, dass sie nicht verkürzt wird auf das Auswendiglernen von Einmaleinsreihen und die schriftliche Multiplikation. Kinder müssen wissen, wie man dreimal vier Plättchen auf den Tisch legen kann, also den Term 3×4 mit Material darstellen kann. Das Multiplizieren lässt sich also auf der konkreten Ebene darstellen als gedankliches Zusammenfassen mehrerer gleich großer Teilportionen zu einem Ganzen und Dividieren als ein Zerlegen eines Ganzen in gleich große Teilportionen, wobei das Konzept des Aufteilens (Messens) in vielen Fällen praktischer ist als das des Verteilens (Gerster u. Schultz 2000/2007, S. 396f.).

Fazit

Die Analyse der kognitiven Anforderungen beim elementaren Rechnen macht deutlich: Mathematisches Wissen, selbst in seinen elementarsten Formen, ist so komplex, dass Lernen ohne Selbstorganisation der Lernenden gar nicht möglich ist. Die dabei notwendigen mentalen Konstruktionen gelingen dann besonders gut, wenn sie in sichtbaren Konstruktionen »in der Welt«, also in der Darstellung mit didaktischen Materialien, Unterstützung finden, woran sie gezeigt, diskutiert, erprobt und bewundert werden können.

Wie ein Kind tatsächlich rechnet, hängt vor allem von *seinen* individuellen Vorstellungen (seinen eigenen mentalen Konstruktionen) von Zahlen und von den Rechenoperationen ab. Will man einem Kind bei Lernschwierigkeiten im Mathematikunterricht wirksam helfen, muss man versuchen, diese zu erkunden. Kerngedanke des in diesem Beitrag für die Addition ausführlich dargestellten und für die anderen Rechenoperationen nur angedeuteten methodischen Konzepts ist, dass die Kinder

– *Zahlen* nicht nur als Positionen oder Anfangsstücke in der Zahlwörterreihe, am Zahlenstrahl oder am Rechenrahmen auffassen, sondern gemäß dem Teile-Ganzes-Konzept als Zusammensetzungen aus anderen Zahlen und
– *Rechenoperationen* nicht nur verstehen als Schritte zwischen Positionen in der Zahlwörterreihe oder Aneinandersetzungen nummerierter Anfangsstücke, sondern als Handlungen mit geeignet gegliederten Quantitäten, welche die abstrakten Zahlen repräsentieren.

Wenn Kinder Zahlen und Rechenoperationen mit didaktischen Materialien darstellen, können sie beim Rechnen verschiedene Lösungswege selber erfinden, beschreiben, vergleichen und bezeichnen. So können sie flexible, effiziente Rechenstrategien beim Kopfrechnen und halbschriftlichen Rechnen aufbauen sowie Sicherheit beim schriftlichen Rechnen entwickeln. Dabei werden ihnen die den Zahlvorstellungen und Rechenstrategien zugrunde liegenden Konzepte bewusst und verstehbar. Auf diese Weise entwickeln auch schwache Kinder Freude am Rechnen. So könnte Mathematik vom Angstfach zum Lieblingsfach werden.

Literatur

Gerster, H.-D.; Schultz, R. (2000/2007). Schwierigkeiten beim Erwerb mathematischer Konzepte im Anfangsunterricht. Bericht zum Forschungsprojekt Rechenschwäche – Erkennen, Beheben, Vorbeugen. (pdf, 420 S.). Download oder book on demand unter http://opus.bsz-bw.de/phfr/volltexte/2007/16/ letzter Zugriff 20.11.2012.

Gerster, H.-D. (2007). Schriftliche Rechenverfahren. In: Walter, J.; Wember, F. B. (Hg.), Sonderpädagogik des Lernens. Göttingen, S. 605–633.

Gerster, H.-D. (2009a). Probleme und Fehler bei den schriftlichen Rechenverfahren. In: Fritz, A.; Ricken, G.; Schmidt, S. (Hg.), Handbuch Rechenschwäche – Lernwege, Schwierigkeiten und Hilfen bei Dyskalkulie. Erweitert und aktualisiert. Weinheim, S. 269–284.

Gerster, H.-D. (2009b). Schwierigkeiten bei der Entwicklung arithmetischer Konzepte im Zahlenraum bis 100. In: Fritz, A.; Ricken, G.; Schmidt, S. (Hg.), Handbuch Rechenschwäche – Lernwege, Schwierigkeiten und Hilfen bei Dyskalkulie. Erweitert und aktualisiert. Weinheim, S. 248–268.

Hope, J. A.; Lentzinger, L.; Reys, B. (1988): Mental math in the Primary Grades. Palo-Alto.
Huinker, D. M. (1993): Interviews: A window to students' conceptual knowledge of the operations. In: NCTM Yearbook. National Council of Teachers of Mathematics. 1993 Yearbook. Reston, Virginia, S. 80–86.
Radatz, H.; Schipper, W.; Dröge, A.; Ebeling, R. (1996): Handbuch für den Mathematikunterricht. 1. Schuljahr. Hannover.
Resnick, L. B. (1983): A developmental theory of number understanding. In: Ginsburg, H. P. (Hg.): The development of mathematical thinking. New York, S. 109–151.
Selter, Ch. (2000): Vorgehensweisen von Grundschüler(inne)n bei Aufgaben zur Addition und Subtraktion im Zahlenraum bis 1000. Journal für Mathematikdidaktik 3(4): 227–258.
Spiegel, H.; Ernst, A.; Schmelter, A. (1999): Wenn die Rechnung nicht den Tatsachen entspricht: Kognitive Konflikte beim Rechnen mit Nummern am Fallbeispiel »Felix«. In: Selter, Ch.; Walter, G. (Hg.): Festschrift für E. Ch. Wittmann zum 60. Geburtstag.
Steiner, G. (1997): Erwerb mathematischer Kompetenzen: Kommentar. In: Weinert, F.; Helmke, A. (Hg.): Entwicklung im Grundschulalter. Weinheim, S. 171–179.
Tschira, A. (2003): Wie Kinder lernen – und warum sie es manchmal nicht tun. Über die Interaktionen zwischen System und Umwelt im Lernprozess. Heidelberg.
Van de Walle, J. A. (1994): Elementary school mathematics. Teaching developmentally. 2. Aufl. White Plains, NY.
Zimbardo, P. G. (1992): Psychologie. 5. Aufl. Berlin.

Liane Kaufmann, Pia Handl, Margarete Delazer und Silvia Pixner

Wie Kinder rechnen lernen und was ihnen dabei hilft

Eine kognitiv-neuropsychologische Perspektive

Gute Rechenfertigkeiten sind in unserer Gesellschaft ebenso wichtig wie flüssiges Lesen und Schreiben. Die Prävalenzrate von Dyskalkulie (Rechenstörungen) in der Grundschulpopulation ist mit 3 bis 6 % etwa gleich hoch wie diejenige von Lese-Rechtschreib-Störungen (Shalev et al. 2000). Längsschnittstudien zeigten, dass bei vielen Kindern die Rechenprobleme über die Zeit persistieren und häufig mit emotionalen Problemen und Verhaltensstörungen einhergehen (Geary 1994; Shalev et al. 2000).

Dyskalkulien treten nicht nur in Form von isolierten Teilleistungs-Störungen auf (wobei Rechenstörungen oft mit Lese-Rechtschreib-Störungen, Dyslexien, assoziiert sind, siehe Ackerman u. Dykman 1995), sondern sind auch als Begleitsymptom verschiedener neurologisch-neuropsychiatrischer Krankheitsbilder beobachtbar, wie beispielsweise Sprachentwicklungsstörungen, Aufmerksamkeits-Defizit-Syndrom, Epilepsien, Stoffwechselstörungen wie Phenylketonurie und genetische Störungen wie fragiles X-Syndrom. Die Erklärungsansätze für das Auftreten von Rechenstörungen sind genauso vielschichtig wie die Dyskalkulie selbst. Als kausale Faktoren der Dyskalkulie wurden Störungen und/oder Entwicklungsverzögerungen spezifischer kognitiver Komponenten der Zahlenverarbeitung und/oder Arithmetik ebenso postuliert (z. B. Geary et al. 2000; Rourke 1995; Temple 1989, 1991) wie unzureichende pädagogisch/didaktische Maßnahmen für Kinder mit Lernschwierigkeiten und/oder -störungen (Ginsburg et al. 1998; Grouws 1992; für eine Zusammenfassung siehe Reusser 2000).

Ziel dieses Beitrags ist die Beschreibung eines Förderprogramms bei Dyskalkulie, das auf kognitiv-neuropsychologischen Grundlagen der Entwicklungspsychologie basiert. Die Effektivität dieses von uns entwickelten Förderprogramms konnte im Rahmen einer Pilotstudie nachgewiesen werden (Kaufmann et al. 2003) und soll hier anhand eines Interventionsverlaufs bei einem neunjährigen Kind mit diagnostizierter Rechenstörung dargestellt werden.[1] Um dem Leser den Aufbau und die theoretischen Hintergründe un-

1 Weitere Evaluationsstudien des Förderprogramms befinden sich derzeit in Planung. Diese beinhalten einerseits inhaltliche Modifikationen und sollen andererseits die Anwendbarkeit des Förderprogramms für die gesamte Grundschule ermöglichen. Ein Teil des För-

seres Förderprogramms zu veranschaulichen, werden wir zu Beginn einige relevante Komponenten der Zahlenverarbeitung und des Rechnens sowie deren Entwicklungsverläufe skizzieren.

Komponenten der Zahlenverarbeitung und Arithmetik

Dyskalkulie ist kein homogenes Syndrom, sondern kann in verschiedene Subtypen klassifiziert werden (Badian 1983; Geary 2000; Kosc 1974; Temple 1997; von Aster 2000). Die meisten Autoren differenzieren zwischen Schwierigkeiten hinsichtlich der Zahlenverarbeitung im engeren Sinne und der Durchführung von Rechenoperationen. Sowohl die Zahlenverarbeitung im engeren Sinne als auch das Rechnen sind komplexe, multifunktionelle kognitive Prozesse, welche sehr selektiv beeinträchtigt sein können.

Die neuropsychologischen Theorien der Dyskalkulie basieren sowohl auf entwicklungspsychologischen Erkenntnissen (z. B. Kosc 1974; Temple 1997) als auch auf kognitiven (Erwachsenen-)Modellen der Zahlenverarbeitung (McCloskey et al. 1985; Dehaene u. Cohen 1995). Beide Ansätze betonen die funktionelle Unabhängigkeit der am Rechenprozess beteiligten kognitiven Systeme. So konnte Temple (1991) erstmals nachweisen, dass auch bei Kindern verschiedene Komponenten rechnerischer Fertigkeiten differenziert und spezifisch beeinträchtigt sein können. Temple fand doppelte Dissoziationen zwischen Faktenwissen (wie $4 + 2$, $4 - 2$, 4×3) und prozeduralem Wissen (Wissen um das Ausführen komplexer Rechnungen) und konnte zeigen, dass auch bei Kindern – während der Erwerbsphase rechnerischer Fertigkeiten – das Faktenwissen funktionell unabhängig vom prozeduralen Wissen repräsentiert ist.[2] Die Übertragbarkeit von (kognitiven) Erwachsenenmodellen auf den Entwicklungsbereich ist jedoch nur beschränkt möglich (Ansari u. Karmiloff-Smith 2002; Carey 2001; Karmiloff-Smith 1997; für eine Zusammenfassung des aktuellen Wissensstands in Hinblick auf die neuro-funktionelle *Entwicklung* der Zahlenverarbeitung, die Differenzierung zur Erwachsenenliteratur sowie die Skizzierung der Notwendigkeit einer Richtungsänderung der diesbezüglichen Forschungsbemühungen, siehe Kaufmann u. Nuerk 2005).

Das Erlernen und die Anwendung arithmetischen Wissens erfordert jedoch mehr als Faktenwissen und prozedurales Wissen. Weitere Komponenten der Zahlenverarbeitung und des Rechnens sind beispielsweise Zählfertigkeiten,

---

derprogramms wurde auch erfolgreich im Rahmen einer numerischen Frühförderung bei Vorschulkindern ohne diagnostizierte Lernstörungen eingesetzt (Kaufmann et al. 2005).

2 Wie Dowker (1998) jedoch betont, können neben hirnorganischen bzw. neurologischen Faktoren auch pädagogisch-didaktische und soziokulturelle Faktoren an der Ausprägung von intraindividuellen Leistungsdiskrepanzen ursächlich beteiligt sein (siehe auch Reusser 2000).

Zahlenverständnis sowie konzeptuelles Wissen. Im Folgenden möchten wir diese Komponenten detaillierter beschreiben, gleichzeitig jedoch darauf hinweisen, dass auch dies eine Vereinfachung der Komplexität des Zahlenverarbeitungssystems ist (siehe weiter unten).

Zählfertigkeiten bilden den Übergang zwischen dem implizit quantitativen Wissen und dem explizit rechnerischen Wissen, das in der Schule gelernt wird. Das *implizit quantitative Wissen* wird bereits vor Schuleintritt beherrscht. Dazu gehören beispielsweise der Mehr-weniger-Vergleich sowie das schnelle – und wahrscheinlich perzeptive – Erkennen kleiner Mengen bis zu drei oder vier Objekten. Letztere Fähigkeit ist auch als »Subitizing« bekannt (Resnick 1989; Mandler u. Shebo 1982) und ist vom langsameren Zählmechanismus zu unterscheiden, der seriell abläuft. Weiters konnte Wynn (1992, 1995) zeigen, dass bereits Kleinkinder über additive und subtraktive Erwartungshaltungen verfügen, sofern es sich um sehr kleine Mengen handelt (siehe auch Koechlin et al. 1997). Wie die Resultate von Xu und Spelke (2000) zeigen, können Kleinkinder erstaunlicherweise auch größere Sets diskriminieren, wenn der numerische Unterschied zwischen diesen Mengen groß genug ist (beispielsweise 8 versus 16, nicht jedoch 8 versus 12). All diese Ergebnisse sind kompatibel mit der Annahme, dass Menschen mit einem angeborenen quantitativen Wissen ausgestattet sind (Butterworth 1999; Dehaene 1997; Gallistel u. Gelman 1991; Geary 1994; für eine kontroverse Meinung siehe Clearfield u. Mix 1999; Feigenson et al. 2002; Mix et al. 2002; Tan u. Bryant 2000).

Gemäß Gallistel und Gelman (1991) sowie Fuson (1988) wird die Entwicklung des *kindlichen Zahlen- und Rechenverständnisses* wesentlich beeinflusst von den Zählfertigkeiten. Das Erlernen der Zählsequenzen ist wiederum abhängig vom Spracherwerb und generell meistern Kinder einfache Zählsequenzen, lange bevor sich das Wissen um Zählprinzipien wie beispielsweise das Kardinalitätsprinzip gefestigt hat (dass nämlich das letzte Zählwort auch die Menge der zu zählenden Objekte veranschaulicht). Gelman und Gallistel (1978) postulieren in diesem Zusammenhang die Existenz eines präverbalen Zählmechanismus, der schon vor dem Spracherwerb beherrscht wird.

Geary et al. (2000) beobachteten, dass viele dyskalkulische Kinder die Zählsequenz rein verbal-phonologisch wiedergeben. Laut Geary et al. (2000) reflektiert dies unreifes Zählwissen, da diese Probleme meist auf die ersten Grundschuljahre beschränkt bleiben. Dies ist konform mit der Beobachtung, dass viele Fünfjährige zwar die verbale Zählwortfolge kennen, aber immer noch glauben, dass die Reihenfolge der zu zählenden Objekte beim Zählen eingehalten werden muss (Briars u. Siegler 1984). Laut Butterworth (1999) ist eine der Hauptschwierigkeiten, der Kinder beim Erlernen und Anwenden der Zählfertigkeiten gegenüberstehen, das Koordinieren der verschiedenen konzeptuellen Hilfsmittel (anschauungsgebundenes Fingerrechnen, Zählwörter und arabische Zahlen).

Transkodieren, also das Umwandeln von einem Zahlenformat (gesprochenes/geschriebenes Zahlwort »acht«) in ein anderes Zahlenformat (geschriebene arabische Zahl »8«), ist notwendig beim Lesen oder Hören und Schreiben von arabischen Zahlen oder Zahlwörtern und erfordert somit sowohl Zahlenverständnis als auch Zahlenproduktion. In der deutschen Sprache korrespondiert das verbale Zahlensystem (»name value system«) nur teilweise mit dem arabischen Zahlensystem (»place value system«). Von Interesse ist, dass beispielsweise chinesisch sprechende Kinder weniger Transkodierfehler begehen, da im Chinesischen place value und name value system korrespondieren (Miller u. Stigler 1987; siehe auch für den Vergleich von Transkodierleistungen bei französischsprachigen und deutschsprachigen Grundschülern Lochy et al. in Vorb.). Seron et al. (1991) fanden, dass Kinder die multiplikativen (»dreihundert« oder »300«) lange vor den additiven Zahlbeziehungen (»dreihundert und zwanzig« oder »320«) beherrschen. So sind die häufigsten Transkodierfehler während der ersten Schuljahre syntaktischer Natur und reflektieren Schwierigkeiten bezüglich dieser additiven Kompositionsregel (z. B. wird das gehörte Zahlwort *hundertvierzig* [einhundert und vierzig] geschrieben als *10040* oder *1040*, siehe auch Power u. Dal Martello 1990; Seron u. Fayol 1994). Meist haben Kinder mit Dyskalkulie jedoch keine Schwierigkeiten bezüglich Zahlenverständnis und -produktion (Badian 1983; Geary 1993; Russell u. Ginsburg 1984), und wenn, dann sind diese Probleme fast immer auf die erste Schulstufe beschränkt (Geary et al. 2000).

Sowohl Kinder als auch Erwachsene speichern das arithmetische Faktenwissen (z. B. $6 + 2$, $6 - 2$, 6×2) in Form von assoziativen Netzwerken im Langzeitgedächtnis und können es von dort – wie anderes semantisches Wissen – abrufen (für eine Zusammenfassung siehe Ashcraft 1992). Neben diesem direkten Faktenabruf gibt es jedoch auch alternative Lösungsstrategien wie beispielsweise Zählprozeduren (z. B. Baroody 1994). Anfangs lösen Kinder arithmetische Fakten primär über Zählstrategien (Fuson 1988), zu denen auch das Fingerrechnen gehört. Der Wechsel von Zählstrategien zum Abruf aus dem Langzeitgedächtnis wird durch die Stärke und Stabilität der Faktrepräsentation im Gedächtnis bestimmt (Barrouillet u. Fayol 1998; Geary u. Burlingham-Dubree 1989; Lemaire u. Siegler 1995). Zwischenstationen auf dem Weg von konkreten Zählstrategien (siehe weiter unten) zum Faktenabruf aus dem Gedächtnis sind Problemzerlegung ($5 + 7$ wird rekonstruiert durch unmittelbaren Abruf von $5 + 5$ sowie anschließender Addition von 2) und Benutzung der Finger (wobei oft schon alleine das Hochhalten der Finger den Gedächtnisabruf zu fördern scheint). Viele Kinder mit Dyskalkulie haben mangelndes Faktenwissen (Barrouillet et al. 1997; Jordan u. Montani 1997; Temple 1991) und verlassen sich beim Lösen von Fakten auf zeitaufwändige und fehleranfällige Zählstrategien. Auch bei gesunden Kindern verläuft das Erlernen des Zählens in Stadien, und zwar von sehr konkreten wie der so genannten »(concrete) counting all« Strategie zu weniger konkreten, reiferen Strategien wie beispielsweise der »counting on (from the larger)« Strategie (Baroody 2003; Fuson 1988). Auch erworbene Rechenstörungen sind oft charakterisiert durch beeinträchtigtes Faktenwissen (z. B. Dehaene u. Cohen 1991, 1997; Hittmair-Delazer et al. 1995).

Abrufprobleme beim Lösen arithmetischer Fakten werden häufig auf mangelnden Zugriff zu den im Langzeitgedächtnis gespeicherten Fakten zurückgeführt (Ashcraft 1992; Dehaene u. Cohen 1991, 1997), wobei das Arbeitsgedächtnis eine wichtige Rolle zu spielen scheint (Ashcraft 1995; Fürst u. Hitch 2000; Kaufmann 2002; Lemaire et al. 1996). Demgegenüber postulieren andere Autoren, dass mangelnde Inhibition – nämlich von solchen Fakten, welche einen Operanden mit dem zu lösenden Faktenproblem gemeinsam haben – der Grund für die Abrufprobleme sei (Barrouillet et al. 1997).

Das *prozedurale Wissen* besteht aus dem Wissen um die sequenziell richtige Ausführung der erforderlichen Lösungsschritte. In diesem Sinne erfordert auch das Anwenden der Zählstrategien prozedurales Wissen. Gute Zählfertigkeiten erfordern sowohl prozedurales als auch konzeptuelles Wissen, wobei Ersteres die Fähigkeit des richtigen Zählens und Letzteres Zahlenverständnis sowie Beherrschung der Zählprinzipien beinhaltet (Baroody u. Ginsburg 1986; Greeno et al. 1984). Der Wechsel von sehr konkreten zu weniger konkreten Zählstrategien reflektiert teilweise ein besseres konzeptuelles Verständnis des Zählvorganges (Baroody 2003; Siegler u. Shrager 1984). Relativ zu Kindern ohne Dyskalkulie unterlaufen Kindern mit Dyskalkulie häufiger Fehler beim Anwenden der Zählprozeduren (Geary et al. 2000). Es wird angenommen, dass konkrete Zählstrategien – wie Fingerrechnen – das Arbeitsgedächtnis entlasten und den Kindern helfen, den Zählprozess zu überwachen.

Prozedurales Wissen ist zudem notwendig beim Lösen von komplexen mehrstufigen Rechnungen (203 + 79 = ?). Zum Beispiel muss man beim Lösen von 203 + 79 die Zahlen räumlich richtig untereinander schreiben, die Addition bei der Einerstelle beginnen, den Rest bei der Zehnerüberschreitung berücksichtigen und so weiter. Generell unterscheidet man zwei Arten von prozeduralen Fehlern. Werden – in anderem Zusammenhang richtige – Lösungsalgorithmen falsch und unflexibel angewendet, resultiert dies in systematischen Fehlern, die mangelndes prozedurales Verständnis reflektieren (Resnick 1982; Van Lehn 1990). Ein bei Kindern häufig beobachteter systematischer Fehler ist beispielsweise das Subtrahieren der kleineren von der größeren Zahl, unabhängig von deren Stellung (64 – 17 = 53). Dem gegenüber stehen die unsystematischen Fehler, welche inkonsistent sind und gehäuft am Ende der Rechenoperation auftreten. Der letztere Fehlertyp reflektiert mangelnde Monitoringfähigkeiten (Überwachung der richtigen Reihenfolge der Lösungsschritte) und ist vor allem bei hirnorganischen Erkrankungen zu beobachten (Semenza et al. 1997; Mantovan et al. 1999).

Während sich nur wenige neuropsychologische Studien mit dem Zusammenhang zwischen *konzeptuellem Wissen* und anderen Komponenten der Zahlenverarbeitung befassten (für eine Zusammenfassung siehe Delazer 2003), wurde in der Entwicklungspsychologie die Bedeutung des konzeptuellen Wissens (»arithmetical reasoning« oder »teleological knowledge«, Resnick 1982;

Van Lehn 1990) für gute Mathematikleistungen immer wieder hervorgehoben (Hiebert u. LeFevre 1996; Rittle-Johnson u. Siegler 1998). Ohne konzeptuelles Wissen (»knowing why«) kann die Anwendung von prozeduralem Wissen (»knowing how to«) rein schematisch erfolgen, also ohne vollständiges Verständnis der auszuführenden arithmetischen Operation (Resnick 1982; Van Lehn 1990). Erst das Zusammenspiel von prozeduralem und konzeptuellem Wissen ermöglicht die adaptive und flexible Anwendung numerisch-rechnerischen Wissens (Baroody 2003; Rittle-Johnson et al. 2001). Dies wird auch von Perry (2000) bestätigt, welche die im Vergleich besseren Mathematikleistungen asiatischer Schüler zu amerikanischen auf unterschiedliche Lehrmethoden zurückführte: Relativ zu amerikanischen Schulen beinhalten japanische und chinesische Mathematikstunden mehr Erklärungen und fördern somit das rechnerische Verständnis. In diesem Sinne sind auch die Beobachtungen anderer Autoren (Copley 1999; Nunes 1992; Schoenfeld 1991) von Interesse, welche zeigten, dass die informelle Auseinandersetzung mit mathematischen Prozeduren und Konzepten zu größeren Lernerfolgen führt als die formelle Schulmathematik. Ein Hauptgrund für diese Diskrepanz ist, dass das informelle Lernen in den Alltag beziehungsweise Kontext eingebunden ist (also sinnvoll erscheint), während das formelle Lernen für die Kinder nicht kontextgebunden, sondern abstrakt ist und manchmal sogar das Unterdrücken des informellen Wissens erfordert.

Förderung bei Dyskalkulie

Obwohl eine Differenzierung in Teilbereiche oder Komponenten des Zahlenverarbeitungssystems für eine Interventionsplanung nützlich und notwendig ist, darf man nicht vergessen, dass jede dieser Komponenten weitere Teilkomponenten beinhaltet, welche ihrerseits wieder spezifisch beeinträchtigt sein können. Laut Dowker (1998) birgt jede Klassifizierung von Dyskalkulie die Gefahr, inter- und intraindividuelle Leistungsunterschiede zu maskieren. Wie die Autorin zeigen konnte, sind intraindividuelle Leistungsunterschiede, also offensichtliche Diskrepanzen zwischen den verschiedenen Komponenten der Zahlenverarbeitung (in verschiedenen Altersgruppen, bei Kindern mit und ohne Rechenstörung), häufig beobachtbar. Dowker sieht dies als Indiz dafür, dass diese intraindividuellen Leistungsunterschiede Merkmale kognitiver Prozesse sind und somit nicht als Störfaktoren betrachtet werden sollten, welche durch unterschiedliche Entwicklungsverläufe spezifischer kognitiver Prozesse verursacht werden.

Gemäß Ginsburg et al. (1998) sowie Grouws (1992) haben unzureichende und/oder qualitativ schlechte Lehr- und Lernumwelten einen wesentlichen Beitrag an den häufig beobachtbaren Lernschwierigkeiten und schlechten

Schulleistungen in Mathematik. Das wiederum kann sich negativ auf die Motivation und Einstellung bezüglich des Rechnens und/oder des Mathematikunterrichts sowie auf das Selbstkonzept bezüglich der eigenen Leistungsfähigkeit in Mathematik auswirken (Plomin 1999; Reusser 2000). Im angloamerikanischen Sprachraum wurde der Begriff der »mathematics anxiety« geprägt (Hembree 1990; Richardson u. Suinn 1972). Seit 2007 gibt es auch einen deutschsprachigen Rechenangsttest für Kinder (Krinzinger et al. 2007), der mittels Selbstbeurteilung eine reliable Erfassung der Rechenangst sowie der Einstellung zum Rechnen bei 6- bis 9-jährigen Kindern erlaubt. Neuere Untersuchungen zeigen, dass sich Angst vor Mathematik – und/oder Zahlen und Zahlbeziehungen – negativ auf die Rechenfertigkeiten auswirkt. So zeigten Ashcraft und Kirk (2001), dass Individuen mit hohem (Mathematik-)Angstniveau schlechtere Rechenleistungen zeigten als Individuen mit niedrigem Angstniveau und dass sich ein hohes Angstniveau speziell negativ auf das Arbeitsgedächtnis auswirkt (für kontroverse Resultate bei Grundschulkindern, siehe Krinzinger et al. 2009). Gute Arbeitsgedächtnisleistungen sind unter anderem notwendig für den Faktenabruf (siehe oben), für die Anwendung von prozeduralem Wissen (also das Lösen komplexer, mehrstelliger Rechnungen) sowie für das Lösen von Textaufgaben (z. B. Bull et al. 1999; Swanson u. Sachse-Lee 2001).

Die aktuellen lerntheoretischen Erkenntnisse besagen, dass die effektivste Lehrmethode charakterisiert sei durch eine Kombination oder Integration von konstruktiven, kumulativen und bedeutungsvollen Aktivitäten, welche zudem in einen soziokulturellen Kontext eingebettet sein sollten (siehe Reusser 2000). Bezogen auf das Erlernen von Rechenfertigkeiten heißt das, dass gute rechnerische Fertigkeiten auf dem Zusammenspiel von domänenspezifischem Wissen und Fertigkeiten einerseits sowie Verständnis, Problemlösen und sozialer Interaktion andererseits aufbauen.

Gemäß Baroody (2003) kann man vier (mathematische) Lehrmethoden voneinander unterscheiden:

- der so genannte »skills approach« reflektiert rein prozedurales, durch repetitives Wiederholen charakterisiertes Training (welches ohne Einbettung in kontextuelles Wissen angeboten wird);
- der »conceptual approach« reflektiert direktive Lernaktivitäten (welche mit Hilfe konkreter Modelle symbolische Prozeduren veranschaulichen und somit die bedeutungsvolle Wissensspeicherung unterstützen);
- beim »problem-solving approach« sollen Schüler selbst ein Verständnis konstruieren (dies wird durch problemorientiertes Lernen gefördert); und schließlich
- den so genannten »investigative approach«, welcher als ein Konglomerat des »conceptual« und »problem-solving« Ansatzes gesehen werden kann. Der »investigative Ansatz« ist jedoch strukturierter: das heißt, die Lehrer helfen den Schülern explizit beim Konstruieren von neuem Wissen.

Baroody (2003) postuliert, dass der »investigative Ansatz« der effektivste sei, da er dazu führe, dass mathematische Instruktionen relevant, (konzeptuell) bedeutungsvoll und prozessorientiert seien.

Erwähnenswert sind an dieser Stelle auch die Resultate einer Interventionsstudie, die primär auf den Erwerb des arithmetischen Faktenwissens bei älteren Kindern mit Dyskalkulie fokussiert war (Pixner et al., eingereicht). Die vielversprechenden Resultate von Pixner und Kollegen zeigen, dass auch bei spezifischen Kurzzeit-Interventionen, die lediglich einen Teilbereich numerisch-rechnerischer Fertigkeiten tangieren, das konzeptuelle Wissen ein wesentlicher und integraler Bestandteil der Intervention sein muss. Ein weiteres wichtiges Ergebnis von Pixner et al. ist, dass der Interventionserfolg neben den domänenspezifischen Faktoren (das sind die numerisch-rechnerischen Inhalte) auch maßgeblich von motivationalen Faktoren beeinflusst wird. Schlussendlich zeigen die Resultate von Pixner und Kollegen eindrücklich, dass numerisch-rechnerische Interventionen auch bei älteren Kindern mit Dyskalkulie (4. bis 6. Schulstufe) erfolgreich sein kann.

Von Interesse sind auch die Resultate von Swanson und Hoskyn (1998), welche Interventionseffekte von Rehabilitationsstudien miteinander verglichen. Dabei stellten sie fest, dass sich jene Unterrichtsmethoden, die bei Kindern mit Dyskalkulie zu Leistungsverbesserungen und langfristigen Lernzuwächsen führen, auch in der Regelschule erfolgreich anwenden lassen.

Eine effiziente Förderung bei Dyskalkulie erfordert somit zuallererst eine genaue und detaillierte Identifikation der Problembereiche – sprich Diagnostik –, und zwar sowohl bezüglich des implizit quantitativen und konzeptuellen Wissens (meist nicht oder in unzureichendem Ausmaß im Lehrplan zu finden) als auch hinsichtlich des expliziten rechnerischen Wissens (Inhalte des Mathematik-Lehrplans). Ausgehend von einer solchen funktionalen Diagnostik können dann Fördermaßnahmen geplant werden (siehe auch Griffin et al. 1994; Wright et al. 2000, 2002). Ein Förderprogramm ist dann am effektivsten – und ökonomischsten –, wenn es auf die Bedürfnisse des jeweiligen Kindes speziell zugeschnitten ist (»tailored intervention/rehabilitation«).

Darstellung einiger ausgesuchter Ergebnisse von Interventionsstudien

Wie die vorläufigen Resultate einer Längsschnittstudie von Dowker (2001) zeigen, profitieren Kinder mit Dyskalkulie von numerischen Interventionen, wenn diese an den tatsächlichen Problembereichen ansetzen. Dowker identifizierte als spezifische und persistierende Schwierigkeiten beim Mathematikunterricht Problembereiche wie beispielsweise Zählfertigkeiten, Anwendungen des »place value« beim Rechnen, Umwandlung zwischen konkreten, verbalen und abstrakten numerischen Formaten sowie Verständnis von Textproblemen.

Die von Wright et al. (2000; 2002) entwickelten »Mathematics Recovery«- und »Count me in Too«-Programme betonen ebenfalls die Integration von konkretem und abstraktem (konzeptuellen) mathematischem Denken sowie die Bedeutung guter Zählfertigkeiten (siehe auch Griffin et al. 1994). Auch das »Mathematics Recovery«-Programm betont die Wichtigkeit einer differenzierten Diagnostik für eine effektive Förderplanung. In anderen Worten: das Kind soll da abgeholt werden, wo es steht. Wright et al. (2002) postulieren das Modell des so genannten »Learning Framework in Number« (LFIN), welches die Grundlage für eine solche »Standortdiagnose« darstellt und zudem für die Evaluation des Interventionsverlaufs unerlässlich ist. Das Modell des LFIN besteht aus vier großen Komponenten sowie deren Subkomponenten und ermöglicht eine Leistungsdifferenzierung hinsichtlich des numerisch-quantitativen Wissens bis hin zum expliziten rechnerischen Wissen (einschließlich prozeduralem und konzeptuellem Wissen). Weiterhin ist das von Wright et al. (2002) entwickelte Förderprogramm charakterisiert durch einen (teil)hierarchischen Aufbau und problemzentriertes Lernen (das heißt Lernen mit Verständnis). Wie die Autoren betonen, ist das Programm sowohl für individuelle Förderung als auch für den regulären Schul(gruppen)unterricht anwendbar.

Es wurde wiederholt gezeigt, dass gut etabliertes numerisches Basiswissen für den Erwerb arithmetischen Wissens essenziell ist (Ansari u. Karmiloff-Smith 2002; Freeman et al. 2000; Mattinen et al. 2003; Van de Rijt u. Van Luit 1998). So gibt es Hinweise für einen Zusammenhang zwischen anhaltenden Schwierigkeiten beim Anwenden von Zählprozeduren und anderen Formen arithmetischer Probleme (Yeo 2003).

Die Bedeutung von numerischem Basiswissen[3] und konzeptuellem Wissen für eine erfolgreiche Förderung bei Dyskalkulie konnte auch von Kaufmann, Handl und Thöny (2003) bestätigt werden. Bemerkenswert ist, dass die Leistungsverbesserungen der Kinder mit Dyskalkulie bezüglich aller Komponenten deutlich über den Leistungszuwächsen der Kontrollgruppe lagen (numerisches Basiswissen: 11,2 % vs. 1,2 %; Faktenwissen: 22,9 % vs. 6,9 %; prozedurales Wissen: 39,8 % vs. 16,2 % sowie konzeptuelles Wissen: 16,4 % vs. 5,8 %; respektive). Die Autoren betonen, dass die positiven Interventionseffekte, die zum Teil auch bei nicht geübten Inhalten offensichtlich wurden und somit einen Lerntransfer darstellen, vor allem auf Leistungssteigerungen bezüglich der Zählfertigkeiten, des Verständnisses des dekadischen Positionssystems sowie eines besseren Verständnisses prozeduralen Wissens zurückzuführen sind. Dies sind jene Bereiche, welche meist nicht explizit unterrichtet werden.

3 Als »numerisches Basiswissen« bezeichnen wir all jene (implizit) quantitativen und (teilweise explizit) rechnerischen Fertigkeiten, welche großteils schon vor Schuleintritt beherrscht werden. Das »numerische Basiswissen« inkludiert also u. a. Fertigkeiten wie Zählen, rasches perzeptives Erfassen kleiner Mengen (Subitizing) und Zahlen vergleichen (Distanzeffekt).

Erst wenn numerisch-rechnerisches Wissen (Zählsequenzen, Fakten, Prozeduren) einen automatischen Zugriff auf die entsprechenden Mengenrepräsentationen beinhalten – also bedeutungsvoll wird –, können Generalisierung und Lerntransfer stattfinden. Das gilt sowohl für die Rehabilitation rechnerischer Fertigkeiten bei hirngeschädigten Patienten (für eine Zusammenfassung siehe Girelli u. Seron 2001) als auch für den Erwerb rechnerischer Fertigkeiten bei Kindern (Baroody 2003; Rittle-Johnson u. Siegler 1998; Wright et al. 2002). Mit anderen Worten, jene Kinder, welche hinsichtlich des numerischen Basiswissens (also implizit numerisches Wissen und Zählfertigkeiten) und/oder des konzeptuellen Wissens keine altersadäquaten Fertigkeiten aufweisen, können demzufolge auch nicht von solchen Förderprogrammen profitieren, die vorzugsweise explizite Schulmathematik beinhalten, da diese Wissen voraussetzen, über welches Kinder mit Dyskalkulie oft nicht verfügen. Weder Faktenwissen noch prozedurales Wissen erfordern konzeptuelles und/oder implizit numerisches Wissen (Fakten können ausschließlich verbal-phonologisch gespeichert und abgerufen werden; die Anwendung von Prozeduren kann ausschließlich schematisch erfolgen; z. B. Delazer u. Benke 1997; Resnick 1982; Van Lehn 1990).

In jüngerer Zeit werden vermehrt PC-gesteuerte Programme zur Förderung bei Dyskalkulie angeboten. Wesentliche Vorteile von PC-Programmen sind

- die Möglichkeit der Erfassung von Reaktionszeiten (die wiederum einen Rückschluss auf die Denkprozesse erlauben, da rasche Antworten direkte Abrufstrategien reflektieren und langsame Antworten auf den Einsatz kompensatorischer Strategien hinweisen),
- die präzise Programmierung der Darbietungszeit von Aufgaben (kurze Darbietungszeiten forcieren raschere Antworten und stellen höhere Anforderungen an das Arbeitsgedächtnis),
- die Möglichkeit der adaptiven Aufgabenstellung (in Abhängigkeit der Bearbeitungsgenauigkeit aktuell bearbeiteter Aufgaben kann der PC die Schwierigkeitsstufe der nächsten Aufgaben blitzschnell eruieren),
- die weniger starke Assoziierung des Feedbacks von PC-Programmen mit dem Therapeuten beziehungsweise Interventionsleiter.

Natürlich können PC-gesteuerte Interventionsprogramme den Therapeuten nicht ersetzen (Kroesbergen u. van Luit 2003), aber sie können bestimmte Teilbereiche der Förderung bei Dyskalkulie (wie beispielsweise die Automatisierung des arithmetischen Faktenwissens) wesentlich unterstützen. Die meisten der am Markt befindlichen PC-gestützten Dyskalkulie-Interventionsprogramme sind nicht empirisch validiert, das heißt, es gibt keine Studien, die die Effektivität dieser Programme belegen. Eine Ausnahme ist das PC- gestützte Programm *Zahlenrennen* (Wilson et al. 2006), das in mehreren Sprachen und online gratis verfügbar ist (http://www.unicog.org/main/pages.php?page=Number%20Race %20Download). *Zahlenrennen* wurde für den Aufbau und die Automatisierung des numerischen Basiswissens entwi-

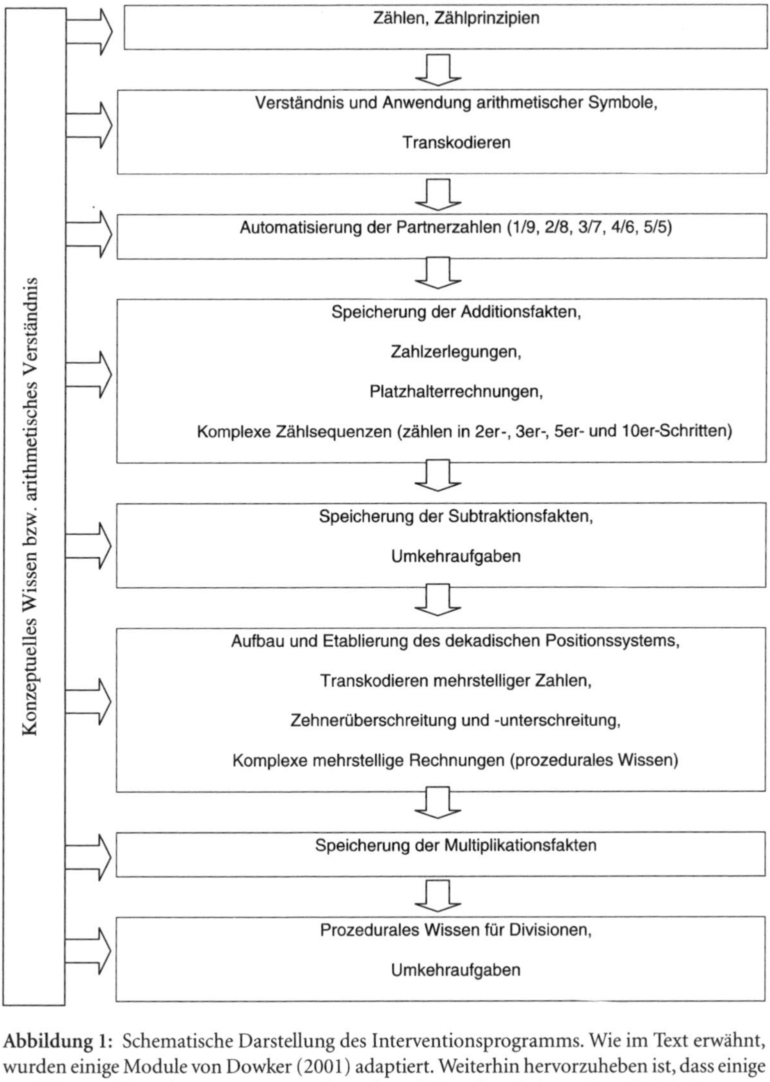

Abbildung 1: Schematische Darstellung des Interventionsprogramms. Wie im Text erwähnt, wurden einige Module von Dowker (2001) adaptiert. Weiterhin hervorzuheben ist, dass einige Module sowohl implizit quantitatives als auch explizit rechnerisches Wissen beinhalten.

ckelt. Das Kind spielt gegen einen virtuellen Gegner, wobei zwei Mengen/Zahlen/einfache Rechenoperationen möglichst rasch miteinander verglichen und die größere Menge/Zahl mittels Tastendruck identifiziert werden soll. Ein wesentlicher Bestandteil des Programms ist, dass das Kind nach jedem Durchgang die zuvor identifizierte Menge/Zahl auf einem Zahlenstrahl abzählen soll, indem es die eigene Spielfigur um die jeweilige Anzahl nach vorne rückt.

Da der Zahlenstrahl pro Zeile nur 10 Schritte erlaubt, wird hier das dekadische Positionssystem sehr schön visuell veranschaulicht und durch die vielen Wiederholungen verinnerlicht. Das Schwierigkeitsniveau nimmt mit zunehmender Kompetenz zu, bleibt aber im zweistelligen Bereich. Zusammenfassend kann festgehalten werden, dass sich das PC-Programm *Zahlenrennen* durchaus zur Etablierung und Automatisierung des basisnumerischen Wissens eignet, für eine umfassende Dyskalkulie-Intervention aber sicherlich durch zusätzliche Förderbausteine ergänzt werden muss.

Beschreibung eines kognitiv-neuropsychologischen Interventionsprogramms

Das von uns entwickelte Interventionsprogramm (Kaufmann et al. 2003; siehe auch Kaufmann et al. 2005) ist durch einen modularen Aufbau charakterisiert. Damit wird der Tatsache, dass die Zahlenverarbeitung und das Rechnen aus mehreren Komponenten (und Teilkomponenten) bestehen, Rechnung getragen. Zudem kann die Intervention »maßgeschneidert«, das heißt den Bedürfnissen des betroffenen Kindes entsprechend, erfolgen. Dies ist ökonomischer, da an dem Punkt beziehungsweise den Komponenten angesetzt wird, bei denen das Kind Schwierigkeiten hat. Weiterhin kann sich ein solches Vorgehen positiv auf die Motivation auswirken, da Über- und Unterforderungen eher vermieden werden können als mit einem Trainingsprogramm, welches von Anfang bis Ende durchgeführt werden muss.

Einige Module wurden von Dowker (2001) adaptiert und teilweise modifiziert. Abbildung 1 zeigt eine schematische Darstellung der Trainingsmodule. Obwohl die Darstellung einen sequenziellen Ablauf impliziert, wurden im (Förder-)Alltag – je nach aktuellem Leistungs- und Motivationsstand des betreffenden Kindes – regelmäßig mehrere Module beziehungsweise verschiedene kognitive Komponenten der Zahlenverarbeitung und/oder des Rechnens geübt.

Zentrale Aspekte des Interventionsprogramms sind

- das gleichzeitige Üben neuer Inhalte und das Automatisieren bereits erlernter Fertigkeiten sowie
- die Integration von konzeptuellem Wissen in alle Module beziehungsweise Teilkomponenten rechnerischen Wissens (im Sinne eines problemzentrierten und prozessorientierten Ansatzes; »investigative approach«; Baroody 2003).

Bezüglich des ersten Aspekts hat sich besonders das Automatisierungstraining von Krüll (1996) bewährt. Dabei wird zu Beginn jeder Einheit die Automatisierung von Inhalten durchgeführt, von denen die Kinder bereits ein konzeptuelles Verständnis entwickelt haben. Das Kind muss eine dem eigenen Können

Tabelle 1: Beschreibung der Testbatterie zur Erfassung numerisch/rechnerischer Fertigkeiten

Numerisch/rechnerische Fertigkeit	Anz. Aufgaben	Beschreibung und Beispiele
Numerisches Basiswissen		
Zählsequenzen	4	Vorwärts zählen von 1 bis 20; rückwärts zählen von 20 bis 1; in 2er-Schritten zählen (von 2 bis 20) und in 3er-Schritten zählen (von 3 bis 21)
Zahlenbisektion	4	Das Kind soll jene Zahl nennen, welche genau zwischen 2 und 6 (4er-Distanz) bzw. 2 und 8 (6er-Distanz) liegt (n = 2 pro Distanz)
Punkte zählen (Subitizing)	90	PC-gesteuert; das Kind soll reguläre (n = 45) und irreguläre (n = 45) Punktmuster zählen (Punktmengen variieren zwischen 1 und 9; n = 10 pro Punktmuster; je 5 reguläre und 5 irreguläre)
Zahlenvergleich (Distanzeffekt)	90	PC-gesteuert; das Kind soll entscheiden, welche von zwei Zahlen die numerisch größere ist; Distanzen 1, 3 und 5 (n = 30 pro Distanz)
Explizites rechnerisches Wissen		
Arithmetisches Faktenwissen	40	Gedächtnisabruf einfacher Rechnungen; Operanden zwischen 0 und 9 wie beispielsweise 6 + 2, 6 – 2, 6 × 2, 6 : 2 (n = 10 pro Rechenoperation)
Mehrstelliges schriftliches Rechnen (prozedurales Wissen)	16	Das Kind soll mehrstellige Rechnungen schriftlich lösen wie beispielsweise 25 + 61, 74 – 23, 25 × 12, 44 : 11; 1- und 2-stellige Zahlen (n = 4 pro Rechenoperation)
Konzeptuelles Wissen (Arithmetische Prinzipien, Dowker 1995)	14	Das Kind wird gefragt, ob eine vorgegebene Aufgabe inklusive Ergebnis beim Lösen nachfolgender – ähnlicher/unähnlicher – Aufgaben hilft (»Wenn du weißt, dass 23 + 44 = 67, hilft dir das beim Lösen von 67 – 23, 23 + 43, 24 + 44, 230 + 440, 44 + 23, 23 + 44, 52 – 37«; 2 Additionsprobleme) (n = 7 pro Aufgabe)

angemessene Aufgabe drei Minuten lang möglichst rasch bewältigen (beispielsweise Abruf arithmetischer Fakten aus dem Gedächtnis) und bekommt für jede richtig gelöste Aufgabe einen Token. Dabei wird der Ehrgeiz geweckt und eine leichte Stresssituation erzeugt. Blockaden und negative Gefühle werden zurückgedrängt, weil der Maßstab immer das betroffene Kind selbst ist. Ein weiterer Effekt ist, dass durch die Automatisierung im Arbeitsspeicher des Gedächtnisses neue Kapazität frei wird für neu zu erlernende Zahlbeziehungen und das Kind wird schneller bei der Bearbeitung der gestellten Aufgaben.

Letzterer Aspekt ist besonders im Hinblick auf die Generalisierung und den Lerntransfer von Bedeutung. In anderen Worten, erst wenn verstanden wird, was, warum, wann ausgerechnet werden soll, bekommen die Zahlen und Lösungsalgorithmen einen Sinn. Dadurch wird das Anwenden rein schematischer Lösungsalgorithmen (Resnick 1982; Van Lehn 1990) seltener und die Kinder können auf eine Erfolgskontrolle im Sinne der Ergebnisplausibilität zurückgreifen (d. h. erkennen, dass 1435 keine plausible Lösung für die Aufgabe 25 × 7 sein kann). Mit anderen Worten: Erst das Verständnis (»knowing why«) erlaubt den Kindern flexibles Denken und ermöglicht somit die Anwendung des Gelernten auf unbekannte Aufgaben (Lerntransfer).

Zum Zweck der Evaluation des Interventionsprogramms führten wir vor Beginn und nach Beendigung des Interventionsprogramms eine von uns entwickelte Untersuchungsbatterie durch (s. Tab. 1). Eine möglichst detaillierte Diagnostik liefert zugleich auch einen Ansatz für die Planung der ersten Födereinheiten. Besonders nützlich ist hierbei neben der Ermittlung der Fehleranzahl auch eine detaillierte Fehleranalyse (»positive error culture«; Reusser 2000). Systematische Fehler weisen beispielsweise darauf hin, dass das Kind über ein mangelndes Verständnis des durchzuführenden Lösungsalgorithmus verfügt. Auch während der Intervention hat sich der Einsatz von Fehleranalysen bewährt, und zwar im Sinne einer Interventionsevaluation. Fehleranalysen ermöglichen nämlich eine differenziertere Feststellung der Lernfortschritte, da sie auch bei falschem Gesamtresultat die Richtigkeit von Teil- oder Zwischenergebnissen anerkennen.

Kasuistik

Dieser Abschnitt ist der exemplarischen Beschreibung des Interventionsverlaufes anhand eines einzelnen Kindes mit diagnostizierter Rechenstörung (Schulpsychologie) gewidmet.

Markus ist 9;8 Jahre alt, Rechtshänder und hatte laut Anamnese einen unauffälligen Entwicklungsverlauf. Zur Zeit der Intervention besuchte Markus die 3. Klasse eines Sonderpädagogischen Zentrums. Diese Klasse wurde im Rahmen eines Schulversuchs für Kinder mit so genannten »Wahrnehmungsstörungen« eingerichtet. Bedingung für den Besuch dieser Klasse war eine von der Schulpsychologie diagnostizierte »Wahrnehmungsschwäche« bei durchschnittlicher Intelligenz. Das Ziel des Schulversuchs war unter anderem, Kinder mit isolierten Lern- und/oder Teilleistungsstörungen so weit zu fördern, dass sie am Ende der Grundschule in eine reguläre Hauptschule überwechseln können und dort den Anforderungen gewachsen sind. Trotz intensiver und multimodaler Unterrichtsmethoden verbesserten sich während der ersten zwei Grundschuljahre Markus' Rechenleistungen nicht wesentlich. Das Interventionsprogramm wurde während des zweiten Schulhalbjahrs der 3. Klasse ange-

Tabelle 2: Tabellarische Darstellung der Häufigkeit und zeitlichen Abfolge der Trainingseinheiten, welche Markus im Laufe der einsemestrigen Intervention (20 Schulwochen inklusive Ferien) angeboten wurden. Zu beachten ist, dass ein Teil der Übungen multifunktional ist (das heißt gleichzeitig mehrere numerisch/rechnerische Fertigkeiten – sprich Module – betraf).

Modul	Block 1 17 Fördereinheiten			Block 2 14 Fördereinheiten			Block 3 8 Fördereinheiten	
	21.02.– 03.03.	06.03.– 17.03.	20.03.– 31.03.	03.04.– 13.04.	26.04.– 05.05.	08.05.– 19.05.	22.05.– 31.05.	05.06.– 20.06.
Zählen, Zählprinzipien	6	6	6	5	4	5	5	1
Arithmetische Symbole, Transkodieren		6	6	3	3	1	5	
Additionsfakten, Zahlzerlegung, Platzhalteraufgaben, komplexe Zählsequenzen				8	4	3	5	1
Subtraktionsfakten, Umkehraufgaben					2	5	5	1
Dekadisches Positionssystem, Transkodieren, Zehnerüber- und -unterschreitung, komplexes Rechnen (prozedurales Wissen)		1	2		1		5	1
Multiplikationsfakten								1
Prozedurales Wissen für Divisionen, Umkehraufgaben								
Konzeptuelles Wissen	5	2	5	4	3	3	3	2

boten, und zwar drei Mal wöchentlich über einen Zeitraum von sechs Monaten, wobei jede Fördereinheit ungefähr 25 Minuten dauerte.

Die Kontrollgruppe bestand aus 18 Kindern, die ebenfalls die dritte Grundschulstufe besuchten, jedoch keine diagnostizierten Teilleistungsschwächen hatten (Kaufmann et al. 2003).

Das Interventionsprogramm ist teilhierarchisch aufgebaut (siehe Abb. 1). Das heißt, im Laufe der Intervention wurde Markus zwar mit allen Übungen der einzelnen Module konfrontiert, die Intensität und der zeitliche Aufwand der Bearbeitung variierte jedoch erheblich (sowohl intra- als auch interindividuell). Mit anderen Worten, das aktuelle Leistungsprofil des betreffenden Kindes (in diesem Fall Markus) bestimmte die Auswahl und Intensität der Übungen.

Demgegenüber sind die Schwerpunkte des Interventionsprogramms jedoch gleich bleibend – das heißt gültig für alle Kinder – und beinhalten numerisches Basiswissen sowie konzeptuelles Wissen (arithmetisches Verständnis). Jedes Modul beinhaltet den Übergang von konkreten zu abstrakten Inhalten. Das Übungs- und Anschauungsmaterial wurde möglichst einfach gehalten. Dies sollte verhindern, dass die Kinder durch zu große Materialvielfalt verwirrt oder abgelenkt wurden. Das heißt, anstatt vieler verschiedener Materialien verwendeten wir einige Grundmaterialien, welche im Laufe der Intervention immer wieder benutzt wurden und höchstens in ihrer Komplexität oder Oberflächenform variierten (z. B. Zehnerstreifen, Hunderterhaus, Zehnerstangen, Einerwürfel). Eine Beschreibung der einzelnen Trainingsmodule kann im Anhang ersehen werden.

Konzeptuelles Wissen war als obligatorischer Bestandteil in jedes Modul integriert. So wurde Markus beispielsweise auf die entsprechenden Umkehraufgaben der zu lösenden Rechnungen (Addition/Subtraktion, Multiplikation/Division) aufmerksam gemacht, sollte die zu lösenden Rechnungen in Textaufgaben »verpacken« oder sollte eine plausible Schätzung für eine Rechenaufgabe wagen, wobei die Diskussion der Ergebnisplausibilität besonders hervorgehoben wurde (»investigative approach«; Baroody 2003). Auch die Rekonstruktion von Rechnungen mit Hilfe konkreter Materialien war zentraler Bestandteil der Intervention. Die Häufigkeit sowie die zeitliche Abfolge der Trainingsinhalte sind aus Tabelle 2 ersichtlich.

Resultate (Überprüfung der Effektivität des Interventionsprogramms)

Wie aus Abbildung 2 deutlich wird, sind hinsichtlich aller erfassten Komponenten der Zahlenverarbeitung und des Rechnens Markus' Leistungsveränderungen positiv. Das heißt, das Interventionsprogramm war effektiv und führte zu erheblichen Leistungssteigerungen bezüglich des numerischen Basiswissens, des Faktenwissens, des prozeduralen Wissens sowie des konzeptuellen Wissens.

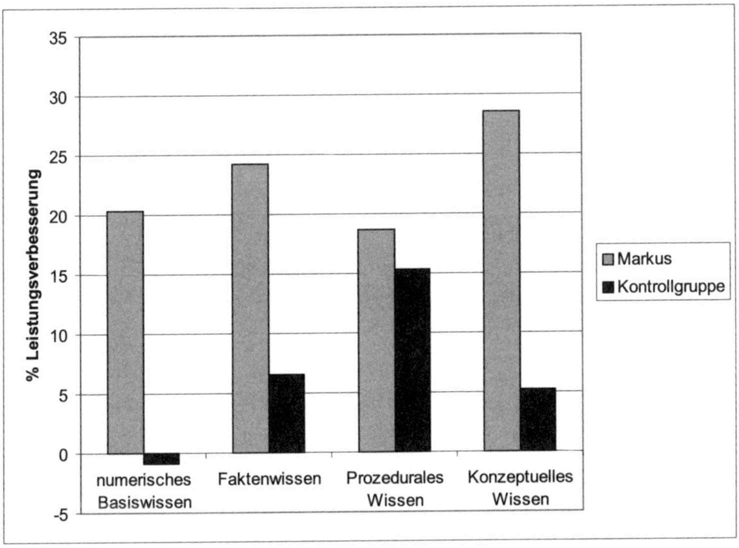

Abbildung 2: Vergleich der Leistungsveränderungen von Markus relativ zur Kontrollgruppe (n = 18) hinsichtlich spezifischer Komponenten der Zahlenverarbeitung und des Rechnens. Leistungsveränderungen wurden berechnet, indem die Prozentzahl richtiger Antworten vor Interventionsende (T1) von der Prozentzahl richtiger Antworten nach Interventionsbeginn (T2) abgezogen wurde. In anderen Worten, je größer der Wert der Y-Achse, desto größer die Leistungsverbesserung.

Tabelle 3: Vergleich der Leistungen vor (T1) und nach (T2) Interventionsbeginn (Markus versus Kontrollgruppe, n = 18) hinsichtlich aller testdiagnostisch erfassten numerisch/rechnerischen Komponenten.

Numerisch/rechnerische Fertigkeit	Markus		Kontrollgruppe	
	T1	T2	T1	T2
Numerisches Basiswissen				
– Zählsequenzen	50,0 %	100 %	96,3 %	96,3 %
– Zahlenbisektion	50,0 %	75,0 %	92,4 %	88,2 %
– Punkte zählen	96,0 %	100 %	97,9 %	97,5 %
– Zahlenvergleich	98,0 %	100 %	97,8 %	98,9 %
Total	*73,5 %*	*93,8 %*	*96,1 %*	*95,2 %*
Explizites rechnerisches Wissen				
– Arithmetisches Faktenwissen	**67,5 %**	**91,7 %**	**89,5 %**	**96,1 %**
– Prozedurales Wissen	**31,3 %**	**50,0 %**	**78,8 %**	**94,1 %**
– Konzeptuelles Wissen	**35,7 %**	**64,3 %**	**83,6 %**	**88,8 %**

Bemerkung: Die Ergebnisse sind angegeben als Prozentzahl der richtig gelösten Aufgaben, wobei die fett gedruckten Ergebnisse jene numerisch/rechnerischen Komponenten betreffen, welche in Abbildung 2 dargestellt sind.

Von besonderem Interesse ist, dass Markus' Leistungsverbesserungen jene der Kontrollgruppe (n = 18 Kinder) übersteigen, und zwar hinsichtlich aller erfassten numerisch/rechnerischen Fertigkeiten (s. Tab. 3). Die – relativ zur Kontrollgruppe – markantesten Leistungssteigerungen sind hinsichtlich des Faktenwissens (Markus 24,2 % vs. Kontrollgruppe 6,6 %) sowie des konzeptuellen Wissens (Markus 28,6 % vs. Kontrollgruppe 5,2 %) beobachtbar. Deutliche positive Interventionseffekte zeigten sich jedoch auch beim prozeduralen Wissen. Wegen der bei der Kontrollgruppe beobachtbaren Deckeneffekte beim numerischen Basiswissen (T1) ist ein diesbezüglicher Vergleich mit Markus' Leistungszuwächsen nicht aussagekräftig.

Ausblick in die Zukunft

Die Interventionsforschung in Bezug auf die Dyskalkulie steckt noch in den Kinderschuhen. Obwohl das Angebot an Interventionsprogrammen (Papier-Bleistift- und PC-gestützte) während der letzten Jahre rasant gestiegen ist, sind die meisten am Markt befindlichen Interventionsprogramme empirisch nicht oder nicht ausreichend evaluiert. Das heißt, es gibt kaum wissenschaftliche Studien, die die Effektivität der jeweiligen Programme belegen. Zudem ist das theoretische Fundament vieler Interventionsprogramme fragwürdig und/oder nicht transparent.

Bei der Planung der Dyskalkulie-Intervention muss auch berücksichtigt werden, dass Dyskalkulie meist mit sehr komplexen und heterogenen Leistungsprofilen einhergeht (d. h., die Erwerbs- und Leistungsdefizite in Bezug auf die verschiedenen Aspekte der numerisch-rechnerischen Fertigkeiten können bei einer Person sehr unterschiedlich ausgeprägt sein). Die bei vielen Betroffenen vorzufindende Variabilität der Leistungsprofile betreffen nicht selten auch nichtnumerische Funktionsbereiche wie die Aufmerksamkeit, die exekutiven Funktionen, visuell-räumliche Fähigkeiten etc. In Bezug auf die Interventionsplanung bedeutet dies, dass eine effektive Dyskalkulie-Intervention multikomponentiell sein sollte. Wie neuere Daten zeigen, hat sich eine Zwei-Komponenten-Struktur (»Zahlenverarbeitung« und »Rechnen«) als psychometrisch reliables Modell erwiesen, um die Heterogenität numerisch-rechnerischer Leistungen bei Kindergarten- und Vorschulkindern abzubilden (Kaufmann et al. 2009). Wie die Autoren betonen, sind diese beiden Komponenten jedoch lediglich als Grobstruktur zu verstehen, da jede dieser Komponenten wiederum in relevante Unterfunktionen differenziert werden kann (z. B. müssen beim Rechnen einerseits die Grundrechenoperationen unterschieden werden, andererseits sind auch das Lösen von Textaufgaben oder das konzeptuelle Wissen als umschriebene Teilbereiche innerhalb der Komponente »Rechnen« zu betrachten).

Eine plausible Schlussfolgerung wäre nun, dass in Hinblick auf die Komplexität und Heterogenität der Dyskalkulie potenzielle Interventionsprogramme modular aufgebaut sein sollten. Damit meinen wir, dass zum Zweck der empirischen Evaluation der Fokus neuer Interventionsprogramme auf umschriebenen und spezifischen numerisch-rechnerischen Teilbereichen liegen sollte (siehe beispielsweise Pixner et al., eingereicht; Wilson et al. 2006). Multifunktionelle Interventionsprogramme sind kaum empirisch evaluierbar, da man im Fall signifikanter Interventionseffekte post hoc nicht beurteilen kann, welcher der vielen Einflussfaktoren maßgeblich zur Effektivität beigetragen hat. Die Fokussierung auf umschriebene Teilbereiche von komplexen Funktionen hat sich bereits in der Legasthenie-Forschung (und Intervention) als erfolgreich erwiesen. Derselbe Ansatz hat sich teilweise auch in der Interventionsforschung der Dyskalkulie als erfolgreich erwiesen (Pixner et al., eingereicht) und sollte unserer Meinung nach vermehrt angewendet werden.

Schlussendlich möchten wir auch auf den komplementären Nutzen von PC-gestützten Interventionsprogrammen hinweisen. PC-gestützte Programme haben unter anderem den Vorteil, dass zusätzlich zur Möglichkeit der adaptiven Testung auch eine Speed-Komponente integriert werden kann. Damit kann einerseits das Schwierigkeitsniveau direkt an das Leistungsniveau des betreffenden Kindes angepasst werden und andererseits werden sowohl die Wissensautomatisation als auch motivationale Faktoren gezielt angesprochen. PC-gestützte Interventionsprogramme sind dann am effektivsten, wenn sie mit gezieltem Feedback und mit individueller (auf die Bedürfnisse des jeweiligen Kindes zugeschnittener) Unterstützung durch einen Therapeuten angeboten werden (Kroesbergen u. van Luit 2003).

Fazit

Die Persistenz von Rechenstörungen weist darauf hin, dass viele Dyskalkulie-Förderprogramme die verschiedenen numerisch-rechnerischen Komponenten nicht integrieren. Wie einige Untersuchungen (Dowker 2001; Griffin et al. 1994; Wright et al. 2000, 2002) zeigen, sind numerische Interventionen dann erfolgreich, wenn sie zusätzlich zu den rechnerischen Fertigkeiten (Fakten und Prozeduren) auch das numerische Basiswissen sowie das konzeptuelle Wissen explizit fördern. Besonders vielversprechend, sowohl in Hinblick auf Förderung bei Dyskalkulie als auch hinsichtlich der Gestaltung des Mathematikunterrichts, ist dabei kontextgebundenes, alltagsrelevantes und investigatives (d. h. problemzentriertes sowie prozessorientiertes) Lernen, welches die Integration von mathematischen Prozeduren und Konzepten fördert (Baroody 2003; Nunes 1992; Wright et al. 2002).

Literatur

Ackerman, P. T.; Dykman, R. A. (1995): Reading-disabled students with and without comorbid arithmetic disability. Developmental Neuropsychology 11: 351–371.

Ansari, D.; Karmiloff-Smith, A. (2002): Atypical trajectories of number development: A neuroconstructivist perspective. Trends in Cognitive Sciences 6(12): 511–516.

Ashcraft, M. H. (1992): Cognitive arithmetic: A review of data and theory. Cognition 44: 75–106.

Ashcraft, M. H. (1995): Cognitive psychology and simple arithmetic: A review and summary of new directions. Mathematical Cognition 1: 3–34.

Ashcraft, M. H.; Kirk, E. P. (2001): The relationship among working memory, math anxiety, and performance. Journal of Experimental Psychology 130(2): 224–237.

Aster, M. von (2000): Developmental cognitive neuropsychology of number processing and calculation: varieties of developmental dyscalculia. European Child & Adolescent Psychiatry 9(2): 41–57.

Badian, N. A. (1983): Dyscalculia and nonverbal disorders of learning. In: Myklebust, H. R. (Hg.): Progress in learning disabilities. New York, S. 235–264.

Baroody, A. J. (1994): An evaluation of evidence supporting fact-retrieval models. Learning and Individual Differences 6: 1–36.

Baroody, A. J. (2003): The development of adaptive expertise and flexibility: The integration of conceptual and procedural knowledge. In: Baroody, J.; Dowker, A. (Hg.): The development of arithmetic concepts and skills: Constructing adaptive expertise. Mahwah, S. 1–33.

Baroody, A. J.; Ginsburg, H. P. (1986): The relationship between initial meaningful and mechanical knowledge of arithmetic. In: Hiebert, J. (Hg.): Conceptual and procedural knowledge: The case of mathematics. Hillsdale, S. 75–112.

Barrouillet, P.; Fayol, M.; Lathulière, E. (1997): Selecting between competitors in multiplication tasks: An explanation of the errors produces by adolescents with learning disabilities. International Journal of Behavioural Development 21: 253–275.

Barrouillet, P.; Fayol, M. (1998): From algorithmic computing to direct retrieval: Evidence from number and alphabetic arithmetic in children and adults. Memory & Cognition 26(2): 355–368.

Briars, D.; Siegler, R. S. (1984): A featural analysis of preschoolers' counting knowledge. Developmental Psychology 20: 607–618.

Bull, R.; Johnston, R. S.; Roy, J. A. (1999): Exploring the roles of the visual-spatial sketch pad and central executive in children's arithmetical skills: Views from cognition and developmental neuropsychology. Developmental Neuropsychology 15: 421–442.

Butterworth, B. (1999): The mathematical brain. London.

Carey, S. (2001): Bridging the gap between cognition and developmental neuroscience: The example of number representation. In: Nelson, C. A.; Luciana, M. (Hg.): Handbook of developmental cognitive neuroscience. Cambridge, S. 415–432.

Clearfield, M. W.; Mix, K. S. (1999): Number versus contour length in infants' discrimination of small visual sets. Psychological Science 10: 408–411.

Copley, J. (Hg.) (1999): Mathematics in the early years. Reston.

Dehaene, S.; Cohen, L. (1991): Two mental calculation systems: A case study of severe acalculia with preserved approximation. Neuropsychologia 29: 1045–1074.

Dehaene, S.; Cohen, L. (1995): Towards an anatomical and functional model of number processing. Mathematical Cognition 1(1): 83–120.

Dehaene, S. (1997): The number sense. How the mind creates mathematics. New York.

Dehaene, S.; Cohen, L. (1997): Cerebral pathways for calculation: Double dissociation between rote verbal and quantitative knowledge of arithmetic. Cortex 33: 219–250.
Delazer, M. (2003): Neuropsychological findings on conceptual knowledge in arithmetic. In: Baroody, A.; Dowker, A. (Hg.): The development of arithmetical concepts and skills: Recent research and theory. Hillsdale.
Delazer, M.; Benke, T. (1997): Facts without meaning. Cortex 33: 697–710.
Dowker, A. D. (1998): Individual differences in normal arithmetical development. In: Donlan, C. (Hg.): The Development of Mathematical Skills. Hove, S. 275–302.
Dowker, A. D. (2001): Numeracy recovery: A pilot scheme for early intervention with young children with numeracy difficulties. Support for Learning 16: 6–10.
Feigenson, L.; Carey, S.; Spelke, L. (2002): Infants' discrimination of number vs. continuous extent. Cognitive Psychology 44: 33–66.
Freeman, N. H.; Antonucci, A.; Lewis, C. (2000): Representation of the cardinality principle: Early conception of error in a counterfactual test. Cognition 74: 71–89.
Fürst, A. J.; Hitch, G. J. (2000): Separate roles for executive and phonological components of WM in mental arithmetic. Memory & Cognition 28(5): 774–782.
Fuson, K. C. (1988): Children's counting and concepts of number. New York.
Gallistel, C. R.; Gelman, R. (1991): Preverbal and verbal counting and computation. In: Dehaene, S. (Hg.): Numerical cognition. Cambridge, S. 42–74.
Gelman, R.; Gallistel, C. R. (1978): The child's understanding of number. Cambridge.
Geary, D. C.; Burlingham-Dubree, M. (1989): External validation of the strategy choice model for addition. Journal of Experimental Child Psychology 47: 175–192.
Geary, D. C. (1993): Mathematical disabilities: Cognitive, neuropsychological, and genetic components. Psychological Bulletin 114: 345–362.
Geary, D. C. (1994): Children's mathematical development: Research and practical applications. Washington.
Geary, D. C. (2000): From infancy to adulthood: the development of numerical abilities. European Child & Adolescent Psychiatry 9(II): 11–16.
Geary, D. C.; Hamson, C .O.; Hoard, M. K. (2000): Numerical and arithmetical cognition: A longitudinal study of process and concept deficits in children with learning disability. Journal of Experimental Child Psychology 77: 236–263.
Ginsburg, H. P.; Klein, A.; Starkey, P. (1998): The development of children's mathematical thinking: Connecting research with practice. In: Damon, W.; Siegel, I. E.; Renninger, K. A. (Hg.): Handbook of child psychology. Band 4: Child psychology in practice. New York, S. 401–476.
Girelli, L.; Seron, X. (2001): Rehabilitation of number processing and calculation skills. Aphasiology 15(7): 695–712.
Greeno, J. G.;Riley, M. S.; Gelman, R. (1984): Conceptual competence and children's counting. Cognitive Psychology 16(1): 94–143.
Griffin, S.; Case, R.; Siegler, R. (1994): Rightstart: providing the central conceptual prerequisites for first formal learning of arithmetic to students at risk for school failure. In: McGilly, K. (Hg.): Classroom learning: Integrating cognitive theory and classroom practice. Boston, S. 25–50.
Grouws, D. A. (Hg.) (1992): Handbook of research in mathematics teaching and learning. New York u. a.
Hembree, R. (1990): The nature, effects, and relief of mathematics anxiety. Journal of Research in Mathematics Education 21: 33–46.
Hiebert, J.; LeFevre, P. (1986): Conceptual and procedural knowledge in mathematics: An introductory analysis. In: Hiebert, J. (Hg.): Conceptual and procedural knowledge: The case of mathematics. Hillsdale, S. 1–27.

Hittmair-Delazer, M.; Seiler, U.; Benke, T. (1995): Impaired arithmetical facts but intact conceptual knowledge: A single-case study of dyscalculia. Cortex 31: 140–147.

Jordan, N. C.; Montani, T. O. (1997): Cognitive arithmetic and problem solving: A comparison of children with specific and general mathematics difficulties. Journal of Learning Disabilities 30: 624–634.

Karmiloff-Smith, A. (1997): Crucial differences between developmental cognitive neuroscience and adult neuropsychology. Developmental Neuropsychology 13(4): 513–524.

Kaufmann, L. (2002): More evidence for the role of the central executive in retrieving arithmetic facts – a case study of severe developmental dyscalculia. Journal of Clinical and Experimental Neuropsychology 24(3): 302–310

Kaufmann, L.; Nuerk, H. C. (2005): Numerical development: Current issues and future perspectives. Psychology Science, Special Issue »Brain & Number«. 47(1): 142–170.

Kaufmann, L.; Handl, P.; Thöny, B. (2003): Evaluation of a numeracy intervention program focusing on basic numerical knowledge and conceptual knowledge: a pilot study. Journal of Learning Disabilities 36(6): 564–573.

Kaufmann, L.; Delazer, M.; Pohl, R.; Semenza, C.; Dowker, A. (2005): Effects of a specific numeracy educational program in kindergarten children: a pilot study. Educational Research and Evaluation 11 (5): 405–431.

Kaufmann, L.; Nuerk, H. C.; Graf, M.; Krinzinger, H.; Delazer, M.; Willmes, K. (2009): TEDI-MATH: Test zur Erfassung numerisch-rechnerischer Fertigkeiten für 4-–8-Jährige. Zürich.

Kosc, L. (1974): Developmental dyscalculia. Journal of Learning Disabilities 7: 165–177.

Koechlin, E.; Dehaene, S.; Mehler, J. (1997): Numerical transformation in five-month-old human infants. Mathematical Cognition 3(2): 89–104.

Krinzinger, H.; Kaufmann, L.; Dowker, A; Thomas, G.; Graf, M.; Nuerk, H.-C.; Willmes, K. (2007): Deutschsprachige Version des Fragebogens für Rechenangst (FRA) für 6- bis 9-jährige Kinder. Zeitschrift für Kinder- und Jugendpsychiatrie und Psychotherapie 35 (5): 341–351.

Krinzinger, H.; Kaufmann, L.; Willmes, K. (2009). Math anxiety and math ability in early primary school years. Journal of Psychoeducational Assessment 27: 206–225.

Kroesbergen, E. H.; van Luit, J. E. H. (2003): Mathematics intervention for children with special educational needs. A meta-analysis. Remedial and Special Education 24: 97–114.

Krüll, E. (1996): Rechenschwäche – was nun? München.

Lemaire, P.; Siegler, R. S. (1995): Four aspects of strategy change: Contributions to children's learning of multiplication. Journal of Experimental Psychology-General 124: 83–97.

Lemaire, P.; Abdi, H.; Fayol, M. (1996): The role of WM resources in simple cognitive arithmetic. European Journal of Cognitive Psychology 8(1): 73–103.

Lochy, A.; Delazer, M.; Domahs, F.; Zoppoth, S.; Seron, X. (in Vorb.): The acquisition of Arabic notation in children: A cross-linguistic study of french vs. german.

Mandler, G.; Shebo, B. J. (1982): Subitizing: An analysis of it's component processes. Journal of Experimental Psychology: 11: 1–22.

Mantovan, C.; Delazer, M.; Ermani, M.; Denes, G. (1999): The breakdown of calculation procedures in Alzheimer's disease. Cortex 35(1): 21–38.

Mattinnen, A.; Hannula, M. M.; Lehtinen, E. (2003): Enhancing spontaneous focusing on numerosity in 3-year-old children. In: Verschaffel, L.; Lehtinen, E. (Chairs): The development and enhancement of early mathematical skills. Symposium conducted

at the 10th Biennial Conference of the European Association for Learning and Instruction. Padova, Italy.
McCloskey, M.; Caramazza, A.; Basili, A. (1985): Cognitive mechanisms in number processing and calculation: Evidence from dyscalculia. Brain and Cognition 4: 117–196.
Miller, K. F.; Stigler, J. W. (1987): Counting in Chinese: Cultural variations in a basic skill. Cognitive Development 2: 279–305.
Mix, K. S.; Huttenlocher, J.; Levine, S. C. (2002): Quantitative development in infancy and early childhood. Oxford.
Nunes, T. (1992): Ethnomathematics and everyday cognition. In: Grouws, D. A. (Hg.): Handbook of research on mathematics teaching and learning. New York, S. 557–574.
Perry, M. (2000): Explanations of mathematical concepts in Japanese, Chinese, and U.S. first- and fifth-grade classrooms. Cognition and Instruction 18(2): 181–207.
Pixner, S.; Kaufmann, L.; Goldbeck, L. (eingereicht). Es ist niemals zu spät. Erfolgreiche Förderung der Rechenleistung bei Dyskalkulie in der 4. bis 6. Schulstufe.
Plomin, R. (1999): Behavioral genetics. In: Bennett, M. (Hg.): Developmental psychology. Achievements and prospects. London, S. 231–252.
Power, R. J. D.; Dal Martello, M. F. (1990): The dictation of Italian numerals. Language and Cognitive Processes 5: 237–254.
Resnick, L. (1982): Syntax and semantics in learning to subtract. In: Carpenter, T. P.; Moser, J. M.; Romberg, T. A. (Hg.): Addition and subtraction: A cognitive perspective. Hillsdale.
Resnick, L. (1989): Developing mathematical knowledge. American Psychologist 44(2): 162–169.
Reusser, K. (2000): Success and failure in school mathematics: Effects of instruction and school environment. European Child & Adolescent Psychiatry 9(2): 17–26.
Richardson, F. C.; Suinn, R. M. (1972): The Mathematics anxiety rating scale. Journal of Counseling Psychology 19: 551–554.
Rittle-Johnson, B.; Siegler, R. S. (1998): The relationship between conceptual and procedural knowledge in learning mathematics: A review. In: Donlan, C. (Hg.): The development of mathematical skills. Hove, S. 73–110.
Rittle-Johnson, B.; Siegler, R. S.; Alibali, M. W. (2001): Developing conceptual understanding and procedural skill in mathematics: An iterative process. Journal of Educational Psychology 93(2): 346–362.
Rourke, B. P. (Hg.) (1995): Syndrome of nonverbal learning disabilities: Neurodevelopmental manifestations. New York.
Russell, R. L.; Ginsburg, H. P. (1984): Cognitive analysis of children's mathematical difficulties. Cognition and Instruction 1: 217–244.
Schoenfeld, A. H. (1991): On mathematics as sense-making: An informal attack on the unfortunate divorce of formal and informal mathematics. In: Voss, J. F.; Perkins, D. N.; Segal, J. W. (Hg.): Informal reasoning and education. Hillsdale, S. 311–343.
Semenza, C.; Miceli, L.; Girelli, L. (1997): A deficit for arithmetical procedures: Lack of knowledge or lack of monitoring? Cortex 33: 483–498.
Seron, X.; Deloche, G.; Noël, M. P. (1991): Number transcoding by children: Writing Arabic numbers under dictation. In: Bideaud, J.; Meljac, C.; Fisher, J. P. (Hg.): Pathways to number. Hillsdale, S. 245–264.
Seron, X.; Fayol, M. (1994): Number transcoding in children: A functional analysis. British Journal of Psychology 12: 281–300.
Shalev, R. S.; Auerbach, J.; Manor, O.; Gross-Tsur, V. (2000): Developmental dyscalculia: Prevalence and prognosis. European Child & Adolescent Psychiatry 9(2): 58–64.
Siegler, R. S.; Shrager, J. (1984): Strategy choices in addition and subtraction: How do

children know what to do? In: Sophian, C. (Hg.): Origins of cognitive skills. Hillsdale, S. 229–293.
Swanson, H. L.; Hoskyn, M. (1998): Experimental intervention research on students with learning disabilities: A meta-analysis of treatment outcomes. Review of Educational Research 68(3): 277–321.
Swanson, H. L.; Sachse-Lee, C. (2001): Mathematical problem solving and working memory in children with learning disabilities: Both executive and phonological processes are important. Journal of Experimental Child Psychology 79: 299–321.
Tan, L. S.; Bryant, P. (2000): The cues that infants use to distinguish discontinuous quantities: Evidence using a shift-rate recovery paradigm. Child Development 71(5): 1162–1178.
Temple, C. M. (1989): Digit dyslexia: A category-specific disorder in developmental dyscalculia. Cognitive Neuropsychology 6: 93–116.
Temple, C. M. (1991): Procedural dyscalculia and number fact dyscalculia: Double dissociation in developmental dyscalculia. Cognitive Neuropsychology 8(2): 155–176.
Temple, C. M. (1997): Developmental cognitive neuropsychology. East Sussex.
Van Lehn, K. (1990): Mind bugs. The origin of arithmetical misconceptions. Cambridge.
Van de Rijt, B.; Van Luit, J. (1998): Effectiveness of the additional early mathematics program for teaching children early mathematics. Instructional Science 26: 337–358.
Wilson, A. J.; Revkin, S. K.; Cohen, D.; Cohen, L.; Dehaene, S. (2006): An open trial assessment of »The Number Race«, an adaptive computer game for remediation of dyscalculia. Behavioral and Brain Functions 2: 20.
Wright, R. J.; Martland, J.; Stafford, A. K. (2000): Early numeracy. Assessment for teaching and intervention. London.
Wright, R. J.; Martland, J.; Stafford, A. K.; Stanger, G. (2002): Teaching number: Advancing children's skills and strategies. London.
Wynn, K. (1992): Addition and subtraction in infants. Nature 358: 749–750.
Wynn, K. (1995): The origins of numerical knowledge. Mathematical Cognition 1: 35–60.
Yeo, D. (2003): Dyslexia, dyspraxia and mathematics. London.
Xu, F.; Spelke, E. S. (2000): Large number discrimination in 6-month-old infants. Cognition 74(1): B1–B11.

Anhang: Beispiele konkreter Übungen zu den Interventionsmodulen

Dieser Anhang bietet keine vollständige Darstellung des Interventionsprogramms. Pro Modul werden lediglich zwei bis drei konkrete Übungen auszugsweise vorgestellt. Tatsächlich umfasst jedes Modul wesentlich mehr Übungen (3 bis 38 Teilübungen).

Zählen, Zählprinzipien

- Gehen und Schritte zählen, dabei gleichzeitig in die Hände klatschen.
- Auf einem Kartonstreifen mit 10 Kreisen als Markierungshilfe (»Zehnerstrei-

fen«) werden konkrete, gleiche Gegenstände (z. B. Legomännchen, Spielfiguren, Knöpfe, Steine) aufgelegt und dabei wird laut mit dem Kind gezählt.
- Symbole + und – werden eingeführt. Bei + aufwärts zählen, bei – abwärts.

Verständnis und Anwendung arithmetischer Symbole

- Bohnenspiel (einfach): Ein großer selbst zu gestaltender Würfel wird mit den Rechenzeichen plus, minus, mal und geteilt versehen. Anfänglich nehmen die Spieler bei plus und mal eine Bohne, bei minus und geteilt wird eine Bohne in den Behälter zurückgegeben. Am Schluss des Spiels wird gezählt, wer am meisten Bohnen gewonnen hat.
- Bohnenspiel (schwierig): Jeder erhält 5 Bohnen als Ausgangsbasis. Bei plus nimmt man sich eine Bohne, bei minus legt man eine Bohne zurück, bei mal darf die eigene Anzahl von Bohnen verdoppelt werden, bei geteilt muss die eigene Anzahl der Bohnen auf die Mitspieler aufgeteilt werden.

Automatisierung der Partnerzahlen (1/9, 2/8, 3/7, 4/6, 5/5)

- 10 Legosteine (blau) werden am Tisch nebeneinander aufgelegt und dienen der Kontrolle. Darunter werden Legosteine (rot) in einer bestimmten Anzahl gelegt, das Kind soll auf 10 ergänzen (mit Legosteinen einer anderen Farbe). Das Kind kann selbst verschiedene Kombinationen legen.
- Veranschaulichung der Partnerzahlen (in zwei konträren Farben) auf einer 100er Tabelle = »Partnerzahlentafel«.
- Um den Transfer auf einen größeren Zahlenraum vorzubereiten, wird anfangs ein »Zwanzigerhaus«, später ein »Hunderterhaus« verwendet, in welchem das Kind die Aufgabe hat, auf den jeweils nächsten Zehner zu ergänzen.

Speicherung der Additionsfakten

Zahlzerlegungen, Platzhalterrechnungen, Komplexe Zählsequenzen (zählen in 2er-, 3er-, 5er- und 10er-Schritten

- Cuisenaire-Stäbchen mit einer Skalierung versehen und am Ende die Kardinalität anführen. Das Kind soll aus zwei Stäbchen das vorgegebene oder selbst ausgewählte Rechenstäbchen zusammensetzen (z. B. Vorgabe »8« – mögliche Kombinationen 7 + 1, 6 + 2, 5 + 3, 4 + 4)
- Mit beliebigen Gegenständen (Duplosteinen, Knöpfen, Murmeln etc.) wird eine bestimmte Anzahl als 1. Summand aufgelegt, dann folgt ein großes

schwarzes Additionszeichen (+) aus Karton und der 2. Summand wird wieder mit denselben Gegenständen aufgelegt. Anschließend kommt das große »Ist gleich« Zeichen (=). Das Kind soll die Summe aus denselben Gegenständen auflegen. Das Additionszeichen (+) wird weg geschoben und dieselbe Anzahl an Gegenständen soll auf der rechten Seite des = Zeichens liegen.
- Platzhalteraufgaben: mit Magnetröllchen werden kleine Additionen gelegt (z. B. 7 + ? = 9)
- Additionsfaktentraining mittels kleiner grüner Rechenkärtchen (4 × 4 cm)
- Gemeinsam mit dem Kind zählen und bei jeder 2. (3. etc.) Zahl klatschen.

Speicherung der Subtraktionsfakten

Umkehraufgaben

- Mit Duplosteinen wird eine kleine Rechenaufgabe gelegt. Zwischen Minuend und Subtrahend befindet sich ein großes rotes Subtraktionszeichen (–). Die Aufgabe wird vorgelesen. Handlungseinsicht (»wenn man etwas weg nimmt, wird es weniger«) wird erarbeitet, indem die Anzahl der Gegenstände, die den Subtrahenden bilden, weg geschoben wird und dieselbe Anzahl wird auch vom Minuenden entfernt.
- Umkehraufgaben: nach erfolgter Subtraktionshandlung wird das Kind aufgefordert, die entsprechende Addition dazu zu finden (z. B. 7 – 4 = 3, 3 + 4 = 7)

Aufbau und Etablierung des dekadischen Positionssystems

Transkodieren, Zehnerüberschreitung und -unterschreitung, Komplexe mehrstellige Rechnungen (prozedurales Wissen)

- Spiel »Geschäft«: konkrete Gegenstände werden mit Preiszettelchen versehen. Das Kind kann abwechselnd Einkäufer oder Verkäufer sein. Als Einkäufer kann es Gegenstände »kaufen«, deren Preis der Verkäufer auf einem Zettel notiert.
- Mit einem Taschenrechner einkaufen gehen.
- Auf einem Tisch liegen verdeckt Zahlenkärtchen. Eines davon umdrehen und von dieser Zahl an weiter zählen oder abwärts zählen.
- Bei der Zehnerüberschreitung das Kind auf die Partnerzahlen aufmerksam machen. Transfer immer wieder bewusst machen.
- Mit Hilfe des Hunderterhauses die Strategie der Zehnerüber- und -unter-

schreitung auf den Zahlenraum 100 übertragen. Auf Rechenkärtchen wird eine bestimmte Aufgabe präsentiert (z. B. 24 + 8; die Zahl 24 wird mit einem Spielmännchen markiert und im Anschluss daran werden 8 Knöpfe, Steinchen etc. aufgelegt.

Speicherung der Multiplikationsfakten

- Mit Hilfe eines 10er-Eierkartons wird die operative Handlung der Multiplikation veranschaulicht. In eine bestimmte Anzahl von Ausbuchtungen wird jeweils eine Murmel gegeben. Das Kind bekommt den Auftrag zu überlegen, welche Rechenoperation hier durchgeführt werden kann. Beispiel: In 7 Ausbuchtungen liegen jeweils 2 Murmeln. Man könnte folgendermaßen rechnen: 2 + 2 + 2 + 2 + 2 + 2 + 2 = 14. Dabei wird dem Kind die Umständlichkeit, der Zeitverlust, die Fehleranfälligkeit dieser Rechenart vor Augen geführt. Zudem kann mit Hilfe des Eierkartons auch der Unterschied zwischen 2 × 7 und 7 × 2 verdeutlicht werden.
- Dem Kind werden kleine Geschichten vorgelesen, die Multiplikationsaufgaben zum Inhalt haben. Das Kind bekommt die Aufgabe, mit Hilfe von Spielmännchen und Bohnen, Knöpfen etc. die Rechnung zu veranschaulichen.

Prozedurales Wissen für Divisionen

Umkehraufgaben

- Im Modul »Verständnis und Anwendung arithmetischer Symbole« wird schon ein erster Kontakt mit der Division hergestellt. Im Bohnenspiel gilt es, die eigene Grundmenge in gleich mächtige Teilmengen aufzuteilen.
- Zusammenhang zur wiederholten Subtraktion und zur Multiplikation wird hergestellt (z. B. 14 : 2 = 14 – 2 – 2 – 2 – 2 – 2 – 2 – 2 = 7 × 2; 2 in 14 = 7-mal, 7 × 2 = 14).

Tanja Käser und Michael von Aster

Computerbasierte Lernprogramme für Kinder mit Rechenschwäche

Trotz der hohen Prävalenz von Kindern mit Lernschwierigkeiten im Rechnen und trotz der erwiesenermaßen hohen Risiken für die spätere Bildungs- und Berufsentwicklung gibt es noch relativ wenige wissenschaftlich evaluierte Förder- und Therapieprogramme. In den letzten Jahren hat das Bemühen um die Entwicklung computerbasierter Methoden für Kinder mit spezifischem Förderbedarf als Ergänzung für sonderpädagogische Förderung und Lerntherapie deutlich zugenommen.

Lernen mit dem Computer?

Die Entwicklung der Computertechnologie und der modernen Medien und die Zunahme ihres exzessiven Gebrauchs in allen möglichen Lebenszusammenhängen haben auch die Sozialisationsbedingungen von Kindern und Jugendlichen in den vergangenen Jahrzehnten deutlich verändert. Computer können auf die kindliche Entwicklung einen durchaus negativen Einfluss haben. Diese Risiken prägen sich in der Art der konsumierten Inhalte (z. B. Computerspiele, Internet), in der Dauer des Konsums und natürlich auch im Alter des Konsumenten aus und schlagen sich nicht zuletzt in der deutlich zunehmenden Häufigkeit von Mediensucht im Kindes- und Jugendalter nieder. Christoph Türke stellt in seinem lesenswerten Buch »Hyperaktiv« (2012) überzeugend auch Bezüge zu Symptomen des ADHS und zu negativen Auswirkungen auf die Entwicklung sozialer Bindung her und Manfred Spitzer (2010, 2011) warnt unablässig vor diesen Gefahren angesichts der sich mehrenden wissenschaftlichen Erkenntnisse. Exzessiver Medienkonsum grenzt notwendige Lern- und Erfahrungsräume in Intensität und Vielfalt ein und erschwert damit die Entwicklung altersgerechter Denk- und Regulationsfunktionen. Psychische Symptome wie Aggressivität und Antriebsschwäche, aber auch körperliche Symptome wie Fettleibigkeit, hängen signifikant auch mit der Intensität des Medienkonsums zusammen.

Warum also auch noch Computer in der Förderung und Therapie? Das schulische Lernen in der sozialen Gruppe birgt für Kinder mit Lernschwächen eben auch zahlreiche Risiken für Erfahrungen des Scheiterns und Versagens mit den Folgen von Angst und Vermeidung. Kinder, die hinter die vom Lehrplan gesetzten Erwartungen zurückfallen, geraten im Unterricht unter Stress, entwickeln Leistungsängste und vermeiden aus Angst vor Misserfolg das Lernen oft überhaupt. Gerade solche Erfahrungen sind ein guter Nährboden für die ablenkende Computerwelt. Die Lernvoraussetzungen, die Schülerinnen und Schüler in die Schule mitbringen, ihre Muster von Stärken und Schwächen sind höchst heterogen und verlangen gerade bei Kindern mit umschriebenen Lernschwächen Individualisierung in Lernweg und Lerntempo.

Computergestützte Lernprogramme können natürlich die Beziehung zur Lehrkraft oder zum Therapeuten nicht ersetzen. Seine berufliche Eignung, sein fachliches Wissen und pädagogisches Können bilden die Basis für eine positive Lernentwicklung, die sich nur innerhalb einer gelingenden Lehrer- oder Therapeut-Schüler-Beziehung entfalten kann. Der Computer kann aber, und dies belegen die noch spärlichen Ergebnisse erster wissenschaftlicher Evaluationen, ein geeignetes Hilfsmittel sein, wenn es darum geht, individuelle und fein abgestimmte Lernschritte zu initiieren und zu üben. Dabei ermöglicht der Computer entlang dem eigenen Lernfortschritt ein sehr unmittelbares und positives Feedback und die Übungssituation wird vom negativen sozialen Quervergleich, der zu Beschämung und Entwertung führt, abgeschirmt. Das Kind ist hier nicht passiver Konsument, sondern steuert aktiv sein Problemlösungsverhalten im Dialog mit dem Lernprogramm. Der Computer kann in diesem Zusammenhang ein für Kinder sinnvolles Medium werden, das durch spielerische Gestaltung und Erfolgsvermittlung die oft verloren gegangene Motivation wieder steigern und lerngegenstandsbezogene Ängste desensibilisieren helfen kann.

Kriterien für ein wirksames Förderprogramm

Wir wollen uns im Folgenden insbesondere mit drei Kriterien für ein sinnvolles Lernprogramm auseinandersetzen:
- Das Lernprogramm sollte, was die Inhalte und Ziele betrifft, theoriegeleitet sein;
- es sollte benutzerfreundlich und motivierend sein;
- es sollte adaptiv sein, das heißt, es sollte sich auf das Entwicklungsniveau des Kindes und auf seinen aktuellen Wissensstand flexibel und bedarfsgerecht einstellen können.

Theoriegeleitet ist ein Lernprogramm dann, wenn es darlegt, warum es welche Lernschritte mit welchem Ziel und zu welchem Zeitpunkt vorsieht. Der theoretische Bezug sollte zur wissenschaftlichen Erkenntnisbasis aus den Disziplinen der pädagogischen, der Entwicklungs- und Neuropsychologie hergestellt werden und Modelle der neurokognitiven Entwicklung zahlenverarbeitender

Hirnfunktionen einbeziehen. Eine Theoriebasis, die sich allein an schulischen Curricula orientiert, kann diesen Anforderungen nicht genügen, da die hierin definierten standardisierten Erwartungen an die Leistungs- und Wissensentwicklung selbst eine theoretisch begründete Fundierung oft vermissen lassen und weil basisnumerische Fähigkeiten und Vorwissensstrukturen meist nicht berücksichtigt werden. Neurokognitive Entwicklungsmodelle der Zahlenverarbeitung und des Rechnens geben eine wissenschaftlich begründete Orientierung darüber, wie und unter welchen Bedingungen und Voraussetzungen sich die verschiedenen Komponenten dieser Domäne entwickeln, und sie lassen Rückschlüsse darauf zu, welche Einflüsse zu welchem Zeitpunkt welche Entwicklungsbeeinträchtigungen nach sich ziehen können.

Das zweite Kriterium, das sich auf Benutzereigenschaften und motivierende Elemente bezieht, stellt eine Grundbedingung für die Brauchbarkeit eines Programms dar. Kinder mit Lernschwächen im Rechnen sind oft entmutigt und haben das Gefühl, nichts zu verstehen oder immer mehr Zeit als die anderen zu benötigen. Sie entwickeln massive Mathematikangst, was ihre Möglichkeiten, sich diesem Bereich neugierig und optimistisch zuzuwenden, erheblich einschränkt.

Es ist deshalb wichtig, dass zum einen eine einfache und möglichst selbsterklärende Lernoberfläche den Zugang für das Kind leicht macht und die Notwendigkeit für helfendes Eingreifen durch Erwachsene minimiert. Anreize in Form von materiellen oder aktivitätsbezogenen Verstärkern können helfen, Widerstände zu verringern und sich leichter auf das Training einzulassen. Ziel ist es aber längerfristig natürlich, dass der Erfolg im lernenden Handeln wieder zu intrinsischer Motivation führt, also zu Freude und Antrieb aus der Erfahrung erfolgreichen Bewältigens der gestellten Aufgaben. Bisweilen werden Lernprogramme in eine erzählerische Rahmenhandlung gekleidet, in deren Rahmen sich Kinder auch mit den Protagonisten solcher Geschichten identifizieren können. Dies kann dann von Vorteil sein, wenn hierdurch positive Selbstaussagen und ermutigende Bewältigungsstrategien angeregt und modelliert werden. Das eigentliche gegenstandsbezogene Üben sollte aber möglichst in einer neutralen Lernumgebung stattfinden, um den Lerngegenstand nicht zu sehr an konkret anschauliche Kontexte zu binden. Der narrative Kontext sollte nicht übermäßig animiert sein und keine zu hohen Anforderungen an die schnelle visuelle Bildverarbeitung stellen, damit möglichst die eigene innere Phantasie und Bilderzeugung stimuliert werden.

Das dritte Kriterium der Adaptivität schließlich ist entscheidend für die Lernwirksamkeit. Das Programm muss sicherstellen, dass die Aufgaben einerseits nicht zu leicht und damit langweilig sind und andererseits nicht zu schwer, also unlösbar oder nur falsch lösbar sind. Die Lernschritte sollten theorievalide aufeinander aufbauend und in Hinblick auf Verstehens- und Automatisierungsprozesse ausbalanciert sein. Dabei ist darauf zu achten, dass basisnumerische Fähigkeiten ebenso wie Zahlenverarbeitung (z. B. Transkodierungen), arithmetisches Operieren und Faktenwissen in wachsenden Zahlenräumen repräsentiert sind. Die Rückmeldung über eine falsche Aufgabenlösung muss sofort erfolgen, damit sie richtig modelliert werden kann und möglichst keine falschen Spuren im Gedächtnis hinterlässt. Wenn das Computerprogramm diese Anforderungen gut umsetzt, erfüllt es die Bedingung einer Eins-zu-eins-Lernsituation, die für Kinder mit chronischen Misserfolgserfahrungen angezeigt ist.

Bereits existierende Lernprogramme – eine Übersicht

Auf dem deutschsprachigen Markt existiert eine Vielzahl von Lernprogrammen für Mathematik, die jedoch zumeist keiner wissenschaftlichen Überprüfung unterzogen wurden. Eine Metastudie zur Wirksamkeit von Förderprogrammen für rechenschwache Kinder hat insgesamt acht Interventionsstudien in die Analyse einbeziehen können (Ise, Dolle, Pixner u. Schulte-Körne 2012). Diese acht Studien wurden nach verschiedenen Merkmalen klassifiziert, wie beispielsweise nach der Art der Intervention (was wurde trainiert?), dem Fördersetting (einzeln, in der Gruppe, in der Schulklasse oder am Computer) und der Dauer der Förderung. Im Ergebnis zeigten sich keine signifikanten Unterschiede zwischen curricular orientierten und nicht curricularen (z. B. neuropsychologisch begründeten) Förderansätzen. Bedeutsam war dagegen das Fördersetting: Einzelförderung war nach dieser Studie wirksamer als die Förderung in der Gruppe, in der Schulklasse oder am Computer. Bedeutsam war weiterhin der Faktor der Dauer des Trainings: Nicht überraschend war das Training umso wirksamer, je länger es dauerte.

So sehr natürlich eine solche wissenschaftliche Auswertung zu begrüßen ist, so vorsichtig muss man vorläufig mit weitreichenden Schlussfolgerungen sein. Von den acht eingeschlossenen Interventionsstudien waren beispielsweise nur zwei computerbasiert. Auch erheben computerbasierte Lernprogramme in der Regel nicht den Anspruch, den Pädagogen oder Therapeuten zu ersetzen, sondern ihn allenfalls zu ergänzen. Dass individuelle Förderung wirksamer ist als gruppenbezogene, erscheint sicherlich plausibel, sowie das Ergebnis, wonach der Umfang des Trainings einen Einfluss auf die Effektstärke hat.

Im Folgenden sollen nun einige wissenschaftlich evaluierte computerbasierte Lernprogramme vorgestellt und entlang der oben erörterten Kriterien eingeschätzt werden.

Rechenspiele mit Elfe und Mathis ist ein computerbasiertes Lernprogramm für Mathematik. Für den ersten Teil des Lernprogramms (Rechenspiele mit Elfe und Mathis I, 1.–3. Klasse) liegt eine Evaluationsstudie vor, die den positiven Effekt der Förderung auf die Mathematikleistung nachweisen konnte (Lenhard, Lenhard, Schug u. Kowalski 2011).

Das Lernprogramm besteht aus Einzelspielen, die in fünf Inhaltsbereiche eingeteilt werden können: Mengen, Zahlen, Sachaufgaben, Bilder und Rechnen. In den Bereichen Mengen und Zahlen werden basisnumerische Fertigkeiten trainiert, die eine Voraussetzung für den Erwerb weiterer mathematischer Kompetenzen darstellen (Vorläuferfertigkeiten). Die Bereiche Sachaufgaben, Bilder (Geometrie) und Rechnen basieren auf den Inhaltsgebieten des Mathematikunterrichts an der Grundschule.

Die Spiele sind in eine Rahmenhandlung aus dem Elfenland eingebettet. Ziel des Spiels ist es, den Elfenschatz zu finden. Während der Aufgabenbearbeitung tritt die Rahmenhandlung in den Hintergrund, so dass die Aufmerksamkeit des Kindes auf die Aufgabe fokussiert bleibt. Außerdem enthält das Spiel zwei verschiedene Belohnungssysteme: Einerseits erhält das Kind eine Belohnung für ein erfolgreich bewältigtes Spiel, andererseits gibt es Belohnungen für einzelne korrekt gelöste Aufgaben, so dass auch schwächere Kinder eine Verstärkung erhalten können. Zudem existieren zwei Zusatzspiele (Labyrinth, Zahlenbilder), die zur Entspannung oder Belohnung zwischendurch gespielt werden können.

Für jedes Spiel existieren drei Schwierigkeitsstufen. Um eine höhere Schwierigkeitsstufe zu erreichen, müssen alle Spiele der vorangegangenen Schwierigkeitsstufe bestanden werden. Ein Spiel dauert jeweils immer gleich lang (vorgegebene Anzahl von Aufgaben). Beispielsweise werden zehn Aufgaben gespielt, wobei für ein Bestehen ein Anteil von 80 % korrekten Aufgaben erreicht werden muss. Wird das Spiel nicht bestanden, wird es später wiederholt. Es gibt keine theoriegeleitete Hierarchie von Lernzielen, die die Sequenz der Aufgaben und Spiele steuern. Dies erschwert die Anpassung an die individuellen Lernschwierigkeiten eines Kindes.

Ein anderes bereits wissenschaftlich evaluiertes Interventionsprogramm ist das Spiel *Number race* (Wilson, Dehaene et al. 2006; Wilson, Revkin, Cohen, Cohen u. Dehaene 2006). Eine bereits durchgeführte Studie hat hier gezeigt, dass das Lernprogramm zu einer Verbesserung der basisnumerischen Fertigkeiten (Subitizing, Zählen, Zahlenvergleiche) führt, jedoch wurden keine Effekte im Bereich der arithmetischen Fähigkeiten gefunden (Räsänen, Salminen, Wilson, Aunio, u. Dehaene 2009; Wilson, Dehaene, Dubois, u. Fayol 2009).

Die Autoren gehen von der Annahme aus, dass bei Kindern mit Dyskalkulie die Repräsentation einer Menge oder der Zugang zu dieser Menge durch Zahlsymbole (Worte, Ziffern) gestört ist. Die primäre Aufgabe in diesem Programm ist deshalb der Vergleich von Zahlen. Um die Beziehungen zwischen den verschiedenen Zahlenrepräsentationen (Menge, Zahlwort, arabische Ziffer) zu stärken, werden diese Repräsentationen jeweils nach der Beantwortung der Aufgabe simultan angezeigt. Zusätzlich werden bei höherem Schwierigkeitsgrad auch arithmetische Operationen eingesetzt, die vor dem Zahlenvergleich gelöst werden müssen.

Der Schwierigkeitsgrad wird über die Distanz der beiden Zahlen zueinander reguliert (Distanzeffekt). Außerdem gibt es ein adaptives Zeitlimit für die Beantwortung der Aufgabe. Der Schwierigkeitslevel der Aufgaben wird an das Lernverhalten des Kindes angepasst. Die Aufgaben werden so ausgewählt, dass das Kind die Aufgabe mit einer Wahrscheinlichkeit von 75 % korrekt löst. Die Adaptivität ist insgesamt dadurch limitiert, dass nur basisnumerische Fertigkeiten trainiert werden.

Das Kind spielt mit seiner Figur (z. B. ein Delfin) gegen den Computer (Krabbe). Das Kind muss sich die größere Menge (Zahl) aussuchen, bevor sie von der Krabbe weggeschnappt wird. Nach jeder Aufgabe erhält das Kind eine Anzahl von Goldstücken entsprechend der Größe der ausgewählten Menge (Zahl). Auf einem Spielbrett darf das Kind seine Figur um die Anzahl erspielter Goldstücke vorwärts bewegen. Auch die Krabbe wird um ihre Anzahl Goldstücke vorwärts geschoben. Erreicht die Figur des Kindes das Ende des Spielbretts vor der Krabbe, bekommt es eine Belohnung. Wenn genügend Belohnungen gesammelt wurden, werden weitere Figuren (mit neuen Animationen) freigeschaltet.

Ein weiteres, auch neurowissenschaftlich evaluiertes computerbasiertes Programm ist *Rette Calcularis* (Kucian et al. 2011). Die Überprüfung dieses Lernprogramms hat gezeigt, dass Kinder mit und ohne Dyskalkulie von der Förderung profitieren. Die Kinder zeigten sowohl eine Verbesserung in der Zahlenraumvorstellung als auch in den arithmetischen Fähigkeiten.

Ziel des Lernprogrammes ist es, die Konstruktion und den Zugang zur mentalen Zahlenraumvorstellung zu verbessern. Das Lernprogramm trainiert sowohl Basisaspekte der Zahlenverarbeitung wie beispielsweise das Schätzen der Größe von Punktemengen als auch Additionen und Subtraktionen.

Das Programm besteht aus einem Spiel auf verschiedenen Schwierigkeitsstufen. Es wird jeweils ein Zahlenstrahl von 0–100 präsentiert sowie eine arabische Zahl, eine Addition oder Subtraktion oder eine Punktemenge. Ziel ist es, die arabische Zahl, die Größe der Punktemenge oder das Ergebnis der Rechenaufgabe mittels eines Joysticks auf dem Zahlenstrahl möglichst genau zu positionieren.

Die Aufgaben des Lernprogramms sind dabei in eine Star-Wars-ähnliche Rahmenhandlung eingebettet. Der Spieler muss seinen Heimplaneten »Calcularis« retten, auf dem die Energiereserven ausgehen. Als Astronaut fliegt er mit einer Rakete zum Planeten »Heureka« um Energie zu beschaffen. Da »Heureka« weit entfernt ist, muss der Astronaut an zehn Planeten Zwischenstopps einlegen. Bei jedem Planeten muss der Astronaut drei Schwierigkeitsstufen erfolgreich bestehen, um weiterfliegen zu können. Eine Schwierigkeitsstufe gilt als bestanden, wenn alle Aufgaben dieser Stufe korrekt gelöst wurden. Eine Aufgabe gilt als korrekt gelöst, wenn die Abweichung von der exakten Position auf dem Zahlenstrahl nicht mehr als 10 % beträgt.

Ein weiteres englischsprachiges Spieleset ist online verfügbar (Butterworth u. Laurillard 2010; Butterworth, Varma u. Laurillard 2011). Die Spiele wurden bisher einzelnen Kindern und Betreuern zur Verfügung gestellt, was zu positiven Rückmeldungen führte. Eine summative Evaluation wurde aber noch nicht durchgeführt.

Die Autoren gehen ähnlich wie bei *Number race* davon aus, dass Kinder mit Dyskalkulie in erster Linie ein Kerndefizit in der grundlegenden Mengen- und Zahlenverarbeitung haben. Die Gestaltung der Spiele lehnt sich an Materialien und Konzepte an, die im Förderunterricht verwendet werden.

Die verschiedenen Spiele beschäftigen sich vor allem mit basisnumerischen Funktionen wie beispielsweise Mengen- und Zahlenvergleichen und Zählfertigkeiten. Außerdem werden auch die Zahlenraumvorstellung sowie einfache arithmetische Fakten trainiert. Ein Spiel beispielsweise heißt *Number bonds.* In diesem Spiel muss das Kind Stangen verschiedener Länge so kombinieren, dass sie zusammen den Wert 10 ergeben.

Für einige Spiele existieren verschiedene Schwierigkeitsgrade, die Lernverläufe von Sitzung zu Sitzung werden jedoch nicht abgebildet und berücksichtigt. Die einzelnen Spiele können von den Kindern (bzw. ihrer Betreuern) frei ausgewählt werden, sie stehen nicht in einem speziellen theoretischen und hierarchischen Zusammenhang.

Es gibt für die Spiele keine speziellen Belohnungen, sie sind jedoch ansprechend und spielerisch gestaltet. Beim *Number-bonds*-Spiel fallen beispielsweise die Stangen von oben hinunter im Stil von *Tetris.*

Calcularis – ein neues Förderprogramm für rechenschwache Kinder

Calcularis ist ein neues computerbasiertes Lernprogramm für Kinder mit Dyskalkulie oder Schwierigkeiten beim Mathematiklernen. *Calcularis* ist eine Weiterentwicklung des Programms *Rette Calcularis* (Kucian et al. 2011). Das Konzept von *Calcularis* richtet sich nach aktuellen psychologischen Erkenntnissen der mathematischen Entwicklung von Kindern.

Vorstellung des Lernprogrammes

Im Lernprogramm werden basisnumerische Fähigkeiten und arithmetische Fertigkeiten parallel trainiert. Abbildung 1 zeigt den Aufbau des Lernprogramms.

Die Struktur ist hierarchisch nach Zahlenräumen aufgebaut. Jeder Zahlenraum ist wiederum in drei Bereiche unterteilt:

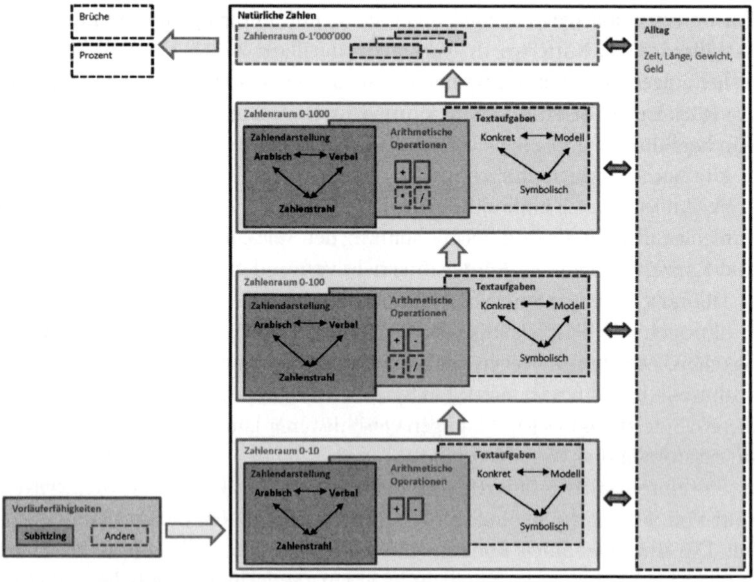

Abbildung 1: Struktur des Lernprogrammes

1. Zahlendarstellung: In jedem Zahlenraum muss immer zuerst das numerische Verständnis gebildet werden. Als Basis dazu dient das Triple-Code-Modell (Dehaene, 1992): Die verschiedenen Zahlenrepräsentationen und die Übersetzung zwischen diesen Repräsentationen müssen beherrscht werden. Die Reihenfolge, in der diese Repräsentationen eingeführt werden, beruht dabei auf dem vierstufigen Entwicklungsmodell (von Aster u. Shalev 2007): Von der konkreten Darstellung ausgehend, wird zuerst die verbale Notation, dann die arabische Notation und schließlich noch die Darstellung der Zahl auf dem Zahlenstrahl eingeführt. Zusätzlich zu den verschiedenen Repräsentationen wird in diesem Bereich auch das Verständnis von Zahlen gefördert. Eine Zahl kann als Kardinalzahl (Anzahl von Objekten), als Ordinalzahl (Position in einer Reihe) oder als Relationalzahl (Beziehung zwischen zwei Zahlen) verstanden werden. Diese drei Aspekte werden eingeführt und mit verschiedenen Spielen vertieft.
2. Arithmetische Operationen: Mathematisches Verständnis bedeutet nicht nur, die verschiedenen Zahlenrepräsentation zu kennen, sondern auch, Operationen mit Zahlen durchzuführen. Die Schwierigkeit der gestellten Aufgaben ist dabei von verschiedenen Komponenten abhängig. Einerseits ist das die numerische Größe der Zahlen, andererseits hängt die Schwierigkeit aber auch davon ab, wie die Aufgabe präsentiert wird (Zahlendarstellung) und ob Hilfsmittel zur Lösung verwendet werden dürfen. Im Bereich arithmetische Operationen werden also nicht nur Operationen mit Zahlen geübt; es findet auch

eine Vertiefung der verschiedenen Zahlendarstellungen sowie des Zahlenverständnisses statt.

3. Textaufgaben: Um ein komplettes Verständnis der mathematischen Operationen zu haben, ist es wichtig, eine mathematische Operation auf eine beschriebene Situation und auf ein abstraktes Modell übertragen zu können. Die Operation soll also nicht nur symbolisch gelöst werden, sondern das Kind soll die Bedeutung der Operation beschreiben können. Dieser Bereich führt wiederum zu einer Vertiefung des mathematischen Verständnisses und übt implizit die verschiedenen Darstellungen von Zahlen und die mathematischen Operationen.

Zusätzlich zu diesen drei Bereichen gibt es noch den so genannten Bereich »Alltag«. Dieser Bereich erstreckt sich über alle Zahlenräume und ist dazu gedacht, eine Brücke zwischen Mathematik und Alltag zu schlagen. Es werden Themen wie Zeit, Länge, Gewicht und Geld behandelt. Alle diese Bereiche sind im Raum der natürlichen Zahlen angesiedelt. Eine Erweiterung beziehungsweise eine höhere Schwierigkeitsstufe wäre dann die Einführung von Brüchen und Prozentzahlen. Eine Vorstufe zum Raum der natürlichen Zahlen bildet der Bereich der Vorläuferfähigkeiten. Wichtige Vorläuferfähigkeiten sind beispielsweise Zählen, Schätzen und das Vergrößern (Verkleinern) von Mengen durch Hochzählen (Rückwärtszählen).

Für alle diese Bereiche existieren passende Spiele. Um zu verhindern, dass das Programm zu einer Ansammlung von Spielen in den verschiedenen Bereichen verkommt, wurden die Spiele in zwei Kategorien eingeteilt. Für jeden Bereich gibt es so genannte Hauptspiele und Supportspiele. Hauptspiele erfordern zur Lösung komplexe Fähigkeiten oder eine Kombination mehrerer Fähigkeiten. Supportspiele trainieren einzelne Fähigkeiten und dienen als Vorbedingung für die Hauptspiele. Für jeden Bereich gibt es ein Hauptspiel und mehrere Supportspiele. Die Hierarchie geht von unten nach oben (Zahlenraum) innerhalb der Menge der natürlichen Zahlen sowie von links nach rechts (Bereich) innerhalb eines spezifischen Zahlenraumes. Die Hauptspiele sind dabei für jeden Zahlenraum gleich, der einzige Unterschied ist der jeweils andere Zahlenraum.

In allen Spielen, egal ob Haupt- oder Supportspiel wird eine einheitliche, konsistente Zahlendarstellung verwendet. Diese Zahlendarstellung betont gezielt die unterschiedlichen Repräsentationen von Zahlen. Verschiedene Eigenschaften von Zahlen werden dabei durch Farben, Formen und Topologie kodiert. Diese Kodierung der Eigenschaften über verschiedene Kanäle erleichtert das Erlernen der Zahlenrepräsentationen und fördert außerdem das Zahlenverständnis. Die Positionen des Dezimalsystems (1, 10, 100) werden durch Farben verschlüsselt. Dieser Effekt wird durch einen zusätzlichen Zahlengraph verstärkt. Jede einzelne Ziffer einer Zahl hängt an einem eigenen Ast dieses Zahlengraphs (Abb. 2, links). Durch diese Repräsentation sollen die Entwick-

Abbildung 2: Numerische Stimuli für die Zahl 35. Darstellung mit Zahlengraph (links), mit farbigen Blöcken (Mitte) und Zahlenstrahldarstellung (rechts)

lung der arabischen Notation sowie die Übersetzung zwischen verbaler und arabischer Notation gefördert werden.

Die Größe einer Zahl wird auf zwei verschiedene Arten kodiert. Die Zahl wird einerseits als Zusammensetzung von Blöcken verschiedener Farben, das heißt als eine Komposition von Einer-, Zehner- und Hunderterblöcken dargestellt (Abb. 2, Mitte). Diese Darstellung zeigt, dass eine Zahl immer als Zusammensetzung anderer Zahlen gesehen werden kann, und betont das Dezimalsystem. Die Blöcke sind jeweils von links nach rechts angeordnet, um eine Verbindung zur analogen Zahlenrepräsentation (Zahlenstrahl) herzustellen. Eine zweite Kodierung der Größe erfolgt durch die Darstellung der Zahl direkt auf dem Zahlenstrahl. Die farbigen Blöcke werden dabei in den Zahlenstrahl integriert (Abb. 2, rechts).

Alle Spiele des Lernprogramms benutzen konsistent die speziell entwickelte Zahlendarstellung. Im Folgenden sollen nun einige Spiele des Lernprogramms vorgestellt werden.

Ein sehr wichtiges Spiel ist das Hauptspiel im Bereich der Zahlendarstellungen. Im Spiel *Landung* (Abb. 3) wird die Zahlenraumvorstellung trainiert. Ziel ist es, die Position einer Zahl auf dem angezeigten Zahlenstrahl möglichst genau anzugeben. Um die Position anzuzeigen, muss ein umgekehrter Kegel auf dem Zahlenstrahl gelandet werden. Dies wird mit Hilfe eines Joysticks gemacht. Die Zahl kann dabei in verbaler Notation (gesprochen) oder arabischer Notation gegeben sein. Das Spiel trainiert also gleichzeitig auch die Übersetzung zwischen der verbalen respektive arabischen Notation und der

Abbildung 3: Spiel *Landung* im Zahlenraum von 0–100

analogen Zahlendarstellung. Als weitere Option kann die Zahl als Punktemenge gegeben sein. Das Kind muss zuerst die Größe dieser Punktemenge schätzen (kardinales Zahlenverständnis) und dann die Position dieser Anzahl auf dem Zahlenstrahl.

Ein anderes wichtiges Spiel ist das Supportspiel *PlusMinus* (Abb. 4) aus dem Bereich der mathematischen Operationen. In diesem Spiel wird das Verständnis der mathematischen Operationen gefördert. Gegeben ist eine mathematische Operation in arabischer Notation. Das Kind hat nun Blöcke in verschiedenen Farben (100, 10, 1) zur Verfügung. Mit Hilfe dieser Blöcke löst das Kind die gestellte Aufgabe, das heißt, es »baut« die mathematische Operation mit den Blöcken nach. Dabei sind verschiedene Strategien erlaubt.

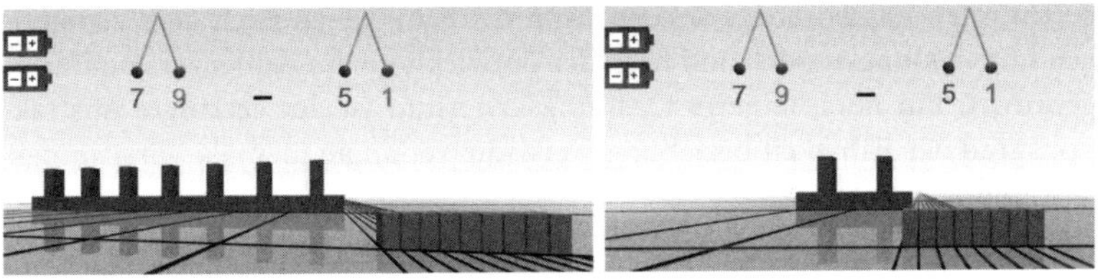

Abbildung 4: *PlusMinus* Spiel im Zahlenraum von 0–100. Aufgabenstellung (links) und Lösung (rechts)

Ein drittes wichtiges Spiel ist das Supportspiel *Rechenschieber* (Abb. 5) aus dem Bereich der mathematischen Operationen. Dieses Spiel dient der Einführung der Addition und Subtraktion. Gegeben ist beispielsweise eine Additionsaufgabe. Zusätzlich werden ein Zahlenstrahl eingeblendet sowie ein Glaskasten. In diesem Glaskasten ist bereits eine Anzahl Einer (entsprechend der ersten Zahl der Aufgabe) enthalten. Der Glaskasten muss nun vergrößert werden, so dass er das Resultat der Aufgabe enthält.

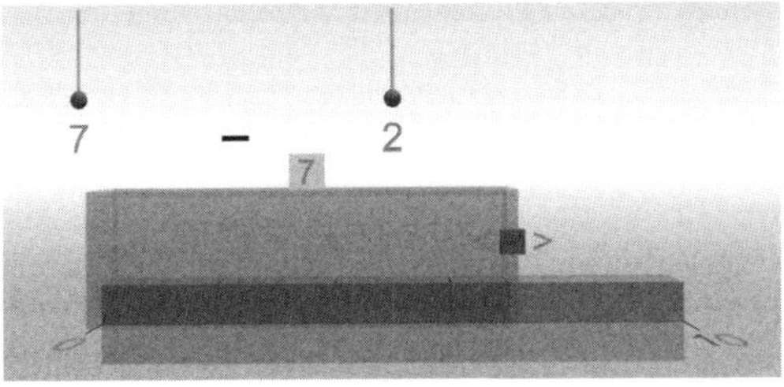

Abbildung 5: *Rechenschieber*-Spiel im Zahlenraum von 0–10

Durch das Konzept des Lernprogramms und durch die beschriebene Struktur ist der Inhalt des Programms festgelegt. Die Darstellung der verschiedenen Elemente des Curriculums leitet sich direkt von der speziell entwickelten Zahlenrepräsentation ab.

Um die Aufgaben optimal auf das Kind abstimmen zu können, wird der Wissensstand des Kindes im Lernprogramm intern abgebildet. Dazu wurde zuerst einmal das zu lernende mathematische Wissen in verschiedene Fähigkeiten aufgeteilt und hierarchisch geordnet. Dadurch kann ein Graph von Fähigkeiten gebildet werden, der die Ordnung und die Beziehungen der Fähigkeiten zueinander aufzeigt. Diese Fähigkeiten können wiederum in verschiedene Bereiche gegliedert werden. Ein Bereich sind beispielsweise Fähigkeiten, die die Zahlenraumvorstellung, das Zahlenverständnis und die Beherrschung der verschiedenen Zahlenrepräsentationen betreffen. Innerhalb dieses Bereichs können die Fähigkeiten hierarchisch geordnet werden. Als grobes Kriterium dient dabei die Größe des Zahlenraums, das heißt, es erfolgt eine natürliche Einteilung in den Zahlenraum von 0–10, 0–100 usw. Innerhalb eines bestimmten Zahlenraums werden dann die Fähigkeiten nach dem vierstufigen Entwicklungsmodell und nach der Entwicklung des Zahlenverständnisses geordnet. Ein noch feineres Ordnungskriterium ist der verlangte Abstraktionsgrad der Fähigkeit beziehungsweise die verlangte mentale Vorstellungsleistung.

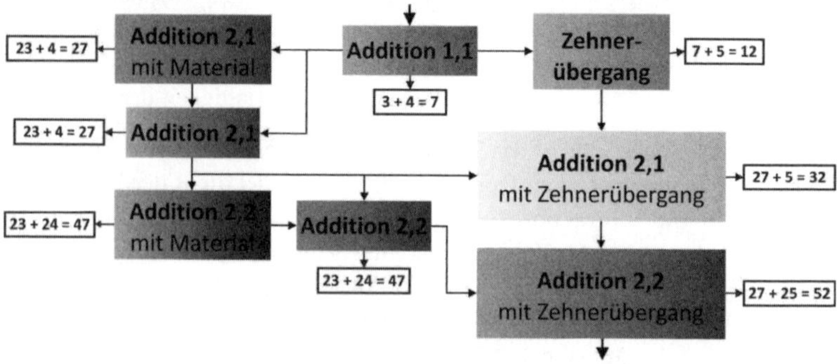

Abbildung 6: Ausschnitt aus dem Fähigkeitennetz: Additionsfähigkeiten im Zahlenraum von 0–100

Eine zweite Art von Fähigkeiten betreffen Prozeduren und Operationen mit Zahlen (Abb. 6). Hier ist das erste Ordnungskriterium die Aufteilung in die verschiedenen Operationen (Addition, Subtraktion, Multiplikation und Division). Innerhalb einer bestimmten Operationsklasse können die Fähigkeiten nach einem vertikalen und horizontalen Schwierigkeitsgrad geordnet werden. Der so genannte vertikale Schwierigkeitsgrad bezeichnet die tatsächliche Schwierigkeit der Aufgabe, das heißt, Operationen mit größeren Zahlen sind schwieriger zu rechnen als Operationen mit kleineren Zahlen. Der horizontale Schwierigkeitsgrad hängt von der Darstellung der Aufgabe und den erlaubten Mitteln zur Lösung der Aufgabe ab. Eine Aufgabe im Kopf zu rechnen ist beispielsweise schwieriger, als die Aufgabe mit Hilfsmitteln zu lösen.

Durch die Aufstellung dieses Graphs von Fähigkeiten existiert nun ein natürliches Curriculum. Im Graphen sind die Fähigkeiten hierarchisch geordnet und es wird auch aufgezeigt, welche Fähigkeiten die Basis beziehungsweise Vorbedingung für andere Fähigkeiten bilden. Basierend auf diesen Fähigkeiten und ihren Abhängigkeiten zueinander kann nun für jede Fähigkeit die Wahrscheinlichkeit berechnet werden, dass das Kind eine Fähigkeit schon beherrscht. Diese Wahrscheinlichkeit muss nach jeder gelösten Aufgabe des Kindes neu berechnet werden, was mit Hilfe eines dynamischen Bayes-Netzes gemacht wird. Jede Fähigkeit hat genau zwei Zustände. Es gibt einen »gelernten« Zustand und einen »ungelernten« Zustand. Ganz am Anfang des Spiels ist die Wahrscheinlichkeit für jeden der beiden Zustände genau 0.5, da das Wissen des Kindes dem System noch ganz unbekannt ist. Mit jeder Aufgabe, die das Kind löst, können nun die Wahrscheinlichkeiten in eine Richtung angepasst werden. Da die Fähigkeiten nicht direkt beobachtet werden können, werden jeder Fähigkeit bestimmte Aufgabentypen zugeordnet. Die Wahrscheinlichkeit, dass eine Fähigkeit im gelernten Zustand ist, kann nun von verschiedenen Seiten beeinflusst werden. Einerseits verändert sich diese Wahrscheinlichkeit, wenn das Kind Aufgaben löst, die dieser Fähigkeit direkt zugeordnet sind. Andererseits verändert sich diese Wahrscheinlichkeit aber auch, wenn das Kind Aufgaben löst, die Vorgänger- oder Nachfolgerfähigkeiten zugeordnet sind. Wird beispielsweise eine Aufgabe, die einer Vorgängerfähigkeit der gesuchten Fähigkeit zugeordnet ist, falsch gelöst, sinkt die Wahrscheinlichkeit, dass die gesuchte Fähigkeit im gelernten Zustand ist (diese Fähigkeit ist ja schwieriger als ihre Vorgängerfähigkeit).

Während des Spieles werden also die Wahrscheinlichkeiten aller Fähigkeiten nach dem Lösen jeder Aufgabe angepasst. Dabei muss das System nach jeder Aufgabe entscheiden, welche Aufgabe als nächstes Element präsentiert wird. Dabei gibt es genau drei Möglichkeiten: Es kann eine Aufgabe vom gleichen Typ gestellt werden (der gleichen Fähigkeit zugeordnet), es kann eine leichtere Aufgabe gestellt werden (Training der Vorgängerfähigkeit) oder es kann eine schwierigere Aufgabe ausgewählt werden (Training der Nachfolgerfähigkeit). Diese Entscheidung basiert auf zwei festgelegten Grenzen für die Wahrscheinlichkeit dieser Fähigkeit: Ist die Wahrscheinlichkeit für den gelernten Zustand größer als die festgelegte Obergrenze, wird zu schwierigeren Aufgaben übergegangen. Ist die Wahrscheinlichkeit kleiner als die festgelegte Untergrenze, werden einfachere Aufgaben gestellt. Und falls die Wahrscheinlichkeit genau zwischen den Grenzen ist, werden Aufgaben vom selben Schwierigkeitsgrad trainiert. Der Bereich zwischen den Grenzen bezeichnet den optimalen Schwierigkeitsgrad.

Eine detaillierte Beschreibung des mathematischen Modells von *Calcularis* sowie eine Demonstration der Vorteile dieses Modells durch erste Daten werden publiziert (Käser et al., 2012).

Eine wichtige Eigenschaft ist der Einbau von Repetitionen. Einfachere Fähigkeiten werden immer wieder repetiert, damit sie gefestigt werden. Da verschiedene Fähigkeiten durch verschiedene Aufgaben trainiert werden, erhöht diese Repetition zusätzlich auch die Variation der Aufgaben und damit die Motivation. Die Repetitionen werden jeweils zufällig während des Trainings an einem Spiel eingestellt.

Des Weiteren werden im Bereich der mathematischen Operation typische Fehlermuster oder Fehlerprozeduren erkannt (Gerster 1982). Fehler von Kindern geben wichtige Hinweise auf die Defizite dieser Kinder. Deshalb wird im Programm eine Bibliothek mit Fehlermustern, ihren möglichen Ursachen sowie Spielen, die zur Behebung des Defizits beitragen, unterhalten. Wendet ein Kind nun mehrmals ein typisches Fehlermuster aus dieser Bibliothek an, kann gezielt ein Spiel zur Behebung dieses Fehlers ausgewählt werden. Dabei kann zwischen zwei (groben) Kategorien von Fehlermustern unterschieden werden.

Die erste Kategorie enthält Fehlermuster, die mit der Zahlendarstellung zusammenhängen. Dies bedeutet, dass das Kind eigentlich die mathematische Operation beherrscht, jedoch Probleme beim Lesen oder Schreiben der arabischen Notation hat. So ist das Resultat für die Aufgabe 8 + 7 = ? dann plötzlich 51.

In die zweite Kategorie fallen Fehler, die mit dem Operationsverständnis oder Zahlenverständnis zusammenhängen. Wenn das Resultat für die Aufgabe 58 – 4 = ? 18 ist (falsche Stellenzuordnung), deutet dies auf ein mangelndes Verständnis des Stellenwertsystems hin.

Durch das Fähigkeitennetz, die typischen Fehlermuster und die Repetition kann sich die Software optimal an das Kind anpassen. Doch wie wird nun trainiert? Alle Kinder beginnen das Training mit dem einfachsten Spiel im Zahlenraum von 0–10. Je nach Fähigkeiten erarbeitet sich dann jedes Kind mit seiner eigenen Geschwindigkeit den nächsten Level. Da eine Fähigkeit jeweils mehrere Vorgänger- und Nachfolgerfähigkeiten hat, gibt es verschiedene Möglichkeiten für den nächsten Aufgabentyp beziehungsweise für einfachere Aufgabenstellungen. Jedes Kind erarbeitet sich also seinen eigenen Weg durch das Netz bis zum schwierigsten Spiel. Auf diese Art und Weise ist der Spielablauf an das Kind angepasst und für jedes Kind verschieden.

Evaluation des Lernprogrammes

Eine erste Version des Lernprogramms wurde bereits Anfang 2011 fertiggestellt. Um die Effektivität des Trainings zu belegen, wurden in einer ersten in Zürich durchgeführten Studie psychometrische Messungen vor dem Training und nach dem Training durchgeführt (Käser et al., eingereicht). An dieser Studie haben vierzig Kinder zwischen der 2. und 5. Klasse (erstes Halbjahr) teilgenommen. Die Kinder wurden in zwei Gruppen aufgeteilt: Eine Gruppe hat drei

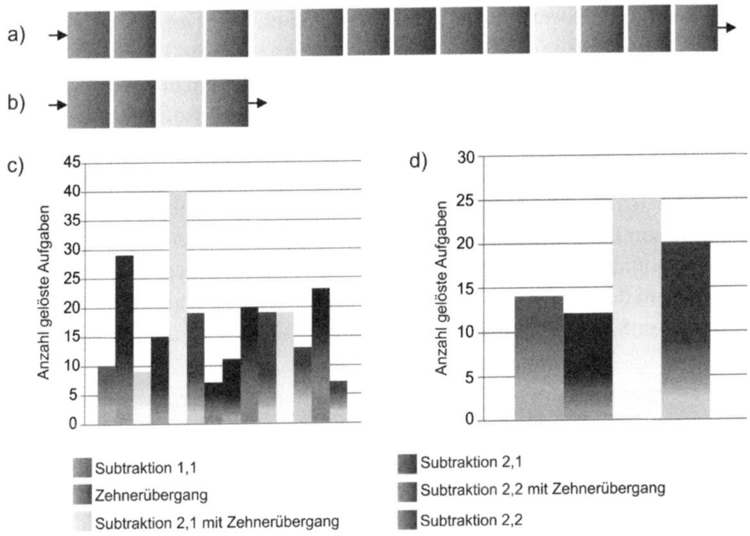

Abbildung 7: Trainingssequenz von Anna (a) und Julia (b). Anzahl gelöste Aufgaben pro Fähigkeit von Anna (c) und Julia (d)

Monate mit *Calcularis* trainiert, die andere Gruppe hat zuerst sechs Wochen gewartet. Während der Trainingsperiode spielten die Kinder an fünf Tagen pro Woche für jeweils zwanzig Minuten mit *Calcularis*. Nach sechs Wochen Training mit *Calcularis* erzielten die Kinder in der Addition und Subtraktion signifikant bessere Leistungen als vor dem Training. Die Kinder machten nicht nur weniger Fehler, sondern lösten die Aufgaben auch schneller. Auch die Zahlenraumvorstellung der Kinder verbesserte sich signifikant. Darüber hinaus profitierten die Kinder von der Verlängerung der Trainingszeit auf drei Monate. Vor und nach der Warteperiode zeigten sich keine signifikanten Effekte.

Um das Konzept des Lernprogramms zu illustrieren, ist im Folgenden der Lernpfad von zwei Studienkindern im Bereich der Subtraktion im Zahlenraum von 0–100 näher beschrieben. Die Analysen stammen aus der sechswöchigen Trainingsperiode. Abbildung 7 zeigt die Trainingssequenz der zwei Kinder (Abfolge von Fähigkeiten) sowie die Anzahl gelöster Aufgaben für die jeweiligen Fähigkeiten (siehe auch Tab. 1).

Tabelle 1: Statistik der beiden Kinder

	Geschlecht	Alter	Klasse	Anzahl Sitzungen	Anzahl Aufgaben	Aufgaben pro Sitzung
Anna	Weiblich	8;11	3	28	1272	45.4
Julia	Weiblich	9;10	4	33	1795	54.4

Abbildung 7 verdeutlicht, dass die Trainingssequenz für jedes Kind verschieden ist. Während Julia den Bereich der Subtraktion von 0–100 direkt bestanden hat, weist der Pfad von Anna diverse Verzweigungen auf. Dies zeigt sich auch an der Anzahl der gelösten Aufgaben. Julia benötigte 71 Aufgaben, Anna 241 Aufgaben für das Absolvieren des Trainingteils Subtraktion im Zahlenraum von 0–100. Die Messungen der mathematischen Leistungen vor und nach dem Training zeichnen das gleiche Bild. Julia beherrschte die Subtraktion im Zahlenraum von 0–100 schon vor dem Training und verbesserte sich durch das Training vor allem im Zahlenraum von 0–1000. Anna zeigte vor dem Training Probleme in der Subtraktion und konnte sich nach dem Training vor allem in Aufgaben mit Zehnerübergang steigern.

Fazit

Das in diesem Beitrag vorgestellte Interventionsprogramm *Calcularis* trainiert eine Vielfalt von Fähigkeiten im Bereich der Zahlenpräsentationen (insbesondere Zahlenraumvorstellung) und der arithmetischen Operationen und legt den Fokus auf die Anpassung an das Entwicklungsniveau des Kindes. Das entwickelte Trainingsprogramm beruht auf neurowissenschaftlicher Theoriebildung und nutzt gezielt die Vorteile des Computers: Der Computer ermöglicht eine spielerische Gestaltung sowie unmittelbare Erfolgsvermittlung und Korrektur. Ein neuer Aspekt des Interventionsprogramms *Calcularis* ist die rechnerisch modellierte Adaptivität. Das Lernprogramm passt den Schwierigkeitsgrad der Aufgaben individuell an die Fähigkeiten und das Lerntempo der Kinder an. Durch die Modellierung der Aufgaben als Bayes-Netz hat jedes Kind eine individuelle Lernsequenz. Die signifikanten Verbesserungen im Training belegen den Nutzen der Lernsoftware sowie deren Adaptivität. Insgesamt lässt sich erkennen, dass der Computer, wenn er gezielt und maßvoll eingesetzt wird, für Kinder mit und ohne Lernprobleme ein sinnvolles, ergänzendes Medium werden kann.

Literatur

Aster, M. G. von, Shalev, R. S. (2007): Number development and developmental dyscalculia. Developmental Medicine and Child Neurology 49 (11): 868–873.

Butterworth, B., Laurillard, D. (2010): Low numeracy and dyscalculia: identification and intervention. ZDM Mathematics Education 42: 527–539.

Butterworth, B., Varma, S., Laurillard, D. (2011): Dyscalculia: From brain to education. Science 332: 1024.

Dehaene, S. (1992): Varieties of numerical abilities. Cognition 44: 1–42.

Gerster, H. D. (1982): Schülerfehler bei schriftlichen Rechenverfahren – Diagnose und Therapie: Freiburg.

Ise, E., Dolle, K., Pixner, S., Schulte-Körne, G. S. (2012): Effektive Förderung rechenschwacher Kinder – Eine Metaanalyse. Kindheit und Entwicklung 21 (3): 181–192.

Käser, T., Busetto, A. G., Baschera, G.-M., Kohn, J., Kucian, K., Aster, M. von, Gross, M. (2012): Modelling and optimizing the process of learning mathematics. In: Cerri, S. A.; Clancey, W. J.; Papadourakis, G.; Panourgia, K. (Hg.): Proceedings of the 11th International Conference on Intelligent Tutoring Systems. Berlin/Heidelberg, S. 389–398.

Käser, T., Baschera, G.-M., Kohn, J., Kucian, K., Richtmann, V., Grond, U., Aster, M. von (eingereicht): Calcularis – A computer-based training program for enhancing numerical cognition.

Kucian, K., Grond, U., Rotzer, S., Henzi, B., Schönmann, C., Plangger, F., Gälli, M., Martin, E., Aster, M. von (2011): Mental number line training in children with developmental dyscalculia. NeuroImage 57 (3): 782–795.

Kucian, K., Kaufmann, L. (2009): A developmental model of number representation. Behavioral and Brain Sciences 32: 313–373.

Lenhard, A., Lenhard, W., Schug, M., Kowalski, A. (2011): Computerbasierte Mathematikförderung mit den »Rechenspielen mit Elfe und Mathis I«. Vorstellung und Evaluation eines Computerprogramms für Erst- bis Drittklässler. Zeitschrift für Entwicklungspsychologie und Pädagogische Psychologie 43(2): 79–88.

Räsänen, P., Salminen, J., Wilson, A. J., Aunio, P., Dehaene, S. (2009): Computer-assisted intervention for children with low numeracy skills. Cognitive Development 24: 450–472.

Spitzer, M. (2010): Editorial: Computer in der Schule. Nervenheilkunde 29: 5–8.

Spitzer, M. (2011): Editorial: Generation Google. Wie verändern digitale Medien unsere Bildung, Moral und personale Identität? Nervenheilkunde 29 (11): 711–716.

Türcke, C. (2012): Hyperaktiv! Kritik der Aufmerksamkeitsdefizitkultur. München.

Wilson, A. J., Dehaene, S., Dubois, O., Fayol, M. (2009): Effects of an Adaptive Game Intervention on Accessing Number Sense in Low-Socioeconomic-Status Kindergarten Children. Mind, Brain and Education 3 (4): 224–234.

Wilson, A. J., Dehaene, S., Pinel, P., Revkin, S. K., Cohen, L., Cohen, D. (2006): Principles underlying the design of »The Number Race«, an adaptive computer game for remediation of dyscalculia. Behavioral and Brain Functions 2: 19.

Wilson, A. J., Revkin, S. K., Cohen, D., Cohen, L., Dehaene, S. (2006): An open trial assessment of »The Number race«, an adaptive computer game for remediation of dyscalculia. Behavioral and Brain Functions 2: 20.

Die Autorinnen und Autoren

Prof. Dr. med. Michael von Aster, Diplom-Pädagoge, ist Chefarzt der Klinik für Kinder- und Jugendpsychiatrie, Psychotherapie und Psychosomatik der DRK-Kliniken Berlin/Westend und leitet Forschungsgruppen am Institut für Psychologie der Universität Postdam und am Zentrum für Neurowissenschaften der Universität und der ETH Zürich.

Dr. phil. Michael Bzufka ist Leitender Psychologe der Klinik für Kinder- und Jugendpsychiatrie, Psychotherapie und Psychosomatik der DRK-Kliniken Berlin/Westend.

Dr. phil. Margarete Delazer ist Professorin für Klinische Neuropsychologie an der Medizinischen Universität Innsbruck.

Hans-Dieter Gerster ist Professor für Mathematik und ihre Didaktik an der Pädagogischen Hochschule Freiburg, seit 2002 im Ruhestand.

Mag. Pia Handl ist Schulpsychologin in Innsbruck-Land/Ost.

Lic. phil. Ursina Grond ist Wissenschaftliche Mitarbeiterin am Zentrum für MR-Forschung des Universitäts-Kinderspitals Zürich.

Tanja Käser, MSc ETH in Computer Science, ist Wissenschaftliche Mitarbeiterin am Computer Graphics Laboratory an der ETH in Zürich.

Prov.-Doz. Dr. rer. nat. Liane Kaufmann ist Psychologin an der Abteilung für Psychiatrie und Psychotherapie am Allgemeinkrankenhaus und an der Fakultät für Gesundheitswissenschaften, Institut für Psychologie der UMIT-Universität in Hall in Tirol, Österreich.

Dr. phil. Kristin Krajewski ist Professorin für Pädagogische Psychologie (Entwicklungsorientierte Lernförderung) an der Universität Gießen.

Dr. sc. nat. Karin Kucian ist Oberassistentin am Zentrum für MR-Forschung des Universitäts-Kinderspitals Zürich.

Dr. Jens Holger Lorenz ist Professor für Mathematik und ihre Didaktik an der Pädagogischen Hochschule Heidelberg.

Prof. em. Dr. med. Klaus-Jürgen Neumärker war Chefarzt der Klinik für Kinder- und Jugendpsychiatrie, Psychotherapie und Psychosomatik der DRK-Kliniken Berlin/Westend.

Dr. Silvia Pixner ist Psychologin am Institut für angewandte Psychologie der UMIT-Universität in Hall in Tirol, Österreich.

Dr. rer.nat. Inge Schwank ist Professorin für Mathematik (kognitive Mathematik) am Institut für Kognitive Mathematik, Fachbereich Mathematik/Informatik der Universität Osnabrück.

Dr. phil. Martin Schweiter war Wissenschaftlicher Mitarbeiter am Zentrum für Kinder- und Jugendpsychiatrie der Universität Zürich und arbeitet jetzt am Fliegerärztlichen Institut des Eidgenössischen Departments für Verteidigung, Bevölkerungsschutz und Sport.

Dr. phil. Elsbeth Stern ist Professorin für Lehr- und Lernforschung an der ETH Zürich.

Personenregister

Anderson, M. 16 ff., 33
Ansari, Daniel 67
Ashcraft, Mark H. 237

Baddeley, Alan D. 16
Baroody, Arthur J. 237 f.
Brainerd, Charles J. 101, 104, 106, 133
Burattini, Tytus Liwiusz 97
Butterworth, Brian 233

Cattell, Raymond Bernard 16

Dedekind, Richard 99 ff., 114, 127, 132 f.
Dehaene, Stanislas 20, 28, 45 f., 49, 51, 64 f., 80, 85, 164, 187

Fechner, Gustav Theodor 46
Frege, Gottlob 99, 133
Fuson, Karen C. 161 ff., 233

Gallin, Peter 96, 124 ff., 138
Gallistel, Charles R. 24, 233
Galton, Francis 49
Geary, David C. 233
Gelman, Rochel 233

Helmke, Andreas 145, 153, 229
Holzkamp, Klaus 40
Karmiloff-Smith, Annette 22

McCloskey, Michael 44

Pfister, Oskar 34

Resnick, Lauren B. 161, 163, 198
Ries, Adam 205
Rourke, Byron Patrick 26
Russell, Bertrand 99, 133

Seron, Xavier 234
Shalev, Ruth S. 25, 164
Siegler, Robert S. 47
Spearman, Charles 103
Spelke, Elizabeth S. 23, 233
Starkey, Prentice 43

Temple, Christine M. 232

Weber, Ernst Heinrich 46, 68
Whitehead, Alfred North 99
Wynn, Karen 43, 142, 233

Xu, Fei 41, 141, 233

Sachregister

Abstraktion 39, 100, 187, 270
Adaptivität 261, 264, 274
Affen, siehe auch Rhesusaffen 24, 26, 40, 68, 123
Angst 34, 237, 260
Anschauung 94 f., 110, 117, 196
Arbeitsgedächtnis 16 f., 21, 23, 26 f., 29, 33 f., 66, 69, 73, 86, 168 f., 171 f., 175 f., 235, 237
Assoziationsfelder 62
Aufmerksamkeit 21, 26, 29 f., 34, 52, 69, 111, 171 ff., 183, 204
Aufmerksamkeits-Defizit-Hyperaktivitäts-Syndrom (ADHS) 17, 25 f., 89, 231, 259
Automatisierung 16, 22, 29, 54, 96, 166, 172 ff., 221, 224, 240, 242 f., 255

basisnumerische Fähigkeiten 21 ff., 29 f., 33, 261, 263 ff.
Bayes-Netz 271, 274
Bildgebung 8 f., 18, 22, 28, 32, 59, 65, 70
BOLD-Effekt 61

Calcularis 264, 265, 271, 273 f.
Computer 259 f., 262, 264, 274
computergestützte Lern-/Trainingsprogramme 54, 87, 259 ff.

Darstellung 43, 48, 95 ff., 131 f., 159, 173 f., 185, 198 ff., 207 f., 215, 225 ff., 238, 266 ff.
– bildhafte 208 ff.
– nichtsymbolische 39
– symbolische 209, 210
Depression 17
deutsche Schultests 84
Developmental Gerstmann Syndrome (DGS) 25, 26, 80
Diagnostik 23, 79, 81 f., 84, 86, 89, 161, 172, 175, 191 f., 238, 244
Diskrepanzdefinition 81 f.
Dissoziationen 59, 232
Distanzeffekt 45 f., 53, 72, 239, 243, 264

EEG 59, 61, 112
Elektroenzephalogramm (EEG) 59, 61, 112
Entbündeln 195
Entwicklungspsychologie 141, 231, 235
Ergänzen 166, 195, 203

Fastverdoppeln 206
Fehler 29 ff., 34, 43, 45 f., 87, 130, 181, 183, 192, 234 f., 244, 272 f.
Finger 30, 113 f., 196 f., 200 f., 205, 233 f.
Fingerbild 114, 196, 200
fMRI (fMRT), siehe auch Magnetresonanztomographie 32 f., 59 ff., 112 f., 119
Förderprogramme 187, 240 249, 262
Fünfer-/Zehnergliederung 198, 200, 203
funktionales Denken 101, 112 f., 133
funktionelle Untersuchungstechniken 88

Gedächtnis 69, 84, 150, 186, 192, 234, 243, 262
– Arbeits- 16 f., 21, 26 f., 29, 33 f., 66, 69, 86, 169, 171 f., 175 f., 235, 240
– Langzeit- 27, 66, 70, 169, 172 f., 175, 224 f., 234 f.
Gerstmann-Syndrom, siehe Developmental Gerstmann Syndrome (DGS)
Geschlechtsunterschiede 28, 118
Größeneffekt 45, 46, 53

Größenrelationen 155, 158 f., 162
Größenvergleich 70, 158, 162
Größenverständnis 159, 174
Großhirnrinde 62, 63
Gyrus angularis (links) 26, 66, 68 f., 79 f.

Habituationsstudien 41
Heidelberger Rechentests 86
Hippocampus 70
Hirnaktivität 60, 119, 124
Hirnschädigung 20, 39, 51
Hirnsubstanz
– graue 60, 71
– weiße 18, 60, 71 f.
Hundertertafel 189, 191, 197, 201

Intelligenz 15 ff., 33, 81 ff., 102 f., 146 f., 149, 168, 192, 244
– Generalfaktor-Intelligenz 16 f.
– motorische 123 f.
– multiple 16 f.
Intervention 171, 176, 238, 242, 244, 246, 249, 262
Interventionsmodul 254
intraparietaler Sulcus (IPS) 24, 32, 42, 66 ff.
– horizontaler (hIPS) 24, 32, 42, 80

Kardinalzahlen 99
Konventionswissen 168 f., 171 f., 175
Kopfrechnen 22, 33, 65, 195, 225, 228
Kortex 32, 65, 71, 107, 112 f., 119 f.
– medialer superiorer temporaler 113
– medialer temporaler 113
– posteriorer 112
– präfrontaler 70, 80, 112 f.

Läsionen 18, 51 f., 59, 79
Legasthenie, siehe auch Lese-Rechtschreib-Störung 25, 32, 79 f.
Lehrmethode 236 f.
Lese-Rechtschreib-Störung (LRS), siehe auch Legasthenie 29, 80, 89, 231
LOGIK-Studie 145 ff.

Magnetenzephalographie 61
Magnetresonanztomographie 60
– funktionelle 59 ff.
– transkranielle Magnetstimulation (TMS) 72

mathematische Notation 168, 172, 175
Mengenrelationen 155, 158 ff., 166
mentale Objekte 107, 110
mentale Vorstellungsbilder 187, 216
mentaler Zahlenstrahl 22, 31 ff., 40, 45, 47 ff., 51 ff., 67 ff.
– linear 47
– logarithmisch 47
– Vergleichsaufgaben
mentales Modell 107, 110, 144
Metastudie 262
Motivation 35, 86, 211, 237, 242, 260
– intrinsische 261

Nachbaraufgabe 206, 213 ff., 219, 221, 223 f.
Neglekt-Patienten 52
neuronale Plastizität 63 f.
neuronales Netzwerk 17 f., 20, 22, 64, 66, 72, 88
neuropsychologische Testbatterien 82, 83
Nonverbal Learning Disability Syndrome (NLD) 25
Notationssystem
– arabisches 20, 22, 28 ff., 44, 266, 268 f., 272
Number Race 263, 265
numerische Größe 24, 39 f., 42, 51, 53, 68 f., 72, 266

Operationsverständnis 195, 209 f.
Ordinalzahlen 99, 101

Parietalkortizes 66, 68
Parietallappen 42, 62, 66 f., 69 f., 72 f.
– posterior-superiorer 66, 69
phonologische Bewusstheit 166 ff.
Plättchen 114 ff., 198, 201 f., 204 ff., 208, 210, 213, 216, 218 ff., 227
Positronenemissionstomographie (PET) 59 ff.
prädikatives Denken 101
Problemlösungskompetenz 147, 190, 260
Prototypen 182, 190
prozedurales Wissen 66, 232, 235 ff., 239 f., 243, 246 ff., 256 f.

Rechenfehler 87
Rechengeschichte 210 f.

Rechenrahmen 191, 201, 215, 228
Rechenspiele mit Elfe und Mathis 262
Rechenstrategie 150, 184 f., 192, 195, 198, 204, 213, 221, 223 ff., 228
Rechenverfahren 94, 151, 191
- schriftliche 94, 193, 225
Rechts-Links-Orientierungsstörung 80, 85, 192
Regelwissen 168 f., 171 f., 175
Relation/-en 51, 101, 144, 155, 158 ff., 165 f., 172, 187
Relationalzahl 187, 266
Repräsentation
- abstrakte 40
- approximative 43
- Größen- 24, 40, 42, 45, 66 f., 157 f., 160, 163 ff., 167, 172
- Mengen- 31, 33, 65, 170, 240
- neuronale 46, 52
- numerische 39, 41, 46
- sprachliche 174
- symbolische 33, 40, 43, 51 f.
- visuelle 170
- Zahlen- 29, 31, 33, 49 f., 54, 68 f., 164, 263, 266 ff.
Representational Redescription 22
Rhesusaffen 40, 46, 68
Rindenfelder 62
Risikofaktor 168 f., 171
rückwärts zählen 128 f., 162, 191, 196, 199, 203, 243, 267
RZD 2–6 85 f.

Säugling 41, 43, 70, 125, 141, 155, 157, 163
Scholastik-Studie 145 f., 151
Schriftspracherwerb 26, 130, 166
Schulleistungstests 82, 84
Sekundarstufe 86, 149 f., 166, 168, 170, 175
SNARC-Effekt 32 f., 48 f., 53, 67
Sprachentwicklungsstörung 30, 231
Sprachkompetenz 187
standardisierte Leistungstests 81
Stellenwertsystem 22, 125, 128, 158, 165, 204, 272
Subitizing 24, 42 f., 52 f., 233, 239, 243, 263
Subtraktion 69, 127 ff., 141, 144 f., 149 f., 162, 184 f., 190, 211, 227, 246, 256, 264, 269 f., 273 f.
- halbschriftliche 195
- schriftliche 195
Synästhesien 49

Teddy-PC 86, 87
TEDI-MATH 86
Teile-Ganzes-Konzept 195, 200, 203, 211, 213, 215, 228
Teilleistungsstörung 15, 85, 89, 244
Textaufgaben 85, 143, 145, 147 f., 150 f., 210, 237, 246, 248, 267
Training 23, 30, 46, 54, 63, 73, 87, 89, 101, 237, 261, 271 ff.
Trainingsprogramm 73, 87, 193, 242, 274
Transfer 88, 255 f.
Transkodieren 29, 48, 85, 164, 233, 256
Triple-Code-Modell 20, 28, 64 f., 266

Veranschaulichung 161, 170, 173, 205, 255
- graphisch-visuelle 145, 152
Veranschaulichungsmaterial 115, 184, 189
Verdoppeln 166, 199, 214 ff., 223 f.
Vergleichsaufgaben 144, 147, 150
visuelle Wahrnehmung 110, 186
Vorwissen 146, 168, 189, 200, 220

Weber-Fechner-Gesetz 32, 46, 54

Zahl 94 ff., 95, 127 f., 200, 205, 207
- ägyptische 95
- -darstellung 95, 200, 207
- Hieroglyphen- 95
- -namen 99, 115, 130 ff.
- -schrift 94 ff., 127 f., 205
- -symbolik 98
Zahlenbilder 50, 263
Zahleninversion 192
Zahlenmuster 117
Zahlenraumvorstellung 22 f., 31 ff., 67, 73, 185, 264 f., 268, 270, 273 f.
Zahlensinn 20, 124, 193
Zahlenstrahl 20, 22, 31 ff., 40, 45, 47 ff., 66 ff., 119, 143 f., 166, 188, 189, 191 f., 196 ff., 201, 228, 241 f., 264, 266, 268 f.
Zahlensymbolisierung 33

Zahlenverarbeitung 20 f., 29, 54, 64, 66 ff., 73, 84, 86, 231 f., 235 f., 242, 246 f., 248, 261, 264 f.
Zahlenverständnis 25, 65, 233 f., 235, 267, 269 f., 272
Zählprinzipien 27, 233, 235, 254
Zahlvorstellung 188, 195, 200, 202 f., 206 ff., 228
Zahlwortreihe 27, 160 f., 196 f., 201, 204
ZAREKI-R 85
Zehnerfeld 198, 206 ff., 213, 218, 220
Zehnersystem 205, 218, 226
– Blöcke 198, 207 f., 214, 218, 225
Zehnerüberschreitung 197, 215, 220, 225, 235, 256
Zerlegung 39, 117, 160, 174, 197, 216, 220, 234
Zwanzigerfeld 115, 214, 216